行政协议
判例精解与实务指引

郭 雪 杨科雄 ◎著

Case Analysis and Practical Guidance of Administrative Agreements

中国法制出版社
CHINA LEGAL PUBLISHING HOUSE

序 言

我们国家一直在提国家治理体系和治理能力的现代化。国家治理，最初可以更多或者更偏重于用强制力甚至暴力去实现其制度目标，但当国家治理到一定阶段时，不仅公共服务占据了最主要的地位（甚至最初的警察职能也可以视为国家提供公共服务的一种），而且完全依靠暴力统治，无法有效进行国家治理。因此行政合同、行政指导等这些柔性的治理手段慢慢地开始出现，因为其越来越尊重行政相对人的意愿和利益，且治理成本具有相对优势，国家往往愿意用这种柔性方式来实施统治、管理、治理、服务，这是一种多元化的社会治理方式。其中协议是必然的选项之一，而且一直为大多数人所推崇。

2014年修正的《行政诉讼法》将行政协议明确纳入行政诉讼的受案范围，开启了行政协议诉讼的新时代。《最高人民法院关于适用〈中华人民共和国行政诉讼法〉若干问题的解释》及《最高人民法院关于审理行政协议案件若干问题的规定》从行政诉讼角度对行政协议进行了专门的规定，极大地丰富了行政协议的实体和诉讼法律制度，也指导了行政协议在各方面顺利开展实践。在理论上，虽然一致认为行政协议兼具行政性和协议性，但是，何者为第一性的问题，仁者见仁，智者见智，理论上都阐释不清，在实践中更是困惑，导致许多问题争论不休。我们认为，行政协议很多问题模糊不清，主要是因为没有理解其理论基础与制度逻辑，而理论基础与制度逻辑和其之后的实践选择是有密切关联的。本书依托《行政诉讼法》及相关司法解释、其他国家和地区的行政合同理论和制度，收集了近百个近年来法院裁判的行政协议案件，归纳阐释其裁判规则和实务指引，供读者借鉴和参考。

归纳和阐释行政协议案件的裁判要义是本书真正的关注所在。对所选案例的评析，无关裁判本身的对错，这是司法最终原则的必然要求；同一问题不同法院有不同的裁判，也不一定是裁判尺度不统一，其往往是不同情境下法官结合个案进行的最优选择，也是裁判规则走向统一和合理的必由之路。本书虽力求准确和科学，但因水平所限，不当之处，欢迎批评，欢迎斧正。

郭雪　杨科雄

2021年春

目 录

CONTENTS

第一编 行政协议的法律制度

第二编　行政协议的司法审查

第一编

行政协议的法律制度

目前我国缺乏行政程序法和行政协议法对行政协议进行实体规范，导致理论上和实践中存在一定的混乱，为此，有必要通过对行政协议裁判规则的归纳整理，进一步推动行政协议实体法的发展和完善，努力填补行政协议实体制度的缺失。本编整理了一些行政协议案件，从行政协议的概念、种类，有瑕疵行政协议的法律效果，行政机关在行政协议中的强制订立、单方变更、解除协议等行为的行使，行政协议的执行以及行政协议赔偿、补偿等方面进行探讨归纳的同时，也对行政协议相关法律制度的未来发展进行探索。

第一章

行政协议的识别标准及救济机制

2014年修正的《行政诉讼法》将行政协议（合同）纳入行政诉讼受案范围。《最高人民法院关于适用〈中华人民共和国行政诉讼法〉若干问题的解释》《最高人民法院关于审理行政协议案件若干问题的规定》对行政协议的概念也作出了界定。正如法、德两国和我国台湾地区行政合同诉讼初期主要关注的是行政协议和民事合同的区别，我国行政协议诉讼首先面临的难题也是如何识别和定义行政协议。这一问题不仅涉及行政机关签订协议的司法管辖权和审理规则，还涉及行政机关的优益权和强制执行权等。

大英县永佳纸业有限公司诉
四川省大英县、回马镇人民政府协议案

【案号】

一审：四川省遂宁市中级人民法院（2015）遂中行初字第28号行政判决书

二审：四川省高级人民法院（2016）川行终634号行政判决书

再审：最高人民法院（2017）最高法行申195号行政裁定书

【案情】

再审申请人（一审被告、二审上诉人）：四川省大英县人民政府（以下

简称大英县政府）、四川省大英县回马镇人民政府（以下简称回马镇政府）。

再审被申请人（一审原告、二审被上诉人）：大英县永佳纸业有限公司（以下简称永佳公司）。

原审法院查明，2013年7月10日，中共四川省遂宁市大英县委在该县常委会议室召开了专门研究永佳公司处置方案的会议，会议由时任县委书记主持，参会人员包括当时的县人大主任、常务副县长、分管工业的副县长、分管环境保护的副县长以及经信局、人社局、国土局、规划局、财政局、环保局、经贸委和回马镇政府负责人。中共大英县委〔2013〕23期会议纪要（以下简称《会议纪要》）显示，会上首先听取了回马镇政府关于永佳公司处置情况的汇报，会议一致认为关闭和妥善处置永佳公司既是市委、市政府的明确要求，也是加快县域经济转型升级、优化产业结构的需要，对释放全县环境容量、拓展发展空间意义重大。会议要求县级各部门和回马镇政府继续高度重视此项工作，在前期已取得明显成效的基础上，进一步落实责任、加快进展，确保关闭处置工作有序有力顺利推进。会议议定：（1）由回马镇政府全权负责永佳公司关闭相关处置工作。（2）对企业清退及补偿按照资产评估的方式进行，具体金额由专业评估机构、永佳公司和回马镇政府共同确定。（3）补偿资金由两部分组成。一是由县经信局积极向上争取专项资金支持，二是由县国土局在回马镇场镇内划定一块土地进行公开拍卖，将土地收益作为补偿资金。（4）永佳公司要尽快将厂区土地手续过户到回马镇政府。在未完成土地过户前，补偿资金的支付须扣减土地价款。（5）回马镇政府与县级各部门要加大协作力度，尽快形成工作方案，确保处置工作在2013年8月10日前全面完成。

此前，2013年4月9日，永佳公司委托四川金信会计师事务所有限责任公司对其生产厂房的房屋及建筑物、土地使用权、机器设备及其他实物资产进行了评估，评估价值为人民币30032609.20元。在评估结果的基础上，经永佳公司与回马镇政府多次协商并报请大英县政府同意，双方分别作为甲方、乙方，于同年9月6日达成并签订了《大英县永佳纸业有限公司资产转让协议书》（以下简称《资产转让协议书》）。

《资产转让协议书》首部内容为：根据国家产业发展要求，淘汰高耗能、高污染产业，实现节能减排的目标，依照市、县的有关要求（《会议纪要》），甲方自愿关闭公司、退出造纸产业，甲方将公司土地、房屋（构筑物）等资产在清算后转让给乙方。为此，经甲、乙双方协商一致，双方自愿签订本协议。

该《协议》主文的主要内容为：一、甲方于2013年8月10日前主动关闭、退出造纸产业的活动；按照《公司法》相关规定，对公司的资产、债权、债务等进行清算；申请注销相关证照，将公司土地、房屋（构筑物）等资产转让给乙方，由乙方处置。二、转让费（含土地、房屋、构筑物等）人民币1217万元，分别于2013年8月10日前由乙方支付给甲方100万元，其余差额在2014年2月10日前由乙方在回马镇土地出让收益中进行支付，如不能按约支付，按月息1分5计息，由乙方按月支付；甲方应维持保护所属房屋不得损坏；甲方应保证土地、房产与第三方无任何纠纷（若甲方用土地、房产抵押贷款，乙方有权用转让费代为清偿，不足部分由甲方承担清偿）；甲方于2013年10月10日前将《国有土地使用权证》和《房屋所有权证》申请相关部门过户于乙方回马镇政府名下（土地、房屋面积应按评估机构的《资产评估报告书》面积认定），由此产生的税费由乙方承担；甲方于2013年8月10日前将企业的相关资料（国有土地使用证、房屋所有权证、清算报告等）移交给乙方；甲方应于2013年8月10日前向政府相关部门申请依法注销各类证、照。若不能办理土地房屋过户，乙方扣转让费100万元作为土地款，用于办理过户手续。三、甲方承担2013年8月10日前公司的民事、行政、刑事责任；甲方务必于8月10日前清偿拖欠的工人工资、拖欠的税款及其他债务；若甲方没有按时清偿债务，乙方有权以转让费代为清偿。2013年8月10日前的债权由甲方主张。四、甲方于2013年8月10日前主动从公司撤出管理人员，将资产交乙方行使管理权。甲方若逾期没有撤出管理人员、关闭企业，乙方将强制依法关闭，由此造成的损失由甲方承担。五、乙方如何处置永佳公司资产，甲方无权干涉。六、以上协议双方共同遵守，如有违反，违约方支付300万元违约金。七、其他未尽事宜，双方协商解决。协议经甲、乙双方签字生效；协议一式六份，甲、乙双方各持一份，相关部门存查。

在协议的履行过程中，除去履行时间早于协议的签订时间的事项外，永佳公司没有按照约定于2013年10月10日前将《国有土地使用权证》和《房屋所有权证》过户登记到回马镇政府名下，公司资产也是在2014年1月13日才移交；同时，大英县政府和回马镇政府亦没有按照协议的约定在2014年2月10日前支付全部款项。其付款情况是：在协商企业关闭和资产转让协议过程中于2013年5月、6月、8月分别向永佳公司支付了50万元、50万元、100万元，协议签订后的履行过程中，又于2014年4月支付了122.4万元，即大英县政府通过回马镇政府、大英县财政局等途径共支付永佳公司322.4万元人民币，尚有894.6万元没有支付。

另查明，永佳公司所占用的土地使用权，以前由原蓬溪县计划委员会根据原绵阳地区计划委员会批准，于1982年征用，1998年4月，由大英县政府划拨给大英县建化总公司使用。后因该公司破产，破产清算组于2001年2月将公司资产整体出售给遂宁市第三建筑工程公司，同年8月由大英县政府将该宗国有土地的使用权划拨给买受人，权属证书即本案的大国用〔2001〕字第2571号国有土地使用权证（面积：15515.09平方米）、大国用〔2001〕字第2572号国有土地使用权证（面积：136平方米）。后因纠纷产生诉讼，四川省高级人民法院于2006年10月以（2006）川民终字第350号民事判决书，判令由遂宁市第三建筑工程公司按唐某弟指定办理权属过户手续。在此之前的2004年6月，唐某弟已与徐某江签订了土地房产买卖协议，由大英县政府见证。后来在2007年5月，徐某江又与永佳公司的法定代表人徐某签订了《大英县万胜纸业有限公司整体转让协议》，包括该土地的实际使用权再次发生转移，但是同样没有办理土地使用权的变更登记手续。

在本案一审庭审过程中，双方均指责对方在履行协议时违约。为此，永佳公司当庭增加诉讼请求，要求大英县政府、回马镇政府按协议赔付违约金。此外，永佳公司明确表示不再办理有关土地和房屋的过户登记手续，为此，愿意按照协议的约定在转让费中扣除100万元作为大英县政府、回马镇政府自行办理相关手续的费用。

永佳公司向四川省遂宁市中级人民法院提起行政诉讼，请求判令：（1）大英县政府、回马镇政府支付永佳公司转让费人民币894.6万元及利息（从2014年4月4日起至实际付清之日止，按月息1.5%计付，其中2014年2月10日至4月4日按本金1017万元计算）。（2）本案诉讼费用由大英县政府、回马镇政府负担。

【审判】

四川省遂宁市中级人民法院一审作出（2015）遂中行初字第28号行政判决，认为，首先，本案要确定有关诉讼主体也即关闭永佳公司企业和处置永佳公司资产而签订的《资产转让协议书》的责任主体和协议的相对人问题。从形式要件审查，回马镇政府是本案适格被告；同时，有关关闭永佳公司的《会议纪要》，是根据国家产业发展政策和按照上级党委、政府的要求，为实现节能减排目标而作出的专题纪要。从当时的议事事项与目的、所涉职能职责与参会人员以及企业关闭后补偿资金的筹措等议定的内容来看，《会议纪要》在本案中应当认定为大英县政府在县委主要领导参与决策的机制之下作出的决定。根据《环境保护法》有关县级以上地方人民政府环境保护主管部门对本行政区域环境保护工作实施统一监督管理以及地方各级人民政府应当对本行政区域的环境质量负责的相关规定，大英县政府作为其行政区域环境保护的责任主体，在本案中也是适格被告。而且，在其作出关闭永佳公司企业和征收企业资产并予补偿的决定后，安排下级即回马镇政府全权负责企业关闭相关处置工作，由此可见，回马镇政府日后与永佳公司签订的《资产转让协议书》，实际上是落实《会议纪要》和县政府的决定，因而应认定是接受安排代其签订的行为，相应的法律责任依法应当由大英县政府承担。正因如此，回马镇政府在正式签署协议前要报请县政府审核同意，在随后永佳公司的催收过程中时任大英县政府的县长在转让协议上也批示，要求分管副县长组织研究资金支付和国土使用权证等事项。

其次，本案需要认定所涉协议的性质和效力问题。从会议纪要和协议的内容来看，协议虽然载明永佳公司主动关闭并退出造纸产业，但其实质是大英县政府为了履行职责，达到维护社会公共利益与实现节能减排和环境保护的行政管理目的，以会议纪要形式决定关闭企业，通过与作为行政管理相对人的永佳公司协商一致的办法和途径，征收永佳公司使用的土地及厂房等资产，并在评估的基础上给予货币补偿，属于具有行政法意义的权利义务的约定，符合行政协议的本质特征。特别是协议约定某些事项的履行时间早于协议的签订时间、协议签署前大英县政府、回马镇政府就已支付几笔款项以及永佳公司的委托评估等行为，进一步印证了该协议的合同属性，即双方之间就企业关闭后的补偿事宜进行了充分的协商并达成了共识。因此，根据《最高人民法院关于适用〈中华人民共和国行政诉讼法〉若干问题的解释》第十一条的规定，本案属于《行政诉讼法》第十二条第一款第十一项规定的行政协议纠纷范畴，是行政征收补偿协议纠纷。同时，如前所述，该协议符合国家法律法规和政策的规定，且经双方当事人协商一致，其内容是双方真实意思表示，因而是合法有效的行政协议，当事人应当按照约定全面履行。

最后，本案需要明确何方违约及违约责任的承担问题。在协议履行过程中，除履行时间早于协议签订时间的事项外，永佳公司没有按照约定时间将土地和房屋权证过户登记，资产管理权的移交也晚于约定时间，应属违约；就大英县政府、回马镇政府而言，其以永佳公司没有按约定将土地和房屋权属过户登记于名下为由而拒绝支付后续部分的补偿款项的抗辩理由，不能成立。因为按约定可以扣取补偿款100万元用于办理相关手续。之所以作出这一约定，是因为双方知晓而且在协商和签署协议时已预判，由于资产权属变更等方面的原因，永佳公司不可能办理变更登记手续。所以，大英县政府或回马镇政府没有按照约定的时间支付补偿款，构成违约。根据2015年《最高人民法院关于适用〈中华人民共和国行政诉讼法〉若干问题的解释》第十四条有关在行政协议案件中可以适用民事法律规范的规定，依照《合同法》第一百二十条“当事人双方都违反合同的，应当各自承担相应的责任”的规定，本案由于双方当事人都违约，对永佳公司在庭审中提出的请求大英县政府、回马镇政府按协议的约定支付违约金，一审法院依法不予支持。此外，对于永佳公司提出的在应收款中扣除100万元作为大英县政府、回马镇政府自行办理土地和房屋过户登记相关手续费用的主张，鉴于该地块已是国有划拨土地，属于县级人民政府管理的国有土地资源，且永佳公司从2007年5月取得其实际使用权开展生产经营直至被政府征收，这期间包括大英县政府、回马镇政府在内无人提出异议，故永佳公司请求按照协议的约定在补偿款中扣除100万元作为大英县政府、回马镇政府自行办理相关手续的费用的主张，一审法院依法予以支持。

经一审法院审判委员会讨论决定，依照《行政诉讼法》第七十三条、第七十八条第一款以及《最高人民法院关于适用〈中华人民共和国行政诉讼法〉若干问题的解释》第十一条、第十四条、第十五条第一款、第十六条的规定，判决：一、永佳公司与回马镇政府于2013年9月6日签订的《资产转让协议书》合法有效，双方应当履行；协议中有关回马镇政府的权利和义务，由大英县政府享有和承担。二、大英县政府应当给付尚欠永佳公司的征收补偿费用人民币794.6万元及资金利息（其中，利息从2014年2月11日起至4月4日，按本金917万元计算，从2014年4月5日起至付清之日止，按本金794.6万元计算，按月息1.5%计付），限在本判决生效之日起十日内付清。三、驳回永佳公司的其他诉讼请求。案件受理费人民币74380元，由大英县政府承担。

大英县政府提起上诉，四川省高级人民法院二审作出（2016）川行终634号行政判决，认为，本案的争议焦点是：（1）《资产转让协议书》的性质，即该协议是行政协议还是民事合同。（2）大英县政府是不是本案适格被告。（3）当事人双方应否履行和如何履行《资产转让协议书》。关于《资产转让协议书》的性质问题。《最高人民法院关于适用〈中华人民共和国行政诉讼法〉若干问题的解释》第十一条第一款规定："行政机关为实现公共利益或者行政管理目标，在法定职责范围内，与公民、法人或者其他组织协商订立的具有行政法上权利义务内容的协议，属于行政诉讼法第十二条第一款第十一项规定的行政协议。"大英县政府在履行职责的过程中，为维护社会公共利益，实现节能减排和环境保护的目的，以会议纪要的形式决定关闭永佳公司，并安排回马镇政府全权负责企业关闭的相关处置工作。回马镇政府与永佳公司在协商一致的基础上，经过评估，签署了《资产转让协议书》，一审法院认为该《资产转让协议书》符合行政协议的本质特征，并无不当。大英县政府认为该《资产转让协议书》是民事合同的上诉理由不成立，二审法院不予支持。关于大英县政府是不是本案适格被告的问题。大英县政府是其所辖行政区域内环境保护的责任主体，在决定关闭永佳公司的过程中，其一直居于主导地位，并对关闭和补偿事宜作出较为具体的安排。回马镇政府负责永佳公司关闭的相关处置工作，是执行大英县政府的决定。因此，一审法院作出回马镇政府签订协议所产生的相应的法律责任应由大英县政府承担，大英县政府是本案适格被告的认定，并无不当。大英县政府认为其不是本案适格被告的上诉理由不成立，二审法院不予支持。当事人双方应否履行和如何履行《资产转让协议书》。《资产转让协议书》是双方的真实意思表示，且经双方当事人协商一致，合法有效，当事人应当按照约定全面履行。但在该协议履行的过程中，双方当事人都存在违约的情形，一审法院对此进行了分析与认定，该部分认定并无不当。一审法院根据查明的案件事实及《资产转让协议书》的约定，作出三项判决内容，认定事实清楚，适用法律正确。大英县政府要求撤销一审判决的上诉理由均不成立，二审法院不予支持。故四川省高级人民法院判决驳回上诉，维持原判。

大英县政府不服，向最高人民法院申请再审称：（1）原审判决认定事实错误，且程序错误，遗漏必须参加诉讼的当事人。大英县政府并非案涉《资产转让协议书》的合同当事人，从未向永佳公司支付该协议项下“转让费”，且一审法院对涉案土地、房产的产权流转事实的认定存在错误；原审认定永佳公司享有的资产权益涉及多个协议的履行及四川省高级人民法院（2006）川民终字第350号民事判决的执行情况，本案的处理结果与遂宁市第三建筑工程公司、徐某江、唐某弟有利害关系，应通知其参加诉讼。（2）《资产转让协议书》是典型的民事合同，本案不属于行政诉讼的受案范围，依法应当裁定驳回起诉。大英县政府或者回马镇政府都不具有实施收回国有土地使用权的法定职能，也不具有签订房屋征收补偿协议的法定职权；大英县政府从未对永佳公司的资产按法定程序作出任何征收决定，亦未作出责令停产、关闭的决定。我国行政诉讼奉行行政机关被告恒定原则，若《资产转让协议书》为行政协议，作为协议当事人的回马镇政府没有相应的权利救济途径。（3）《资产转让协议书》系回马镇政府与永佳公司签署，大英县政府不是缔约当事方，该协议对大英县政府不具有法律约束力。原审判决直接判令大英县政府享有和承担《资产转让协议书》中的权利义务，与事实相冲突，也没有法律依据。（4）《资产转让协议书》的合同基本目的根本无法实现，继续履行已无可能，应予以解除。永佳公司实际上并未合法取得涉案的划拨国有土地使用权，包括相关房屋所有权，无论是大英县政府还是回马镇政府均不可能单方申请《资产转让协议书》约定受让的房地产转移过户登记，如继续履行只会对国家造成包括但不限于不能实际取得受让资产所有权等难以弥补的损失。（5）《资产转让协议书》即使不予解除，基于永佳公司存在违约情形，回马镇政府亦有权行使先履行抗辩权，即其有权不予支付剩余“转让费”。（6）原审判决结果严重损害国家利益和社会公共利益。若永佳公司并未清算注销，其所谓“资产”也不能合法转让，仍然要求回马镇政府乃至大英县政府给付数以千万元的财政资金作价款，必将严重损害国家和广大人民群众的利益。综上，请求撤销原审判决，依法再审本案。

永佳公司再审辩称，大英县政府为了履行行政职责，实现节能减排和环境保护的行政管理目的，以会议纪要的形式决定关闭涉污企业，并通过与永佳公司协商一致的办法和途径，受让永佳公司使用的土地及房产并给予补偿，订立的协议具有行政法意义上的权利义务，系行政协议。该协议合法有效，大英县政府和回马镇政府应当继续履行。

回马镇政府再审述称，同意大英县政府的再审申请请求及事实理由。

最高人民法院作出（2017）最高法行申195号行政裁定，认为：（1）关于起诉条件。案涉《资产转让协议书》实质上系大英县政府为履行环境保护治理法定职责，由大英县政府通过回马镇政府与永佳公司订立案涉协议替代对涉污企业作出责令停业、关闭，限期治理等行政决定，系行政协议，依法属于行政诉讼受案范围，大英县政府亦是本案的适格被告。从本案现有证据看，涉案土地、房产存在多次流转，涉及多个当事人之间的协议及人民法院生效判决的执行问题，具体有哪个第三人同案件处理结果有利害关系及同案件处理结果有什么样的利害关系均不甚清楚，人民法院可以不通知相关人参加诉讼，即使永佳公司与他人就涉案土地、房产存在纠纷，也可以通过另案解决。（2）关于《资产转让协议书》应如何履行及是否损害国家利益问题。在本案，《资产转让协议书》并不违反国家法律、法规和政策的规定，事前经双方当事人协商达成一致，是双方真实意思表示，合法有效，当事人应当按照约定全面履行。在没有证据证明永佳公司就相关资产转让存在欺诈、胁迫等恶意行为的情况下，涉案土地及房产后续的产权过户办理，并不影响该协议的效力及履行。且根据本案一、二审审理及再审审查期间大英县政府、回马镇政府提供的相应证据材料，亦尚不足以证明存在案涉财产无法转让严重损害国家和广大人民群众利益的情形。故大英县政府的再审申请不符合《行政诉讼法》第九十一条规定的情形。依照《行政诉讼法》第一百零一条、《民事诉讼法》第二百零四条第一款之规定，裁定驳回大英县政府的再审申请。

【评析】

行政协议是指行政机关为实现公共利益或者行政管理目标，在行使行政职责过程中，与公民、法人或者其他组织协商订立的具有行政法上权利义务内容的协议。其既有行政性又有合同性，是行政性和合同性的创造性结合。此既揭示了行政协议的识别标准，解释了为什么其属于行政诉讼受案范围，也能解释行政协议诉讼的特有审理及救济规则，它包括行政协议诉讼特有的当事人制度和行政机关的协议救济权利、履行原则以及政府诚信。结合原审法院的判决和大英县政府再审申请的理由，本案的争议焦点是：（1）《资产转让协议书》的性质；（2）大英县政府是不是本案的适格被告；（3）原审判决是否遗漏必须参加诉讼的当事人；（4）《资产转让协议书》应如何履行及是否损害国家利益。

1.关于《资产转让协议书》的性质问题

《最高人民法院关于适用〈中华人民共和国行政诉讼法〉若干问题的解释》第十一条第一款规定："行政机关为实现公共利益或者行政管理目标，在法定职责范围内，与公民、法人或者其他组织协商订立的具有行政法上权利义务内容的协议，属于行政诉讼法第十二条第一款第十一项规定的行政协议。"依据上述规定，行政协议主要包括以下五个方面的要素：（1）主体要素。民事法律规范规定民事合同的主体是平等主体的自然人、法人或者其他组织，而行政协议的主体则是行政主体和行政相对人，其中具有优势地位的行政主体是不可缺少的主体。（2）目的要素。与民事合同主要是为了追求私人利益不同，行政协议的目的是实现公共利益或者行政管理目标这一行政法上的目的。（3）职责要素。职责要素是指行政机关签订行政协议必须是行使行政职权、履行行政职责的一种方式。（4）内容要素。内容要素是指行政主体与行政相对人之间签订合同的内容是行政法上的权利义务。（5）意思要素。意思要素是指行政主体与行政相对人签订行政协议必须经过协商，意思表示一致。因此，与民事合同相比，除协商一致与民事合同相同外，识别行政协议与民事合同的标准主要有二：一是形式标准，也就是主体标准，即它发生在具有行政职权、履行行政职责的机关和组织及其工作人员与行政职权所作用的公民、法人或者其他组织之间。二是实质标准，也就是标的及内容标准。行政协议的标的及内容是行政法上的权利义务，意在提供一种指引，强调行政协议不同于民事合同，这一标准排除了行政机关基于自身民事权利义务而签订的协议。行政法上的权利义务可以从以下三个方面进行判断：一为是否行使行政职权、履行行政职责；二为是否为实现公共利益或者行政管理目标；三为在协议里或者法律上是否规定了行政机关的优益权。其中，行使行政职权、履行行政职责及行政机关具有优益权构成了行政协议的标的及内容，而是否属于上述标的及内容无法判断时，还可以结合"实现公共利益或者行政管理目标"这一目的要素进行判断。从所起的作用看，是否行使行政职权、履行行政职责为本质要素，只要符合该要素，所涉协议即为行政协议，而实现公共利益或者行政管理目标及行政机关的优益权这两个要素为判断是否行使行政职权的辅助要素。

在本案，案涉《资产转让协议书》是回马镇政府落实《会议纪要》决定与永佳公司签订的，符合行政协议的主体要素，满足识别行政协议的形式标准。案涉《资产转让协议书》在内容上主要涉及资产转让，并不属于土地房屋征收补偿协议，从形式上尚无法判断是行政性质还是民事性质。依据《环境保护法》的相关规定，大英县政府具有环境保护治理的法定职责，有权对涉污企业作出责令停业、关闭，限期治理等决定。案涉《资产转让协议书》实质上系大英县政府为履行环境保护治理法定职责，由大英县政府通过回马镇政府与永佳公司订立案涉协议替代作出上述行政决定，其意在通过受让涉污企业永佳公司资产，让永佳公司退出造纸行业，以实现节能减排和环境保护的行政管理目标，维护公共利益。故案涉《资产转让协议书》亦符合识别行政协议的实质标准，原审认定案涉《资产转让协议书》系行政协议，并无不当。大英县政府关于案涉《资产转让协议书》不属于行政协议，本案不属于行政诉讼受案范围的申请再审理由不能成立，不应予以支持。

另，我国行政诉讼虽是奉行被告恒定原则，但并不影响作为行政协议一方当事人的行政机关的相关权利救济。在相对人不履行约定义务的情况下，行政机关可以通过向人民法院申请非诉执行或者自己强制执行寻求救济。行政协议中约定了强制执行条款，一旦强制执行条件成就而相对人又不履行约定义务的，行政机关就可以依法直接将行政协议作为执行依据，向法院申请强制执行或者自己强制执行；协议未约定强制执行条款，行政机关可以作出要求相对人履行义务的决定，相对人拒不履行的，行政机关可以该决定为执行依据向人民法院申请强制执行或者自己强制执行。故大英县政府、回马镇政府关于案涉《资产转让协议书》若属行政协议，永佳公司不履行约定义务将导致其无法救济，因而主张本案不属于行政诉讼受案范围的申请再审理由不能成立，也不应予以支持。

2. 关于大英县政府是不是本案的适格被告问题

原则上，行政协议只有行政机关和法律、法规和规章授权的组织才能成为作为行政协议一方行政主体的缔约主体，行政机关和法律、法规和规章授权组织以外的公民、法人或者其他组织，除非存在接受上述机关和组织委托的情形，否则不能成为行政协议的行政主体一方。在本案，案涉《资产转让协议书》系回马镇政府为落实《会议纪要》决定与永佳公司签订的，该协议的缔结主体为回马镇政府，符合行政协议的主体要素。但是，本案的争议焦点在于大英县政府是否还是本案的适格被告。依据《环境保护法》的相关规定，大英县政府作为其行政区域环境保护的责任主体，具有实施其行政区域环境保护治理工作的行政职责。《会议纪要》系在大英县委主要领导、县政府常务副县长及下属各主要行政机关负责人参与的情况下，根据国家产业发展政策和按照上级党委、政府的要求，为实现节能减排目标而作出的关于关闭永佳公司的专题纪要。该纪要决定，由回马镇政府全权负责永佳公司关闭相关处置工作，同时议定其他相关的评估和补偿方案。《资产转让协议书》的签订方虽为回马镇政府，但该协议的首部对签订的依据和目的作出了明确，即依照《会议纪要》通过永佳公司的资产转让实现产业发展要求和环境治理的目标。回马镇政府正是依据和执行《会议纪要》的要求与永佳公司签订本案《资产转让协议书》，系履行上级机关的决定，应视为大英县政府委托回马镇政府与永佳公司通过案涉《资产转让协议书》设定了相应的权利义务关系。另，回马镇政府在正式签署协议前要报请大英县政府审核同意，在随后永佳公司的催款过程中时任大英县政府的县长在转让协议上也批示，要求分管副县长组织研究资金支付和国土使用权证等事项，亦进一步印证大英县政府与永佳公司之间的权利义务关系。故依据《行政诉讼法》第二十六条第五款“行政机关委托的组织所作的行政行为，委托的行政机关是被告”的规定，原审法院认定大英县政府系本案的适格被告，并无不当。

3.关于原审判决是否遗漏必须参加诉讼的当事人问题

本案涉案土地、房产的产权虽存在多次流转，涉及多个当事人之间的协议及人民法院生效判决的执行问题，但是永佳公司系涉案土地、房产的实际占有和使用人的事实是明确的，根据原审查明的事实及案涉《资产转让协议书》签订的情况，大英县政府及回马镇政府亦清楚涉案土地、房产的相关产权情况。《行政诉讼法》第二十九条第一款规定：“公民、法人或者其他组织同被诉行政行为有利害关系但没有提起诉讼，或者同案件处理结果有利害关系的，可以作为第三人申请参加诉讼，或者由人民法院通知参加诉讼。”该条关于“同案件处理结果有利害关系的，可以作为第三人申请参加诉讼，或者由人民法院通知参加诉讼”的规定，首先要明确至少包括：（1）第三人是确定的，而不能凡是与本案有关的可能权利或者利益人均为第三人。（2）利害关系是确定的，而不能凡是与本案有关的可能权利甚至利益均为有利害关系。否则，不仅容易造成在本案不当审理其他争议，扰乱行政诉讼的正常进行，而且容易造成案件久拖不决，影响有关行政法律关系的稳定。从本案现有证据看，涉案土地、房产存在多次流转，涉及多个当事人之间的协议及人民法院生效判决的执行问题，具体哪个第三人同案件处理结果有利害关系及同案件处理结果有什么样的利害关系均不甚清楚，人民法院可以不通知相关人参加诉讼。同时，在本案的一、二审审理及再审审查过程中大英县政府所主张遗漏的必须参加诉讼的当事人亦未向人民法院主张过涉案土地及房产的相关权利，且即使永佳公司与他人就涉案土地、房产存在纠纷，也可以通过另案解决。故原审法院不予追加遂宁市第三建筑工程公司、徐某江、唐某弟参加本案诉讼，并无不当。大英县政府关于原审判决遗漏必须参加诉讼的当事人的申请再审理由不能成立，不应予以支持。

4.关于《资产转让协议书》应如何履行及是否损害国家利益问题

行政协议既有行政性又有合同性，是行政性和合同性的创造性结合，其因行政性有别于民事合同，又因合同性而不同于一般行政行为。行政协议因协商一致而与民事合同接近，作为行政协议一方当事人的行政机关仍应遵循平等、自由、公平、诚信、依约履责等一般的合同原则。故《最高人民法院关于适用〈中华人民共和国行政诉讼法〉若干问题的解释》第十四条亦规定："人民法院审查行政机关是否依法履行、按照约定履行协议或者单方变更、解除协议是否合法，在适用行政法律规范的同时，可以适用不违反行政法和行政诉讼法强制性规定的民事法律规范。"在本案，《资产转让协议书》并不违反国家法律、法规和政策的规定，事前经双方当事人协商达成一致，是双方真实意思表示，合法有效，当事人应当按照约定全面履行。人英县政府、回马镇政府是清楚涉案土地、房产的相关产权情况的，该协议亦约定"若不能办理土地房屋过户，乙方扣转让费100万元作为土地款，用于办理过户手续"，可以认为大英县政府、回马镇政府对涉案土地及房产后续的产权办理是有预期的，在扣除相应的金额后可以免除永佳公司在后续产权办理的相应责任。在没有证据证明永佳公司就相关资产转让存在欺诈、胁迫等恶意行为的情况下，涉案土地及房产后续的产权过户办理，并不影响该协议的效力及履行。故大英县政府申请再审中关于"《资产转让协议》基本目的根本无法实现，继续履行已无可能，应予以解除"的主张，不应予以支持。

在协议履行过程中，永佳公司没有按照约定时间将土地和房屋权证过户登记，资产管理权的移交也晚于约定时间，对永佳公司要求支付违约金等的请求，依法不予支持；大英县政府、回马镇政府亦已以不予支付剩余"转让费"行使其先履行抗辩权，但是鉴于案涉协议约定"若不能办理土地房屋过户，乙方扣转让费100万元作为土地款，用于办理过户手续"，且永佳公司同意依约定扣转该笔费用并已移交了资产管理权，大英县政府应支付剩余"转让费"及资金利息。故原审判决对《资产转让协议书》各方责任的认定及处理结果，并无不当。

"言而无信，不知其可。""人无信不立，业无信不兴，国无信则衰。"大英县政府为履行环境保护治理的行政管理职责通过受让资产的形式订立《资产转让协议书》，并不违反相关的规定。该协议受让资产的价款是在履行相应评估程序和多次协商并报请大英县政府同意后所确定，在订立协议的过程中行政机关已履行了相应的决策程序，对于受让涉案资产所支付的对价及能达到的行政管理效果系有所评估和预期的，其在《资产转让协议书》中作出的承诺应有相应的公信力。但大英县政府申请再审期间仍主张原审法院“若在永佳纸业并未清算注销，其所谓资产也不能合法转让的情况下，要求回马镇政府乃至大英县政府给付数以千万元的财政资金作价款，必将严重损害国家和广大人民群众的利益”，此不仅无视自己作为国家机关的承诺，更无视比案涉协议利益更值得保护的国家公信及民众对其之信赖利益，且根据本案一、二审审理及再审审查期间大英县政府、回马镇政府提供的相应证据材料，亦尚不足以证明存在案涉财产无法转让严重损害国家和广大人民群众利益的情形。故大英县政府的该项再审申请理由不能成立，亦不应予以支持。

【实务指导】

行政协议是指行政机关为实现公共利益或者行政管理目标，在行使行政职责过程中，与公民、法人或者其他组织协商订立的具有行政法上权利义务内容的协议。行政协议作为一种新型且重要的行政管理和公共服务方式，将传统上认为水火不容的行政和合同两种行为方式奇迹般地结合在一起。现在多数人认为，行政协议既有行政性又有合同性，是行政性和合同性的创造性结合，其因行政性有别于民事合同，又因合同性不同于一般行政行为。行政协议因协商一致而与民事合同接近，但又因其为实现行政管理和公共服务的一种方式而具有行政性而有别于一般民事合同。行政协议强调行政性是必要的，它既解释了为什么行政协议属于行政诉讼受案范围，也解释了行政协议的特有制度和审理规则。

一是行政机关的特殊救济途径。在我国现行行政诉讼法律制度下，行政机关不能作为行政诉讼的原告，为解决行政机关不能起诉行政相对人的问题，亦为行政机关在行政协议中实现行政管理和公共服务目的，司法实践中有些法院探索设置了行政协议非诉执行程序，即如果行政协议中约定了强制执行条款，且该条款符合法律规定、内容明确并具有可执行内容，行政机关可依据该约定向法院申请非诉强制执行；未约定强制执行条款的，行政机关亦可通过作出书面决定，再将行政决定作为执行名义向人民法院申请强制执行。由此，明确了协议相对人不履行协议或者不按照约定履行协议之时行政机关的救济路径。二是特殊的被告制度。行政协议只有行政机关和法律、法规和规章授权组织才能成为作为行政协议一方行政主体的缔约主体，行政机关和法律、法规和规章授权组织以外的公民、法人或者其他组织，除非存在接受上述机关和组织委托的情形，否则不能成为行政协议的行政主体一方。在确定被告时，如果行政协议是由行政机关和法律、法规和规章授权组织以自己名义签订的，但有证据证明其是受其他行政机关和法律、法规和规章授权的组织委托签订行政协议的，委托的行政机关是被告。三是行政协议特有的履行制度。行政协议虽因其合同性而要求作为行政协议一方当事人的行政机关仍应遵循平等、自由、公平、诚信、依约履责等一般的合同原则，在不存在无效情形时，即使行政机关因行政性享有一定的行政优益权，其中约定的行政主体和行政相对人双方的权利义务也必须最大限度地得到全面遵守和履行，以维护行政机关在行政协议中作出的承诺，从而保护国家公信及民众对其之信赖利益。

【关联规定】

《最高人民法院关于审理行政协议案件若干问题的规定》

第一条 行政机关为了实现行政管理或者公共服务目标，与公民、法人或者其他组织协商订立的具有行政法上权利义务内容的协议，属于行政诉讼法第十二条第一款第十一项规定的行政协议。

第四条 因行政协议的订立、履行、变更、终止等发生纠纷，公民、法人或者其他组织作为原告，以行政机关为被告提起行政诉讼的，人民法院应当依法受理。

因行政机关委托的组织订立的行政协议发生纠纷的，委托的行政机关是被告。

第六条 人民法院受理行政协议案件后，被告就该协议的订立、履行、变更、终止等提起反诉的，人民法院不予准许。

第十八条 当事人依据民事法律规范的规定行使履行抗辩权的，人民法院应予支持。

第二章

行政协议的缔结

行政协议的当事人双方意思表示必须真实且一致，是行政协议成立的基本要求，同时原则上也要求以书面形式体现出来。在实践中，如何对口头形式或者行政允诺形式的行政协议进行认定，值得我们研究。

第一节　口头行政协议的认定及处理

杨某全诉内蒙古自治区包头市石拐区人民政府房屋征收补偿协议案

【案号】

一审：内蒙古自治区包头市中级人民法院（2018）内02行初13号行政判决书

二审：内蒙古自治区高级人民法院（2018）内行终618号行政判决书

再审：最高人民法院（2019）最高法行申7569号行政裁定书

【案情】

再审申请人（一审原告、二审上诉人）：杨某全。

再审被申请人（一审被告、二审被上诉人）：内蒙古自治区包头市石拐区人民政府。

2011年12月23日，杨某全通过拍卖，以12万元的价格拍得不良资产包“森鹿公司”，杨某全交纳了12万元拍卖款，签订了《拍卖合同确认书》并予以公证。成交后由于森鹿公司一直未将资产交付杨某全，杨某全向石拐区法院提起民事诉讼。石拐区法院于2013年5月6日作出（2012）石民初字第56号民事判决，判决森鹿公司将杨某全拍卖所得森鹿公司资产返还杨某全。宣判后，森鹿公司不服提起上诉，后又撤回上诉，包头市中级人民法院于2013年10月28日作出（2013）包民三终字第259号民事裁定，准予森鹿公司撤回上诉，按原判决执行。后经申请执行，石拐区法院作出（2014）石执字第28号协助执行通知书，协助执行事项为将包头市石拐区木器厂所有的房屋所有权过户于杨某全。后因涉案房屋位于包头市石拐区旧城区国有土地上房屋征收范围内，包头市石拐区房管所未予申请包头市产权处办理房屋过户手续。之后，杨某全将场地租给北奥公司，双方于2014年10月1日签订租赁合同，约定租赁期限为十年，自2014年10月1日至2024年10月1日，租金每年20万元，共计200万元，合同签订后先付五年租金100万元，剩余租金于五年后一次性支付，如果在租赁期因各种原因不能正常生产，甲方（杨某全）应退还租金并承担全部租赁费用50%的违约责任。后因石拐区政府征收，杨某全房屋在征收范围，协议无法履行。杨某全与承租人北奥公司的法定代表人李某军就房屋租赁纠纷于2016年4月1日经包头市石拐区调解委员会调解达成协议，即杨某全返还李某军已交100万元，支付赔偿金、违约金60万元。2016年4月7日，杨某全、李某军作为共同申请人，向石拐区法院申请对达成的调解协议依法进行确认，石拐区法院于2016年4月12日作出（2016）内0205民特1号民事裁定，裁定杨某全、李某军达成的调解协议合法有效。该裁定生效后，李某军申请石拐区法院强制执行，石拐区法院于2016年4月25日作出（2016）内0205民特101号执行裁定，裁定中查明杨某全在石拐区政府有涉案房屋拆迁款，双方约定用征收房屋补偿款以现金支付李某军的160万元款项，裁定结果为提取杨某全在石拐区政府的拆迁补偿款

160万元。2017年3月13日，石拐区法院作出（2016）内0205民特101号之一执行裁定，以申请执行人李某军与被执行人杨某全达成和解协议，终结该案件执行。2015年9月14日，涉案的房屋经包头市若愚房地产评估有限责任公司作出包头若愚估字〔2015〕第0019号《房地产估价报告》，房地产价值1847896元，其中建筑物价值1614084元，土地价值233812元。在征收过程中，石拐区政府工作人员与杨某全就补偿事宜曾多次进行过协商，2015年9月16日，石拐区政府作出石府纪发〔2015〕76号《关于原木器厂征拆工作会议纪要》（以下简称76号纪要），决定依据原木器厂预评估报告的结论，先行拨付100万元。2015年9月，石拐区政府拆除杨某全上述房屋，并先支付杨某全100万元，对于拆除房屋杨某全没有意见，就房屋补偿数额双方产生分歧意见。2016年1月26日，经信局等相关部门就杨某全补偿事宜召开会议，明确房屋价值，杨某全同意评估价值；关于杨某全与北奥公司的损失及违约金应通过诉讼途径解决，以人民法院裁判确认结果来确认。杨某全于2017年7月3日起诉至包头市中级人民法院，请求判令石拐区政府继续履行双方达成的口头拆迁补偿协议，向其支付剩余补偿款2447896元。庭审中，杨某全因对口头协议没有提供相关证据，当庭撤回履行口头协议的诉讼请求，改为判令石拐区政府向其支付征收房屋、土地的拆迁补偿款。2017年11月2日，包头市中级人民法院作出（2017）内02行初144号行政裁定，认为杨某全请求石拐区政府支付征收房屋、土地的拆迁补偿款，属于行政先行处理范畴，不符合行政诉讼的起诉条件，驳回杨某全的起诉。2018年2月26日，杨某全提供了上一次诉讼中已经掌握而没有提交的证据，再次提起诉讼，请求人民法院判令补偿金为330万元的拆迁协议有效并要求石拐区政府履行剩余的230万元。

【审判】

一审法院认为：本案杨某全所诉征收补偿口头协议，虽然杨某全已经履行了拆除房屋全部义务，石拐区政府也已经接受了该履行，先行支付了100

万元，但双方就协议的必要条款即补偿数额、补偿项目等存在争议，且杨某全除了提供石拐区政府工作人员电话录音证据外，再未提供其他充分、有效的证据予以证明。本案所诉补偿协议涉及标的额比较大，补偿项目比较多，根据上述条例及法律的相关规定一般应采用书面形式订立。综上，本案杨某全所诉口头补偿协议不符合口头合同成立的条件，应认定为双方就补偿数额并未达成合意，正处于补偿协商阶段，如果双方就补偿数额最终无法达成协议，石拐区政府应根据法律法规的相关规定，对杨某全的房屋及使用土地作出征收补偿决定。故杨某全请求判令补偿金为330万元的拆迁协议有效并要求被告履行剩余的230万元无事实依据和法律依据。该院遂依照《行政诉讼法》第六十九条之规定，判决驳回杨某全的诉讼请求。

二审法院认为：杨某全虽然主张与石拐区政府达成征收补偿口头协议，且杨某全已经履行了拆除房屋义务，石拐区政府也已经支付了100万元补偿款，但双方就协议的必要条款即补偿数额、补偿项目等存在争议，石拐区政府也明确否认与杨某全达成口头协议。同时，杨某全除了提供石拐区政府工作人员电话录音证据外，再未提供其他充分、有效的证据予以证明。故杨某全所诉口头补偿协议不符合口头合同成立的条件。杨某全请求判令补偿金为330万元的拆迁口头协议有效并要求石拐区政府履行剩余的230万元缺乏事实和法律依据。一审判决驳回其诉讼请求并无不当。该院遂依照《行政诉讼法》第八十九条第一款第一项之规定，判决驳回上诉，维持一审判决。

杨某全仍不服，向最高人民法院申请再审，其申请再审提出的主要事实和理由为：（1）再审申请人与石拐区政府是拆迁补偿协议的当事双方，代表石拐区政府的是时任副区长林某，林某所作拆迁补偿330万元的承诺当然代表石拐区政府，石拐区政府应承担责任，本案所涉协议的主体适格。（2）林某作出的给付330万元拆迁补偿款的口头承诺，有充分的前提和基础，是在评估价格与租金损失的基础上双方磋商的结果。（3）整个磋商过程中，再审申请人并无隐瞒情况、虚构事实、欺诈石拐区政府的情形，石拐区政府从未派出除林某之外的其他同级别领导与再审申请人进行商谈，也从未提出除330万元之外的其他补偿意见，再审申请人被告知该承诺得到了张某峰区长的同意，其有充分理由相信此承诺的真实性、有效性，也当然可认为主要条款已协商一致。（4）《国有土地上房屋征收与补偿条例》并未明确规定补偿协议的形式，口头协议是拆迁补偿协议成立的合法有效形式，再审申请人已履行了全部义务，且石拐区政府已经接受，口头协议当然有效。（5）林某作出口头承诺后，再审申请人多次申请签订书面协议，石拐区政府以各种理由推诿，未签订书面协议的过错在于石拐区政府，其应当承担由此产生的不利后果。

最高人民法院认为：本案中，杨某全认为双方已就房屋征收补偿达成口头协议，石拐区政府承诺支付330万元补偿款，目前尚有230万元未支付，诉请确认口头协议有效，判令石拐区政府支付剩余230万元补偿款。根据一、二审法院查明的事实，涉案房屋位于石拐区旧城区国有土地上房屋征收范围内，经评估的房地产价值为1847896元。在征收过程中，石拐区政府工作人员与杨某全进行了多次协商，但双方未能签订书面征收补偿协议。2015年9月，石拐区政府拆除涉案房屋，杨某全对拆除房屋无意见，石拐区政府作出76号纪要，载明"依据原木器厂预评估报告的结论，先行拨付壹佰万元"，并实际拨付到位。通过双方作出的上述具体行为，以及76号纪要的表述内容，可以认定双方均同意对涉案房屋进行征收补偿，亦均认可补偿款的数额应超过100万元。在此基础上，杨某全虽主张双方已就330万元的补偿金额达成了合意，但仅提供了电话录音作为证据。而在石拐区政府否认双方就最终补偿金额达成合意，杨某全亦未提供其他证据予以证明的情况下，单凭电话录音难以认定双方已就超过100万元的剩余补偿金额达成合意。在此情况下，一、二审法院分别判决驳回诉讼请求、驳回上诉，在结果上可予维持。需要指出的是，涉案双方仍可就补偿金额继续协商，如协商不成，石拐区政府应及时作出征收补偿决定，届时杨某全如不服，可另行依法寻求救济。遂裁定驳回杨某全的再审申请。

【评析】

《德国行政程序法》和我国台湾地区"行政程序法"关于行政合同的形

式的规定——行政契约之缔结应以书面为之，但法规另有其他方式规定者，依其规定。我国台湾地区“最高行政法院”2011年判字第2118号判决：“‘行政程序法’第139条前段规定，行政契约之缔结，应以书面为之。因终止行政契约之履约争执而订立和解契约者，亦属行政契约，自应以书面为之，有关和解契约是否成立，及其成立内容如何，悉以书面记载为准。此书面之缔约方式，因行政契约涉及公权力行使，为求明确而杜争议，故以书面方式为必要。是以，诊所与行政机关所签订之同意书及分期摊还申请书，是否即得视为公法上之和解契约即有疑义。”对于法律、法规就行政协议的形式有明确的强制性规定的，双方当事人应当遵循，不得违反，否则，行政协议应被认为自始不成立。行政协议不成立应属于广义的行政协议无效范畴。

《国有土地上房屋征收与补偿条例》第十七条规定，“作出房屋征收决定的市、县级人民政府对被征收人给予的补偿包括：（一）被征收房屋价值的补偿；（二）因征收房屋造成的搬迁、临时安置的补偿；（三）因征收房屋造成的停产停业损失的补偿”。第二十五条规定，房屋征收部门与被征收人依照本条例的规定，就补偿方式、补偿金额和支付期限、用于产权调换房屋的地点和面积、搬迁费、临时安置费或者周转用房、停产停业损失、搬迁期限、过渡方式和过渡期限等事项，订立补偿协议。第二十六条规定，房屋征收部门与被征收人在征收补偿方案确定的签约期限内达不成补偿协议，由房屋征收部门报请作出房屋征收决定的市、县级人民政府依照本条例的规定，按照征收补偿方案作出补偿决定。根据《民法典》合同编相关规定，一般具有标的额大、合同内容复杂、履行期限较长等的合同关系，为慎重起见，应采用书面形式订立。依据上述规定，补偿协议原则上要求订立书面协议，否则市、县级人民政府按照征收补偿方案作出补偿决定。不过没有明确强制性禁止口头补偿协议，对此可以适用民事法律规范关于口头形式的合同成立的相关规定。而口头形式的合同是否成立，应符合以下条件：一是当事人一方已经履行了全部或主要义务，另一方已经接受了履行；二是双方当事人对合同必要条款无异议，仅对合同非必要条款发生争议；三是有充分、有效的证据来证明。

行政协议是行政性和协议性相结合的一种新型行政管理和公共服务手段，其双重性在行政协议的不同阶段或者不同事项的表现是不同的。一方面，从阶段上看，虽然总体来看，行政协议的行政性和契约性应同等对待，不过在行政诉讼的不同阶段中各有侧重。在行政协议案件受理阶段，主要看协议是否具有行政性，具有行政性的属于行政诉讼受案范围，没有行政性的属于民事诉讼受案范围；在审理阶段，进入实体审查后要注意行政协议的协议性，采用与传统单方行政行为行政诉讼不同的诉讼制度，包括特殊的举证责任规则。既要坚持被告对相关职权行为合法性负举证责任，又要考虑行政协议的协议性，在一定程度上适用“谁主张，谁举证”，如《最高人民法院关于适用〈中华人民共和国民事诉讼法〉的解释》第九十条规定，当事人对自己提出的诉讼请求所依据的事实或者反驳对方诉讼请求所依据的事实，应当提供证据加以证明，但法律另有规定的除外。在作出判决前，当事人未能提供证据或者证据不足以证明其事实主张的，由负有举证证明责任的当事人承担不利的后果。

另一方面，从不同事项上看，行政协议的审查原则是合法性、有效性及合约性审查。原则上合法性事项由行政机关负主要举证责任，如行政主体缔约权的合法性，优益权的合法性、程序的合法性；合约性事项实行“谁主张，谁举证”原则，如各方当事人就对方是否适当、如实、如期地履行了合同义务各自负有举证责任；有效性事项主要是是否存在无效情形，而无效本身是严重明显违法问题，属于合法性问题，包括合同是否违反法律强制性规定，是否损害国家、集体或个人利益，合同的形式要件是否完备，合同的主要条款是否齐全，是否显失公平，是否存在霸王条款等，但由于涉及行政机关和行政相对人达成合意的合法性问题，应由行政机关和行政相对人共同负举证责任。因此，行政协议司法解释对此予以了明确。《最高人民法院关于审理行政协议案件若干问题的规定》第十条规定，被告对于自己具有法定职权、履行法定程序、履行相应法定职责以及订立、履行、变更、解除行政协议等行为的合法性承担举证责任。原告主张撤销、解除行政协议的，对撤销、解除行政协议的事由承担举证责任。对行政协议是否履行发生争议的，由负有履行义务的当事人承担举证责任。由此构建了行政协议诉讼双举证责任制度，开启了行政诉讼举证责任新篇章。但是，行政协议司法解释对于其他事项没有规定，对此原则上适用“谁主张，谁举证”。在本案，口头补偿协议是否成立或者存在，涉及各方当事人对对方是否存在相关缔约行为，依法应当有充分、有效的证据来证明。按照“谁主张，谁举证”原则，杨某全对此负有举证责任。杨某全虽主张双方已就330万元的补偿金额达成了合意，但仅提供了电话录音作为证据，在石拐区政府予以否认，杨某全亦未提供其他证据予以证明的情况下，单凭其提供的电话录音难以认定双方已就超过100万元的剩余补偿金额达成合意。不过，涉案双方仍可就补偿金额继续协商，如协商不成，石拐区政府应依法及时作出征收补偿决定。

【关联规定】

《最高人民法院关于审理行政协议案件若干问题的规定》

第十条 被告对于自己具有法定职权、履行法定程序、履行相应法定职责以及订立、履行、变更、解除行政协议等行为的合法性承担举证责任。

原告主张撤销、解除行政协议的，对撤销、解除行政协议的事由承担举证责任。

对行政协议是否履行发生争议的，由负有履行义务的当事人承担举证责任。

相关案例

包头市中银房地产开发有限公司因诉包头市昆都仑区人民政府、包头市自然资源局、包头市财政局行政给付案

【案号】

一审：内蒙古自治区包头市中级人民法院（2017）内02行初178号行政裁定书

二审：内蒙古自治区高级人民法院（2018）内行终61号行政裁定书

再审：最高人民法院（2018）最高法行申9321号行政裁定书

【案情及审判】

再审申请人（一审原告、二审上诉人）：包头市中银房地产开发有限公司（以下简称中银公司）。

再审被申请人（一审被告、二审被上诉人）：包头市昆都仑区人民政府（以下简称昆区政府）、包头市自然资源局（原包头市国土资源局，以下简称包头市资源局）。

原审第三人：包头市财政局。

中银公司向内蒙古自治区包头市中级人民法院起诉称，2009年7月10日，昆区政府委托包头市资源局以公开挂牌方式交易出让昆区团18号街坊的土地，中银公司竞买该宗土地。因该宗土地为非净地，被申请人委托鉴定机构进行土地成本鉴定，确定土地成本为1211.25177万元。2009年10月22日中银公司与包头市资源局签订《国有建设用地使用权出让合同》，土地总价款1608.71341万元，其中出让金为397.46164万元，土地成本1211.25177万元。双方达成口头协议：中银公司缴纳土地款并对地上物进行拆除、建设，包头市资源局返还中银公司土地成本款。合同签订后，中银公司全额缴纳土地款，包头市资源局向中银公司交付了土地，中银公司对地上物进行了拆除并完成了开发建设。在土地成本返还过程中，包头市资源局于2010年1月29日通过包头市财政局退还了中银公司981.86517万元。剩余229.3866万元未退还，理由是在相关图纸上该部分土地为空地和道路，涉及的229.3866万元土地成本应属于国有资产。但经昆区政府查明，该部分土地实际是旧平房区，图上的空地和道路多年来已被附近居民建设了建筑物，所谓空地早已不存在。双方在签订出让合同时包头市资源局对此客观事实是明知的，且中银公司已对该部分土地投入相关成本，进行了地上物拆除、安置。请求人民法院：一、确认中银公司与被申请人双方返还土地成本的口头协议合法有效；二、判令包头市资源局将剩余土地成本款229.3866万元划归包头市财政局所有的行政行为违法；三、判令包头市资源局返还中银公司土地成本款229.3866万元及违约金，违约金按年24%从2010年1月29日计算至实际给付日；四、判令包头市财政局直接向中银公司支付土地成本款229.3866万元。

一审法院查明，昆区政府于2009年7月10日委托包头市资源局以公开挂牌方式交易出让昆区团18号街坊的土地。该宗土地于2009年3月1日经昆区政府委托内蒙古瑞驰房地产评估有限责任公司评估结果为土地成本总价为1211.03万元。该委托合同约定该宗委托交易土地涉及政府土地出让金为397.46164万元，交易土地取得成本经昆区政府确认为1211.25177万元。交易成交后，交易土地取得成本从总成交地价款中如数返还给昆区政府。中银公司竞买该宗土地，于2009年8月20日与包头市资源局签订出让成交确认书，于2009年10月22日签订国有建设用地使用权出让合同。合同中约定，本合同项下宗地的国有建设用地使用权出让价款为1608.71341万元，定金为322万元。中银公司缴纳1608.71341万元，昆区政府于2010年1月19日向包头市财政局作出《关于团18号街坊部分地块有关事宜的说明》，请求包头市财政局按照有关规定将土地成本返还中银公司。包头市资源局于2010年1月22日退还中银公司981.86517万元，剩余229.3866万元未退还。2015年6月10日，昆区政府向包头市资源局致函，请求将剩余土地成本229.3866万元返还昆区政府。2015年7月21日，包头市资源局函复昆区政府，建议将1211.25177万元土地总成本中的981.86517万元返还中银公司，属国有资产的2382平方米空地和道路所涉及的229.3866万元土地成本缴入市财政。

一审法院认为，中银公司未能提供与昆区政府或包头市资源局达成返还土地成本款项及款项数量的相关依据，故中银公司请求确认口头协议合法有效及其他诉讼请求，因无事实根据及法律依据，一审法院不予支持。依照《行政诉讼法》第四十九条第三项之规定，裁定驳回中银公司的起诉。

中银公司不服一审裁定，向内蒙古自治区高级人民法院提起上诉。该院二审认为，《行政诉讼法》第二十五条第一款规定："行政行为的相对人以及其他与行政行为有利害关系的公民、法人或者其他组织，有权提起诉讼。"第四十九条规定："提起诉讼应当符合下列条件：（一）原告是符合本法第二十五条规定的公民、法人或者其他组织；……（三）有具体的诉讼请求和事实根据；……”《最高人民法院关于行政诉讼证据若干问题的规定》第四条第一款规定：“公民、法人或者其他组织向人民法院起诉时，应当提供其符合起诉条件的相应的证据材料。”本案中，中银公司提供的证据未能证明口头协议存在，且昆区政府、包头市资源局否认曾达成过口头协议，据此，中银公司提出“确认双方返还土地成本的口头协议合法有效、判令包头市资源局返还成本款及违约金、判令包头市财政局支付土地成本款”的诉讼请求没有事实根据。中银公司提出“判令包头市资源局将剩余土地成本款划归包头市财政局所有的行政行为违法”的诉讼请求，因该行为是包头市资源局与包头市财政局之间的行为，故中银公司与该行为没有法律上的利害关系。综上，中银公司的起诉不符合法律规定的起诉条件，一审裁定认定事实清楚，适用法律正确，程序合法。中银公司的上诉理由不能成立，不予支持。遂裁定驳回上诉，维持一审裁定。

中银公司向最高人民法院申请再审称，其所提供的证据能够证明被申请人应当将剩余土地成本款全数返还，履行约定义务，原审法院对其所提供的证据未进行认定，仅以不能证明口头协议存在为由驳回，认定事实不清，适用法律错误，审判程序违法，其起诉有事实和法律依据，应当受到法律保护。请求撤销一、二审裁定，指令一审法院再审。

昆区政府答辩称，其与中银公司之间没有达成过关于退还土地成本款的口头协议，即便要退还其也不是适格主体。

包头市资源局答辩称，其与中银公司之间没有达成过关于退还土地成本款的口头协议，该宗土地部分属于空地和道路，不需要对地上物进行拆除，故不需要退还土地成本款。

包头市财政局述称，是否需要返还土地成本款由包头市资源局确认。

最高人民法院经审查认为，本案中，虽然中银公司的诉讼请求有四项，但其核心诉求是返还剩余“土地成本款”，本案诉讼类型应属于行政给付之诉。虽然被申请人在诉讼过程中否认存在口头协议，但根据一、二审法院查明的事实，包头市资源局已将部分“土地成本”退还中银公司，昆区政府亦曾为中银公司的此项主张向包头市财政局、包头市资源局出具说明及致函，以上事实足以说明本案所涉行政争议客观存在，不能据此认为中银公司所请求履行的法定职责或者给付义务明显不属于被申请人权限范围。故此，一、二审裁定以没有事实根据等为由驳回中银公司的起诉确有错误，本院予以纠正。该院遂裁定提审本案。

【评析】

行政协议的当事人双方意思表示必须真实且一致，是行政协议成立的基本要求，同时行政协议的此要求在形式上也要求以书面的形式体现出来。关于行政协议合意的确立形式，德国法上明确了应当以一种确定载体的形式记录下来，即书面的文本，这是行政协议区别于民事合同的不同之处。行政合同应当以书面形式订立，但是法律另有规定的除外。因为口头协议常常被认为没有事实依据而被裁定驳回起诉。对于何谓书面形式，司法实务应当采较为宽松的态度，只要双方往来的文件载明合意的，就可认为具备了书面要件，如保证书、自愿书等。没有书面形式的行政协议，法院原则上判决行政协议不成立，有相反证据推翻的除外。

《行政诉讼法》第四十九条第三项规定，提起诉讼应当符合的条件之一是有具体的诉讼请求和事实根据，即公民、法人或者其他组织提起诉讼时应当能够证明所争议的行政法上的权利义务关系客观存在。当然，起诉时的证明标准只要能够说明行政争议的存在即可，而不需要达到足以支持其诉讼请求的标准，原告的诉讼请求能否成立是在进入实体审理之后才需要解决的问题。《最高人民法院关于适用〈中华人民共和国行政诉讼法〉的解释》第九十三条第二款亦规定，人民法院经审理认为原告所请求履行的法定职责或者给付义务明显不属于行政机关权限范围的，可以裁定驳回起诉。即当原告所请求履行的给付义务明显不属于被告权限范围时，可以认为其起诉不符合法定条件而裁定驳回；反之，若经过对诉讼请求的初步审查，不能得出明显不属于被告权限范围的结论，或者只是对被告应否履行相应给付义务存在争议，则应当进入实体审理后依法作出裁判。也就是说，口头行政协议是否成立或者存在，依法应当有充分、有效的证据来证明，但是，起诉时的证明标准只要能够说明行政争议的存在即可，而不需要达到足以支持其诉讼请求的标准。本案根据原审法院查明的事实，包头市资源局已将部分“土地成本”退还中银公司，昆区政府亦曾为中银公司的此项主张向包头市财政局、包头市资源局出具说明及致函，以上事实足以说明本案所涉行政争议客观存在。

第二节 行政允诺与行政协议的处理

崔某某诉徐州市丰县人民政府招商引资案

【案号】

一审：江苏省徐州市中级人民法院（2015）徐行初字第00102号行政判决书

二审：江苏省高级人民法院（2016）苏行终字第90号行政判决书

【案情】

上诉人（一审原告）：崔某某。

被上诉人（一审被告）：丰县人民政府。

2001年6月28日，中共丰县县委和丰县人民政府（以下简称丰县政府）印发丰委发〔2001〕23号《关于印发丰县招商引资优惠政策的通知》（以下简称《23号通知》），就丰县当地的招商引资奖励政策和具体实施作出相应规定。2003年，在崔某某推介运作下，徐州康达环保水务有限公司建成并投产。后崔某某一直向丰县政府主张支付招商引资奖励未果。2015年5月，崔某某向一审法院提起本案之诉，请求判令丰县政府依照《23号通知》第二十五条和附则的规定兑现奖励义务。丰县政府在收到一审法院送达的起诉状副本后，其下属部门丰县发展改革与经济委员会（以下简称丰县发改委）

于2015年6月作出《关于对〈关于印发丰县招商引资优惠政策的通知〉部分条款的解释》（以下简称《解释》），对《23号通知》第二十五条和附则作如下说明："1.外资，是指其他国家地区（包括港澳台地区）来中国大陆以从事经济社会活动为主要目的，在遵守中国法律法规前提下，遵循市场机制法则，本着互利互惠的原则进行的独资、合资、参股等市场流入的资金。2.外资项目，是指利用外资建设的项目。3.本县新增固定资产投入300万元人民币以上者，可参照此政策执行。本条款是为了鼓励本县原有企业，增加固定资产投入，扩大产能，为我县税收作出新的贡献，可参照本优惠政策执行。"

【审判】

江苏省徐州市中级人民法院认为，徐州康达公司系李某恩帮助重庆康达公司进行市场运作、以BOT模式投资建设运营的项目。（1）关于该项目是否属于《23号通知》规定的引进外资项目。法院认为，首先，《23号通知》中凡涉及外商投资额的内容，均以美元而非人民币作为货币种类；对引介的对外承包工程项目或劳务合作项目，项目总额也以美元计。其次，《23号通知》规定的有权解释主体丰县体改委已不存在，承继其职能的丰县发改委对该文件进行解释属于有权解释；且丰县发改委《解释》中将"外资"界定为"其他国家地区（包括港澳台地区）来中国大陆以从事经济社会活动为主要目的，在遵守中国法律法规前提下，遵循市场机制法则，本着互利互惠的原则进行的独资、合资、参股等市场流入的资金"，将外资项目界定为"利用外资建设的项目"，上述解释符合《23号通知》的本意，予以采信。综合以上两点，徐州康达公司不属于《23号通知》规定的引进外资项目。（2）关于该项目是否属于《23号通知》附则规定的"本县新增固定资产投入300万元人民币以上者"。一审法院认为，根据该文件的字面本意及有权解释机关丰县发改委的《解释》，"本县新增固定资产投入300万元人民币以上者"，是指丰县原有企业增加固定资产投入、扩大产能。因徐州康达公司系重庆康达公司以BOT模式投资建设运营的新企业，故不属于《23号通知》附则规定的"本县新增固定资产投入300万元人民币以上者”。综上，无论崔某某提供的丰县人大常委会的两份证明、丰县建设局的证明是否真实，无论徐州康达公司是否系崔某某引进，均因该项目不属于《23号通知》第二十五条及附则规定的奖励范畴而不应予以奖励。依据《行政诉讼法》第六十九条之规定，判决驳回崔某某的诉讼请求。

崔某某不服，提出上诉。二审法院审理认为，被上诉人丰县政府作出的上述招商引资奖励承诺，以及上诉人崔某某因此开展的介绍行为，符合居间人向委托人报告订立合同的机会或者提供订立合同的媒介服务，委托人支付报酬的特征，具备诺成性、双务性和不要式性的特点。崔某某多次主张丰县政府应当按照《23号通知》的规定向其支付招商引资奖励，上述纠纷属于行政合同争议的范畴。

对被上诉人丰县政府的相关行为，既要审查合约性，也要审查合法性。其中，合法性审查不仅要审查被上诉人的行为有无违反行政法规定，也要审查其行为有无违反准用民事法律规范的基本原则。诚信原则不仅是合同法中的帝王条款，也是行政合同各方应当遵守的基本行为准则。基于侧重保护公共利益的考虑，赋予行政主体在解除和变更合同中具有优益权，但这种优益权的行使同样不能与诚信原则相抵触。同时，赋予行政主体的优益权不能被滥用，尤其在对合同关键条文的解释中，应当限制行政主体在无其他证据佐证的情形下任意行使所谓的优益权。否则，将可能导致行政合同产生的基础，即各方的意思表示一致，被动摇。

由于《23号通知》规定的有权解释主体丰县体改委已不存在，其职能由丰县发改委承继。2015年6月19日丰县发改委的《解释》，共有两个主要部分，其中有关“外资”的界定符合《23号通知》的本意，且具有相应事实根据，本院对此予以采纳。上诉人崔某某主张，被上诉人丰县政府应当按照《23号通知》第二十五条的规定履行奖励义务的观点缺乏事实根据，该院不予支持。

丰县发改委将《23号通知》附则规定的“本县新增固定资产投入”进行限缩性解释，与社会公众正常的理解不符。被上诉人通过对当时承诺重新界定的方式，推卸自身应负义务，是对优益权的滥用。被上诉人丰县政府滥用优益权的行为显然有悖于诚信原则。故应当认为，丰县发改委《解释》中的该相关内容无效，被上诉人丰县政府应当继续履行当年作出的招商引资承诺义务。

一审判决未能依照行政合同的特点，结合相关民事法律规定，对被上诉人丰县政府不履行约定义务的行为作出正确裁判，依法应予纠正。依照《行政诉讼法》第七十八条、第八十九条第一款第二项的规定，判决撤销江苏省徐州市中级人民法院（2015）徐行初字第00102号行政判决；被上诉人丰县人民政府继续依照《23号通知》的承诺履行义务。

【评析】

行政允诺是行政机关为实现特定的行政管理目的，向行政相对人公开作出的当行政相对人实施一定的行为即给予其利益回报的意思表示行为。此非常类似于民事的悬赏广告。民事的悬赏广告是指以广告的方式公开表示对于完成一定行为的人给予报酬的意思表示。因此，悬赏人对于完成该行为的人，负有给付报酬的义务。悬赏广告主要有两层意义：一层是指悬赏广告的意思表示，即悬赏人意思表示的外化；另一层是指此意思表示与指定行为的完成结合而成立的法律行为，也即是悬赏人以广告的方法声明对完成一定行为的人给予报酬的意思表示，基于该意思表示，悬赏人对完成指定行为的人负有给付报酬的义务。

在理论上，既然悬赏广告是一种附条件的法律行为，那么其成立须具备一定的条件。具体而言包括：（1）须以广告的方法，对不特定人为意思表示。悬赏广告必须采用广告的方式为之，因此属于要式法律行为。但究竟何为广告，应依一般社会公众之观念判断之。民法上最简易的判断方法，就是看其所使用的方法是否系针对特定相对人作出的。如果该意思表示是向某一个或者某几个特定人发出的，则难称其为悬赏广告，只能视为一般要约。至于广告的方法，无论是采用文字广告，如在报纸上刊登广告，在广告栏内、电线杆上张贴广告，在公共车辆、场所内悬挂广告等，还是采用口头广告，如通过收音机、有线广播播发或口送宣传等，只要使用的方法能使不特定人了解其意思表示，都可以成立。（2）广告须对完成一定行为的相对人，有给付一定报酬的表示。一定行为，各国民法上并无严格限制，不仅指积极的作为，如寻找走失之人，也包括消极的不作为。（3）须完成一定的行为。这是广告人负担给付报酬义务的前提条件。对行为是否完成的认定，应依行为的性质而定。如果指定的行为是对广告人报告一定事项的行为，或广告含有须将完成行为的事实告知广告人的意思，在通知到达广告人时，才为完成了广告指定的行为。有人认为，不必将给付一定报酬作为悬赏广告的成立要件之一。理由如下：其一，悬赏本身就是具有给付内容的意思表示。至于不特定人在完成指定行为后，是否接受这种给付是行为人的权利。其二，民事生活的多样性和复杂性，使法律不可能也不必要对悬赏广告的酬金给付作出限制。法律只需对悬赏广告的内容是否违背国家利益、是否有悖公序良俗和是否损害他人合法权益等方面加以限制。其三，悬赏酬金是悬赏广告的重要组成部分，缺少悬赏报酬给付，在理论上也抹杀了将广告分为普通商业广告和悬赏广告的法律意义。关于悬赏广告，其最主要之效力，即是相对人的报酬请求权，此与一般债权关系并无不同。

悬赏广告具有以下特点：一是有偿性，所谓悬赏，顾名思义，就是指用出钱或者奖赏的办法公开征求别人的帮助以完成自己难以完成的事情，按广告发布人的要求他人完成其指定行为，广告发布人就必须支付约定的报酬，这样才能保证广告者和行为人两者间的利益平衡；二是行为人的不特定性，悬赏广告是公开向不特定的人作出的，只要行为人完成了其所规定的行为，广告发布人的目的即得以实现，行为人就应该享有获得报酬的请求权；三是注重结果性，广告发布人发出悬赏广告，是为了追求一定结果的实现，至于行为人如何完成该行为，他是不关心的，相反，行为人只要没有完成指定行为，不管付出了多大的代价，都得不到报酬请求权，广告发布人也没有支付报酬的义务。

在法律上对悬赏广告的性质怎样确定，理论界历来有两种对立的学说。

一种是契约说，另一种是单独行为说。契约说认为，悬赏广告是对不特定人的要约，因此，必须与完成指定行为人的承诺相结合，其契约才能成立。完成广告行为的人享有报酬请求权，悬赏人负有按照悬赏广告的约定支付报酬的义务。单独行为说认为，悬赏广告是悬赏人单方的意思表示，只要悬赏人发出悬赏广告的意思表示，悬赏广告即告成立。行为人按照悬赏广告完成一定行为并非针对广告要约而作出的承诺，而是履行悬赏广告确定的义务。支持单独行为说的理由是：（1）按照单独行为说的主张，悬赏人发出悬赏广告即受其约束，不管完成行为的人是否知道悬赏广告，都不影响其报酬请求权。而且，广告发出后不得随意撤销。这对相对人有利。（2）按照单独行为说，限制行为能力人和无行为能力人只要完成指定的行为，都享有报酬请求权。而若采取契约说，则其行为能力对契约的效力存在影响。（3）按照单独行为说，相对人完成指定的行为属于事实行为。只要完成该行为即享有报酬请求权，而不会产生承诺的效力等问题。（4）契约说会产生一系列复杂的问题，如抗辩权问题等。

在我国立法中，一般将悬赏广告作为订立合同的一种方式。《最高人民法院关于适用〈中华人民共和国合同法〉若干问题的解释（二）》（法释〔2009〕5号）第三条规定，“悬赏人以公开方式声明对完成一定行为的人支付报酬，完成特定行为的人请求悬赏人支付报酬的，人民法院依法予以支持。但悬赏有合同法第五十二条规定情形的除外”。《民法典》第四百九十九条规定，“悬赏人以公开方式声明对完成特定行为的人支付报酬的，完成该行为的人可以请求其支付”。上述均规定在“合同的订立”部分，显然将悬赏广告作为订立合同的一种方式。司法实践中也往往采取契约说，即认为悬赏广告是一种契约，是为了唤起不特定的人与之订立合同。一有人完成了广告所指定的行为，合同即告成立。

对于行政允诺或者行政法上的悬赏广告，崔某某诉徐州市丰县人民政府招商引资案，可谓是契约说和民事立法及司法在行政审判领域的典型代表，下文所述张某田、白某玲、韩某余因诉被上诉人神木县人民政府行政协议案则是单独行为说在行政审判中的实践。我们认为，两案在目前行政法律及司法解释规定看，并不存在谁对谁错的问题，但存在谁优谁劣的问题。行政允诺或者行政法上的悬赏广告，即使采用单独行为说，鉴于法治政府必须是诚信政府，良好的信誉是各级政府执政的基础。如果有悖于诚信原则，应当作出否定性评价。将行政允诺纳入行政协议制度调整，正如中国《民法学》教程中亦认为，将悬赏广告解释为要约为宜。悬赏广告是悬赏人以广告的方式声明，对于完成一定行为的人，按照广告中公布的赏格，给予约定的报酬，它不同于普通广告，悬赏人的目的不仅仅是引起人们的注意，还包括唤起不特定的人与之订立合同，　且有人完成了广告所约定的行为。合同即告成立。因此，对其合法性审查不仅要审查有无违反行政法规定，也要审查其行为有无违反准用民事合同法律规范的基本原则，防止行政机关对允诺任意撤回，不仅损害相对人的合法权益，也有损诚信政府的建设。

【关联规定】

1.《中华人民共和国民法典》

第四百九十九条　悬赏人以公开方式声明对完成特定行为的人支付报酬的，完成该行为的人可以请求其支付。

2.《最高人民法院关于适用〈中华人民共和国合同法〉若干问题的解释（二）》（法释〔2009〕5号）

第三条　悬赏人以公开方式声明对完成一定行为的人支付报酬，完成特定行为的人请求悬赏人支付报酬的，人民法院依法予以支持。但悬赏有合同法第五十二条规定情形的除外。

相关案例

张某田、白某玲、韩某余因诉被上诉人神木县人民政府行政协议案

【案号】

一审：陕西省榆林市中级人民法院（2015）榆中行初字第00021号行政

判决书

二审：陕西省高级人民法院（2016）陕行终29号行政判决书

【案情及审判】

上诉人（一审原告）：张某田、白某玲、韩某余。

被上诉人（一审被告）：神木县人民政府。

神木县人民政府于2008年6月16日印发了神政发〔2008〕23号《神木县城区禁烧烟煤工作实施办法》，对在县城区禁烧烟煤的总则、城区禁烧烟煤治理工作的监督管理、清洁燃料的使用及补贴、法律责任等问题作了规定，规定中并未对具体个人作出权利、义务方面的规定。神木县人民政府于2008年7月25日印发了《神木县人民政府县长办公会第38次〈关于近期推进禁烧烟煤工作有关事项的会议纪要〉》，该会议纪要就禁烧烟煤工作推进情况的相关问题作出规定，并未对具体个人作出权利、义务方面的规定。三原告认为其与被告神木县人民政府之间事实上形成了行政合同法律关系，且已经履行了合同的主要义务，被告神木县人民政府未推进实施无烟煤项目，构成了行政合同的根本性违约，故提起行政诉讼。

一审法院认为，依据2015年《最高人民法院关于适用〈中华人民共和国行政诉讼法〉若干问题的解释》第十一条的规定，行政协议是指行政机关为实现公共利益或者行政管理目标，在法定职责范围内，与公民、法人或者其他组织协商订立的具有行政法上权利义务内容的协议。本案中，神木县人民政府印发的《神木县城区禁烧烟煤工作实施办法》属于针对不特定的主体作出的规范性文件，具有普遍适用性，神木县人民政府印发的《关于近期推进禁烧烟煤工作有关事项的会议纪要》属于针对政府部门内部作出的工作要求文件，该规范性文件和会议纪要明确了开展禁烧烟煤工作的优惠政策方案等相关配套措施，是本案讼争无烟煤建设项目得以执行的主要依据，但该优惠政策方案等相关配套措施是神木县政府通过规范性文件和会议纪要单方制定的，本案中亦无证据证明神木县政府曾邀请了三原告参加县政府办公会议并与之协商，或征求过三原告的同意，神木县政府作出的单方意思表示，没有三原告的意思配合，故被告印发的规范性文件及办公会议纪要文件不是双方经协商共同签订的行政协议。三原告现主张其曾应被告的要求，租赁土地、修建厂房、采购设备、购进无烟煤、雇用工人积极兴建无烟煤场，于2008年10月1日筹建完成，具备营销条件，与被告神木县人民政府之间事实上形成了行政协议法律关系的观点，无事实根据和法律依据。根据《最高人民法院关于适用〈中华人民共和国行政诉讼法〉若干问题的解释》第十五条的规定，原告主张被告单方变更、解除协议违法，理由成立的，人民法院方可根据原告的诉讼请求分别判决，其中，给原告造成损失的，判决被告予以赔偿。据此，本案中被告的赔偿责任首先应当以其单方变更协议违法为前提，现因根据双方当事人的举证、质证及陈述所查明的事实，不能认定双方当事人间成立行政协议，故对原告提交的争议焦点行政赔偿方面（证明因受被诉行政行为侵害而造成损失的事实）的证据不再进行分析认证。原告关于确认被告神木县人民政府改变行政决定的行政行为违法及由被告神木县人民政府赔偿三原告各项直接经济损失的诉讼请求，缺乏事实根据和法律依据，依法不能成立，应予驳回。综上，依照《最高人民法院关于执行〈中华人民共和国行政诉讼法〉若干问题的解释》第五十六条第四项之规定，判决：驳回原告张某田、白某玲、韩某余的诉讼请求。

上诉人张某田、白某玲、韩某余上诉称：一审法院认定事实不清、适用法律错误。上诉人建无烟煤场是根据被上诉人文件要求进行的，上诉人曾向神木县城乡建设局提出申请，并经神木县城乡建设局批准。在建设过程中，神木县城乡建设局曾多次派工作人员会同上诉人进行实地调研。并对无烟煤场的建设提出了具体的要求。后神木县政府改变行政决定，给上诉人带来损失，理应作出赔偿。请求：（1）撤销榆林市中级人民法院（2015）榆中行初字第00021号行政判决并确认被上诉人神木县人民政府行政行为违法；（2）判令被上诉人赔偿上诉人直接经济损失1768031.4元；（3）一、二审诉讼费用由被上诉人承担。

神木县政府答辩称：（1）答辩人不是适格的被告。2008年6月16日，答辩人印发的《神木县城区禁烧烟煤工作实施办法》第十四条第一款明确规定“县城乡建设局负责制定燃煤改燃清洁燃料总体发展规划，并组织按期实施"，即原神木县城乡建设局（2011年机构改革时神木县城乡建设局更名为神木县住房和城乡建设局）为城区禁烧烟煤工作的组织实施主体。为此，在禁烧烟煤工作组织实施过程中发生纠纷或者产生责任的，相关权利人应当向神木县住房和城乡建设局提出主张，而不是向政策的制定主体神木县人民政府提出。本案中，上诉人若认为其合法权益受到损害，应当依法起诉神木县住房和城乡建设局，而不是答辩人，上诉人要求答辩人承担赔偿责任，没有事实根据和法律依据，其诉讼请求应当依法驳回。（2）答辩人与上诉人不存在行政合同关系，上诉人投资损失应当自行承担。答辩人在实施禁烧烟煤工作中没有向上诉人发出要约或者作出承诺，更未签订任何行政合同，不存在行政合同关系。答辩人在实施禁烧烟煤工作中，所制定、发出的文件均为政策性或者对所属部门的工作要求，具有反复适用性和普遍适用性，没有针对任何特定的公民或者企业。因此，上诉人以答辩人发出的规范性文件或者工作通知，并由此认定针对上诉人作出行政决定，进而认定双方形成行政合同关系，显然是错误的。答辩人认为，上诉人投资兴办无烟煤场系自觉自愿的投资行为，属于市场经营活动，其因投资失败造成的损失也应当由上诉人自行承担。综上，答辩人认为，上诉人所诉求赔偿既无事实依据，也无法律依据，请求二审法院依法驳回上诉人的诉讼请求。

二审法院认为，神木县人民政府印发的《神木县城区禁烧烟煤工作实施办法》属于针对不特定主体作出的规范性文件，具有普遍适用性。神木县人民政府印发的《关于近期推进禁烧烟煤工作有关事项的会议纪要》属于针对所属部门作出的内部工作要求文件。该规范性文件和会议纪要是神木县政府单方制定的。上诉人无证据证明与神木县政府之间存在合意行为。故上诉人主张其曾应神木县政府的要求，租赁土地、修建厂房、采购设备、购进无烟煤、雇用工人积极兴建无烟煤场，于2008年10月1日筹建完成，具备营销条件，与被上诉人神木县人民政府之间事实上形成了行政协议法律关系的观点不能成立。上诉人诉请由于神木县政府改变行政决定导致其受到损失，并要求赔偿的诉讼请求，缺乏事实根据和法律依据。

综上，上诉人张某田、白某玲、韩某余的上诉理由不能成立，依法不予支持。依照《行政诉讼法》第八十九条第一款第一项的规定，判决如下：驳回上诉，维持原判。

【评析】

行政允诺是行政机关为实现特定的行政管理目的，向行政相对人公开作出的当行政相对人实施一定的行为即给予其利益回报的意思表示行为。本案中，神木县人民政府印发的两个文件，一个属于针对不特定主体作出的规范性文件，具有普遍适用性，另一个属于针对所属部门作出的内部工作要求文件，这两个文件都是神木县政府单方制定的，并无证据证明行政相对人与神木县政府之间存在合意行为。故不能认定行政相对人与被上诉人神木县人民政府之间事实上形成了行政协议法律关系，上诉人关于由于神木县政府改变行政决定导致其受到损失，并要求赔偿的诉讼请求，缺乏事实根据和法律依据。

第三章

行政协议与一般行政行为的竞争关系

行政协议与一般单方行政行为在诸多领域（尤其是隶属性之法律关系中）属于“竞争与取代”关系，行政协议缔约之目的在于替代行政行为，原则上行政机关不得再行作出单方行政行为取代行政协议，否则将造成当事人间信赖之突袭，亦有违以行政协议取代行政行为之最初竞争与替代之本质。

王某钢等诉河北省怀来县人民政府、河北省怀来县东花园镇人民政府房屋征收补偿决定案

【案号】

一审：河北省张家口市中级人民法院（2017）冀07行初40号行政裁定书

二审：河北省高级人民法院（2018）冀行终275号行政裁定书

再审：最高人民法院（2020）最高法行申561号行政裁定书

【案情】

再审申请人（一审原告、二审上诉人）：王某钢、张某江、梁某满、王某利。

再审被申请人（一审被告、二审被上诉人）：河北省怀来县人民政府（以下简称怀来县政府）。

一审原告、二审上诉人：阎某。

一审原告：李某江。

河北省张家口市中级人民法院一审查明，2015年9月21日，国家发改委批准修建京张铁路工程。为此，怀来县政府就此项房屋征收工作成立了怀来县京张城际铁路指挥部办公室。怀来县东花园镇西花园村的李某江、王某利、张某江、王某钢、梁某满、阎某的住宅在该项目规划的红线范围内。2016年12月21日，怀来县京张城际铁路指挥部办公室、东花园镇政府作出《新建京张铁路房屋征收补偿决定书》（以下简称《房屋征收补偿决定》），决定对王某利、李某江、张某江、王某钢、梁某满、阎某的房屋予以征收。李某江、王某利、张某江、王某钢、梁某满、阎某对上述补偿决定不服，未经复议直接诉至法院，请求撤销怀来县京张城际铁路指挥部办公室、东花园镇政府作出的《房屋征收补偿决定》。

该院另查明，庭审中，怀来县政府自认怀来县京张城际铁路指挥部办公室是怀来县政府下设的机构，该机构的印章可代表怀来县政府。李某江、王某利、张某江、王某钢、梁某满、阎某均提出征收房屋所使用的土地性质系集体土地，怀来县政府对房屋使用土地的性质无异议。

河北省高级人民法院二审查明的事实与一审裁定认定的事实一致。该院另查明，2016年10月15日，东花园镇政府分别与王某利、张某江、王某钢、梁某满、阎某签订《怀来县新建京张铁路项目房屋征收补偿安置协议》（以下简称《补偿安置协议》）。王某利、张某江、王某钢、梁某满尚未领取协议约定的补偿款。东花园镇政府已为补偿安置资金设置了专款账户，王某利、张某江、王某钢、梁某满的补偿款已存入上述专款账户。

最高人民法院另查明，（1）王某钢、张某江、梁某满、王某利于2018年1月18日针对其与东花园镇政府（系受怀来县政府委托）签订的《补偿安置协议》，分别以东花园镇政府、怀来县政府为共同被告向河北省张家口市中级人民法院提起行政诉讼，请求确认《补偿安置协议》无效。河北省张家口市中级人民法院以《补偿安置协议》不属于《行政诉讼法》第七十五条所规定行政行为无效的情形，且双方真实意思表示，不存在《合同法》第五十二条规定的合同无效的情形为由，分别判决驳回王某钢、张某江、梁某满、王某利的诉讼请求。上述案件经河北省高级人民法院二审维持了一审判决，该院亦分别裁定驳回王某钢、张某江、梁某满、王某利的再审申请。（2）东花园镇政府与王某钢、张某江、梁某满、王某利分别签订的《补偿安置协议》所约定的补偿金额，与本案被诉《房屋征收补偿决定》所确定的补偿金额一致。

【审判】

河北省张家口市中级人民法院一审认为，李某江、王某利、张某江、王某钢、梁某满、阎某房屋使用土地的性质是集体土地，怀来县京张城际铁路指挥部办公室、东花园镇政府对李某江等六人作出《房屋征收补偿决定》，李某江等六人对此不服，依据相关规定应先提起行政复议，经庭审质证，李某江等六人未履行上述程序。故，对李某江等六人的诉讼请求，该院不予支持。该院在开庭三日前向李某江送达了开庭传票，李某江拒不到庭且无正当理由，故按撤诉处理；阎某已与怀来县政府签订补偿协议，并已领取搬迁补偿款，《房屋征收补偿决定》对阎某权利义务不产生实际影响，故阎某对《房屋征收补偿决定》提起诉讼，不属于人民法院行政诉讼受案范围。东花园镇政府虽在《房屋征收补偿决定》上加盖公章，但其不是作出《房屋征收补偿决定》的主体，被告主体资格不适格。该院遂裁定驳回王某利、张某江、王某钢、梁某满、阎某的起诉，李某江按撤诉处理。

河北省高级人民法院二审认为，王某利等人起诉请求撤销怀来县政府、东花园镇政府作出的《房屋征收补偿决定》。但在《房屋征收补偿决定》作出之前，王某利、张某江、王某钢、梁某满、阎某已与东花园镇政府签订《补偿安置协议》，已对自身相关权益作出处分。上述《补偿安置协议》是双方真实意思表示，协议已经生效，且未被其他生效裁判确认无效。阎某已领取协议约定的补偿款，王某利、张某江、王某钢、梁某满的补偿款亦已存入专门账户。因此，之后作出的《房屋征收补偿决定》对王某利、张某江、王某钢、梁某满、阎某的权利义务不产生实际影响。王某利、张某江、王某钢、梁某满、阎某的起诉不符合法定起诉条件，一审裁定驳回五人的起诉，并无不当。至于李某江，经一审法院传票传唤无正当理由拒不到庭，一审裁定其按照撤诉处理，亦无不当。王某利等五人的上诉理由不能成立，不予支持。该院遂裁定驳回上诉，维持一审裁定。

最高人民法院再审认为，根据《行政诉讼法》第十二条第一款第五项之规定，公民、法人或者其他组织对征收、征用决定及其补偿决定不服提起诉讼的，属于人民法院的受案范围。本案中，怀来县政府针对王某钢、张某江、梁某满、王某利被征收房屋分别作出的被诉《房屋征收补偿决定》，对被征收的地上建（构）筑物补偿及其他补偿的数额、搬迁的期限等予以确定，对当事人的权利义务显然具有实际影响，且不属于行政复议前置的情形，依法属于《行政诉讼法》规定的受案范围。一审裁定关于被诉《房屋征收补偿决定》应先提起行政复议的理由，于法无据。一、二审以被诉《房屋征收补偿决定》对王某钢、张某江、梁某满、王某利的权利义务不产生实际影响为由裁定驳回起诉，显属不当，该院予以指正。

需要特别指出，行政协议系行政主体与公民、法人或者其他组织协商一致所达成的协议。行政协议一经签订，无论行政机关还是公民、法人或者其他组织均应诚实地履行约定的义务，否则将依法依约承担相应的责任。进言之，如果行政机关不履行行政协议约定的义务，公民、法人或者其他组织依法有权提起行政诉讼，促使行政机关履行行政协议或者承担违约责任；反之，如果公民、法人或者其他组织不履行行政协议约定的义务，行政机关有权作出督促公民、法人或者其他组织履行行政协议的处理决定。本案中，王某钢、张某江、梁某满、王某利与东花园镇政府分别签订《补偿安置协议》后，因其未领取协议约定的补偿款，东花园镇政府将相应的补偿款存入专款账户，怀来县京张城际铁路指挥部办公室、东花园镇政府遂作出本案被诉《房屋征收补偿决定》。依该院查明的事实，王某钢、张某江、梁某满、王某利已对《补偿安置协议》分别向河北省张家口市中级人民法院提起行政诉讼，请求确认该协议无效，该案经终审分别判决驳回其诉讼请求。因此，在

《补偿安置协议》的有效性已被法院生效判决所认定，且本案被诉《房屋征收补偿决定》确定的补偿数额与《补偿安置协议》约定的补偿数额一致，亦未对王某钢、张某江、梁某满、王某利的权利义务施加不利影响的情况下，王某钢、张某江、梁某满、王某利就《房屋征收补偿决定》提起的本案诉讼，即使由该院指令原审法院审理，其亦并不会通过本案的审理获得《补偿安置协议》之外更多可保护的实际利益。鉴于此，为减少诉累，节约司法资源，本案并无再审的必要。遂裁定如下：驳回王某钢、张某江、梁某满、王某利的再审申请。

【评析】

“按照行政机关原则上对于其所欲达成之行政目标，享有选择行为形式之自由，不论是以公法行为或私法行为，亦不管是否并用不同种类之行为，皆属适法，此即行政行为自由选择理论。”[①]但是，行政机关对上述不同种类行为是否可以并用存在不同意见。行政协议是指行政机关为实现公共利益或者行政管理目标，在行使行政职责过程中，与公民、法人或者其他组织协商订立的具有行政法上权利义务内容的协议。行政机关采用此双方行为履行法定职责后，是否对同一事项又可以再采用单方行政行为，争议很大。“有关行政契约与行政处分是否并存，学界并存说、不得并存说均有人主张，但总体而言，契约既已成为当事人之间权利义务关系发生、变更、消灭的法源，双方发生争议，亦应以契约有关方式及程序加以解决。契约一方之行政机关不得再以行政处分介入契约，即所谓‘两种行为并行禁止原则’。也就是说，行政契约签订后，原则上应以契约方式解决后续争议。”[②]至于其理由，有人进一步阐释称，“于行政契约法制中，因为行政契约与行政处分在诸多领域

① 林明锵：《论型式化之行政行为与未型式化之行政行为》，载《当代公法理论——翁岳生教授六秩诞辰祝寿论文集》，月旦出版公司 1993 年版，第 337 页以下（尤其是第 355 页以下）。

② 陈世民：《从保障当事人或者第三人利益之观点探讨行政契约与行政处分并存与否之实益——法国发展“可分离行为”等相关概念之参考》，载《铭传大学法学论丛》2011 年第 16 期。

上（尤其是隶属性之法律关系中）系属于‘竞争与取代’关系，行政契约缔约之目的在于替代行政处分，而且契约当事人双方之期待，系事后就同一事件不再使用行政处分，而以伙伴形式之契约形成双方之权利义务关系，所以如果行政机关突然再恢复使用被替代之行政处分以发生、变更或消灭契约当事人间之法律关系时，将造成当事人间信赖之突袭，亦有违以行政契约取代行政处分之最初竞争与替代之本质。因为契约之双方协议本质，以行政处分之单方形成权利义务关系，终究有相当大之差异性，行政机关既然选择以行政契约之方式，来构建当事人间之法律关系，即同时宣示着其专以契约方式来解决彼此间之法律问题，亦‘默示’放弃以处分单方之法律形式来发生、变更或消灭彼此间之权利义务关系……如果容许行政机关与人民（或机关彼此间）于缔结行政契约后，出尔反尔，得回复以行政处分单方命令形式，径令他方当事人（单方）无条件必须接受此种无需其同意而产生之权利义务变动，不仅显失公平，而且亦违背双方当初协议以契约，不以行政处分方式来型塑当事人间法律关系之合意基础”。①

在本案，2016年10月15日，东花园镇政府分别与王某利、张某江、王某钢、梁某满、阎某签订《补偿安置协议》。2016年12月21日，怀来县京张城际铁路指挥部办公室、东花园镇政府作出《房屋征收补偿决定》，决定对王某利、李某江、张某江、王某钢、梁某满、阎某的房屋予以征收。东花园镇政府分别与王某利、张某江、王某钢、梁某满、阎某先签订《补偿安置协议》，又作出《房屋征收补偿决定》，显然违反“两种行为并行禁止原则”，依法应予撤销，但是考虑到王某钢、张某江、梁某满、王某利已对《补偿安置协议》分别向河北省张家口市中级人民法院提起行政诉讼，请求确认该协议无效，该案经终审分别判决驳回其诉讼请求。因此，在《补偿安置协议》的有效性已被法院生效判决所认定，且本案被诉《房屋征收补偿决定》确定的补偿数额与《补偿安置协议》约定的补偿数额一致，亦未对王某钢、张某江、梁某满、王某利权利义务施加不利影响的情况下，王某钢、张某江、梁

① 林明锵:《行政契约法研究》，翰芦图书出版有限公司2006年版，第166—168页。

某满、王某利就《房屋征收补偿决定》提起的本案诉讼，即使由最高人民法院指令原审法院审理，其亦不会通过本案的审理获得《补偿安置协议》之外更多可保护的实际利益。鉴于此，为减少诉累，节约司法资源，本案并无再审的必要。

第四章

行政协议相对性及例外的处理

协议具有相对性，行政协议作为特殊的协议，相对性仍是其重要属性，虽然没有民事合同那么强烈。司法实践中，行政协议的相对性不仅体现在实体审理，经常也体现在行政诉讼的起诉要件的审查中，多数是以行政协议的相对性确定原告、被告的。其中不仅有对委托理论和制度的正确运用，还有对我国行政管理和公共服务现实的特别关注和把握。

黎某宏诉韶关市人民政府、韶关市国土资源局行政补偿纠纷案

【案号】

一审：广东省韶关市中级人民法院（2015）韶中法行初字第26号行政判决书

二审：广东省高级人民法院（2015）粤高法行终字第500号行政判决书

【案情】

上诉人（一审原告）：黎某宏。

被上诉人（一审被告）：韶关市人民政府（以下简称韶关市政府）、韶关市国土资源局（以下简称韶关市国土局）。

2005年年底，韶关市国土局与韶关市食品有限责任公司（以下简称食品

公司）签订了《国有土地房产租赁合同》，约定将包括涉案土地在内的国有土地和地上建筑物出租给食品公司。2006年9月，食品公司与黎某宏签订了《房屋租赁合同》，约定将涉案土地及地上房屋出租给黎某宏办厂使用，租赁期暂定四年。2008年12月，韶关市浈江区农业局（以下简称浈江区农业局）向韶关市大地实业有限公司房屋拆迁咨询服务分公司（以下简称大地公司）出具《委托书》，委托该公司组织实施征用包括涉案土地在内的房屋拆迁安置补偿工作及边沟开挖工作并与大地公司签订了《韶关市农产品流通加工基地征地房屋动迁安置补偿协议》，约定大地公司对包括涉案土地在内的地上私人房屋、建筑物及私人企业实施拆迁安置补偿。2010年9月13日，大地公司与黎某宏签订了涉案《附着物拆迁补偿协议》，约定由黎某宏将其在涉案土地上自建的厂房设备等地上附着物拆除完毕，首期补偿款60%于该协议签订之日起30个工作日内由大地公司支付给黎某宏。上述协议签订后，黎某宏已经基本拆除其在涉案土地上搭建的附着物并搬离。由于大地公司未向黎某宏支付剩余40%的补偿款，黎某宏又搬回涉案土地原租赁厂房居住。2014年年初，韶关市国土局通知黎某宏，该局出租给食品公司的土地在租赁期满后不再与该公司及其他承租人续租，请黎某宏限期搬离。黎某宏要求韶关市国土局继续履行其与大地公司签订的《附着物拆迁补偿协议》。2015年1月16日，韶关市国土局向黎某宏作出《关于原食品公司东郊养鸡场地块原承租户要求补偿问题的答复意见》（以下简称《答复意见》），认为2010年9月13日与其签订的《附着物拆迁补偿协议》存在不妥当的地方，不宜继续履行。黎某宏不服上述《答复意见》，遂向韶关市中级人民法院提起诉讼，请求判决撤销《答复意见》，并要求韶关市国土局继续履行涉案《附着物拆迁补偿协议》。

一审法院另查明，韶关市国土局于2014年10月10日诉黎某宏返还原物纠纷向浈江区人民法院提起民事诉讼，浈江区人民法院于2015年1月15日作出（2014）韶浈法民一初字第1040号民事裁定，驳回韶关市国土局的起诉。

经原审法院现场勘察，原告所搭建的简易工棚基本已拆除，拆除后黎某宏已搬迁到东河外运公司职工宿舍二楼居住（租赁具体时间是2011年1—3月），由于第二期补偿款未支付，原告黎某宏又搬回原搬迁的原租赁厂房居住。原告黎某宏不服被告韶关市国土局向其作出的《答复意见》，向原审法院提起诉讼，请求撤销韶关市政府以收回土地为由指令韶关市国土局对其作出的《答复意见》中对《附着物拆迁补偿协议》不宜继续履行的决定。

二审法院另查明，1.2008年12月18日，浈江区农业局向韶关市大地实业有限公司房屋拆迁咨询服务分公司出具《委托书》，内容为："韶关市大地实业有限公司房屋拆迁咨询服务公司：根据韶浈府〔2008〕42号《关于征用新韶镇东联村、府管村委部分集体土地的通告》，为了切实做好征用东联村、府管村委部分集体上地用于韶关粤港农产品进出口加工物流中心建设工作，为确保该项目工程建设如期施工，征用东联村、府管村委部分集体土地和韶关市食品有限责任公司土地的房屋拆迁安置补偿工作及边沟开挖工作委托给你公司组织实施，具体委托要求如下：（1）参照执行韶浈府〔2007〕2号《韶赣高速公路浈江段建设项目征地拆迁补偿方案》核价补偿。（2）接受委托代理必须依照国家规定程序操作，同时承担由此发生的法律责任和经济责任。（3）拆迁安置补偿工作必须按协议规定期限如期完成。"同日，浈江区农业局（甲方）与韶关市大地实业有限公司房屋拆迁咨询服务分公司（乙方）签订了《韶关市农产品流通加工基地征地房屋动迁安置补偿协议》，该协议约定，"甲方全权委托乙方负责组织实施'韶关市农产品物流加工基地'征地红线内住宅房屋、私企、生产用房及附属建筑物的评估、丈量、动迁安置补偿工作，涉及拆迁具体位置以征地红线图为准"，"乙方负责依据'韶浈府〔2007〕2号补偿标准'，房屋测绘图（面积、结构），对征地红线内的所有私人房屋、建筑物及私人企业实施拆迁安置补偿"。2.一审庭审时，上诉人黎某宏明确其是针对《答复意见》起诉，对该答复意见中关于涉案《附着物拆迁补偿协议》不宜继续履行的决定不服，诉讼请求是请求法院判决撤销上述答复意见，并要求韶关市国土局继续履行涉案《附着物拆迁补偿协议》。韶关市国土局明确表示韶关市政府和韶关市国土局没有与上诉人签订过有关拆迁补偿协议，拆迁补偿工作是浈江区农业局委托韶关市大地实业有限公司房屋拆迁咨询服务分公司进行的，因黎某宏要求该局履行涉案《附着物拆迁补偿协议》而作出上述答复意见。

【审判】

广东省韶关市中级人民法院一审认为，依据《最高人民法院关于适用〈中华人民共和国行政诉讼法〉若干问题的解释》第十二条“公民、法人或者其他组织对行政机关不依法履行、未按照约定履行协议提起诉讼的，参照民事法律规范关于诉讼时效的规定；对行政机关单方变更、解除协议等行为提起诉讼的，适用行政诉讼法及其司法解释关于起诉期限”的规定及《民法通则》第一百三十五条“向人民法院请求保护民事权利的诉讼时效期间为二年，法律另有规定的除外”的规定，本案并无因法定事由致使权利人不能行使权利的中止、中断情形。本案争议焦点是原告黎某宏与大地公司于2010年9月13日签订的《附着物拆迁补偿协议》是否应当履行，原告黎某宏认为应该履行；被告韶关市国土局认为该协议有不妥的地方，不予继续履行，作出了《答复意见》，答复黎某宏，该协议不宜继续履行。2010年9月13日，原告黎某宏与韶关市国土局被授权单位韶关市大地实业有限公司房屋拆迁咨询服务分公司签订的《附着物拆迁补偿协议》约定：“建筑物补偿（南区），金额100098元。附属设施补偿，金额73965元。装修、水电、网络补偿，金额33295.10元。建筑物、构筑物、设备拆搬迁（北区），金额123770元。安置补助，金额54000元。合计共385128.10元。”《附着物拆迁补偿协议》第二条约定了补偿款付款方式：“总补偿款，385128.10元。1.首期60%补偿款，231076.86元于本协议签订之日三十个工作日内支付给被拆迁人。2.剩余40%补偿款，154051.24元于房屋拆除完毕交地之日，经拆迁人经验收五个工作日内支付给被拆迁人。3.搬迁期限：被拆迁人在收到首期补偿款三十日内搬迁清场完毕，逾期不搬迁，拆迁人及当地政府有权对被拆迁人房屋实施强制拆除搬迁。”原告黎某宏在协议约定的期限内领取了首期补偿搬迁款人民币231076.86元，称其于2010年年底按协议约定的期限搬迁及拆除了自建的厂房设备，但并未提供有效的证据佐证。对剩余40%补偿款154051.24元，韶关市国土局认为原告黎某宏未按协议约定搬迁清场完毕。原告黎某宏也未能提供有效的证据证明其履行了搬迁清场完毕的义务，至今仍然在原租赁房屋居住，由于该协议未按约定履行，且时间长达四年多，原约定的补偿款项也会发生变化，因此，原告请求按协议履行，不予支持。原告黎某宏于2015年4月9日向原审法院提起行政诉讼，已超过二年的诉讼时效。原告黎某宏于2010年9月13日与韶关市大地实业有限公司房屋拆迁咨询服务分公司签订的《附着物拆迁补偿协议》，对双方当事人所签订的《附着物拆迁补偿协议》按约定支付了首期补偿款项后，对剩余补偿款项逾期未支付期间，原告黎某宏在法定的二年期限内未主张权利。据此，依照《行政诉讼法》第六十九条及《最高人民法院关于执行〈中华人民共和国行政诉讼法〉若干问题的解释》第五十六条第四项的规定，韶关市中级人民法院一审以超过诉讼时效为由判决驳回黎某宏的诉讼请求，黎某宏不服提起上诉。

广东省高级人民法院二审认为，根据浈江区农业局向大地公司出具的《委托书》以及与该公司签订的《韶关市农产品流通加工基地征地房屋动迁安置补偿协议》，结合一审庭审当事人的陈述可以认定，涉案《附着物拆迁补偿协议》是大地公司受浈江区农业局的委托与黎某宏签订，即与黎某宏签订涉案《附着物拆迁补偿协议》的行政主体是浈江区农业局。合同当事人对涉案协议的履行问题产生争议，依法应由签订协议的当事人各方协商解决或者循法律途径解决。韶关市国土局既非签订上述补偿协议的行政主体，也非处理涉案补偿协议纠纷的有权机关，其作出被诉的《答复意见》，认定涉案《附着物拆迁补偿协议》不宜继续履行，超越其职责范围，依法应予撤销。韶关市中级人民法院判决驳回黎某宏关于撤销被诉《答复意见》的诉讼请求不妥，广东省高级人民法院予以纠正。据此，二审判决撤销原审判决关于驳回黎某宏要求撤销被诉《答复意见》诉讼请求的判决，撤销该《答复意见》中关于涉案《附着物拆迁补偿协议》不宜继续履行的决定。

但同时，广东省高级人民法院认为，黎某宏要求有关行政机关继续履行涉案《附着物拆迁补偿协议》，应以合同的相对方即与其签订协议的行政主体为对象依法寻求救济，其起诉请求韶关市国土局继续履行上述补偿协议，缺乏事实根据和法律依据，二审判决维持原审判决关于驳回黎某宏要求韶关市国土局继续履行涉案《附着物拆迁补偿协议》诉讼请求的判决。

【评析】

协议具有相对性，行政协议作为特殊的协议，相对性仍是其重要属性。本案的判决结果较好地体现民事法律规范尤其是合同相对性原则在解决行政协议履行纠纷中的运用。本案案情反映，韶关市国土局与黎某宏之间仅存在间接的房屋租赁关系，涉案《附着物拆迁补偿协议》并非韶关市国土局委托大地公司与黎某宏签订，而是浈江区农业局委托大地公司与黎某宏签订。根据当时有效的《最高人民法院关于适用〈中华人民共和国行政诉讼法〉若干问题的解释》（法释〔2015〕9号）第十四条的规定，人民法院审查行政机关是否依法履行、按照约定履行协议或者单方变更、解除协议是否合法，在适用行政法律规范的同时，可以适用不违反行政法和行政诉讼法强制性规定的民事法律规范。在因合同履行而产生的民事争议中，根据合同相对性的要求，合同当事人一方原则上只能基于合同向另一方提出请求或提起诉讼，不能向与其无合同关系的第三人提出履行请求或违约之诉。本案黎某宏认为有关行政机关未依法履行涉案《附着物拆迁补偿协议》，要求继续履行，应以合同的相对方即与其签订上述补偿协议的行政主体浈江区农业局为对象依法寻求救济，其起诉请求韶关市国土局继续履行上述协议，属于主张对象错误，其诉讼请求依法应予以驳回。另外，韶关市国土局超越其职责范围，在对黎某宏作出的《答复意见》中认定涉案《附着物拆迁补偿协议》存在不妥的地方，不宜继续履行。上述认定意见虽然对涉案《附着物拆迁补偿协议》是否应当继续履行不具有法律上的拘束力，但客观上可能产生一定的负面影响，二审判决予以撤销是适当的。

【关联规定】

《最高人民法院关于审理行政协议案件若干问题的规定》

第五条 下列与行政协议有利害关系的公民、法人或者其他组织提起行政诉讼的，人民法院应当依法受理：

（一）参与招标、拍卖、挂牌等竞争性活动，认为行政机关应当依法与其订立行政协议但行政机关拒绝订立，或者认为行政机关与他人订立行政协议损害其合法权益的公民、法人或者其他组织；

（二）认为征收征用补偿协议损害其合法权益的被征收征用土地、房屋等不动产的用益物权人、公房承租人；

（三）其他认为行政协议的订立、履行、变更、终止等行为损害其合法权益的公民、法人或者其他组织。

相关案例一

张某英诉兴平市政府履行行政协议案

【案号】

一审：陕西省咸阳市中级人民法院（2017）陕04行初144号行政判决书

二审：陕西省高级人民法院（2018）陕行终61号行政判决书

【案情及裁判】

上诉人（一审被告）：兴平市政府。

被上诉人（一审原告）：张某英。

2014年兴平市委、市政府成立了双汇肉制品项目建设领导小组办公室。2016年6月18日，兴平市西吴街办受兴平市政府的委托，代表兴平市双汇肉制品项目建设领导小组办公室，和张某英就其房屋拆迁补偿签订了《协议书》。张某英委托其长子刘某全权处理其房屋拆迁、耕地占用，包括洽谈、结算、取款、选房、征地的所有相关事宜。双方协议约定：房屋拆迁补偿费426160元，附着物补偿费4006元，搬家、过渡补偿费14800元，共计444966元。协议签订当天，刘某领取了搬家、过渡费14800元。2016年8月29日，张某英作出“声明书”，表明对刘某的委托事项，予以作废。后张某英将该“声明书”向兴平市西吴街办送达。2017年5月8日，张某英的长子刘某和次子刘某二在西吴街办工作人员的协调下，达成了《房屋拆迁补偿款分配协议书》，约定由刘某全权处理房屋拆迁补偿相关事宜，拆迁补偿的总款项

444966元，分配给刘某294966元，分配给张某英、刘某二150000元。该协议签订后，刘某于2017年6月21日领取了294966元（包括之前领取的14800元）。张某英对该分配协议不认可，要求政府按照原协议书向其支付补偿费，故提起行政诉讼。

咸阳市中级人民法院一审认为，《房屋拆迁补偿款分配协议书》系刘某与刘某二就张某英的房屋拆迁补偿款达成的协议，在没有张某英本人同意并认可的情况下，兴平市政府依据此协议向刘某支付款项的行为不能视为履行了其与张某英签订的拆迁补偿协议。遂判决：一、张某英与兴平市政府于2016年6月18日签订的房屋拆迁补偿协议合法有效，依法继续履行；二、兴平市政府向张某英支付房屋拆迁补偿费426160元、附着物补偿费4006元。兴平市政府不服一审判决，提起上诉。

陕西省高级人民法院二审认为，本案系履行拆迁补偿协议发生的纠纷。行政协议的履行具有相对性，拆迁补偿协议书被拆迁方为张某英，兴平市政府本应按协议约定，向张某英直接支付拆迁补偿款。对于其名下的拆迁补偿款，非经本人确认，他人不得擅自处分。但兴平市政府在未直接向张某英支付拆迁补偿款的情形下，参与到张某英家庭对拆迁补偿款再次分配中，并依照张某英两个儿子达成的且未经张某英本人签名认可的分配协议书，处分张某英名下财产的行为，不属于对涉案拆迁补偿协议书的履行行为。故判决驳回上诉，维持原判。

【评析】

本案为履行拆迁补偿协议中发生纠纷的典型案例。相对性是行政协议的重要属性，行政机关在履行行政协议过程中原则上不能介入相对人的内部关系。行政机关在征地拆迁过程中，需要与被征收人签订、履行安置补偿协议，但应当注意甄别签订、履行主体。一般情况下，应当以权利凭证中载明的权利人为协议签订、履行主体。由于拆迁补偿协议的履行具有相对性，作为签订协议一方的行政机关应该直接向签订协议另一方当事人支付全部拆迁补偿款，非经本人确认认可，他人不得擅自处分。行政机关也不应介入该拆迁户家庭，参与对该拆迁款的再分配问题。如果该行政机关以解决家庭矛盾为由，依据未经协议当事人本人签名确认的再分配协议，向其他家庭成员支付部分拆迁补偿款，则不能视为该行政机关全面履行拆迁补偿协议内容。签订协议的当事人本人对此不予认可，并要求行政机关向其支付拆迁协议全部款项的，法院应予支持。本案的处理对于规范行政机关在征地拆迁领域中的行政管理行为，依法保护被拆迁人的合法权益具有比较典型的意义和作用。

相关案例二

呼和浩特市赢金庐房屋开发有限责任公司诉呼和浩特市人民政府撤销《国有土地使用权出让合同》和《国有土地使用证》案

【案号】

二审：内蒙古自治区高级人民法院（2018）内行终591号行政判决书

再审：最高人民法院（2019）最高法行申4973号行政裁定书

【案情及裁判】

再审申请人（一审原告、二审上诉人）：呼和浩特市赢金庐房屋开发有限责任公司（以下简称赢金庐公司）。

被申请人（一审被告、二审被上诉人）：内蒙古自治区呼和浩特市人民政府（以下简称呼市政府）。

呼市政府于2013年10月29日作出呼政土征字〔2013〕132号《关于撤销呼和浩特市赢金庐房屋开发有限责任公司〈国有土地使用权出让合同〉和废止呼国用〔2006〕第00182号〈国有土地使用证〉的通知》（以下简称《撤销通知》）。内容如下：“呼和浩特市赢金庐房屋开发有限责任公司：根据市土地收购储备拍卖中心《撤销呼土收储挂2005034号地块〈成交确认书〉决定书》（呼国土储决〔2013〕第2号，以下简称《撤销成交确认书决定书》），现通知如下：一、撤销2006年4月7日市国土资源局与你公司签订的《国有土地使用权出让合同》及用地批复文件。二、注销呼土收储挂2005034号地块的国有土地使用权登记，废止呼国用〔2006〕第00182号《国有土地使用证》。三、如对上述决定有异议，你公司可以依法在接到本通知之日起60日内向自治区人民政府提起行政复议，或直接向人民法院提起行政诉讼。”赢金庐公司不服上述《撤销通知》，起诉至法院，请求撤销呼市政府2013年10月29日作出的呼政土征字〔2013〕132号《撤销通知》。

内蒙古自治区呼和浩特市中级人民法院一审查明，2005年5月27日，呼和浩特市土地收购储备拍卖中心（以下简称呼市土地收储中心）公开挂牌出让呼土收储挂2005034地块，该宗地面积206.05亩，位于呼市滨河路以东、河道以西、内蒙古自治区党政大楼以北。赢金庐公司与呼和浩特市春华水务开发有限责任公司（以下简称春华水务公司）均报名竞买该宗土地，春华水务公司竞得该地块，赢金庐公司并未竞得该地块。2005年5月27日，呼市土地收储中心向赢金庐公司送达了《未竞得通知书》。春华水务公司与赢金庐公司签订《协议书》，落款时间为2004年2月26日，其中约定：赢金庐公司向春华水务公司支付费用，春华水务公司协助赢金庐公司在呼市土地收储中心摘牌取得土地使用权。2005年9月28日，春华水务公司向呼市土地收储中心提交了《关于将呼土收储挂2005034号地块的摘牌竞得者分别变更为迎和投资置业有限责任公司和呼和浩特市赢金庐房屋开发公司的请示》，要求将收储挂2005034号地块一分为二，将该地块的摘牌竞得者由春华水务公司变更为内蒙古迎和投资置业有限责任公司和赢金庐公司。经呼市政府研究同意，2005年11月，赢金庐公司与呼市土地收储中心签订了呼土收储挂2005034号《成交确认书》。呼市土地收储中心于2013年10月28日作出《撤销成交确认书决定书》，认为春华水务公司为将该地块建设用地使用权证办理到赢金庐公司名下，提供了虚假的合作协议，呼市土地收储中心违规向赢金庐公司出具了《成交确认书》用作办理土地使用证的依据。依据《招标拍卖挂牌出让国有土地使用权规定》（国土资源部令11号）第二十五条第一款的规定，认定呼市土地收储中心2005年11月与赢金庐公司就呼土收储挂2005034号地块签订的《成交确认书》无效。2013年10月29日，呼市政府作出呼政土征字〔2013〕132号《撤销通知》。《撤销通知》作出后，呼市政府未向赢金庐公司直接送达，而是将《撤销通知》内容在呼和浩特国土资源局的门户网站上进行了公告。赢金庐公司在得知《撤销通知》内容后，向呼和浩特市中级人民法院提起本案行政诉讼。

另查明，春华水务公司因不服内蒙古自治区高级人民法院作出的（2013）内民一终字第93号民事判决，向最高人民法院申请再审。最高人民法院于2014年7月1日作出（2013）民申字第2380号民事裁定，指令内蒙古自治区高级人民法院再审。2017年12月25日，内蒙古自治区高级人民法院作出（2016）内民再100号再审终审民事判决。判决确认双方于2004年2月26日签订的《协议书》因协议双方恶意串通，损害了国家利益而无效，同时确认双方于2008年12月30日签订的《土地使用权收回协议书》无效。

内蒙古自治区呼和浩特市中级人民法院一审认为，《内蒙古自治区挂牌出让国有土地使用权管理办法》第三条规定，国有建设用地使用权出让包括以下几个阶段：挂牌供地审批、拍卖公告、签订成交确认书、签订出让合同等。签订《成交确认书》是国有建设用地使用权出让的必经程序，赢金庐公司取得《成交确认书》的主要依据为2004年2月26日签订的《协议书》，该《协议书》已由生效判决认定为因双方恶意串通、损害国家利益而无效。该院认为，《成交确认书》已经被依法撤销，本案被诉《撤销通知》认定事实清楚。《撤销通知》作出后，呼市政府未向利害关系人赢金庐公司直接送达，而是将《撤销通知》内容在呼和浩特国土资源局的门户网站上进行了公告。该送达方式不符合法律规定，送达程序不合法，应当确认《撤销通知》送达程序违法。依据《行政诉讼法》第七十四条第一款第二项之规定，判决确认呼市政府作出的呼政土征字〔2013〕132号《撤销通知》程序违法。

内蒙古自治区高级人民法院二审认为，被上诉人呼市政府作出的《撤销通知》的主要内容为："一、撤销2006年4月7日市国土资源局与你公司签订的《国有土地使用权出让合同》及用地批复文件。二、注销呼土收储挂2005034号地块的国有土地使用权登记，废止呼国用〔2006〕第00182号《国有土地使用证》。"本案的焦点即为上述《撤销通知》是否合法。

第一，关于撤销《国有土地使用权出让合同》及用地批复文件的合法性问题。根据《招标拍卖挂牌出让国有建设用地使用权规定》第二十一条及《招标拍卖挂牌出让国有土地使用权规范（试行）》（国土资发〔2006〕114号）的相关程序性规定，签订《成交确认书》系出让人与中标人、竞得人签订国有建设用地使用权出让合同的前置条件。本案中，在呼市土地收储中心已认定其于2005年11月与赢金庐公司签订的呼土收储挂2005034号地块的《成交确认书》无效并予以撤销的前提下，呼市国土局与赢金庐公司签订的《国有土地使用权出让合同》已丧失合法成立的基础，应予撤销。同时，呼市政府在行政管理权限内依据该《成交确认书》作出的《关于呼和浩特市赢金庐房屋开发有限责任公司出让国有土地使用权的批复》亦应撤销。故被上诉人呼市政府作出《撤销通知》并无不当。

第二，关于注销国有土地使用权登记及废止呼国用〔2006〕第00182号《国有土地使用证》的合法性问题。《物权法》第一百五十条规定："建设用地使用权消灭的，出让人应当及时办理注销登记。登记机构应当收回建设用地使用权证书。"本案中，在《成交确认书》已被撤销的情况下，上诉人赢金庐公司的国有建设用地使用权已消灭，呼市政府作为国有土地使用权登记及颁证批准机关，作出注销国有土地使用权登记及废止呼国用〔2006〕第00182号《国有土地使用证》的行为于法有据。

综上，被上诉人呼市政府作出的呼政土征字〔2013〕132号《撤销通知》虽无不当，但其将该《撤销通知》在呼市国土局门户网站公告，而未向利害关系人赢金庐公司直接送达，程序违法，应予撤销。鉴于撤销该行为会给国家利益、社会公共利益造成重大损害，原审判决按照《行政诉讼法》第七十四条第二款第一项的规定确认呼市政府作出呼政土征字〔2013〕132号《撤销通知》的行为违法并无不当。根据《行政诉讼法》第八十九条第一款第一项之规定，判决驳回上诉，维持原判。

【评析】

《招标拍卖挂牌出让国有建设用地使用权规定》第二条第四款规定："本规定所称挂牌出让国有建设用地使用权，是指出让人发布挂牌公告，按公告规定的期限将拟出让宗地的交易条件在指定的土地交易场所挂牌公布，接受竞买人的报价申请并更新挂牌价格，根据挂牌期限截止时的出价结果或者现场竞价结果确定国有建设用地使用权人的行为。”第二十条第一款规定：“以招标、拍卖或者挂牌方式确定中标人、竞得人后，中标人、竞得人支付的投标、竞买保证金，转作受让地块的定金。出让人应当向中标人发出中标通知书或者与竞得人签订成交确认书。”第二十一条规定：“中标人、竞得人应当按照中标通知书或者成交确认书约定的时间，与出让人签订国有建设用地使用权出让合同。”第二十五条规定：“中标人、竞得人有下列行为之一的，中标、竞得结果无效；造成损失的，应当依法承担赔偿责任：（一）提供虚假文件隐瞒事实的；……”

本案中，根据已查明事实，赢金庐公司在涉案地块挂牌出让过程中，在春华水务公司已竞得涉案地块的情况下，通过与春华水务公司签订《协议书》的方式，变更成为涉案地块的竞得人并取得了涉案国有土地使用权。因双方所签《协议书》已被人民法院生效判决确认无效，呼市土地收储中心与赢金庐公司签订的《成交确认书》亦已被撤销，在此情况下，赢金庐公司通过挂牌出让程序竞得涉案地块的事实基础已不存在，其与呼市国土局签订的《国有土地使用权出让合同》以及由此取得的国有土地使用权已丧失合法性基础，赢金庐公司在案涉协议中的实体权益难以得到支持，并无异议。

本案存在的主要争议是，呼市政府是否有权撤销呼市国土局与赢金庐公司签订的《国有土地使用权出让合同》？此问题涉及行政协议的相对性问题。《合同法》第五十四条第一款、第二款规定：“下列合同，当事人一方有权请求人民法院或者仲裁机构变更或者撤销：（一）因重大误解订立的；（二）在订立合同时显失公平的。一方以欺诈、胁迫的手段或者乘人之危，使对方在违背真实意思的情况下订立的合同，受损害方有权请求人民法院或者仲裁机构变更或者撤销。”[①] 据此，合同撤销权只能由合同当事人申请人民法院行使。从《行政诉讼法》及其他行政法律规范规定来看，行政机关具有一定行政优

① 对应《民法典》第一百四十七条、第一百四十八条。

益权，可基于公共利益需要单方变更、解除行政协议，但亦未规定签订行政协议之外的行政机关具有可单方撤销行政协议的撤销权。因此，呼市政府在既非合同一方当事人，也未向人民法院申请撤销的情况下，径行“撤销”涉案国有土地使用权出让合同，没有明确的法律依据。

但从行政管理角度来看，呼市政府对于国有土地使用权出让具有批准权。《土地管理法》第五十三条规定：“经批准的建设项目需要使用国有建设用地的，建设单位应当持法律、行政法规规定的有关文件，向有批准权的县级以上人民政府自然资源主管部门提出建设用地申请，经自然资源主管部门审查，报本级人民政府批准。”《城市房地产管理法》第十二条第一款规定：“土地使用权出让，由市、县人民政府有计划、有步骤地进行。出让的每幅地块、用途、年限和其他条件，由市、县人民政府土地管理部门会同城市规划、建设、房产管理部门共同拟定方案，按照国务院规定，报经有批准权的人民政府批准后，由市、县人民政府土地管理部门实施。”因此，呼市政府作为国有土地使用权出让的实际批准人和管理者，可以理解为广义的合同当事人。且根据《地方各级人民代表大会和地方各级人民政府组织法》第五十九条“县级以上的地方各级人民政府行使下列职权：……（二）领导所属各工作部门和下级人民政府的工作；（三）改变或者撤销所属各工作部门的不适当的命令、指示和下级人民政府的不适当的决定、命令；……”的规定，呼市政府也有权改变或者撤销其所属工作部门呼市国土局的不适当的命令、指示。因此，从我国法律和现行行政管理体制看，本案呼市政府“撤销”涉案国有土地使用权出让合同并不违反法律规定。

不过，值得注意的是，本案呼市政府“撤销”涉案国有土地使用权出让合同，仅因为其对于国有土地使用权出让具有批准权和管理权，被视为广义上的当事人而符合行政协议的相对性，而呼市国土局的其他上级行政机关（甚至是上级行政机关的上级行政机关）则不应具有上述撤销权，否则案涉协议的稳定性没法保障。行政协议如果存在法定撤销或者解除理由的，其他上级行政机关可以通过内部层级监督，要求呼市国土局履行撤销法定职责，无须径行“撤销”涉案国有土地使用权出让合同，否则构成违法撤销行政协议。

相关案例三

明灯食品厂诉请大冶市政府、金山店镇政府履行法定职责案

【案号】

一审：湖北省黄石市中级人民法院（2015）鄂黄石中行初字第00032号行政判决书

二审：湖北省高级人民法院（2016）鄂行终15号行政判决书

再审：最高人民法院（2017）最高法行再72号行政判决书

【案情及裁判】

再审申请人（一审原告、二审上诉人）：黄石市明灯食品厂（以下简称明灯食品厂）。

再审被申请人（一审被告、二审被上诉人）：大冶市人民政府（以下简称大冶市政府）、大冶市金山店镇人民政府（以下简称金山店镇政府）。

2008年12月3日，武汉钢铁集团矿业有限责任公司与大冶市政府、金山店镇政府签订《武汉钢铁集团矿业有限责任公司金山店铁矿东区地表和新火车站及铁灵线改线金山店段征地搬迁项目委托协议》（以下简称《委托协议》），约定：甲方为武汉钢铁集团矿业有限责任公司金山店铁矿（以下简称武钢金山店铁矿），乙方为大冶市政府，丙方为金山店镇政府。乙方应完成的工作内容：（1）在甲方争取用地指标的同时，负责为甲方办理征用土地全部手续；（2）负责组织、协调、督办市直相关单位和丙方工作；（3）负责协议费用专款专用，并及时足额向丙方支付各项费用；（4）负责拆迁新址规划设计工作。丙方应完成的工作内容：（1）负责委托评估单位对地表搬迁设施及附属物进行评估，负责与被拆迁户签订补偿协议并及时补偿到位；（2）负责按进度完成征地、拆迁和安置工作；（3）负责拆迁新址的选择及征地迁建工作；（4）及时处理工农关系，保证甲方工程顺利实施。明灯食品厂的厂房属于搬迁范围。明灯食品厂诉至法院，请求判令大冶市政府、金山店

镇政府履行职责，安排明灯食品厂搬迁并负责恢复重建。

湖北省黄石市中级人民法院一审认为：明灯食品厂要求大冶市政府、金山店镇政府对其厂进行搬迁并恢复重建，所依据的是大冶市政府、金山店镇政府与武钢金山店铁矿签订的委托协议。该协议虽然明确了大冶市政府、金山店镇政府的职责，但该协议属于民事合同，根据合同相对性的理论，只能约束合同的双方当事人，大冶市政府、金山店镇政府只对武钢金山店铁矿承担义务。即使大冶市政府、金山店镇政府未能按约定完成搬迁范围内的搬迁工作，也只能由武钢金山店铁矿向其主张民事权利。明灯食品厂无权依据该协议要求大冶市政府、金山店镇政府对其履行拆迁重建的义务，且没有法律、法规规定大冶市政府、金山店镇政府对此负有法定义务，故对明灯食品厂的诉请不予支持。依据《最高人民法院关于执行〈中华人民共和国行政诉讼法〉若干问题的解释》第五十六条第四项之规定，判决驳回明灯食品厂的诉讼请求。

明灯食品厂不服，提起上诉。

湖北省高级人民法院二审认为：明灯食品厂以大冶市政府、金山店镇政府未履行搬迁安置相关职责为由，提起本案诉讼。大冶市政府、金山店镇政府原审中提供的证据能够证实，《委托协议》显属武钢金山店铁矿、大冶市政府及金山店镇政府三方作为平等民事主体之间签订的民事合同，非行政法意义上的行政合同。该合同有关条款针对大冶市政府及金山店镇政府设置的相关职责，与上述两政府作为行政机关依法应当履行的法定职责不同，应系其作为合同一方当事人所应履行的合同义务。根据合同相对性原则，合同的权利义务仅发生在特定的合同主体之间，只有合同当事人才能享有合同规定的权利，并承担合同规定的义务。明灯食品厂并非涉案合同一方当事人，其无权基于该合同对大冶市政府及金山店镇政府主张权利，两政府亦无须对其履行合同义务并承担违约责任。明灯食品厂以大冶市政府、金山店镇政府未履行合同约定的搬迁安置义务属于未依法履行法定职责为由，提起行政诉讼，既无事实根据，亦缺乏法律依据。综上，原审判决认定事实清楚，适用法律正确，审判程序合法。明灯食品厂的上诉理由不能成立，其上诉请求不予支持。据此判决驳回上诉，维持原判。

明灯食品厂不服，向最高人民法院申请再审。

最高人民法院裁定提审本案后，经审理认为，根据当时生效的《最高人民法院关于适用〈中华人民共和国行政诉讼法〉若干问题的解释》第十一条第一款的规定，行政机关为实现公共利益或者行政管理目标，在法定职责范围内，与公民、法人或者其他组织协商订立的具有行政法上权利义务内容的协议，属于《行政诉讼法》第十二条第一款第十一项规定的行政协议。本案《委托协议》的乙方大冶市政府和丙方金山店镇政府均属行政机关；协议所约定的乙方和丙方的义务——“征地及征地手续的办理”“土地权属登记、发证”“搬迁”“与被搬迁者签订相关补偿协议”“组织地表设施及附属物拆除”“搬迁新址选择、规划设计、迁建组织工作”等，均属于行政职权范畴；协议的目的——“治理重大地质灾害”“实现安全生产”，显然也具有公共利益性质。故一审和二审法院对于“民事合同”的定性不当。再审申请人尽管不是《委托协议》的当事人，却是《委托协议》约定的“整体搬迁重建”范围内的利害关系人。《委托协议》既然约定了再审被申请人的搬迁安置义务，则应当赋予搬迁安置的对象寻求法律救济的权利。且再审申请人也具有提起履行职责之诉的请求权基础。综合全案考虑，最高人民法院作出如下判决：一、撤销湖北省高级人民法院（2016）鄂行终15号行政判决和湖北省黄石市中级人民法院（2015）鄂黄石中行初字第00032号行政判决；二、责令大冶市政府、金山店镇政府在本判决生效之日起三个月内就明灯食品厂的搬迁避让和补偿安置作出处理。

【评析】

行政协议案件是一种完全新型的行政案件。一般而言，作为行政协议签订一方的非行政主体，应与该协议争议具有“利害关系”从而具有适格原告资格的争议不大，难题在于，非合同当事人提起的协议之诉。如村集体经济组织（村民委员会）与有关行政主体签订的土地征收补偿协议的，其他村民或者土地使用权人能否起诉；集体土地房屋拆迁补偿中以户主名义签订房屋拆迁补偿安置协议的，户内其他成员或者该房屋的所有权（使用权等）主张人能否起诉；国有土地上房屋征收补偿协议的，房屋承租人能否起诉；行政协议确定当事人将协议权利转让的，该债权受让人能否起诉。同时，《行政诉讼法》的规定中，“行政行为”“合法权益”“直接利害关系”等概念有诸多变化和发展。在这种情况下，各地法院的法官做法不一，从而导致司法实践的不统一。因此，制定、发布相应的司法解释，为各级法院提供统一的依据和准则显然是非常必要的。《最高人民法院关于审理行政协议案件若干问题的规定》对原告资格规定的指导思想是，结合行政协议的特性，在原告资格上不附加任何法律规定之外的条件，以保障诉权的正当行使。

行政协议的原告主体资格问题，经常会遇到非行政合同当事人提起诉讼的情形，这就产生一个疑问，非合同当事人是否具有起诉资格？一种观点认为，与行政合同有利害关系的公民、法人或者其他组织应具有原告资格，否则与行政合同有利害关系的公民、法人或者其他组织的合法权益受到侵害将无法救济；另一种观点认为，基于合同的相对性，与行政合同有法律上利害关系的公民、法人或者其他组织不是行政合同的一方当事人，不具有行政合同上的请求权，既然其无实体权利，当然也就不享有程序上的权利。

《最高人民法院关于审理行政协议案件若干问题的规定》第五条规定，“下列与行政协议有利害关系的公民、法人或者其他组织提起行政诉讼的，人民法院应当依法受理：（一）参与招标、拍卖、挂牌等竞争性活动，认为行政机关应当依法与其订立行政协议但行政机关拒绝订立，或者认为行政机关与他人订立行政协议损害其合法权益的公民、法人或者其他组织；（二）认为征收征用补偿协议损害其合法权益的被征收征用土地、房屋等不动产的用益物权人、公房承租人；（三）其他认为行政协议的订立、履行、变更、终止等行为损害其合法权益的公民、法人或者其他组织”。该条是关于协议外第三人的原告资格的规定。行政协议司法解释实际上采用了上述第一种意见。理由如下。

1. 2014年修正的《行政诉讼法》第二十五条规定：“行政行为的相对人以及其他与行政行为有利害关系的公民、法人或者其他组织，有权提起诉讼。”行政协议虽不同于一般的行政行为，但该条的立法精神是完全适用于行政协议的。因为在实践中，很多与行政协议有利害关系的当事人，其并非协议一方主体，如果不赋予其原告资格，其合法权益很难得到保障，这在民事诉讼和行政诉讼中基本都能达成共识。例如，在行政协议履行过程中，相邻权人的合法权益受到侵害，如果仅以其不是协议当事人就否认其原告资格，而协议双方又不提起诉讼，则第三人的权益无法通过诉讼获得救济，还有行政协议双方恶意串通损害第三人利益的情形更是如此。所以，不论是行政协议一方当事人，还是相邻权人、竞争权人等其他利害关系人，只要主张自己受法律保护的权益与该行政协议有内在联系，均可作为行政协议诉讼的原告。但这个联系是有条件的，即必须有《行政诉讼法》上规定的利害关系才可以提起诉讼，否则人民法院不予受理或驳回起诉。例如，某采矿权出让合同纠纷案中，原告李某早在1999年已将争议的采矿权经审批转让给案外人张某，后张某再行转让，几易其手，最后转到谭某手中，现谭某与国土资源部门签订了采矿权出让合同，李某后悔，以其转让给张某的采矿权价款一直没有到位为由，要求撤销该出让合同，法院经审查后认为，原告李某已经自愿将采矿权转让，与该行政合同已没有法律上的利害关系，故依法驳回原告的起诉，并告知其与张某的转让纠纷可另案起诉解决。

2.行政协议涉及国家利益和社会公共利益，往往涉及行政管理和公共服务目标的实现。因此，在行政协议订立过程中，需要遵循“公开、公平、公正”的行政法原则，行政协议的签订和履行不仅涉及协议当事人的权利义务，也涉及协议当事人之外的利害关系人的权利义务。

3.行政协议可分离行为之诉不能形成有效的救济。目前，对如何解决行政协议引发的争议，有两个思路可供选择。一是将行政协议作为整体来处理，二是将行政合同一分为二，涉及行政权的，如变更、废止或者解除合同行为，交由行政诉讼途径解决，[①]除此之外，由民事途径解决。目前实践中基本采用了第二种思路，如在拆迁补偿争议的案件中，民事庭只审理

---

① 《最高人民法院关于土地管理部门出让国有土地使用权之前的拍卖行为以及与之相关的拍卖公告等行为性质的答复》(〔2009〕行他字第55号)指出，土地管理部门出让国有土地使用权之前的拍卖行为以及与之相关的拍卖公告等行为属于行政行为，当事人不服提起行政诉讼的，人民法院应当依法受理。《最高人民法院行政审判庭关于拍卖出让国有建设用地使用权的土地行政主管部门与竞得人签署成交确认书行为的性质问题请示的答复》(〔2010〕行他字第191号)指出，土地行政主管部门通过拍卖出让国有建设用地使用权，与竞得人签署成交确认书的行为，属于具体行政行为。当事人不服提起行政诉讼的，人民法院应当依法受理。

“纯粹”拆迁补偿争议，如果当事人对拆迁决定等行政行为也不服，该案件就由行政庭审理。分开审的弊端是一个事情分由两个法院内部不同部门审理，徒增成本。《政府采购法》第五十二条、第五十五条、第五十八条规定，供应商认为采购文件、采购过程和中标、成交结果使自己的权益受到损害的，可以书面形式向采购人提出质疑。供应商对采购人的答复不满意的，可以向同级政府采购监督管理部门投诉，对投诉处理决定不服的，可以依法申请行政复议或者提起行政诉讼。即使按照上述规定，供应商也无法对采购合同直接进行挑战，提起行政诉讼，其救济成效大打折扣。如果将采购合同作为行政协议，作为一类行政争议处理，理论上可行，国外也有成功经验。

4.国外逐渐放宽合同第三人提起的诉讼。为了更好地平衡行政合同的合法性和合同关系的安定性，法国行政法院逐步放开了合同第三人的原告资格限制：（1）2007年之前，禁止合同第三人直接针对行政合同的本身效力提起诉讼，只能依据1905年的“马尔丹”判例所确认的“合同可分离行为之诉”去争议与行政合同可分离的高权行为的合法性，从而间接争议作为此种可分离行为之结果的合同的有效性。（2）法国最高行政法院通过2007年的“托皮克工程信号设备公司”判例确认参与了行政合同之竞争性签订程序但落选的竞争者以及其他与涉案合同之签订存在利害关系的潜在竞争者可以针对行政合同提起效力之诉。关于第三人可否就行政合同提起确认之诉的问题，按照德国法的传统，第三人只有在其主观公权力受到侵害后才可以起诉。但是，由于欧盟法指令要求保护公共利益，现在已有特别规定，赋予公共利益保护组织或者特定机构可以就公共利益保护提起诉讼。

基于上述考虑，《最高人民法院关于审理行政协议案件若干问题的规定》第五条规定了利害关系人的原告资格包括三种情形，其中第三种是兜底条款。

一是参与招标、拍卖、挂牌等竞争性活动，认为行政机关应当依法与其订立行政协议但行政机关拒绝订立，或者认为行政机关与他人订立行政协议损害其合法权益的公民、法人或者其他组织。（1）竞争权人的原告资格。随着现代民主政治的发展，人们期望行政民主化、非权力化。而传统的行政法中，行政机关与相对人往往是纯粹的强制与服从的关系，并无平等可言。但在行政协议中，平等原则必须要成为一个基本的准则，尤其是行政协议司法救济的诉权更需要遵循平等的原则。[①]例如，在一招投标合同中，行政机关违反公平竞争的原则，故意将不符合中标条件的参与人定为中标人，其他投标人有权根据诉权平等原则提起诉讼，要求行政机关履行公平竞争的承诺，并作出答复。例如，某交通局与个体汽车运输公司就某营运线路签订了特许经营合同，约定只有该个体运输公司有权利在此线路上经营运输业务，同时约定了双方的权利义务。之后，另一家运输公司申请经营该线路的许可，没有得到审批，该公司认为，根据《行政诉讼法》和《最高人民法院关于适用〈中华人民共和国行政诉讼法〉的解释》第十二条第一项的规定，"有下列情形之一的，属于行政诉讼法第二十五条第一款规定的'与行政行为有利害关系'：（一）被诉的行政行为涉及其相邻权或者公平竞争权的；……"据此，公平竞争权人具有行政诉讼原告资格。竞争权人有权获得公平的签约权利。如果行政机关违反公平竞争的原则规则，与他人签订协议，损害其合法权益，公平竞争权人有权提起行政诉讼。审理中，法院要求被告说明不予审批的理由，被告的答辩意见就是其已经与个体运输公司签订了独家经营的合同，法院认为该理由不合理，遂判决交通局败诉。（2）认为行政机关与他人订立行政协议损害其合法权益的公民、法人或者其他组织。如公共服务用户，法国最高行政法院在1906年通过判例肯定了公共服务之用户有权要求行政机关对于合同相对人之不当履行行为采取措施，对于拒绝采取措施的决定，用户有权对此提起行政诉讼。该种救济途径背后的关键点在于"合同中关于公共服务的条款带有抽象行政行为的性质，违反这些条款就会对公共服务造成伤害，因此所有相关人都有权要求制裁此种违反行为"。

① 从2002年开始，平等原则已适用于法国行政合同审判。参见王明宇：《论行政合同可诉性》，载《天府新论》2008年12月。

二是用益物权人和公房承租人的原告资格。依据《物权法》第一百二十一条的规定，因不动产或者动产被征收、征用致使用益物权消灭或者影响用益物权行使的，用益物权人有权依照该法第四十二条、第四十四条的规定获得相应补偿。可见，在征收征用补偿协议案件中，用益物权人有权依法获得行政诉讼救济。同时，该规定没有规定担保物权人的原告资格，主要考虑的是担保物权人的相关权益可以获得法定途径的保障，如抵押权人等担保物权人可以依据《物权法》第一百九十一条等规定获得民事诉讼救济。而公房承租人作为特定历史条件的主体，具有准所有权人的地位，应该为行政诉讼原告。对于公房承租人的原告资格，是行政审判实践的共识和通常做法。例如，刘某英诉兰州市西固区房屋征收管理办公室、核工业甘肃矿冶局房屋征收补偿一案[①]，二审法院认为，《兰州市国有土地上房屋征收与补偿实施办法》第三十七条第一款规定："征收租赁国有直管房屋，房屋征收部门应先行与被征收人签订征收补偿协议，再按承租人选择的补偿方式分别对被征收人和承租人进行补偿。"第四款规定："征收租赁其他国有产权的房屋，参照上述款项规定进行补偿安置。"根据上述规定，刘某英作为公房的承租人，在其所租住的公房被征收时，可以要求获得补偿，故应当享有相应的诉权。

三是其他认为行政协议的订立、履行、变更、终止等行为损害其合法权益的公民、法人或者其他组织。（1）权利的受让者或者继受人。比如，某银行在与土地主管行政部门签订《国有建设用地使用权出让合同》后，某公司通过土地转让从该行获得土地使用权并办理产权登记。法院生效裁判认为：关于被上诉人提起行政诉讼是否具有原告诉讼主体资格的问题，本案中交通银行股份有限公司青岛分行在与上诉人签订《国有建设用地使用权出让合同》后，被上诉人通过土地转让从交通银行股份有限公司青岛分行获得土地使用权并办理产权登记。因在开发建设过程中认为建筑容积率记载错误导致无法续建，从而向法院请求判令对《国有建设用地使用权出让合同》中的建筑容积率进行更正，人民法院经审查认为该公司与该案具有利害关系，具有

① 兰州铁路运输中级法院（2016）甘71行终143号行政裁定书。

原告诉讼主体资格。（2）公有住房的共同居住人。例如，陆某等5人诉上海市虹口区住房保障和房屋管理局房屋征收补偿协议一案，人民法院认为，公有住房的承租人，对被征收房屋的安置补偿享有与征收部门协商并签订协议的权利，因此签约主体适格。而补偿协议所获得的安置房屋及货币由公有住房的承租人与共同居住人共有，因此共同居住人作为与涉案房屋征收补偿协议有利害关系的当事人，具备对该协议提起行政诉讼的原告资格。

对于行政协议外第三人的原告主体资格，有人提出，这一内容突破了《行政诉讼法》规定的诉讼请求范围，降低了起诉门槛，可能在实践中引发滥诉。对此我们认为，行政协议与民事合同重大的不同就体现在行政协议所具有的“公开、公平、公正”原则，且有利害关系人的限制，不会引发滥诉。但是，也要注意严格掌握利害关系标准，防止合同关系之安定性免受不必要的挑战。法国2014年的一判例将合同第三人的范围扩展至所有的第三人，可以直接争议行政合同的效力问题。虽然允许所有的合同第三人提起行政合同的效力之诉，但是为了合同关系之安定性免受不必要的挑战，又作了如下安排：一是若普通的合同第三人提起行政合同的效力之诉，必须以其合法权益受到侵害为前提。二是若具有特殊身份的合同第三人提起行政合同的效力之诉，比如地方省长、地方议员或者国家派驻的地方专员等公职人员，因为其争议合同效力是为了维护地区的公共利益，故主张的违法事由不受上述限制。从2007年判例允许落选竞争者直接争议公共合同有效性到2014年判例赋予所有合同第三人行使上述权利，以及2010年两个有关合同履行判例，可以发现法国行政法官运用司法权力，努力在维护合同合法性、维护合同承诺安定性、保护法律权利之间寻求平衡，实现公共利益最大化。

此问题实际上是涉及诉的利益。一般认为，诉的利益是指当事人起诉应当具有的人民法院对其诉讼请求进行判决的必要性及实效性。它关注的重点是人民法院有无必要、是否能够通过判决解决当事人之间的纠纷。存在更为有效便捷救济方式的情况下，当事人提起的行政诉讼有舍近求远之嫌，不具有保护其权利的必要性及实效性，缺乏诉的利益，且当事人的起诉也不利于纠纷的及时解决，易于形成当事人的诉累，且造成有限司法资源的浪费。诉的利益问题，司法实践中以前不是特别强调，但是这几年由于行政诉讼案件越来越多，滥诉的情形越来越多之后，慢慢开始强调诉讼利益是否值得保护。说白了，一定程度上是对原告主体资格进行了限制。也就是说，行政诉讼原告主体资格出现了一种趋势，案子越来越多之后，就会对原告主体资格作限制。在世界范围内，这也是一个趋势或者规律：民事和行政案子越来越多之后，就会越来越强调在原告主体资格上进行限制，案子越来越少之后会有所放宽，尤其是一些行政案件受理后完全只是程序空转的情况下。我们认为，协议第三人提起行政协议之诉，必须以其合法权益受到侵害为前提，判断是否具有诉的利益，有以下两方面需要重点考虑：一方面看是否浪费司法资源，另一方面看当事人权利是否另有保护。在判断当事人权利另有保护时要注意以下方面：第一，如果行政诉讼裁定驳回起诉，当事人是否根据其他途径还可以救济，当然实践中很多所谓的救济途径实际上是不可行的，这点尤为值得留意。第二，也有可能法律规定了行政诉讼等多种救济途径，但需要考虑法律这样规定的原因是不是让当事人所有的救济途径都可以选择寻求，而不是排斥行政诉讼这一救济途径。

本案涉及与行政协议有利害关系的第三人能否提起诉讼的问题。再审被申请人在答辩中提出，“合同只能约束合同双方当事人”，一审和二审法院亦以“合同相对性原则”为据，否定再审申请人要求大冶市政府、金山店镇政府履行合同约定的搬迁安置义务的请求权。固然，民事合同原则上仅具有相对效力，其权利义务关系仅可约束合同双方当事人。行政协议既采民事合同之形式，合同相对性原则亦应遵循。但行政协议之所以属于“行政”，自有其不同于民事合同之处。当行政协议属于补充或者替代诸如征收拆迁这样的单方高权行为，当行政协议具有针对诸如竞争者、邻人等第三方的效力，则不应简单地以合同相对性原则排除合法权益受到行政协议影响的第三方寻求法律救济。本案中，再审申请人尽管不是《委托协议》的当事人，却是《委托协议》约定的“整体搬迁重建”范围内的利害关系人。《委托协议》既然约定了再审被申请人的搬迁安置义务，则应当赋予搬迁安置的对象寻求法律救济的权利。行政协议的功能是为了丰富行政机关的行政手段，增进行政相对方的合作与信任，扩大解决问题的弹性余地，如果法律、法规没有作相反规定，行政机关原则上有权以协议方式活动，但却不能通过协议方式扩大法定的活动空间，使之成为规避依法行政的特殊领地，更不能借此减损行政管理相对人的合法权益与救济权利。因此，一审和二审法院仅以“合同相对性原则”为由，否定再审申请人具有的相应请求权，亦属不当。

第五章

行政协议瑕疵的处理

行政协议签订时由于各种原因存在不同程度的瑕疵。有些是签订程序和协议内容的违法，有些是意思表示不真实不一致，种类繁多，有些影响行政协议效力而有些不影响，如何处理，在实践中争议较大，值得进一步研究。

第一节　行政协议的无效及处理

行政协议无效问题属于行政协议效力制度中最重要的内容，也是行政协议有效性和合法性问题的进一步延伸。由于我国的行政协议实体法缺位，为因应行政协议在行政管理和审判实践的急迫需要，我们借助案例并结合行政行为无效标准和民事合同无效规定，探讨行政协议的无效情形（包括行政协议独特的无效情形）等相关制度及实务处理。

徐某某诉安丘市人民政府房屋补偿行政协议案

【案号】

一审：山东省潍坊市中级人民法院（2018）鲁07行初92号行政判决书

【案情】

原告：徐某某。

被告：安丘市人民政府。

第三人：安丘市大汶河旅游开发区王五里村居委会。

经审理查明，1993年12月，原告徐某某以非本村集体经济组织成员身份向安丘市大汶河旅游开发区王五里村交纳2500元宅基地款，之后在该村建有占地2间房屋的二层楼房。

2013年，被告安丘市人民政府设立“安丘市王五里—瑞贝轻机片区建设工程指挥部”，对包括原告徐某某房屋在内的王五里村实施旧村改造。因需要征收原告徐某某房屋，2013年8月5日，安丘市王五里—瑞贝轻机片区建设工程指挥部发布公开信，阐明王五里村旧村改造房屋征收补偿政策，载明“征收范围：王五里村庄内所有房屋。房屋评估方式：由评估机构依法评估确定，建新不拆旧的房屋、违章建设和临时建筑由评估机构只对房屋及附属物按重置价格进行评估，不享受宅基地的补偿。房屋补偿方式：1.房屋产权调换。（1）房屋产权调换位置及说明。在村中心街以西，冷藏厂后东西路以北范围内集中安置，安置小区相对独立，配套齐全，建成高标准的社区。每处3间以上的合法宅基地房屋在小区内安置调换200平方米楼房，分别选择一套80平方米、一套120平方米的十二层以下小高层楼房屋；2间以下的安置一套100平方米的小高层楼房。实际面积超出或不足部分，按安置价找差……（2）建设标准。……（3）建筑面积和布局。安置房屋设计原则上80平方米和120平方米两种户型。……2.货币补偿。……3.其他补偿。搬迁补偿费……临时安置补偿费……”公开信还对房屋的验收及拆除、选楼的顺序、赠送与奖励等事项进行了明确。

2013年8月5日，安丘市王五里—瑞贝轻机片区建设工程指挥部与原告徐某某签订了《产权调换补偿协议书》，就徐某某房屋补偿问题进行了约定，其主要内容如下：“第一条　被征收房屋现状。……第二条　补偿方式数额。乙方选择住宅楼回迁，选择住宅楼两套均为十二层以下小高层，以120

平方米和80平方米户型设计，方案须经乙方认可（最终面积由房管部门确定）。……第三条　房屋的验收及拆除……”协议签订后，原告徐某某的姐夫李某奎于2013年8月13日代其支取了房屋及地上附着物补偿款、奖金、临时安置补偿费、搬迁补偿费等共计152984元。

2017年7月，安丘市王五里—瑞贝轻机片区建设工程指挥部交付给原告徐某某一套100平方米楼房安置。2017年9月，原告徐某某的姐姐徐某香通过信访反映“只给（徐某某）一套住房不合适，应该按照签订的协议书补偿分房”。安丘市大汶河旅游开发区管委会于同年10月9日作出答复意见：“根据当时的拆迁政策，徐某某只能享受100平方米安置房一套。”原告徐某某不服，于2018年6月7日诉到本院，要求判令被告履行《产权调换补偿协议书》。在庭审中进一步明确为要求交付剩余100平方米的楼房。

【审判】

山东省潍坊市中级人民法院认为，本案各方对于安丘市王五里—瑞贝轻机片区建设工程指挥部系被告安丘市人民政府设立、其法律后果由被告安丘市人民政府承担没有异议，故安丘市人民政府为本案适格被告。

关于涉案《产权调换补偿协议书》的性质。利用协议来约定权利、义务是各种社会主体普遍采用的手段，平等的民事主体间签订的协议，属于民事协议；由此引发的纠纷，按照民事救济程序解决。随着行政管理方式的多样化和行政管理理念从高权命令向协商、合作的转变，行政机关在法律规定的职权范围内，通过协商一致的方式约定其与行政管理相对人之间的权利义务关系，此种协议被称为行政协议；由此引发的纠纷，一般通过行政救济程序解决。《行政诉讼法》第十二条第一款规定：“人民法院受理公民、法人或者其他组织提起的下列诉讼：……（十一）认为行政机关不依法履行、未按照约定履行或者违法变更、解除政府特许经营协议、土地房屋征收补偿协议等协议的……”一般认为，行政机关为实现公共利益或者行政管理目标，在法定职责范围内，与公民、法人或者其他组织协商订立的具有行政法上权利义务内容的协议，属于《行政诉讼法》第十二条第一款第十一项规定的行政协议。据此，行政协议包括以下要素：一是协议有一方当事人必须是行政主体；二是该行政主体行使的是行政职权；三是协议目的是实现社会公共利益或者行政管理目标；四是协议的主要内容约定的是行政法上的权利义务关系。本案中，安丘市王五里—瑞贝轻机片区建设工程指挥部与原告徐某某订立的《产权调换补偿协议书》符合上述要素特征，属于行政协议。原告针对该协议的履行问题提起诉讼，属于行政诉讼的受案范围。

围绕涉案协议，各方当事人对其他条款没有争议，争议的焦点问题是涉案协议第二条关于两套回迁安置住宅楼的约定的效力问题。原告方认为该协议内容明确，系双方真实意思表示，不违反法律规定，也不存在书写错误，应当认定为合法有效。被告方认为由于协议使用的是同一模板，按拆迁政策应当置换100平方米的被拆迁户需要在模板合同上另行改动，但因工作失误，与原告徐某某的协议此处未作改动，这与王五里村旧村改造的拆迁政策相违背，该约定并非甲方的真实意思表示，不能因此认定徐某某就应当享受200平方米的安置房待遇；涉案旧村改造项目是由安丘市人民政府主导的为改善社会公众生活居住条件的一项利民措施，根据拆迁安置政策该村拥有2间及以下宅基地的村民均取得一套100平方米的小高层的安置待遇，如果原告依据违反拆迁政策、未作改动的模板合同再获得100平方米的安置楼房，会严重损害王五里村集体的利益和社会公共利益，故该条约定应属无效。第三人庭审时主张当时协议的文本只是一种模板，没有区分占地2间以下房屋和占地3间以上房屋，因此造成了本案的工作失误，没有在协议格式上修改清楚；协议的真实意思是应当按照公开信公示的拆迁政策，给予原告100平方米的安置房；此外，本村还有10余户以上的居民同原告情况类似，都是按照一套100平方米的标准进行的安置。对于上述协议条款的约定是否合法有效，该院认为，可以从以下两个方面分析认定：

1.涉案协议争议条款是否系双方的真实意思表示。《民法总则》第一百四十三条规定："具备下列条件的民事法律行为有效：（一）行为人具有相应的民事行为能力；（二）意思表示真实；（三）不违反法律、行政法规的强制性规定，不违背公序良俗。”具体到本案，经查，涉案协议书除乙方的签名及联系电话系手写填入之外，其余内容均为打印体。协议书关于住宅楼回迁的文本设置内容较为单一，没有区分每处3间以上的合法宅基地房屋置换两套分别为80平方米、120平方米的十二层以下小高层楼房以及2间及以下的安置一套100平方米的小高层楼房的情况。（1）从2013年8月5日安丘市王五里—瑞贝轻机片区建设工程指挥部公开信所发布的补偿安置政策看，补偿安置标准对这两种情况进行了明确区分，对于“每处3间以上的合法宅基地房屋在小区内安置调换200平方米楼房，分别选择一套80平方米、一套120平方米的十二层以下小高层楼房屋；2间以下的安置一套100平方米的小高层楼房”的政策标准是周知的。（2）从协议文本的设置看，由于内容较为单一，且为模板合同，存在应作改动而未作改动的可能，并不能仅仅依据该条打印体的内容即可判定该条款内容确系被告方的真实意思表示。（3）从协议的履行看，2017年7月安丘市王五里—瑞贝轻机片区建设工程指挥部交付给原告徐某某一套100平方米楼房安置，之后，原告方尽管通过信访、诉讼等途径反映“只给（徐某某）一套住房不合适，应该按照签订的协议书补偿分房”，但被告方一直坚持“根据当时的拆迁政策，徐某某只能享受100平方米安置房一套”的意见。（4）从其他每处2间及以下宅基地房屋的被拆迁户的安置情况看，根据原告、被告提供的本院认证的相关证据，类似情况都是按照一套100平方米的标准进行的安置。综合上述四点，可以判定，涉案争议条款的约定超出了公开信所公布的补偿安置政策及标准，并非被告方的真实意思表示，根据民法总则的上述规定，该约定并非合法有效。

2.涉案协议争议条款是否无效。《行政诉讼法》第七十五条规定：“行政行为有实施主体不具有行政主体资格或者没有依据等重大且明显违法情形，原告申请确认行政行为无效的，人民法院判决确认无效。”本案中，被告安丘市人民政府具有征收的法定职权，其在公开信中公布并明确了补偿安置政策的具体标准，该补偿安置标准构成了被告与原告订立具体补偿协议的依据，涉案补偿协议应当在补偿标准的框架内。而本案争议条款突破“每处3间以上的合法宅基地房屋在小区内安置调换200平方米楼房，分别选择一套80平方米、一套120平方米的十二层以下小高层楼房屋；2间以下的安置一套100平方米的小高层楼房”的政策标准，应当视为争议条款的约定没有依据，属于无效的情形。同时，《合同法》第五十二条规定：“有下列情形之一的，合同无效：（一）一方以欺诈、胁迫的手段订立合同，损害国家利益；（二）恶意串通，损害国家、集体或者第三人利益；（三）以合法形式掩盖非法目的；（四）损害社会公共利益；（五）违反法律、行政法规的强制性规定。”本案中，涉案协议属于行政协议，涉案旧村改造项目是为改善社会公众生活居住条件，协议日的是实现社会公共利益，公益性是涉案协议区分民事协议的显著特性。如果原告依据违反拆迁政策、未作改动的模板合同再获得100平方米的安置楼房，势必增加政府在旧村改造项目中的公共支出，侵犯整个旧村改造的房屋补偿安置秩序，损害社会公共利益。综合上述两点，争议条款的约定应属无效。

综上，涉案争议第二条关于回迁安置楼的约定无效。《合同法》第五十六条规定：“无效的合同或者被撤销的合同自始没有法律约束力。合同部分无效，不影响其他部分效力的，其他部分仍然有效。”据此，该协议无效部分并不影响其他部分的效力，在原告徐某某已经支取房屋及地上附着物补偿款、奖金、临时安置补偿费、搬迁补偿费等共计152984元，并且已经领取一套100平方米安置楼房的情况下，其要求被告继续履行涉案协议书、交付剩余一套100平方米安置楼房的请求，没有事实和法律依据。原告的起诉理由不能成立，对其诉讼请求，本院依法不予支持。依照《行政诉讼法》第六十九条之规定，判决如下：驳回原告徐某某的诉讼请求。

各方均未上诉申诉，一审判决现已生效。

【评析】

行政协议无效是合同自始无效，且无补正的可能性，它与行政协议的未生效、可撤销及可解除是不同的。以其他国家与地区的行政程序法为例，一般行政协议无效标准大致有两种模式，一种是德国和台湾地区模式。主要明确了行政合同适用民事和行政协议特有两种无效标准。《德国行政程序法》第59条第1款规定，因准用民法典规定而出现合同无效情形的，公法合同亦无效。该条适用于对等行政合同、从属行政合同。第2款专门针对从属行政合同的无效情形作了细分规定：（1）有相应内容的行政行为无效的；（2）具有相应内容的行政行为并非只因为本法第46条第1款所指的程序或者形式瑕疵而违法，且合同签订者明知违法的；（3）不具备订立和解合同的条件，且具有相应内容的行政行为并非只因为本法第46条所指的程序或者形式瑕疵而违法的；（4）行政机关承诺本法第56条（有关双务合同）所不允许的对待给付的。我国台湾地区“行政程序法”第一百四十一条规定：“行政契约准用民法规定之结果为无效者，无效。行政契约违反第一百三十五条但书或第一百三十八条之规定者，无效。”第一百四十二条规定：“代替行政处分之行政契约，有下列各款情形之一者，无效：一、与其内容相同之行政处分为无效者。二、与其内容相同之行政处分，有得撤销之违法原因，并为缔约双方所明知者。三、缔结之和解契约，未符合第一百三十六条之规定者。四、缔结之双务契约，未符合第一百三十七条之规定者。”另一种是除上述两种标准外，增加适用关于无效行政行为的规定认定行政协议无效的规定。如《葡萄牙行政程序法》第185条第3项规定，如果行政合同同样适用于行政行为，适用于本法典规范行政行为非有效性的规定。《澳门特别行政区行政程序法典》第一百六十四条第二项规定，如一行政行为为无效或可撤销，则标的与该行为之标的相同，以及对同一具体情况所作之规范与该行为所作者相同之行政合同，亦为无效或可撤销。

《最高人民法院关于审理行政协议案件若干问题的规定》根据行政协议的特点，结合《行政诉讼法》关于无效行政行为和民事规范关于无效的规定，对行政协议无效作了明确。其第十二条规定，行政协议存在《行政诉讼法》第七十五条规定的重大且明显违法情形的，人民法院应当确认行政协议无效。人民法院可以适用民事法律规范确认行政协议无效。行政协议无效的原因在一审法庭辩论终结前消除的，人民法院可以确认行政协议有效。该条是关于行政协议无效情形的规定。上述司法解释既区别于德台模式，也区别于葡澳模式。

我们认为，行政机关在履行行政管理职责过程中，为实现公共服务或者行政管理目标，可以通过与公民、法人或者其他组织协商的方式达成具有行政法上权利义务内容的协议。因行政协议具有两面性，既有作为行政管理“行政性”的一面，也有作为公私合意产物“合同性”的一面。故行政协议既是一种行政行为，具有行政行为的属性，又是一种合同，体现合同制度的一般特征，更是行政性和合同性的深度融合而非简单的叠加。因此，对于行政协议无效的判断，既适用《行政诉讼法》关于无效行政行为的规定，同时也适用民事法律规范中关于合同无效的规定，更要发展出属于行政协议特有的无效标准。故审理行政协议案件既要适用关于一般行政行为和行政协议的行政法律规范，也要适用不违反行政法和行政诉讼法强制性规定的民事法律规范。根据《行政诉讼法》以及《民法典》等法律规定，认定行政协议是否具有无效情形，既要审查行政行为是否存在实施主体不具有行政主体资格或者没有依据等重大且明显违法和行政协议特有的无效情形，还应审查行政机关在与相对人签订合同过程中有无遵循平等、自由、公平、诚信等原则以及是否存在合同法律规范上的无效情形。司法实践中也有行政协议无效的案例。[①]

在本案，人民法院首先依据《行政诉讼法》第七十五条的规定，认为本案争议条款突破“每处3间以上的合法宅基地房屋在小区内安置调换200平方米楼房，分别选择一套80平方米、一套120平方米的十二层以下小高层楼房屋；2间以下的安置一套100平方米的小高层楼房”的政策标准，应当视为争议条款的约定没有依据，属于无效的情形。同时，又依据《合同法》第五十二条的规定，认为本案所争协议侵犯整个旧村改造的房屋补偿安置秩序，损害社会公共利益，为无效行政协议。综合上述两点，争议条款的约定应属无效。此为既适用《行政诉讼法》关于无效行政行为的规定，同时也适用民事法律规范中关于合同无效的规定，共同得出案涉协议为无效行政协议的典型案例。

① 如范某诉太和县城关镇人民政府、太和县人民政府行政协议案，案号：最高人民法院（2017）最高法行申2289号行政裁定书。

【实务指导】

关于行政协议部分无效的处理问题。行政协议部分无效，全部无效。但如删除无效部分，协议仍可订立或者协议双方仍愿订立的除外。《德国行政程序法》第59条第3款对合同的部分无效情形作了规定：合同部分无效的，其全部无效；但如认定删除无效部分，合同仍可订立的，不在此限。在本案，潍坊市中级人民法院审理认为，涉案协议属于行政协议，涉案旧村改造项目是为改善社会公众生活居住条件，协议目的是实现社会公共利益，公益性是涉案协议区分民事协议的显著特性。如果原告依据违反拆迁政策、未作改动的模板合同再获得100平方米的安置楼房，势必增加政府在旧村改造项目中的公共支出，侵犯整个旧村改造的房屋补偿安置秩序，损害社会公共利益。根据《合同法》第五十二条之规定①，涉案争议第二条关于回迁安置楼的约定亦应无效。该协议无效部分并不影响其他部分的效力，在原告已经支取房屋及地上附着物补偿款、已经获得一套100平方米安置楼房的情况下，其要求被告继续履行涉案协议书、交付剩余一套100平方米安置楼房的请求，没有事实和法律依据。依照《行政诉讼法》第六十九条之规定，判决驳回原告的诉讼请求。

【关联规定】

1.《中华人民共和国行政诉讼法》

第七十五条 行政行为有实施主体不具有行政主体资格或者没有依据等重大且明显违法情形，原告申请确认行政行为无效的，人民法院判决确认无效。

2.《中华人民共和国民法典》

第一百五十三条 违反法律、行政法规的强制性规定的民事法律行为无效。但是，该强制性规定不导致该民事法律行为无效的除外。

---

① 对应《民法典》第一百五十三条、第一百五十四条。

违背公序良俗的民事法律行为无效。

第一百五十四条　行为人与相对人恶意串通，损害他人合法权益的民事法律行为无效。

第一百五十五条　无效的或者被撤销的民事法律行为自始没有法律约束力。

第一百五十六条　民事法律行为部分无效，不影响其他部分效力的，其他部分仍然有效。

3.《最高人民法院关于审理行政协议案件若干问题的规定》

第十七条　原告请求解除行政协议，人民法院认为符合约定或者法定解除情形且不损害国家利益、社会公共利益和他人合法权益的，可以判决解除该协议。

第二十七条　人民法院审理行政协议案件，应当适用行政诉讼法的规定；行政诉讼法没有规定的，参照适用民事诉讼法的规定。

人民法院审理行政协议案件，可以参照适用民事法律规范关于民事合同的相关规定。

相关案例一

陆某1等诉上海市虹口区住房保障和房屋管理局房屋征收补偿协议案

【案号】

一审：上海市虹口区人民法院（2015）虹行初字第228号行政判决书

【案情及裁判】

原告：陆某1、周某星、周某琪、陆某豹、陆某凌。

被告：上海市虹口区住房保障和房屋管理局。

第三人：陆某2。

2015年6月1日，上海市虹口区人民政府针对157街坊作出虹府房征〔2015〕4号房屋征收决定，本市周家嘴路127号房屋（以下简称被征收房屋）

在征收范围内，第三人陆某2为承租人，建筑面积59.14平方米，户内共原告陆某1等九人户籍。2015年6月22日，被告上海市虹口区住房保障和房屋管理局与陆某2签订编号J-157-1-4-16《上海市国有土地上房屋征收补偿协议》。确定被征收房屋价值补偿款2160279.62元，该户不符合居住困难户的条件。被告提供彩虹湾二期6栋东单元2203室、听健路151弄2栋西单元4号203室、4号303室、鲁康路555弄1栋西单元4号1004室四套房屋，在扣除价值款及各类补贴、奖励费用后，该户需补差价777176元。该户后搬离原址。

原告诉称，被征收房屋系公房，户内含原告在内共九人户籍，人均建筑面积不足15平方米，符合上海市托底保障的条件。为此原告曾多次向被告提出申请，但未被认定为居住困难。而且根据157街坊房屋征收与补偿方案，符合居住困难的被征收户增加保障补贴，而且原则上不能选购彩虹湾房源。承租人与被告签订的《上海市国有土地上房屋征收补偿协议》致使其户及共同居住人权益受损，故请求确认补偿协议无效。

审理中，法院就该户是否符合居住困难条件向上海市虹口区住房保障中心咨询，虹口区旧区改造和房屋征收居住困难认定小组于2016年1月29日函复一审法院，称周家嘴路127号户陆某2、乔某华、陆某宇、陆某豹、陆某凌、刘某娣、陆某1、周某星、周某琪，经住房信息比对他处无住房或有他处住房但人均建筑面积低于15平方米，符合居住困难户认定范围。原、被告对此均无异议。

上海市虹口区人民法院经审理后认为：对于合同效力的审查，主要是看签约主体及合同内容是否符合法律规定。本市周家嘴路127号房屋隶属157街坊征收范围，第三人作为承租人，对被征收房屋的安置补偿享有与征收部门协商并签订协议的权利，对此各方并无异议，因此签约主体适格。那本案的争议焦点就在于补偿协议的内容是否有悖法律规定。根据《合同法》第五十二条之规定，有下列情形之一的，合同无效：一方以欺诈、胁迫的手段订立合同，损害国家利益；恶意串通，损害国家、集体或者第三人利益；以合法形式掩盖非法目的；损害社会公共利益；违反法律、行政法规的强制性规定。综观本案，原告认为，其户未被认定为居住困难，享受住房保障，故应为无效。对此,《国有土地上房屋征收与补偿条例》第十八条已有明确:征收个人住宅,被征收人符合住房保障条件的,作出房屋征收决定的市、县级人民政府应当优先给予住房保障。具体办法由省、自治区、直辖市制定。《上海市国有土地上房屋征收与补偿实施细则》(以下简称《征收细则》)第三十一条则进一步确定:人均建筑面积不足22平方米的居住困难户,增加保障补贴,但已享受过经济适用住房政策的除外。增加的保障补贴可以用于购买产权调换房屋。由此可见,对居住困难户的优先保障是行政法规强制性规定。本案中,经相关部门确认原告户符合居住困难户的条件,对此类被征收户的补偿安置需增加居住困难户补贴及配置相应房源。而被告与第三人签订的《上海市国有土地上房屋征收补偿协议》并未认定居住困难,导致其户缺失该部分补偿利益,因此违背了《国有土地上房屋征收与补偿条例》之强制性规定,应予确认为无效。根据规定,合同无效后,因该合同取得的财产应当予以返还。现被征收房屋已被拆除,安置房屋尚未交付,考虑到房屋征收仍在继续中,因此恢复原状没有必要。被告应及时与第三人再行协商,另行签订新的补偿协议,如协商不成,应及早申请征收补偿决定,完成对该户的安置补偿,其间被告应按基地政策向该户发放过渡费用。

综上,根据《国有土地上房屋征收与补偿条例》第十八条、《合同法》第五十二条第五项、《最高人民法院关于适用〈中华人民共和国行政诉讼法〉若干问题的解释》第十五条第二款之规定,遂判决:确认被告上海市虹口区住房保障和房屋管理局与第三人陆某2于2015年6月22日签订的编号J–157–1–4–16《上海市国有土地上房屋征收补偿协议》无效。

一审后,原、被告及第三人均未提起上诉。

【评析】

2014年修正的《行政诉讼法》将房屋征收补偿协议(以下简称补偿协议)纳入行政诉讼范围,这一改变使补偿协议的原告资格、法律适用、合同效力及审查原则、裁判方式等成为法律界新一轮的争议焦点。本案的意义在于《行政诉讼法》实施后,如何确定补偿协议的原告资格、法律适用进一步明确,另外对于《国有土地上房屋征收与补偿条例》中“住房保障认定”这一特殊的补偿协议内容的裁判原则亦作出判决。

1.确定了补偿协议的原告资格。补偿协议所获得的安置房屋及货币由承租人与共同居住人共有，因此共同居住人作为与这一行政行为有利害关系的当事人，具备对补偿协议提起行政诉讼的原告资格。

2.确定对补偿协议审查的法律适用。虽然补偿协议系行政合同，但其仍属于合同范畴，因此同样受《合同法》等民事法律规范调整。另外在对于合同效力、善后处理等情况均可适用民事法律规范的相关规定。

3.确定对“住房保障认定”的裁判原则。《最高人民法院关于审理行政协议案件若干问题的规定》第十二条第一款规定，行政协议存在《行政诉讼法》第七十五条规定的重大且明显违法情形的，人民法院应当确认行政协议无效，而第二款规定，人民法院可以适用民事法律规范确认行政协议无效。那么，这两款规定如何适用？行政行为无效标准和民事合同无效标准在行政协议无效认定中的关系是什么？也就是说，从法律适用的角度看，需要解决此两款的适用顺位和具体选择。理论上大致存在三种选择：重大且明显违法规则优先，民事合同无效规则优先，或者以上两个规则并列。从目前规定关于前者“应当”后者“可以”的表述来看，以上两个规则的地位是并列的，面临冲突时，重大且明显违法规则优先，但是以上两个规则如此模糊是否在具体案件存在实质上的冲突有待进一步考察。如果不存在冲突，在具体案件中原则上应当将《行政诉讼法》和民事法律规定的无效情形均作为判断行政协议是否无效的具体情形，除非民事关于违反效力性规定属于无效的情形。因此，行政协议不存在《行政诉讼法》第七十五条规定的重大且明显违法情形的，人民法院也可以适用民事法律规范确认行政协议无效。公有住房的共同居住人对征收补偿协议效力具有行政诉讼原告资格，根据《行政诉讼法》及相关司法解释，对征收补偿协议的审查适用民事法律规定。对于违反《国有土地上房屋征收与补偿条例》第十八条规定的“住房保障”，人民法院可以依据《合同法》第五十二条第五项之规定①，认定违反法律法规强制性规

① 对应《民法典》第一百五十三条。

定，判决确认征收补偿协议无效；因为住房保障认定是住房保障机构针对被征收户的情况进行的，直接涉及安置款的多寡及房源分配，对于该认定而未认定为住房保障的，该行为违背了《国有土地上房屋征收与补偿条例》的强制性效力性规定，属于重大且明显违法，亦应确认为无效。

相关案例二

浙江省粮油储运贸易有限公司诉绍兴市柯桥区人民政府房屋征收行政协议案

【案号】

一审：浙江省绍兴市中级人民法院（2016）浙06行初120号行政判决书

【案情及裁判】

原告：浙江省粮油储运贸易有限公司。

被告：绍兴市柯桥区人民政府。

原告系浙江绍兴中国轻纺城西市场实业有限公司（以下简称西市场公司）股东，持有西市场公司35%的股份。2013年8月28日，被告绍兴市柯桥区人民政府以“常务会议纪要”形式决定对轻纺城西市场进行升级改造。12月18日，绍兴市柯桥区“城中村”改造和拆迁工作领导小组发下《中国轻纺城西市场升级改造项目房屋拆迁任务书》。西市场公司属于上述拆迁范围之内。同年12月25日，绍兴市柯桥区街道办事处与绍兴市柯桥区中国轻纺城市场开发经营有限公司共同制定《东升路西市场区块非住宅产权房屋拆迁改造安置补偿方案》，2014年2月28日，绍兴市柯桥区中国轻纺城市场开发经营有限公司委托浙江林盛建设发展有限公司对西市场公司71023.97平方米房屋予以拆除。2015年1月29日，绍兴市柯桥区中国轻纺城市场开发经营有限公司请示绍兴市柯桥区“城中村”改造和拆迁工作领导小组办公室，要求涉案项目按2014年拆迁政策执行。8月28日，因包括原告在内的西市场公司股东对西市场升级改造方案未达成一致，决定不再延长公司营业期限，对公司解散清算。9月11日，包括原告在内的公司股东对清算事项达成一致意见，《清算组议事规则》中明确约定："清算中下列事务，则由清算组形成方案后应当提交股东会讨论，并经股东会表决权三分之二以上通过后，由清算组处理：公司房屋拆迁安置补偿事项的处理；……"2016年3月10日，被告再次通过专题会议纪要的形式明确涉案项目的拆迁业主由轻纺城市场开发经营有限公司调整为轻纺城建管委，明确轻纺城市场开发经营有限公司为新市场建设主体。后原告以邮寄方式，将其"要求依法进行西市场拆迁安置补偿的提示函"告知绍兴市柯桥区中国轻纺城建设管理委员会，并明示相关清算规程。2016年5月24日，轻纺城建管委与西市场公司清算组签订房屋拆迁补偿协议，约定房屋补偿事项。原告浙江省粮油储运贸易有限公司对此不服，遂诉至法院，请求确认轻纺城建管委与西市场公司清算组签订的拆迁补偿协议无效，限期被告与西市场公司清算组重新协商签订土地、房屋征收补偿协议。

法院经审理认为，自2013年8月改造方案的提出到之后各项工作环节的安排，都可以看到政府行政行为的介入。如在升级改造方案中规定：涉及西市场主体的拆迁由轻纺城建管委、开发公司和西市场公司共同负责；绍兴县发改委对西市场升级改造工程项目建议书进行了审批。轻纺城建管委专门成立了西市场升级改造工程组织架构，成立四个工作组，分工负责拆迁项目等。最关键的是，在2013年12月，绍兴市柯桥区"城中村"改造和拆迁工作领导小组下达了《中国轻纺城西市场升级改造项目房屋拆迁任务书》，该任务书中载明：根据县委常委会议纪要的要求，下达拆迁任务给开发公司。之后，柯桥区街道办事处、开发公司共同制定安置补偿方案。2016年3月，被告又通过区政府专题会议纪要的形式，将拆迁业主由开发公司调整为轻纺城建管委。上述行为显示，本次拆迁是在被告主导下的，对国有土地上房屋征收和补偿行政行为，不能认定为企业自拆行为。涉案协议应当属于行政协议。

原告起诉要求确认行政协议无效，其主要的理由是清算组成员违反《清算组议事规则》中的明确规定：签订拆迁补偿协议应当经股东会表决权三分之二以上通过。原告认为，清算组未经股东会表决，自行与政府签订的拆迁补偿安置协议应当确认无效。对于行政协议的效力问题，可以参考民事法律法规的规定进行审理。《合同法》第五十二条规定，“有下列情形之一的，合同无效：……（二）恶意串通，损害国家、集体或者第三人利益；……”本案审理关键是上述协议中是否存在恶意串通的情况。原告在致轻纺城建管委的提示函中已经明确告知《清算组议事规则》的内容，但该单位获悉上述内容之后，在明知清算组未经股东会三分之二以上通过的情况下，仍坚持与清算组签订安置补偿协议，属于恶意串通，故所签协议当属无效协议。另外，鉴于本案涉及的行政协议需要经过协议双方在充分磋商的基础上，达成一致意见后方能签订，协议的签订非通过判决即能强制达成。故原告起诉要求法院限期被告与西市场公司清算组重新签订土地、房屋征收补偿协议的诉讼请求，不是本案司法裁判范围，本院不予支持。但涉案房屋已经被拆除，故被告应当基于其安置补偿的法定职责，及时、充分与被拆迁人进行协商，如协商不成，亦应当及时作出补偿决定。法院根据《行政诉讼法》第七十五条之规定，判决确认绍兴市柯桥区中国轻纺城建设委员会与西市场公司清算组2016年5月24日签订的房屋拆迁补偿协议无效。

【评析】

《最高人民法院关于审理行政协议案件若干问题的规定》第十二条规定，行政协议存在《行政诉讼法》第七十五条规定的重大且明显违法情形的，人民法院应当确认行政协议无效。人民法院可以适用民事法律规范确认行政协议无效。对于行政协议无效的认定，除了适用《行政诉讼法》相关法律规定外，应当参照合同法律规范等。本案原告起诉要求确认行政协议无效，但本案的情况不符合《行政诉讼法》第七十五条规定的重大且明显违法情形。依据上述规定，行政协议除了适用行政行为无效的一般标准外，还应当适用作为协议自身的特殊标志，因为行政协议中的合意性除了可能冲击行政法律关系外，还可能给公共利益、相对人、第三人权益造成损害。所以本案对行政协议效力的判断，还应当适用《合同法》第五十二条的规范来进行审理。结合本案实际情况，原告主张的在《清算组议事规则》中明确约定，签订拆迁补偿协议应当经股东会表决权三分之二以上通过。故对该内容，清算组应当是清楚明晰的。对于被告，原告通过一定的书面形式，将该规则也进行了告知，并告知被告对于协议初步内容持反对意见，对此，被告亦予以认可。被告虽然在答辩中主张，清算组议事规则属于公司股东及清算人员之间的内部约定，对外不发生法律效力。主张原告如果认为股东权益被侵犯，应当向清算组主张民事权益。法院认为，对本案行政协议的签订之时，协议签订的双方对于清算规则是明知的，尤其是被告，明知清算组并未获得股东会表决权三分之二以上授权，仍然坚持与清算组签订涉案安置补偿协议，主观上与清算组存在《合同法》第五十二条第二项规定的恶意串通，损害第三人利益的情形，本案房屋拆迁补偿协议依法无效。①

《最高人民法院关于审理行政协议案件若干问题的规定》第十五条规定，行政协议无效、被撤销或者确定不发生效力后，当事人因行政协议取得的财产，人民法院应当判决予以返还；不能返还的，判决折价补偿。因被告的原因导致行政协议被确认无效或者被撤销，可以同时判决责令被告采取补救措施；给原告造成损失的，人民法院应当判决被告予以赔偿。对于协议无效之后的法律后果及相应的补救措施，根据《合同法》第五十八条的规定②，合同无效后应当返还，有过错方承担相应责任。根据《行政诉讼法》第七十六条规定，法院判决确认违法或者无效的，可以同时判决责令被告采取补救措施。本案实际情况是，涉案行政协议虽然被确认无效，但被告征收西市场公司房屋的事实已经发生，房屋已经被拆除，无法返回原始状态，而被告、原告以及清算组客观上仍然存在对征收补偿款项达成一致协议的可能性，故法院没有选择恢复原状或者赔偿的裁判方式。而鉴于协议的签订需要以双方协商一致为前提条件，本案也无法直接由法院进行强制裁判，实现原告的诉讼请求之一的要求重新签订安置补偿协议。故法院明确，要求被告与清算组依照法定程序重新签订安置补偿协议，如若无法达成一致意见，被告应当根据《国有土地上房屋征收与补偿条例》的规定及时作出安置补偿决定。

---

① 对应《民法典》第一百五十四条。

② 对应《民法典》第一百五十七条。

相关案例三

潍坊众邦化工有限公司诉潍坊滨海经济技术开发区管理委员会行政协议案

【案号】

一审：山东省潍坊市中级人民法院（2016）鲁07行初85号行政判决书

二审：山东省高级人民法院（2017）鲁行终755号行政判决书

再审：最高人民法院（2018）最高法行申8612号行政裁定书

【案情及裁判】

再审申请人（一审原告、二审上诉人）：潍坊众邦化工有限公司（以下简称众邦公司）。

再审被申请人（一审被告、二审被上诉人）：潍坊滨海经济技术开发区管理委员会（以下简称滨海管委会）。

原审法院查明，2004年3月20日，因众邦公司欲在原潍坊市寒亭海洋化工开发区工业园内新上一化工项目，为此，经甲方原潍坊市寒亭海洋化工开发区管委会与乙方众邦公司双方协商就有关事宜达成协议签订了《合同书》。《合同书》共十三条，分别对土地四至及面积、土地使用年限、土地价格及土地证办理、甲方义务、乙方义务、违约责任、纠纷解决途径、生效条件等事项作出了约定。根据《合同书》第一条的规定，甲方提供央赣路以西、新海路以北，工业园区内土地一宗，面积约117.1亩（以土地部门实测面积为准）。根据《合同书》第三条的规定，乙方按每亩7000元的价格将征地款交至甲方，约81.97万元（以实测面积为准），并提供齐全相关证件手续后，由甲方负责六个月内为乙方办理好土地证，乙方不再向甲方支付其他征地费用。根据《合同书》第十条的规定，违约责任按《合同法》的有关规定执行，根据《合同书》第十三条的规定，本合同甲乙双方签字盖章后生效，一式两份，甲、乙双方各执一份。众邦公司、原潍坊市寒亭海洋化工开发区管委会双方均在《合同书》上签字、盖章予以确认。

《合同书》签订后，原潍坊市寒亭海洋化工开发区管委会即将约定的

117.1亩（众邦公司主张土地部门实测面积为123.37亩）土地交付众邦公司使用。2004年3月28日、2005年5月16日，原潍坊市寒亭海洋化工开发区财政局分两次收取了众邦公司款项共计863590元，收费项目名称为征地款。2005年11月3日，潍坊市国土资源局与众邦公司签订了《国有土地使用权出让合同》，将《合同书》中约定的117.1亩土地中的53379平方米土地出让给众邦公司，土地使用权出让金为每平方米38.7元，总额为2065767元。2005年12月20日，潍坊市人民政府为众邦公司颁发了潍国用〔2005〕第C119号国有土地使用权证，面积为53379平方米，用途为工业用地。《合同书》中约定的其他剩余土地，众邦公司始终未取得土地批准手续和办理土地使用权证。2007年8月8日，为保障潍坊滨海项目海晶之恋建设的顺利进行，就中石化潍坊分公司第32加油站新站址用地问题，潍坊滨海投资发展有限公司、中石化潍坊分公司、潍坊市寒亭区央子镇人民政府三方签订了《国有土地转让合同》，根据该合同约定，潍坊滨海投资发展有限公司将位于进港路以西、园区路以北，面积为8872平方米（合13.308亩）的土地使用权转让给中石化潍坊分公司，用途为商业。众邦公司认为，中石化潍坊分公司通过上述《国有土地转让合同》取得的13.308亩土地，在上述《合同书》中约定的未给众邦公司办理土地证的剩余43.37亩土地范围之内。2008年3月30日，中共潍坊市委、潍坊市人民政府下发《〈关于对寒亭区、潍坊滨海经济开发区、潍坊经济开发区管理区域进行调整的实施意见〉〈关于寒亭区、潍坊滨海经济开发区潍坊经济开发区财政管理体制和资产负债划转实施意见〉的通知》（潍发〔2008〕11号），将原潍坊市寒亭海洋化工开发区整建制划归潍坊滨海经济开发区管理。2011年9月8日，山东省人民政府办公厅下发《关于设立潍坊滨海经济技术开发区管理委员会的通知》（鲁政办字〔2011〕12号），同意设立滨海管委会即滨海管委会，为山东省人民政府派出机构，委托潍坊市人民政府管理。

潍坊市中级人民法院一审认为，根据《土地管理法》第四十三条、第四十四条、第五十三条规定，具体建设项目进行建设需要使用土地，必须依法经市、县以上人民政府批准。本案中原潍坊市寒亭海洋化工开发区管委会不是市、县以上人民政府，其因招商引资与众邦公司签订涉案《合同书》批准众邦公司使用土地进行建设，违反了《土地管理法》的上述强制性规定，依据《合同法》第五十二条“有下列情形之一的，合同无效：……（五）违反法律、行政法规的强制性规定”的规定，该合同应属无效。2005年8月1日实施的《最高人民法院关于审理涉及国有土地使用权合同纠纷案件适用法律问题的解释》第二条规定：“开发区管理委员会作为出让方与受让方订立的土地使用权出让合同，应当认定无效。本解释实施前，开发区管理委员会作为出让方与受让方订立的土地使用权出让合同，起诉前经市、县人民政府土地管理部门追认的，可以认定合同有效。”本案中，潍坊市国土资源局与众邦公司签订了《国有土地使用权出让合同》，将《合同书》中约定的土地中的53379平方米土地出让给众邦公司，众邦公司亦已经取得该53379平方米土地的国有土地使用权证，但是，对于剩余的43.37亩土地，滨海管委会主张涉案《合同书》属于无效合同，其无法违法为众邦公司办理土地使用证，且众邦公司对此亦未提交该《合同书》效力已经市、县人民政府土地管理部门追认的相关证据材料，因此，众邦公司认为涉案《合同书》有效，并要求滨海管委会依据《合同书》为其办理43.37亩土地的国有土地使用证或赔偿损失的诉讼请求于法无据，依法应不予支持。该院在查明上述事实后，依法向众邦公司告知涉案《合同书》为无效合同并予以释明，同时告知众邦公司可以在合同无效的基础上提出新的诉讼请求，但是，众邦公司经该院告知和释明以后，表示坚持其原诉讼请求。综上，该院依照《合同法》第五十二条第五款、《行政诉讼法》第六十九条以及《最高人民法院关于适用〈中华人民共和国行政诉讼法〉若干问题的解释》第十四条之规定，判决驳回众邦公司的诉讼请求。

众邦公司不服，向山东省高级人民法院提起上诉。山东省高级人民法院二审认为，《土地管理法》第五十三条的规定属于效力性强制性规定，使用国有土地必须经过县级以上土地主管部门的审查和同级人民政府的批准，开发区管理委员会无权作为出让方签订国有土地使用权出让合同，除非经市、县级人民政府土地管理部门追认，其所签订的国有土地使用权出让合同应为无效合同。本案中，海洋管委会与众邦公司签订的《合同书》中涉及土地出让的条款，在未获得市、县级以上人民政府土地管理部门追认的情况下，应为无效约定。因《合同书》签订于2005年8月1日之前，且其中80亩土地已经由潍坊市国土资源局追认并与众邦公司签订了《国有土地使用权出让合同》，该部分的约定可以认定为有效；剩余43.37亩土地因无证据证明经过县级以上人民政府的批准或市、县人民政府土地管理部门的追认，应认定为无效。同时，根据《合同法》第五十六条规定，合同部分无效不影响其他部分效力的，其他部分仍然有效，本案《合同书》既包括招商引资的内容，也包括土地出让的内容，招商引资部分不违反法律法规的强制性规定的，应为有效；土地出让部分中已经过土地管理部门追认的80亩土地部分可认定为有效约定，剩余43.37亩土地部分因未经批准和追认应为无效约定，且无效部分不影响其他部分的效力，其他部分仍然有效。因此，一审法院未区分《合同书》中的有效部分和无效部分而直接认定《合同书》为无效合同，违反了《合同法》第五十六条的规定，属于适用法律错误，予以纠正。众邦公司关于滨海管委会应为其办理剩余43.37亩土地的国有土地使用权证或承担违约责任的诉讼请求因相关约定无效，缺乏依据，不能支持，一审法院判决驳回其诉讼请求并无不当。众邦公司可对因《合同书》部分无效造成的损失向滨海管委会请求行政赔偿，因众邦公司在一审中未提出相关行政赔偿请求，二审中双方就赔偿问题也未达成一致意见，众邦公司可另行主张权利。一审法院判决虽适用法律方面存在错误，但不影响判决结果，该院予以维持。众邦公司的上诉理由不能成立，不予支持依照《行政诉讼法》第八十九条第一款第一项之规定，判决驳回上诉，维持一审判决。

众邦公司向最高人民法院申请再审称，（1）原审认定事实、适用法律错误，二审认定《合同书》中滨海管委会为众邦公司提供土地实质上是土地出让行为，属认定事实错误。《合同书》应系招商引资合同，乃开发区管委会履行招商引资职责的行为，其中虽然约定了开发区管委会为众邦公司提供土地并办理土地使用权证，但此并未构成土地使用权出让合同。原审适用《土地管理法》第五十三条之规定错误，是否得到土地行政主管部门的批准并不应对《合同书》的效力造成影响。（2）即便假定《合同书》乃土地使用权出让合同，新证据可以表明，开发区管委会的上级行政机关，即潍坊市人民政府，已经知晓《合同书》所承诺之土地出让行为，因此并不需要土地主管部门追认。故请求撤销原判，改判支持其全部诉讼请求，即判决开发区管委会为众邦公司依据《合同书》办理43.37亩国有土地使用权证；若无法履行上述请求，要求判决开发区管委会因不履行《合同书》给众邦公司造成的经营损失（初步估算为200万元，以后续评估为准）。

最高人民法院认为，众邦公司的再审申请不符合《行政诉讼法》第九十一条规定的情形。依照《最高人民法院关于适用〈中华人民共和国行政诉讼法〉的解释》第一百一十六条第二款之规定，裁定驳回众邦公司的再审申请。

【评析】

本案争议焦点为《合同书》约定的土地出让条款的有效性以及法律责任问题。

第一，关于《合同书》中约定的43.37亩土地为其办理相关手续的有效性问题。2004年修正的《土地管理法》第四十三条、第四十五条规定，任何单位和个人进行建设，需要使用土地的，必须依法申请使用国有土地，对于原属于农民集体所有的土地，应当依法进行征收后才能申请使用，征收土地应当经省级以上人民政府批准。2004年修正的《土地管理法》第五十三条规定："经批准的建设项目需要使用国有建设用地的，建设单位应当持法律、行政法规规定的有关文件，向有批准权的县级以上人民政府土地行政主管部门提出建设用地申请，经土地行政主管部门审查，报本级人民政府批准。"根据上述规定，涉及土地征收以及建设项目需要使用国有建设用地的，有法定的申请流程及批准机关，应当依程序由法定机关审批。本案中，涉案土地应当经县级以上人民政府批准并由县级以上人民政府土地行政主管部门与众邦公司签订出让合同，《合同书》系原海洋管委会与众邦公司签订的招商引资协议，该协议就土地价格和土地证办理情况进行了约定，已经超越了原海洋管委会的法定职权。根据《行政诉讼法》第七十五条的规定，行政行为有实施主体不具有行政主体资格或者没有依据等重大且明显违法情形，原告申请确认行政行为无效的，人民法院判决确认无效。《合同书》中关于土地出让条款的规定，因海洋管委会没有审查、批准用地的法定职责，该部分约定应属无效。

2005年8月1日实施的《最高人民法院关于审理涉及国有土地使用权合同纠纷案件适用法律问题的解释》第二条规定："开发区管理委员会作为出让方与受让方订立的土地使用权出让合同，应当认定无效。本解释实施前，开发区管理委员会作为出让方与受让方订立的土地使用权出让合同，起诉前经市、县人民政府土地管理部门追认的，可以认定合同有效。"该规定首先明确了对于开发区管理委员会作为出让方与受让方订立的土地使用权出让合同，应当认定无效，同时，也规定了例外情形，即2005年8月1日前开发区管理委员会作为出让方签订的土地使用权出让合同起诉到法院之前经市、县人民政府土地管理部门追认的，可以认定合同有效。本案中，根据原审查明，《合同书》系2004年签订，且《合同书》中约定的出让土地中的80亩土地经潍坊市国土资源局于2005年11月3日与其签订《国有土地使用权出让合同》，该部分土地因遵循了法定程序与有权机关签订出让合同并缴纳出让金，故该部分土地使用权属于前述规定的2005年8月1日前签订的合同起诉前经过市、县人民政府土地管理部门追认的情形，可以认定该部分合同有效。但剩余的43.37亩仅有《合同书》约定，没有有权机关批准，亦不符合前述规定追认后有效的情形，且至今亦未签订出让合同，故应属于部分无效。

第二，关于合同部分无效的法律责任问题。根据《行政诉讼法》第七十六条之规定，人民法院判决确认违法或者无效的，可以同时判决责令被告采取补救措施；给原告造成损失的，依法判决被告承担赔偿责任。本案中，由于开发区管委会在《合同书》中作出了超越自身职权的承诺，导致《合同书》部分无效，开发区管委会依法应承担相应的赔偿责任。众邦公司主张继续履行合同，一方面涉案合同因开发区管委会超越职权且该部分土地未经依法追认无法继续履行，另一方面涉案地块已经规划了加油站并依法为案外人办理了国有土地使用权证，故其主张继续履行合同难以得到支持。当然，众邦公司依法可以主张合同部分无效的损失赔偿。一审法院依法向众邦公司释明要求其变更诉讼请求，在其不同意变更的情况下，判决驳回诉讼请求，由于一审法院合同效力的认定不完全正确，二审认定合同部分无效，纠正了一审法律适用的错误，并依法告知众邦公司仍然可就合同部分无效的损失请求行政赔偿，判决驳回上诉维持一审判决，结果并无不当。

第二节　行政协议意思表示瑕疵的处理

由于行政协议既是一种行政行为，具有行政行为的属性，又是一种合同，体现合同制度的一般特征。根据我国《行政诉讼法》及其司法解释的相关规定，人民法院在审查行政协议案件时，在适用行政法律规范的同时，可以适用不违反行政法和行政诉讼法强制性规定的民事法律规范。故而，对于有意思表示瑕疵的行政协议，也可以适用民事法律规范中关于可撤销合同的相关规定进行撤销。

王某某诉江苏省仪征枣林湾旅游度假区管理办公室房屋搬迁协议案

【案号】

一审：江苏省扬州市中级人民法院（2017）苏10行初57号行政判决书

【案情】

原告：王某某。

被告：江苏省仪征枣林湾旅游度假区管理办公室。

2017年8月5日，王某某与原铜山办事处签订《铜山体育建设特色镇项目房屋搬迁协议》。该协议约定，为了加快铜山小镇项目建设步伐，改善农民居住环境，推进城乡一体化建设和枣林湾及仪征市旅游产业的发展，需对王某某所有的位于铜山办事处铜山村王营组287.19平方米的房屋实施搬迁。协议还对安置补偿的具体内容进行了明确约定。

原告王某某诉称，原告系仪征市铜山办事处铜山村王营组12号房屋所有人。2017年8月4日，铜山办事处征收部门工作人员强行进入原告家中，用威胁手段逼迫原告签署征收补偿协议。原告多次向公安机关报警，至2017年8月5日凌晨两点多钟，原告被打伤，为保护人身安全，原告不得已在被告工作人员出具的一些文书上签字。被告将所签协议等文件全部带走，原告再次报警，出警警察拨打120将原告送至医院诊治。根据合同法规定，一方以欺诈、胁迫的手段或者乘人之危，使对方在违背真实意思的情况下订立的合同，受损害方有权请求人民法院或者仲裁机构变更或者撤销。根据《行政诉讼法》及其司法解释以及仪征市仪委发〔2007〕34号文规定，铜山办事处作为仪征市政府的派出机构，不具备行政诉讼主体资格，其超越法律授权的行政行为应由派出机关也就是仪征市政府承担责任。综上，请求人民法院依法撤销原告与铜山办事处签订的《铜山体育建设特色镇项目房屋搬迁协议》，本案诉讼费由被告承担。

经审理查明：为了加快铜山小镇项目建设步伐，改善农民居住环境，推进城乡一体化建设和枣林湾及仪征市旅游产业的发展，2017年，原铜山办事处决定对包括铜山村在内的部分民居实施协议搬迁，王某某所有的位于铜山村王营组12号的房屋在本次搬迁范围内。2017年8月4日早晨，仪征市真诚房屋拆迁服务有限公司工作人员一行到王某某家中商谈搬迁补偿安置事宜。2017年8月5日凌晨约一点三十分左右，王某某在本案被诉的搬迁协议上签字，同时在《房屋拆除通知单》上签字。2017年8月5日凌晨五点二十分，王某某被送至南京鼓楼医院集团仪征医院直至8月21日出院，入院诊断为“1.多处软组织挫伤；2.牙缺如”。因认为签订协议时遭到了胁迫，王某某于2017年9月19日向本院提起诉讼。

另查明，王某某所有的位于铜山村王营组12号的房屋至今未被拆除。

再查明，2012年8月28日，江苏省人民政府作出苏政复〔2012〕69号《江苏省人民政府关于同意设立江苏省仪征枣林湾旅游度假区的批复》，同意设立江苏省仪征枣林湾旅游度假区。2017年5月19日，江苏省编制委员会办公室作出苏编办复〔2017〕107号《关于设立江苏省仪征枣林湾旅游度假区管理办公室的批复》，同意设立江苏省仪征枣林湾旅游度假区管理办公室，为仪征市政府派出机关，级别为副处级。同年7月12日，仪征市机构编制委员会作出仪编〔2017〕5号《关于设立江苏省仪征枣林湾旅游度假区管理办公室的通知》，对上述文件内容予以明确。2018年3月21日，仪征市政府作出仪政发〔2018〕52号《关于变更原十二圩、铜山办事处所辖村（居）管理权属和名称的通知》，将原铜山办事处所辖村（居）调整由枣林湾旅游度假区管理办公室管理。

【审判】

江苏省扬州市中级人民法院一审认为，本案的争议焦点在于，原告王某某与原铜山办事处签订的《铜山体育建设特色镇项目房屋搬迁协议》是否应予撤销。对此分述如下：第一，原告王某某的起诉属于行政诉讼受案范围。《行政诉讼法》第十二条规定："人民法院受理公民、法人或者其他组织提起的下列诉讼：……（十一）认为行政机关不依法履行、未按照约定履行或者违法变更、解除政府特许经营协议、土地房屋征收补偿协议等协议的；……"所谓行政协议，是指行政机关为实现公共利益或者行政管理目标，在法定职责范围内，与公民、法人或者其他组织协商订立的具有行政法上权利义务内容的协议。本案中，原告王某某的诉讼请求是要求确认搬迁协议违法并予以撤销。就搬迁协议而言，其签订主体一方为原铜山办事处，为仪征市政府派出机构，承担相应的行政管理职能，其目的是改善农民居住环境，其约定的内容是对原告王某某的房屋实施整体搬迁并给予相应的安置补偿，均体现的是行政法上的权利义务关系。因此，本案被诉的搬迁协议属行政协议，根据《行政诉讼法》第十二条第一款第十一项之规定，原告王某某就此提起本案诉讼，属于行政诉讼受案范围。

第二，枣林湾旅游度假区管理办公室是本案适格被告。《行政诉讼法》第二十六条第六款规定："行政机关被撤销或者职权变更的，继续行使其职权的行政机关是被告。"《最高人民法院关于适用〈中华人民共和国行政诉讼法〉的解释》第二十一条规定："当事人对由国务院、省级人民政府批准设立的开发区管理机构作出的行政行为不服提起诉讼的，以该开发区管理机构为被告；……"本案中，原铜山办事处为仪征市政府的派出机构。2018年3月21日，仪征市政府已下发专门文件将铜山办事处所辖村（居）调整由枣林湾旅游度假区管理办公室管理，原铜山办事处相应的管理机构也一并并入枣林湾旅游度假区管理办公室，而枣林湾旅游度假区管理办公室是经省政府批准设立的管理机构，依法具有行政诉讼被告主体资格。因此，枣林湾旅游度假区管理办公室是本案适格被告。

第三，本案被诉的《铜山体育建设特色镇项目房屋搬迁协议》应当予以撤销。行政协议兼具单方意思与协商一致的双重属性，对行政协议的效力审查自然应当包含合法性和合约性两个方面。具体是指：行政主体是否具有行政协议所涉行政法律关系的管理职权、双方意思表示是否真实、协议内容是否合法，以及是否具有《合同法》第五十二条规定的法定无效情形及第五十四条规定的可变更、可撤销情形等。本案中，仪征市政府所属的原铜山办事处为改善村民居住条件，实现行政管理目标，采用行政协议这种行政相对人更易接受的行政管理方式来解决房屋搬迁的安置补偿问题，为行政法律法规所提倡。在协商签订搬迁协议的过程中，虽无直接证据证明相关拆迁人员对原告王某某采用了暴力、胁迫等手段，但考虑到协商的时间正处于盛夏的8月4日，王某某的年龄已近70岁，协商的时间跨度从早晨一直延续至第二日凌晨一点三十分左右等，综合以上因素，难以肯定原告王某某在签订搬迁协议时系其真实意思表示，有违行政程序正当原则。根据《合同法》第五十四条第二款"一方以欺诈、胁迫的手段或者乘人之危，使对方在违背真实意思的情况下订立的合同，受损害方有权请求人民法院或者仲裁机构变更或者撤销"的规定，本案被诉的搬迁协议应予撤销。

综上，原告王某某提出的要求撤销其与原铜山办事处签订的《铜山体育建设特色镇项目房屋搬迁协议》的诉讼请求能够成立，本院予以支持。依照《行政诉讼法》第七十条第三项之规定，判决如下：撤销原仪征市铜山办事处与原告王某某签订的《铜山体育建设特色镇项目房屋搬迁协议》。

各方均未上诉申诉，一审判决现已生效。

【评析】

关于意思表示瑕疵的行政协议撤销之诉，德国和一些国家不承认可撤销的行政协议，认为即使行政协议存在瑕疵，除非符合无效的规定，否则仍属有效；而法国的司法实践和葡萄牙以及我国澳门特别行政区的行政程序法典均承认行政协议可以适用可撤销的情形。例如，在法国，“行政法院的法官可以基于竞争法的事由而撤销某项行政契约，尤其是行政机关和企业之间签订的契约。如果行政机关明知该企业与另一企业有串通仍然与其缔约，或者与行政机关签约的企业滥用其统治地位，行政法院可以撤销该项行政契约”。[①]《澳门特别行政区行政程序法典》第一百六十四条规定：“一、行政合同中意思之欠缺与瑕疵，以及行政合同之无效与可撤销，适用《民法典》对法律行为之规定，但下款之规定除外。二、如一行政行为为无效或可撤销，则标的与该行为之标的相同，以及对同一具体情况所作之规范与该行为所作者相同之行政合同，亦为无效或可撤销。”《最高人民法院关于审理行政协议案件若干问题的规定》第十四条规定，原告认为行政协议存在胁迫、欺诈、重大误解、显失公平等情形而请求撤销，人民法院经审理认为符合法律规定可撤销情形的，可以依法判决撤销该协议。本条是关于行政协议可撤销情形的规定。该司法解释参照《合同法》第五十四条和《民法总则》第一百四十七条至第一百五十一条的规定，对可撤销协议的具体情形作了细化。行政协议属于可撤销的情形包括：胁迫、欺诈、重大误解、显失公平等。与民事合同的规定不同，行政协议只有行政相对人才享有撤销权，而行

① 杨解君著:《法国行政合同》，复旦大学出版社 2009 年版，第 32 页。

政机关可以通过行使行政优益权的方式维护相关权益。目前撤销权的消灭可以参照《民法典》第一百五十二条处理。

本案属于典型的意思表示瑕疵的行政协议撤销案件。农村集体土地征收往往涉及国家、省、市政府的重大工程、重点项目，行政机关往往由于工期紧，任务重等因素寻求与当事人尽快签订拆迁补偿协议，推动征地工作的进展。在一时不能通过友好协商签订补偿安置协议的情况下，有的行政机关会采用跟踪被征收人、长时间商谈等方式给被征收人施加压力，强迫被征收人签订补偿协议。就签订的补偿安置协议，原告往往主张是被胁迫、欺诈而签订。行政协议的签订应当遵循自愿、合法原则。人民法院在考量当事人是否系被胁迫签订行政协议时，可综合考虑签订协议的场所、签订时长、当事人个人身体状况及当事人是否提供受伤就医资料等因素予以综合认定。必要时人民法院也应当依职权主动调查相关事实，保障当事人征收补偿合法权益，促进政府依法行政。

【关联规定】

1.《中华人民共和国行政诉讼法》

第七十条 行政行为有下列情形之一的，人民法院判决撤销或者部分撤销，并可以判决被告重新作出行政行为：

（一）主要证据不足的；

（二）适用法律、法规错误的；

（三）违反法定程序的；

（四）超越职权的；

（五）滥用职权的；

（六）明显不当的。

2.《最高人民法院关于审理行政协议案件若干问题的规定》

第十四条 原告认为行政协议存在胁迫、欺诈、重大误解、显失公平等情形而请求撤销，人民法院经审理认为符合法律规定可撤销情形的，可以依法判决撤销该协议。

相关案例一

福建卡朱米时装有限公司诉莆田市荔城区人民政府行政协议案

【案号】

一审：福建省宁德市中级人民法院（2017）闽09行初103号行政判决书

二审：福建省高级人民法院（2018）闽行终130号行政判决书

【案情及裁判】

上诉人（一审被告）：莆田市荔城区人民政府。

被上诉人（一审原告）：福建卡朱米时装有限公司。

2006年，福建卡朱米时装有限公司（以下简称卡朱米公司）成立，落户莆田市荔城区西天尾镇经济开发区。2007年1月26日，卡朱米公司与国土局荔城分局签订《国有土地使用权出让合同》，主要约定：（1）卡朱米公司受让位于荔园工业区38262.553平方米土地，出让宗地的用途为工业用地，土地使用权出让年期为50年，自莆田市人民政府批准用地之日起算；（2）土地使用权出让金为每平方米72元，总额为2754904元；（3）国土局荔城分局对卡朱米公司依法取得的土地使用权，在合同约定的使用年限届满前不收回；在特殊情况下，根据社会公共利益需要提前收回土地使用权的，出让人应当依照法定程序报批，并根据收回时地上建筑物、其他附着物的价值和剩余年限土地使用权价格给予受让人相应的补偿。同日，国土局荔城分局与卡朱米公司签订《补充协议》，约定：卡朱米公司在受让宗地的投资额不低于4800万元。属于工业建设项目的，受让人同意《出让合同》项下受让宗地的项目固定资产投资额不低于经批准或登记备案的4800万元，受让人单位用地面积投资强度不低于每亩80万元，项目固定资产投资包括建筑物、构筑物、设备投资和地价款等。2007年2月28日，莆田市政府作出《关于同意出让国有土地使用权给卡朱米实业有限公司作为厂房及配套设施项目建设用地的批复》。之后，卡朱米公司支付相应的土地出让金，并取得莆国用〔2007〕第C2007419号《国有土地使用权证》。2010年5月7日，莆田市城乡规划局作出莆规荔〔2010〕45号《规划控制与实施建议书》，认为本市八大宜居片区之一磐龙山庄选址荔城区西天尾镇。根据控规的规划范围，南少林主出入口处涉及的卡朱米公司在建项目不符合片区规划功能布局，制约磐龙山庄的规划实施，建议荔城区政府尽快协调企业停止在建工程建设，减少损失，实施搬迁。2011年2月16日，莆田市政府颁发莆政综〔2011〕18号《莆田市人民政府关于推进城区工业企业搬迁的意见》，对莆田市城区工业企业搬迁工作制定了具体搬迁补偿细则。2014年12月15日，卡朱米公司向荔城区政府发函同意采取以拆迁货币补偿方式上报解决公司停建后企业拆迁、终止生产经营的补偿问题。2015年3月8日，荔城区政府委托福建光明资产评估房地产估价有限责任公司对卡朱米公司企业资产搬迁补偿价值进行评估。2016年9月21日和22日，卡朱米公司向莆田市土地储备中心发函并提交了《莆田市出让国有土地使用权收储（收购）申请表》，向莆田市土地储备中心提请对该公司位于荔城区西天尾镇后卓村（荔园工业区内）的土地及地上构建物进行收储并同意由被告组织实施涉及土地及地上物的评估、搬迁补偿等。2016年10月8日，福建光明资产评估有限公司对卡朱米公司作出（闽）光明〔2016〕（资）字第PTY042-1号、第PTY054号《资产评估报告书》。莆田市土地储备中心于2016年10月9日在湄洲日报刊登了《莆田市土地储备中心拟收储地块公告》，对卡朱米公司土地的收储进行公示。2017年1月22日，莆田市磐龙山庄（象峰、后卓片区改造）项目指挥部受荔城区政府委托与卡朱米公司签订《企业征迁补偿安置协议书》（以下简称《补偿协议》），该《补偿协议》对合同主体，土地使用权、地上建筑物、构筑物和实物资产情况，补偿方式，补偿项目及补偿金额，过渡方式，征迁补偿款支付方式及交房期限，违约责任等进行了约定。2017年5月15日，卡朱米公司以该《补偿协议》显失公平，其与荔城区政府签订协议的行为系迫于无奈，应予以撤销为由，提起行政诉讼。

宁德市中级人民法院一审认为，本案原告诉讼请求是认为其与荔城区政府签订的《补偿协议》系迫于无奈，《补偿协议》显失公平，请求予以撤销，原告要求撤销行政协议其实质系对签订行政协议的行为不服，根据《行政诉讼法》第二条规定，原则上所有的行政行为均是可诉的，只要行政行为具有侵犯当事人合法权益的可能性，对其权利义务形成不利影响，原则上就属于行政诉讼的受案范围，除非法律、司法解释明确规定不可诉。行政机关签订行政协议的行为显然是对外发生法律效力的行政行为，且没有法律、司法解释规定的不可诉情形，利害关系人应当有权依法对签订行政协议的行为提起行政诉讼。故原告诉请撤销行政协议应属行政诉讼受案范围。被告主张本案不属于行政诉讼受案范围，缺乏法律依据，不予支持。

关于诉争《补偿协议》是否具有可撤销的情形的问题。《行政诉讼法》第七十条规定："行政行为有下列情形之一的，人民法院判决撤销或者部分撤销，并可以判决被告重新作出行政行为：……（六）明显不当的。"本案诉争《补偿协议》的签订行为存在明显不当的情形，依法应予撤销。

主要理由如下：

1.《土地管理法》（2004年修正）第五十八条规定："有下列情形之一的，由有关人民政府土地行政主管部门报经原批准用地的人民政府或者有批准权的人民政府批准，可以收回国有土地使用权：（一）为公共利益需要使用土地的；……"《国有土地上房屋征收与补偿条例》第二条规定："为了公共利益的需要，征收国有土地上单位、个人的房屋，应当对被征收房屋所有权人（以下称被征收人）给予公平补偿。"双方签订的《国有土地使用权出让合同》第十九条也约定："出让人对受让人依法取得的土地使用权，在本合同约定的使用年限届满前不收回；在特殊情况下，根据社会公共利益需要提前收回土地使用权的，出让人应当依照法定程序报批，并根据收回时地上建筑物、其他附着物的价值和剩余年期土地使用权价格给予受让人相应的补偿"，被告收回国有土地使用权的前提应是基于公共利益。被告提供了《福建省人民政府关于开展小城镇综合改革建设试点的实施意见》《福建省住房和城乡建设厅关于莆田市西天尾综合改革建设试点镇总体规划（莆田市中心城区西天尾分区规划）技术审查会会议纪要》《莆田市人民政府关于莆田市西天尾综合改革建设试点镇总体规划（2010—2030）的批复》及规划图，用以证明2010年2月，福建省人民政府将莆田市荔城区西天尾镇列入全省综合改革建设试点小城镇之一，磐龙山庄项目系开展小城镇综合改革建设试点的重点项目之一，该项目的片区修建性详细规划和城市设计方案于2010年4月编制并经专家论证，符合公共利益。经审查，该三组证据仅能证明莆田市荔城区西天尾镇经福建省人民政府批准被列入全省综合改革建设试点小城镇之一，莆田市八大宜居片区经过规划批准。不能证明被告收回原告国有土地使用权系基于哪些具体的公共利益需要。而本案被告收回原告土地使用权名义上系因规划建设莆田市八大宜居片区，但实际上是建设“磐龙山庄”项目，而该项目系被告收回原告土地使用权变更为商业用地，再出让给房地产开发商用于高端商业房地产开发，属于商业目的，明显不属于公共利益。为此，被告提前收回国有土地使用权没有法律依据。故被告与原告签订本案讼争《补偿协议》明显不当。

2.《国有土地上房屋征收与补偿条例》第二十二条规定：“因征收房屋造成搬迁的，房屋征收部门应当向被征收人支付搬迁费；选择房屋产权调换的，产权调换房屋交付前，房屋征收部门应当向被征收人支付临时安置费或者提供周转用房。”根据上述规定，房屋征收部门应无条件、足额地向被征收人支付搬迁费用。经审查，诉争《补偿协议》第六条约定将搬迁补贴额，预留1210.4576万元作为履约保证金，原告需开展兼并重组且兼并重组投资额需大于征迁补偿额3618.2713万元，并经被告审核后，才可以取得履约保证金。如果原告投资额小于征迁补偿额3618.2713万元，将取消原告的1210.4576万元履约保证金。该条款对搬迁费用人为附加了不平等的条件，明显违反法律强制性规定，补偿明显不合理，行政协议显失公平。

综上，行政机关与行政相对人签订行政协议的行为应当合法，内容应当公平、合理。本案被告提前收回原告土地使用权没有法律依据，原、被告双方签订行政协议的行为明显不合理，协议内容违反国家法律强制性规定，显失公平，故该协议的签订行为明显不当，依法应予撤销。原告诉求有理，法院予以支持。被告答辩意见，缺乏依据，不予支持。据此，依据《行政诉讼法》第七十条第六项之规定，判决撤销原告卡朱米公司与被告荔城区人民政府于2017年1月22日签订的《补偿协议》。

福建省高级人民法院经审理认为，本案被诉协议是行政主体与被上诉人就被上诉人被列入征迁范围内的土地、厂房及附属设施和实物性资产征迁补偿安置事宜达成的补偿协议，系典型的行政协议，依法属于行政诉讼的受案范围。本案被诉行为系2017年1月22日上诉人荔城区政府与被上诉人卡朱米公司签订的《补偿协议》，被上诉人提出的诉讼请求为：依法撤销《补偿协议》。

根据《行政诉讼法》第七十条规定，行政行为明显不当的，人民法院可以判决撤销或者部分撤销，并可以判决被告重新作出行政行为。《合同法》第五十四条规定，“下列合同，当事人一方有权请求人民法院或者仲裁机构变更或者撤销：（一）因重大误解订立的；（二）在订立合同时显失公平的。”为此，被上诉人以其与上诉人签订的《补偿协议》显失公平为由，有权提起本案撤销之诉。结合被诉行为以及被上诉人的诉讼请求分析，被上诉人针对的是协议双方就项目征迁范围内的土地、厂房及附属设施和实物性资产的补偿存在补偿数额远远低于实际损失、补偿显失公平等情形主张被诉协议应予撤销。因此，本案审查的重点在于被诉协议是否存在显失公平的情形。由于签订行政协议的前提既可以是基于公共利益，也可以是为实现行政管理目的，因此，本案上诉人基于土地收储实现征迁之行政管理目的，与被上诉人签署被诉行政协议进行企业征迁的补偿安置，具有法律依据。至于涉案土地涉及的是收购还是收回，以及收购或者收回行为的合法问题，属于其他行政争议，非本案撤销之诉的审查范畴。为此，原审对于是否出于公共利益以及收回行为合法性的判断，该院不予评判。

本案被诉协议系上诉人为实现征迁目的而实施的补偿安置行为，根据《国有土地上房屋征收与补偿条例》的相关规定，因征收房屋造成搬迁的，房屋征收部门向被征收人支付搬迁费用，是房屋征收部门的法定义务。而被诉协议虽然确定了被上诉人的企业搬迁补贴额为人民币27173083元，但在企业搬迁补贴款的支付程序中约定：预留12104576元作为履约保证金，将被上诉人完成兼并重组且兼并重组投资额需大于征迁补偿额36182713元，作为取得上述履约保证金的条件。如果被上诉人无法完成兼并重组或重新选址建设新项目或经上诉人委托中介机构对其投资额进行审核确认其投资额小于征迁补偿额36182713元，上诉人将取消履约保证金12104576元。分析认为，且不论企业兼并重组本身系游离于征迁补偿安置关系之外的其他法律关系，单就该条款的设定来看，被上诉人要获得上述条款中约定的全部企业搬迁补贴款，必须满足以下几个条件：一是完成企业兼并重组；二是兼并重组投资额必须大于征迁补偿额。而实践中，实现企业的兼并重组需要有合适的被兼并对象且兼并双方需能达成合意，因此，被上诉人要实现上述条款的首要条件就必须依赖第三方的参与以及其意思表示，而非被上诉人依其独立意志可以成就，这样的条件设定对于被上诉人权利的实现显然是困难的。而条件中关于："投资额必须大于征迁补偿额""如果小于投资额将取消履约保证金"，这样的条件设定没有考虑到被上诉人投资的实际状况以及实际中的投资额到位的各种可能性，对投资额到位作出合理的安排，简单规定一旦小于投资额就取消履约保证金，对于被上诉人而言显然也过于苛刻。并且，从被诉协议履约保证金设定的金额来看，被诉协议中所约定企业搬迁补贴额为27173083元，而约定的履约保证金为12104576元，约占双方约定的企业搬迁补贴额的45%，如此巨额的履约保证金显然对于被上诉人的权利实现也是极为不公平的。因此，被诉协议中关于企业搬迁补贴款支付程序的约定明显为被上诉人获得合法合理的搬迁补贴额附加了不平等的条件，违反了合同所应遵循的公平、平等的基本原则。原审据此认定被诉协议存在显失公平的情形，依法撤销被诉补偿协议，于法有据。上诉人可在与被上诉人充分协商的基础上，遵循公平原则重新就补偿安置达成协议。综上，依照《行政诉讼法》第八十九条第一款第一项之规定，判决驳回上诉，维持原判。

【评析】

行政协议的撤销属于《行政诉讼法》和《合同法》相重合的制度，《行政诉讼法》第七十条规定，行政行为明显不当的，人民法院可以判决撤销或者部分撤销，并可以判决被告重新作出行政行为。《合同法》第五十四条规定，“下列合同，当事人一方有权请求人民法院或者仲裁机构变更或者撤销：（一）因重大误解订立的；（二）在订立合同时显失公平的。”[①]如何选择并谨慎适用法律，是审理撤销类行政协议案件的难点所在。本案从行政协议的行为性质出发，认为行政协议既是一种行政行为，具有行政行为的属性，又是一种合同，体现合同制度的一般特征。并根据《行政诉讼法》及司法解释的规定，认为人民法院在审查行政协议案件时，应优先从行政角度考虑，在适用行政法律规范的同时，可以适用不违反行政法和行政诉讼法强制性的民事法律规范。据此认定，对于可撤销行政协议的判断，既可适用《行政诉讼法》关于撤销行政行为情形的规定，同时也可适用民事法律规范中关于可撤销合同的相关规定。该观点对于审理撤销类行政协议案件的法律适用有一定的借鉴意义。

在“显失公平”的判断上，本案深入协议本身，从协议条款的内容进行详细分析，总结出三个“显失公平”的标准：一是条件的促成是否涉及第三人。获利方将独立第三方的自愿参与作为受损方权利实现条件的首要条件，极大地增加了受损方权利实现的困难。二是义务的设定是否过于苛刻。获利方未能考虑现实情况的复杂性并作出合理安排，而是对受损方设定了简单苛刻的履约条件。三是是否附加了不平等的条件。以上标准，并未拘泥于一般民事协议“显失公平”之判断标准，而是结合了行政行为合理性之判断，将权利义务的对等作为判断“显失公平”的重点。此属于在行政协议案件审理中将行政裁判标准和民事裁判标准相融合的有益尝试。

相关案例二

南京金林江科技有限公司诉南京市江宁区人民政府禄口街道办事处房屋拆迁管理行政协议案

【案号】

一审：南京铁路运输法院（2017）苏8602行初1434号行政判决书

---

① 对应《民法典》第一百四十七条、第一百五十一条。

二审：南京中级人民法院（2018）苏01行终746号行政判决书

【案情及裁判】

上诉人（一审原告）：南京金林江科技有限公司。

被上诉人（一审被告）：南京市江宁区人民政府禄口街道办事处。

2017年4月9日，原告金林江科技有限公司与被告南京市江宁区人民政府禄口街道办事处达成协议，签订拆迁补偿协议，约定甲方（禄口街道办）拟采取整体拆迁的方式对乙方（金林江科技有限公司）进行拆迁，被告以整体拆迁的方式支付给金林江科技有限公司拆迁补偿款共计45281934.4元，原告自签订拆迁协议之日起15日内将整个拆迁评估范围和内容交付被告或者被告指定单位。待协议签订后，被告向原告支付拆迁资金总额的60%，双方就拆迁范围和内容交付无异议后30日内被告支付剩余拆迁款项。协议签订时，金林江科技有限公司即履行了合同约定的全部的交付义务。此后原告向被告主张剩余款项，被告以内部审计未通过为由，拒绝支付。故原告于2017年8月30日诉至法院。被告主张自己在缔约过程中存在重大误解，以至于协议生效后审计不通过，故不应继续履行协议。

南京铁路运输法院于2018年7月5日作出（2017）苏8602行初1434号行政判决：一、被告南京市江宁区人民政府禄口街道办事处在本判决生效之日起15日内向原告南京金林江科技有限公司支付剩余未支付拆迁补偿款9281934.4元。二、被告南京市江宁区人民政府禄口街道办事处一并向原告南京金林江科技有限公司支付逾期付款利息：以1169160.64元为基数，从2017年4月10日起按照中国人民银行同期贷款基准利率计算至2017年9月4日止；以8830839.36元为基数，从2017年5月10日起按照中国人民银行同期贷款基准利率计算至2017年9月4日止；以9281934.4元为基数，从2017年5月10日起按照中国人民银行同期贷款基准利率计算至2017年11月30日止。案件受理费84688元，由原告南京金林江科技有限公司负担2520元，被告南京市江宁区人民政府禄口街道办事处负担82168元。

在一审判决之后被告又向原告支付了600万元，故其未支付款项尚余3281934.4元。二审法院南京市中级人民法院于2019年1月30日作出（2018）

苏01行终746号行政判决：变更南京铁路运输法院（2017）苏8602行初1434号行政判决第一项为：南京市江宁区人民政府禄口街道办事处在本判决生效之日起15日内向南京金林江科技有限公司支付剩余未支付拆迁补偿款3281934.4元。维持南京铁路运输法院（2017）苏8602行初1434号行政判决第二项。一审案件受理费84688元，由南京金林江科技有限公司负担2520元，南京市江宁区人民政府禄口街道办事处负担82168元。二审案件受理费28715元，由南京市江宁区人民政府禄口街道办事处负担。

【评析】

原告认为行政协议存在胁迫、欺诈、重大误解、显失公平等情形而请求撤销，易于获得人民法院支持，与此相反的是，行政机关相同或者类似主张往往难以得到法院支持。此也算是行政协议当事人地位悬殊的特殊性使然。行政协议案件的审理可以参照相关的民事法律规范，法院应当审查缔约过程中是否存在胁迫、欺诈、重大误解、显失公平等情形，决定是否支持当事人提出的撤销行政协议的请求。本案中，审计是对行政机关经济行为的内部监督手段，而非行政机关对外不履行行政协议的正当抗辩理由，而且根据原审查明，在本案缔约过程中江宁区交通、建设及审计等部门均参与其中，故禄口街道办以己方存在重大误解为由拒不履行协议明显缺乏事实和法律依据。依法签订的行政协议具有拘束力，行政主体不得以审计、行政程序、公共利益等借口随意单方变更、撤销或不履行行政协议，破坏政府公信力，侵害企业产权。法院对行政机关单方撤销、变更或者不履行行政协议的行为应当予以严格审查，督促行政机关信守承诺，履行协议义务，保障行政相对人的正当信赖利益，优化营商环境。

第三节 行政协议的解释

诚信原则不仅是合同法中的帝王条款，也是行政协议各方应当遵守的基本行为准则。基于保护公共利益的考虑，赋予行政主体在解除和变更合同中具有优益权，但这种优益权的行使同样不能与诚信原则相抵触。同时，为了保证赋予行政主体的优益权不被滥用，尤其在对合同关键条文的解释中，应当限制行政主体在无其他证据佐证的情形下任意解释。否则，将可能导致动摇行政合同产生的基础（即各方的意思表示一致）。

邵某诉黄山市徽州区住房和城乡建设局房屋征收协议案

【案号】

一审：安徽省歙县人民法院（2019）皖1021行初12号行政判决书

【案情】

原告：邵某。

被告：黄山市徽州区住房和城乡建设局。

原告邵某诉称，其2017年8月30日就其所有的徽州区新街巷12号房屋与原徽州区房地产管理局（以下简称原徽州区房管局）签订了《颖溪河片棚户区改造房屋征收货币化安置协议》（以下简称《征收协议一》），其已按该协议约定履行了相应的义务，并在约定的搬迁期限内（2017年9月14日）完成了搬迁。之后，原告购买了粤华小区4-1-501室房屋，该房屋属徽州区范围内国有出让土地上的住房，且购房款不低于《征收协议一》补偿资金80%。2017年10月24日原告办理了粤华小区4-1-501室房屋的过户登记手续。2017年10月26日原告将办理直接货币补偿后购房奖励的相关材料报至“棚改办”，其工作人员受理后告知原告奖励将尽快支付。但原告事后多次到“棚改办”催要上述奖励款均无果。由于被告一直未支付奖励款，导致原告购买的新房一直未能如期装修。原告为了能够早日恢复正常生活，无奈之下只得向徽州区农商行以年利率5.655%贷款15万元用于房屋装修。原告认为被告未按照双方签订的《征收协议一》履行所约定的义务，严重侵害了原告的合法权益。故提起本案诉讼，请求：(1)依法判令被告按照《征收协议一》立即向原告支付货币补偿后购房奖励款113299.65元。(2)判令被告向原告支付违约金28000元(暂自2017年10月27日以每天50元标准计算至2019年5月10日，以实际数额款清之日止)。(3)判令被告赔偿因违约给原告造成的直接损失，购房奖励的利息以113299.65元为基数，自2017年10月27日以银行同期贷款利息计算，实际数额以款清之日止为准；向徽州区农商行贷款的利息自2018年2月24日始以年利率5.655%的标准计算，实际数额以款清之日止。(4)本案诉讼费由被告承担。

经审理查明，2017年徽州区人民政府根据《国有土地上房屋征收与补偿条例》的规定，发布了《征收补偿方案》，该方案第八条规定："被征收人在同一征收区域内有多处住房的，其合法建筑面积合并补偿安置。"原告坐落在徽州区新街巷12号房屋被纳入征收范围内，2017年8月30日，原告与原徽州区房管局(后该行政职能变更为黄山市徽州区房地产事务中心，后又变更为徽州区住建局)就该房屋签订了《征收协议一》，该房屋合法建筑面积为208.74平方米，原告自愿选择货币化安置(直接货币补偿方式)。该《征收协议一》第三条规定："货币补偿金额及奖励合计972089.03元。"第四条关于直接货币补偿后购房奖励规定："乙方(原告)自征收公告发布之日起至本协议签订后6个月内(即2018年3月2日前)，购买房源信息平台以外，徽州区范围内国有出让土地上的住房，且购房款不低于补偿资金80%的(即604264.5元)，乙方完成交易后凭本协议、被征收房屋搬迁验收证明、房屋买卖合同和已完成房屋过户登记手续等资料，于2018年3月2日前到甲方办理被征收房屋合法建筑面积240平方米以内部分房屋评估价15%的奖励，计113299.65元。"第五条第三项规定："乙方直接货币补偿后购房且达到奖励标准的，甲方凭乙方提交的相关材料审核拨付协议第四条约定的直接货币补偿后购房奖励。"该协议还就违约责任等作出了规定。

原告与石某琪系夫妻关系。2017年8月30日，石某琪与原徽州区房管局就位于徽州区上街村新街巷2号房屋签订了《征收协议二》，该房屋合法建筑面积为76.27平方米，原告自愿选择货币化安置。该《征收协议二》第三条第一项规定“乙方（石某琪）的购房券金额为225954.92元”。第三项规定“自本协议签订之日起6个月内（即2018年3月2日前），使用购房券在有效期内购买徽州区范围内信息平台上的房源且购房金额达到80%（即180763.94元）的，按乙方购买房屋的情况给予奖励。……2.乙方使用购房券购买高层楼房的，凭购房合同，甲方按被征收房屋合法建筑面积240平方米以内部分评估价值补偿的35%给予乙方奖励，计72469.25元”。

2017年9月14日，原徽州区房管局向原告出具了房屋搬迁验收证明，并收回了徽州区新街巷12号房屋房产证。2017年10月19日，原告购买了坐落在徽州区粤华小区2幢（现更名为4幢）一单元501室，面积为130.35平方米，成交价为605000元，并办理房屋登记手续（房产证）。该房屋类型符合《征收协议一》第四条直接货币补偿后购房奖励规定的要求。同时，石某琪也因购买了符合《征收协议二》第三条第三项购房券购房奖励规定的房屋，原徽州区房管局根据石某琪的申请，向其发放了购房券购房奖励72469.25元。原告也因购买了符合《征收协议一》第四条直接货币补偿后购房奖励规定的要求房屋，向原徽州区房管局申请购房奖励113299.65元。但原徽州区房管局（现职能变更为被告）以原告与石某琪系夫妻关系，不符合《征收补偿方案》第八条“被征收人在同一征收区域内有多处住房的，其合法建筑面积合并补偿安置”的规定为由，拒绝向原告发放购房奖励。致引起本案诉讼。

诉讼中，原告变更诉讼请求，保留请求判令被告按照《征收协议一》向原告支付货币补偿后购房奖励款113299.65元，放弃了其他诉讼请求。

【审判】

人民法院一审认为，本案中《征收协议一》系行政协议，一经签订即具有公信力和既定力，同时让行政相对人产生信赖。行政机关对行政协议内容的单方变更、解除权只能在国家法律政策和协议基础事实发生变化，履行协议会给国家利益或者社会公共利益带来重大损失这一特定情形下才能行使。

本案中双方主要争议为，被告不履行《征收协议一》中直接货币补偿后购房奖励的理由是否成立。即《征收协议一》中直接货币补偿后购房奖励条款是否违背《征收补偿方案》中第八条的规定。原徽州区房管局及被告将《征收补偿方案》中第八条“被征收人在同一征收区域内有多处住房的，其合法建筑面积合并补偿安置”中的“被征收人”解释为“一户被征收人”，即同一户家庭成员为“一户被征收人”；将“合并补偿安置”解释为“一户被征收人”多处住房只能享受一次奖励。故认为原告与石某琪系夫妻关系，是“一户被征收人”，石某琪已享受购房奖励，原告即不能再享受购房奖励。原告持不同意见。该院认为，对本案中《征收补偿方案》第八条的理解，在对“购房奖励”次数等没有明确界定且有歧义的情况下，事后若有争议，应当可以由发布机关作出解释。但该解释应不违反常理，不应损害征收相对人的利益，即应当作出合乎常理、有利于行政相对人一方的解释。本案中《征收补偿方案》第八条的“合并补偿安置”条款，一是从文义上理解，并不能确定对“购房奖励”的情形只能奖励一次的界定，得不出被告所辩的对“购房奖励”一户被征收人只能奖励一次的唯一性结论。二是从制定“购房奖励”的初衷与目的，主要是拉动本地政府辖区的房屋交易市场，对征收补偿的影响甚微；并未损害国家征收利益。三是从《征收协议一》第四条“直接货币补偿后购房奖励”条款是一条相对独立的条款，其只明确在本地政府辖区内购房如何奖励的条款，相对独立于《征收补偿方案》。同时《征收补偿方案》中实际并未对货币补偿后在本辖区购房如何奖励作出明确规定，即以《征收补偿方案》来限制“购房奖励”，没有明确的依据。为此，被告事后作出原告一户被征收人多处住房“购房奖励”只奖励一次的限缩解释，不具有唯一性，存有歧义；同时有损原告的利益，该院不予采纳。其以此不履行《征收协议一》中购房奖励，证据不足，理由不当，不予支持。原徽州区房管局及被告不能以此径行作出单方变更协议的行为，被告应当继续履行《征收协议一》中的购房奖励条款。鉴于本案原告放弃了利息、违约责任及损失的诉讼请求，系原告对自己权利的处分，该院予以认可。本案《征收协议一》中的购房奖励金额已明确为113299.65元。故对原告此请求，予以支持。

据此，依据《行政诉讼法》第七十八条第一款的规定，判决如下：被告黄山市徽州区住房和城乡建设局继续履行原徽州区房管局与原告邵某签订的《颍溪河片棚户区改造房屋征收货币化安置协议》，于本判决生效后十日内支付原告邵某购房奖励款113299.65元。

【评析】

本案涉及行政协议诉讼案件的三个问题，一是行政协议诉讼案件的受理问题，二是行政机关单方变更解除行政协议的条件，三是行政协议约定不明时的解释角度。

《行政诉讼法》第十二条第一款第十一项明确规定了土地房屋征收补偿协议属于行政诉讼受案范围。在我国现行的行政诉讼法律框架下，行政诉讼的前提是两造恒定，本案是行政相对人起诉，符合“民告官”的行政诉讼基本格局。因此符合受理条件。但需要指出的是，土地房屋征收补偿协议，实际上是行政协议，行政协议同时具有行政性和协议性，一方面，行政协议需要建立在双方自主、自愿、意思表示一致的基础上，政府不得强迫公民接受合同条款，也不得随意解释行政协议的相关条款；另一方面，赋予行政机关行政优益权，允许其出于国家利益和社会公共利益需要，单方面变更解除。但是，行政协议变更解除是有条件的。正是因为行政机关不能通过行政诉讼寻求司法救济，因此赋予了行政机关行政优益权。但是，行政优益权的行使是受到严格限制的，一般认为行政机关单方变更、解除行政协议只能是在签订行政协议的基础事实发生变化，履行该行政协议会对国家利益或社会公共利益带来重大损失这一特定情形下才能行使。本案中，奖励款发放的前提是必须用征收补偿款在当地购买住房，目的是减少当地商品房库存，拉动当地房地产交易市场，因此发放奖励款不存在损害国家利益、社会公共利益的问题，徽州区住建局对奖励条款进行限缩解释，拒不履行行政协议中的奖励条款，单方变更行政协议，系对行政优益权的扩大适用，司法权对此应予干涉制止。

本案的焦点问题是购房奖励条款的性质及约定不明时的解释规则。本案购房奖励条款直接规定在《征收协议一》中，该协议还就违约责任作了规定。因此购房奖励条款是行政协议内容的一部分，理应与征收协议其他内容一并履行。徽州区住建局认为《征收补偿方案》中对购房奖励条款的适用进行了规定，即第八条"被征收人在同一征收区域内有多处住房的，其合法建筑面积合并补偿安置"，继而在向邵某丈夫石某琪发放了购房奖励后，以在征收邵某名下房屋同一征收区域内多处住房，应合并奖励为由拒绝向邵某发放购房奖励。而《征收补偿方案》第八条仅从字面理解，就存在歧义。一是"被征收人"是以所有人为单位还是以户为单位，二是"合并补偿"是分开计算、合并发放之意还是只计算一次只发放一次。即不能确定对"购房奖励"只能奖励一次的界定，得不出唯一性的结论。从购房奖励条款的制定形式与目的看，该奖励条款是一条相对独立的条款，是明确在辖区内购买住房如何奖励的条款，与《征收补偿方案》第八条关于"合并补偿"无明确的联系。另，当时徽州区正处于"棚改"政策实施期间，该规定主要是为了刺激当地房地产市场交易，减少商品房库存，因此从条款制定的政策背景看，徽州区住建局关于"一户多处拆迁房只能享受一次奖励"观点是从限制性发放的角度去解读，不符合当时的政策背景。

当行政协议的条款对奖励条款的适用事先没有明确界定导致双方存在分歧时，应进行适用解释，解释不应当违反常理，且应作出有利于行政相对人的解释，防止行政机关在与行政相对人签订行政协议后随意进行解释，损害行政相对人一方的利益。本案中，徽州区住建局与邵某之间签订的《征收协议一》具有法律效力，行政机关不仅受到合同责任的约束，还需要承担更多公法责任，保护行政相对人的信赖利益。在法庭调查中，双方承认征收协议签订时双方真实的意思表示应当是一套拆迁房对应一次购房奖励，之后徽州区住建局对《征收补偿方案》理解出现变化，将"合并补偿"理解为只奖励一次。否则行政相对人没有理由在购买了2套新房后申请其中款额较少的那笔购房奖励。

因此，行政优益权行使往往会对行政相对人的合法利益造成损害，行政机关单方变更解除行政协议的条件应受到严格限制。本案行政协议中对适用购房奖励条件的约定不明，行政机关将“合并补偿安置”理解为“在征收区域内有多处住房的购房奖励只发放一次”，属于对不明条款的限缩解释。根据行政协议订立目的以及行政协议漏洞填补规则，此种情形在不损害国家社会公共利益的前提下应作出合乎常理且有利于行政相对人一方的解释。本案中，徽州区住建局没有证据证明征收协议签订过程中存在重大误解，也没有证据证明行政协议的履行损害公共利益，因此在购房奖励条款出现歧义时，应作出合乎常理且有利于行政相对人的解释，即“合并补偿”不能理解为“合并奖励或一次性奖励”，徽州区住建局应当继续履行《征收协议一》中的购房奖励条款。

【实务指导】

与此相同的是，在崔某某诉徐州市丰县人民政府招商引资案中，法院查明，丰县人民政府在收到一审法院送达的起诉状副本后，其下属部门丰县发展改革与经济委员会（以下简称丰县发改委）于2015年6月作出《关于对〈关于印发丰县招商引资优惠政策的通知〉部分条款的解释》（以下简称《解释》），对《23号通知》第25条和附则作如下说明：“1.外资：是指其他国家地区（包括港澳台地区）来中国大陆以从事经济社会活动为主要目的，在遵守中国法律法规前提下，遵循市场机制法则，本着互利互惠的原则进行的独资、合资、参股等市场流入的资金。2.外资项目：是指利用外资建设的项目。3.本县新增固定资产投入300万元人民币以上者，可参照此政策执行。本条款是为了鼓励本县原有企业，增加固定资产投入，扩大产能，为我县税收作出新的贡献，可参照本优惠政策执行。”二审法院认为，对被上诉人丰县人民政府的相关行为，既要审查合约性，也要审查合法性。其中，合法性审查不仅要审查被上诉人的行为有无违反行政法规定，也要审查其行为有无违反准用民事法律规范的基本原则。诚信原则不仅是合同法中的帝王条款，也是行政合同各方应当遵守的基本行为准则。基于侧重保护公共利益的考虑，赋予行政主体在解除和变更合同中具有优益权，但这种优益权的行使同样不能与诚信原则相抵触。同时，赋予行政主体的优益权不能被滥用，尤其在对合同关键条文的解释中，应当限制行政主体在无其他证据佐证的情形下任意行使所谓的优益权。否则，将可能导致行政合同产生的基础，即各方的意思表示一致，被动摇。丰县发改委将《23号通知》附则规定的“本县新增固定资产投入”进行一种限缩性的解释，与社会公众正常的理解不符。被上诉人通过对当时承诺重新界定的方式，推卸自身应负义务，是对优益权的滥用。被上诉人丰县人民政府滥用优益权的行为显然有悖于诚信原则。故应当认为，丰县发改委《解释》中的该相关内容无效，被上诉人丰县政府应当继续履行当年作出的招商引资承诺义务。

【关联规定】

《中华人民共和国民法典》

第四百九十八条 对格式条款的理解发生争议的，应当按照通常理解予以解释。对格式条款有两种以上解释的，应当作出不利于提供格式条款一方的解释。格式条款和非格式条款不一致的，应当采用非格式条款。

第六章

行政优益权

2014年修正的《行政诉讼法》第十二条第一款第十一项虽将行政机关违法变更、解除行政协议纳入行政诉讼受案范围，但法律、司法解释亦未对行政机关单方行使变更、解除权的条件进行明确规定，尤其是行政优益权的行使条件，在司法实践中仍有一定的争议，有些问题尚需进一步厘清。

第一节　传统行政协议优益权的行使

向某松与贵州省铜仁市碧江区人民政府、贵州省铜仁市碧江区灯塔街道办事处房屋征收补偿协议案

【案号】

一审：贵州省铜仁市中级人民法院（2015）铜中行初字第60号行政判决书

二审：贵州省高级人民法院（2016）黔行终844号行政判决书

再审：最高人民法院（2017）最高法行申4595号行政裁定书

【案情】

再审申请人（一审原告、二审上诉人）：向某松。

再审被申请人（一审被告、二审被上诉人）：贵州省铜仁市碧江区人民政府、贵州省铜仁市碧江区灯塔街道办事处（以下简称灯塔街道办）。

原审第三人：铜仁市九龙房屋拆迁安置有限公司（以下简称九龙拆迁公司）。

向某松诉称，2011年8月23日，贵州省铜仁市碧江区人民政府（原县级铜仁市人民政府，以下简称碧江区政府）作为征收人，灯塔街道办作为实施征收单位对灯塔街道办龙田村下龙田片区房屋进行征收补偿安置，并发出铜府办发〔2011〕168号《市人民政府关于印发灯塔办事处龙田村下龙田片区房屋征收补偿安置实施方案的通知》（以下简称铜府办发〔2011〕168号《通知》）。2011年9月18日，灯塔街道办发布《龙田新城整体搬迁宅基地分配方案》和《通知》。2011年9月30日，灯塔街道办和其委托的征收实施单位第三人九龙拆迁公司与向某松签订了《房屋搬迁补偿安置协议书》，协议中约定：实行异地安置，统一安置在市政府规定的安置区内，甲方（碧江区政府）可安置乙方（向某松）宅基地面积120平方米，安置位置在龙田小学至杨家湾安置区九龙大道一线，宅基地编号为04#号；过渡期为18个月，从乙方交房之日起计算（包括甲方交付安置地之日起的6个月在内）；甲方负责完成安置地“三通一平”等有关事项。合同签订后，向某松按照合同约定已经全面履行了搬迁义务，碧江区政府、灯塔街道办已拆除了向某松被征收的房屋。根据合同约定，碧江区政府最迟应在2013年3月30日前完成安置区“三通一平”工作，并向向某松交付120平方米的宅基地，然而，碧江区政府至今未完成“三通一平”工作，更没有向向某松交付120平方米的宅基地。向某松多次要求碧江区政府交付宅基地，碧江区政府却以种种理由进行搪塞，根据《行政诉讼法》第七十八条之规定，碧江区政府应当向向某松交付宅基地。请求：（1）判决碧江区政府按照铜府办发〔2011〕168号文件精神签订的《房屋搬迁补偿安置协议书》的约定向向某松交付位于下龙田小学至杨家湾安置区已完成“三通一平”、编号为04#号、面积为120平方米的宅基地。（2）本案诉讼费用由碧江区政府、灯塔街道办承担。

贵州省铜仁市中级人民法院一审查明，2011年8月23日，原县级铜仁市人民政府（现碧江区政府）以铜府办发〔2011〕168号《通知》公布了《灯塔办事处龙田村下龙田片区房屋征收补偿安置实施方案》，该方案确定原县级铜仁市人民政府为征收人，灯塔街道办为实施征收单位，对灯塔街道办龙田村下龙田片区用地规划范围内的所有建（构）筑物及附属物进行征收，房屋征收补偿实行货币补偿、产权调换、异地安置三种方式。异地安置方式即正房占地面积180平方米（含180平方米）以内安置一块安置地，180平方米以上安置两块安置地，每户最多安置两块安置地，安置地每块面积为120平方米。2011年9月30日，灯塔街道办、九龙拆迁公司与向某松签订《房屋搬迁补偿安置协议书》，其中约定对向某松实行异地安置，安置地在原贵州省铜仁市九龙大道龙田小学至杨家湾安置区，安置宅基地面积为120平方米，宅基地编号为04＃号，灯塔街道办负责完成安置地“三通一平”工作等。2011年11月，国务院下发国函〔2011〕131号文件，撤销铜仁地区建制，设立地级铜仁市。贵州省铜仁市人民政府（以下简称铜仁市政府）为了推进城镇化战略步骤，调整和重新制定市域城镇体系规划和城市总体规划，于2012年4月23日以特急·明电方式向所辖区县人民政府下发了《铜仁市人民政府关于在铜仁城市规划区范围内停止私人建房的紧急通知》（铜府发电〔2012〕3号），该通知要求：“从即日起，铜仁城市规划区范围内停止审批私人建房申报，已批准但还未开工建设的，由审批部门通知建房户停止建设；今后在铜仁城市规划区内农村居民确因困难或因拆迁需要安置建房的，必须分别由各区、县政府进行统一规划，并经市人民政府批准后方可实施。”

2012年11月22日，碧江区政府作出碧府办发〔2012〕272号《碧江区人民政府办公室关于印发灯塔办事处龙田村下龙田片区房屋拆迁参与式开发建设安置补偿方案的通知》（以下简称碧府办发〔2012〕272号《通知》），该通知对原来的安置方式进行了变更，取消了用宅基地进行安置的方式，实行参与式开发建设安置。同时明确对原按铜府办发〔2011〕168号《通知》签订的异地安置拆迁合同废止。2013年11月贵州省铜仁市国土资源局向铜仁市政府提出审查、请示意见，对贵州省铜仁市川硐城市快速路南部沿线控制性详细规划C-04-OS地块（包含本案协议约定安置地）进行挂牌出让。2013

年12月3日铜仁市政府作出了铜府函〔2013〕369号批复，同意将上述地块进行挂牌出让。2014年4月14日，经过招投标，该地块由铜仁市碧江区城市建设开发投资有限公司（以下简称碧江城投公司）竞得。同年4月25日，贵州省铜仁市国土资源局碧江分局与碧江城投公司签订了《国有建设用地使用权出让合同》。碧江区政府对征收向某松房屋的相关补偿已全部付清。后向某松多次要求碧江区政府交付按原协议约定安置区的宅基地。因碧江区政府无法履行原协议，向某松于2014年11月提起民事诉讼，请求碧江区政府履行原协议，经过一、二审，向某松的起诉被驳回。2015年11月2日，向某松向一审法院提起行政诉讼。

贵州省高级人民法院二审另查明，碧江区政府2012年11月22日作出的碧府办发〔2012〕272号《通知》，对原来的安置方式进行了变更，取消了用宅基地进行安置的方式，实行参与式开发建设安置。其变更的主要内容为：正房占地面积在60平方米以内的，还一套120平方米安置房，还30平方米商业性用房；正房占地面积在60平方米至180平方米的，还240平方米安置房（2套120平方米安置房），还50平方米商业性用房；正房占地面积超过180平方米的，还360平方米安置房（3套120平方米安置房），还70平方米商业性用房；一户最多还3套安置房和70平方米商业性用房，所还安置房和经营性用房面积含公摊面积，不足或多余部分按还房时的市场价互补。折迁户主体房屋占地面积不足60平方米、180平方米、240平方米的，需按国家征收同类土地补偿标准补足60平方米、180平方米、240平方米的参与式建设土地款。

【审判】

贵州省铜仁市中级人民法院一审作出（2015）铜中行初字第60号行政判决，认为，《房屋搬迁补偿安置协议书》合法有效，但由于情势变更，客观情况发生当事人在订立合同时无法预见的、非不可抗力造成的不属于商业风险的重大变化，不能实现协议目的。碧江区政府在变更协议前，需要征得相对方的同意，未征得相对方的同意，单方变更协议内容的行为不合法。现碧江区政府已无法继续履行原协议，依法应采取相应的补救措施，给向某松造成损失的应予赔偿，故判决：一、碧江区政府与向某松签订的《房屋搬迁补偿安置协议书》合法有效；二、碧江区政府对向某松房屋征收补偿安置采取补救措施。

向某松不服，提起上诉，贵州省高级人民法院二审作出（2016）黔行终844号行政判决，认为，关于本案变更、解除原协议是否合法的问题，本案中，碧江区政府为加快城市建设，提升城市形象，对城镇城市规划建设进行调整，将与向某松签订的《房屋搬迁补偿安置协议书》中安置方式实质性变更为参与式开发建设安置方式，该变更、解除行为合法，该院予以认可。关于是否应予补偿的问题，碧江区政府应当依据变更后的碧府办发〔2012〕272号《通知》，对向某松履行安置补偿的法定职责，并对向某松因未能按原计划建房，过渡期延长等，依法给予补偿。灯塔街道办和九龙拆迁公司只是受委托实施人，一审认定灯塔街道办不是本案适格被告，其与九龙拆迁公司不承担本案责任正确。一审判决认定事实清楚，审判程序合法，但适用法律错误。向某松所提依法撤销一审判决第二项的上诉请求，二审法院予以支持。但向某松所提改判碧江区政府按照《房屋搬迁补偿安置协议书》的约定向其交付安置区内宅基地的上诉请求，二审法院不予支持。故贵州省高级人民法院判决撤销一审判决，并由碧江区政府对向某松房屋被征收拆迁履行行政补偿的法定职责；驳回向某松对灯塔街道办的起诉。

向某松不服，向最高人民法院申请再审称：（1）一、二审法院判决显失公平、公正原则，采信不合法证据，认定碧江区政府将《房屋搬迁补偿安置协议书》中的安置方式予以实质性变更，由用宅基地安置方式变更为参与式开发建设安置方式，该变更、解除的行为合法，属于认定事实、适用法律错误。（2）本案诉争土地至今还保持自然原貌，《房屋搬迁补偿安置协议书》约定交付安置宅基地的义务完全具备履行条件，应当继续履行。综上，请求撤销一、二审判决，依法再审本案。

最高人民法院作出的（2017）最高法行申4595号行政裁定认为，二审法院认定该变更行为系为了公共利益的需要，该单方变更行为合法，并无不当。与此同时，本案所涉地块亦已挂牌出让，碧江城投公司经过投标竞得该地块，并签订了《成交确认书》《国有建设用地使用权出让合同》，向某松请求按原《房屋搬迁补偿安置协议书》约定的宅基地进行安置建房已无实现的可能。故向某松要求碧江区政府按照《房屋搬迁补偿安置协议书》的约定向其交付安置宅基地的请求，二审法院不予支持，不违反法律规定。同时，碧江区政府出于公共利益的需要，单方变更、解除协议，必须对相对人进行补偿。二审法院判决碧江区政府对向某松房屋被征收拆迁履行行政补偿的法定职责，并无不当。因此，向某松的再审申请不符合《行政诉讼法》第九十一条规定的情形。依照《行政诉讼法》第一百零一条、《民事诉讼法》第二百零四条第一款之规定，裁定驳回向某松的再审申请。

【评析】

1.行政优益权的由来

行政协议是指行政机关为实现公共利益或者行政管理目标，在行使行政职责过程中，与公民、法人或者其他组织协商订立的具有行政法上权利义务内容的协议。行政协议作为一种新型且重要的行政管理和公共服务方式，将传统上认为水火不容的行政和合同两种行为方式奇迹般地结合在一起。现在多数人认为，行政协议既有行政性又有合同性，是行政性和合同性的创造性结合，其因行政性有别于民事合同，又因合同性不同于一般行政行为。行政协议因协商一致而与民事合同接近，但又因其为实现行政管理和公共服务的一种方式具有行政性而有别于一般民事合同。行政协议强调行政性是必要的，唯有如此才能解释为什么行政协议需要在行政程序相关法律中进行规定，并且应获得行政复议、行政诉讼救济，也才能解释在行政协议中行政机关为什么享有单方变更、解除行政协议等有别于民事合同的行政优益权。与民事合同主体签订合同是为了自身利益不同，行政机关签订行政协议是为了实现公共利益或者行政管理目标。不仅签订行政协议本身是实现公共利益或者行政管理目标的方式，而且在履行协议过程中，行政机关可以根据实现公共利益或者行政管理目标的需要单方变更、解除协议，甚至具有行政合同履行中的指挥权和制裁权（如可以依法单方作出行政强制、行政处罚等）。行政合同是客观要素与主观合同内容的混合体，正是由于行政合同中混有客观要素，所以行政机关可以单方变更行政合同的客观内容，以此保证公共服务之良好运作。也就是说，行政合同制度存在调适机制，承认行政机关当事人区别于合同相对人拥有单方面特权。这些特权主要包括旨在确保能够更好地适应当下公共服务之需求的单方变更权与单方解除权。①因此，行政合同和私法合同的不同，集中反映在合同的履行上。私法合同中的3个基本原则，即当事人地位平等原则，没有双方当事人同意合同条款不能变更原则，以及合同义务必须遵守原则，在行政合同中对行政主体不能严格执行。②

综上，为保证公共服务的良好运作，行政机关可以单方调整行政合同的客观内容，从而在行政合同法律制度中承认行政机关区别于合同相对人拥有单方面特权，形成了传统意义上的行政优益权。而行政机关只有在行政协议订立后出现了由于实现公共利益或者行政管理目标的需要或者法律政策的重大调整，必须变更或者解除时，才能行使单方变更解除权，由此造成公民、法人或者其他组织合法权益损失的，亦应依法予以补偿。

2.行政优益权的行使条件

一般认为，按照“两种行为并行禁止原则”，行政机关既然选择以缔结行政协议的方式“替代”单方行政行为，则应于缔结协议后，切实避免再以单方行政行为径令协议相对方无条件接受权利义务变动。如果出尔反尔，不仅显失公平，亦违背双方当初以行政协议而不是单方行政行为来型塑当事人

① 陈天昊：《在公共服务与市场竞争之间——法国行政合同制度的起源与流变》，载《中外法学》2015年第6期。

② 王名扬著：《法国行政法》，中国政法大学出版社1988年版，第186页。

之间法律关系的合意基础。固然，基于行政协议和行政管理的公共利益目的，应当赋予行政机关一定的单方变更权或解除权，但这种行政优益权的行使，通常须受到严格限制。[①]

那么，行政优益权的行使需要符合哪些条件？

第一，必须是为了公共利益的需要。在法国，因为行政合同的目的在于满足公共利益的需要，公共利益和公共服务在合同执行过程中可能发生重大变化，以至于根据行政合同的初始约定无法恰当地实施公共服务且合同当事人又无法达成新的合意时，行政机关有权单方面对合同内容进行变更解除。法国最高行政法院1910年3月11日判决的法国电车总公司案确立了行政机关上述单方面权力。《德国行政程序法》第60条第1款规定，确定合同内容所依据的关系，如在合同成立后作出显著变更，以致遵守原合同对当事人一方不合理的，该当事人可要求将合同内容作出符合变更关系的调整，不能调整合同或对当事人一方不合理的，作出解除合同通知。为避免或消除公共福利遭受严重不利，行政机关也可以作出解约通知。我国台湾地区“行政程序法”在参照法、德两国的基础上，在第一百四十六条第一项规定：“行政契约当事人之一方为人民者，行政机关为防止或除去对公益之重大危害，得于必要范围内调整契约内容或终止契约。”第一百四十七条第一项规定：“行政契约缔结后，因有情势变更，非当时所得预料，而依原约定显失公平者，当事人之一得请求他方适当调整契约内容。如不能调整，得终止契约。”从法、德两国和我国台湾地区的立法例和实践看，行政机关在行政协议中的行政优益权必须是为了公共利益或者公共服务的需要，但是，该要件适用于行政协

① 详见最高人民法院（2017）最高法行申3564号行政裁定书。该裁定同时指出行政优益权的行使条件，首先，必须是为了防止或除去对于公共利益的重大危害；其次，当作出单方调整或者单方解除时，应当对公共利益的具体情形作出释明；再次，单方调整须符合比例原则，将由此带来的副作用降到最低；最后，应当对相对人由此造成的损失依法或者依约给予相应补偿。尤为关键的是，行政优益权是行政机关在《合同法》的框架之外作出的单方处置，也就是说，行政协议本来能够依照约定继续履行，只是出于公共利益考虑才人为地予以变更或解除。如果是因为相对方违约致使合同目的不能实现，行政机关完全可以依照《合同法》的规定或者合同的约定采取相应的措施，尚无行使行政优益权的必要。

议“缔约时”还是“缔约后”则不无争议。法国比较倾向仅局限于行政协议“缔约后”，也就是行政协议履行阶段，而德国和我国台湾地区则在法国的基础上似乎也包括行政协议“缔约时”，如我国台湾地区“行政程序法”第一百四十七条第一项规定明确为行政协议“缔约后”，而第一百四十六条第一项规定则暗含行政协议“缔约时”。此问题关系到行政机关在行政协议中行政优益权范围的大小，不得不认真对待。①

第二，行政优益权的行使须符合比例原则。行政机关单方面调整合同标的的权力只能在公共利益需要的限度内行使。主要包括以下三方面：一是尽可能在行政协议范围内解决问题，不轻易行使行政优益权。行政优益权是行政机关在《合同法》的框架之外作出的单方处置，也就是说，行政协议本来能够依照约定继续履行，只是出于公共利益考虑才人为地予以变更或解除。如果是因为相对方违约致使合同目的不能实现，行政机关完全可以依照《合同法》的规定或者合同的约定采取相应的措施，尚无行使行政优益权的必要。二是不能变更和公共利益无关的协议条款。三是行政机关单方面的变更超过一定限度，或接近一个全新的义务时，只能解除行政协议，对方当事人也可以请求另订合同，或请求行政法院判决解除合同。②

第三，应当对相对人造成的损失依法或者依约给予相应补偿。行政合同中为了补偿对方当事人接受行政主体的特权所受到的损失，对方当事人也具有私法合同中所没有的权利。对方当事人在履行行政合同的过程中，由于自己行为以外的原因而受到不能预见的重大损失时，即使行政主体没有过失也应得到补偿，以恢复履行合同时的经济平衡。行政主体的特权和对方当事人的经济利益平衡，可以说是行政合同在履行时两个主要的特点。行政合同为什么会出现这种特点呢？这是因为缔结行政合同的目的在于满足某种公共利益，在公共利益所需要的范围内，行政主体对于合同的履行必须具有特权。同样为了公共利益的需要，也必须维持对方当事人的经济利益的平衡。行政

① 可参考最高人民法院（2018）最高法行申 8980 号行政裁定书。

② 参见最高人民法院（2017）最高法行申 3564 号行政裁定书，以及王名扬著：《法国行政法》，中国政法大学出版社 1988 年版，第 186—187 页。

合同的这两个特点表现在行政主体和对方当事人在履行合同时各自的权利和义务当中。[①]此即为法国所谓再平衡机制的“合同经济平衡原则”，它构成了经典行政合同制度的重要组成部分。

3. 对本案的评析

综上所述，行政机关只有在行政协议订立后出现了由于实现公共利益或者行政管理目标的需要或者法律政策的重大调整，必须变更或者解除时，才能行使单方变更、解除权，由此造成公民、法人或者其他组织损失的，亦应依法予以补偿。本案焦点在于2011年9月30日灯塔街道办、九龙拆迁公司与向某松签订的《房屋搬迁补偿安置协议书》应如何履行。本案中，2011年9月30日灯塔街道办、九龙拆迁公司与向某松签订的《房屋搬迁补偿安置协议书》并不违反法律、行政法规强制性规定，合法有效，当事人本应当按照约定全面履行自己的义务。但根据原审法院查明的事实，2011年11月，国务院下发国函〔2011〕131号文件，撤销铜仁地区建制，设立地级铜仁市。新的铜仁市政府为了统筹经济社会的发展，加快城市建设，提升城市品位和形象，调整和重新制定了市域城镇体系规划和城市总体规划，案涉《房屋搬迁补偿安置协议书》涉及的安置宅基地的土地规划已变更，该市规划区范围内禁止私人建房。碧江区政府据此于2012年11月22日作出碧府办发〔2012〕272号《通知》，对原协议的安置方式进行变更，取消用宅基地进行安置的方式，实行参与式开发建设安置。二审法院据此认定该变更行为系为了公共利益的需要，该单方变更行为合法，并无不当。

《行政诉讼法》第七十八条第二款规定，被告变更、解除本法第十二条第一款第十一项规定的协议合法，但未依法给予补偿的，人民法院判决给予补偿。《最高人民法院关于适用〈中华人民共和国行政诉讼法〉若干问题的解释》第十五条第三款规定，被告因公共利益需要或者其他法定理由单方变更、解除协议，给原告造成损失的，判决被告予以补偿。碧江区政府

① 王名扬著:《法国行政法》，中国政法大学出版社1988年版，第186—187页。

出于公共利益的需要，单方变更、解除协议，必须对相对人进行补偿。二审法院判决碧江区政府对向某松房屋被征收拆迁履行行政补偿的法定职责，并无不当。值得注意的是，该行政补偿既包括碧江区政府依据变更后的碧府办发〔2012〕272号《通知》，对向某松进行安置补偿，亦包括碧江区政府因单方变更协议，给向某松造成损失的补偿。碧江区政府应及时履行上述补偿的法定职责，向某松亦可就上述补偿依法要求碧江区政府履行法定职责。

【实务指导】

行政优益权的行使必须是为了公共利益的需要，但是并非任何公共利益均可以构成行政优益权的行使条件。在以前，由于受到传统政治学的影响，学者们对公共利益顶礼膜拜，不仅一味地认为公共利益相对于私益具有绝对的优先性，而且对公共利益不作任何具体分析，这明显是不科学的。作为国家机关，维护公共利益是行政机关的重要职责，在公共利益与私人利益发生矛盾时，应优先考虑公共利益的实现，但是承认公共利益优先并不否认个人利益的存在及实现。公共利益不是在任何情况下都可以限制相对人的合同权利，只有在识别不同情形中的公益以及相对人的合同权利代表的不同公益的前提下，对两者进行比较并发现限制相对人的合同权利的公益在“质”和“量”上有较大优势的情况下才有行政优益权适用的余地，此外还会受到比例原则、补偿原则和辅助原则的影响。“价值标准并没有一个绝对的最优标准，而是必须比较彼此的价值之后才产生。”“必须以价值标准所带来之质与量来作判断之标准。最先次序的价值，必须是量最广，而且，也是质最高。”而“量最广”“质最高”要由“生活依赖的强度来予以界分”，“人类生活的基本要素（衣、食、住等）是最重要的”。[①]但是，“量最广、质最高”的公益是经常处在变动之中的，“在国家、社会濒于衣、食俱缺之窘境，将

① 参见陈新民著:《德国公法学基础理论》，山东人民出版2001年版社，第203页。

急于求富之经济发展，列为最优之公益（或公益标准），可予赞同。惟国家已摆脱穷困，迈入富庶之境后，公益的概念也应随之改变。基于生存权及人性尊严的利益，例如环境权（涉及生存的环境）及劳动基本权利（涉及劳工之人类尊严）所可达到之公益（及其价值），因高于基于国家困境时代所强调的经济发展之公益价值”。[①]由于“质”和“量”，乃至比例原则、补偿原则和辅助原则，具有上述模糊性、不确定性和变动性，因此只能在个案当中对冲突的价值进行衡量，也就是说，必须采取“在个案中之法益衡量”的方法。也必须认识到，个案衡量并不是纯主观的，必须确定一些客观的标准，而这些标准往往源于宪法价值秩序和原则。拉仑兹归纳出了解决冲突的原则：“首先取决于——以基本法的‘价值秩序’——依此涉及的一种法益较他种法益是否有明显的价值优越性。”他认为，相较于其他法益（尤其是财产性的利益），人的生命或者人性尊严有较高的位阶。“当涉及位阶相同，或所涉及的权利如此歧义，以至根本无从作抽象的比较时，一方面取决于应受保护法益被影响的程度，另一方面取决于假使某种利益须让步时，其受害程度如何。”“最后尚须适用比例原则、最轻微侵害手段或尽可能微小限制的原则。”[②]拉仑兹的第一原则涉及价值比较标准和位阶，第二原则和第三原则涉及比例原则、补偿原则和辅助原则对利益比较的影响。

【关联规定】

《最高人民法院关于审理行政协议案件若干问题的规定》

第十六条第一款 在履行行政协议过程中，可能出现严重损害国家利益、社会公共利益的情形，被告作出变更、解除协议的行政行为后，原告请求撤销该行为，人民法院经审理认为该行为合法的，判决驳回原告诉讼请求；给原告造成损失的，判决被告予以补偿。

---

① 陈新民著：《德国公法学基础理论》，山东人民出版2001年版社，第204页。

② ［德］拉仑兹著：《法学方法论》，陈爱娥译，商务印书馆2004年版，第285—286页。

相关案例

内蒙古呼运（集团）有限责任公司诉呼和浩特市交通运输局行政协议案

【案号】

一审：内蒙古自治区呼和浩特市中级人民法院（2016）内01行初11号行政判决书

【案情及裁判】

原告：内蒙古呼运（集团）有限责任公司（以下简称呼运公司）。

被告：呼和浩特市交通运输局（以下简称呼市交通局）。

原告呼运公司诉称：呼运公司与呼市交通局于2005年7月15日签订《武川县客运汽车站有偿使用协议书》，约定由呼运公司对武川县客运汽车站有偿行使经营、管理、使用权，有偿使用租金为150万元，使用期限自2005年7月15日至2055年7月15日，共计50年。协议约定自呼运公司缴清150万元租金后即可对武川县客运汽车站的各种服务设施（候车室、行李房、售票厅、会议室、司乘公寓、汽车安检台、锅炉房）进行经营管理使用，并负责对以上设施进行日常维护和站内水电暖的供应工作。同时，该车站向社会公众开放，所有进出站乘客平等享受该站提供的公共服务。呼运公司于2005年6月16日、6月29日先后向呼市交通局支付50万元、100万元，并于当年7月开始正式运营。运营期间，呼运公司始终恪守协议约定的权利义务，依法管理经营客运汽车站、妥善维护客运汽车站设施，使之成为该县重要交通运输站点，为当地公共交通事业作出了巨大贡献。2015年10月30日，呼市交通局以武川县客运汽车站"闲置停运、造成国有资产浪费"为由向武川县人民政府发函，要求武川县人民政府委托武川县交通局收回武川县客运汽车站使用权。2015年12月7日，武川县交通局向呼运公司发函，函中载明："我局受上级主管部门和县人民政府的委托将对武川旧客运汽车站予以收回，按照国有资产处置有关规定，交付当地财政部门进行处置。"同时要求呼运公司尽快将财物搬离，列出国有资产移交清单，交付客运汽车站。

原告认为客运汽车站一直正常运营，并未出现闲置停运的现象，且新站并未建成，旧站依旧承担该县主要公共交通运输职能，在协议已经履行了10年的情况下，呼市交通局违反协议约定的50年期限，单方解除协议，损害了呼运公司的合法经营管理权，故请求人民法院依法撤销呼交发〔2015〕398号《关于收回武川县客运汽车站（旧站）的函》，判决呼市交通局继续履行该行政协议。

呼市交通局辩称：《武川县客运汽车站有偿使用协议书》为民事协议，是呼市交通局与呼运公司在平等协商基础上签订的协议，不属于行政诉讼受案范围；呼运公司在经营客运汽车站期间违反“三不进站、六不出站”制度，站内发车区为开放式管理，乘客不经候车室直接上车，安全管理严重失控，已被自治区交通运输厅通报批评。且旧站设施陈旧，功能滞后，站场面积小，已无法满足武川县客运车辆迅速增加、旅客流量增多的现状，难以适应当地经济发展形势。武川县人民政府已着手新建客运汽车站，为避免旧站闲置造成资源浪费，呼市交通局已向自治区交通厅申请收回旧站经营管理使用权，重点建设新的客运汽车站，以上请求已经得到批准。呼市交通局收回旧客运汽车站的行为符合社会经济发展趋势，有利于武川县公共交通事业发展，因此收回旧客运汽车站的行为理由得当，程序合法。

法院经审理查明：2005年7月15日，呼市交通局（甲方）与呼运公司（乙方）签订《武川县客运汽车站有偿使用协议书》，该协议约定：武川县客运汽车站为公用设施，实行对社会公众开放，乙方为所有进出站乘客提供公共服务。武川县客运汽车站所有权归甲方所有，乙方对武川县客运汽车站享有有偿经营、管理、使用权，期限自2005年7月15日至2055年7月15日，共计50年。有偿使用金额为150万元，乙方交清有偿使用金后，即拥有对武川县客运汽车站的经营、管理、使用权。在有偿使用期间，乙方必须服从武川县交通局、呼市运管处对汽车站依法实施的行业管理工作，并应严格按照《道路运输条例》的规定，认真履行客运汽车站的职责，完善客运汽车站的各项管理制度，配备与汽车站经营相适应的专业人员、管理人员及相应的设备、设施。在经营管理期间，若乙方不服从行业管理部门管理，对客运汽车站管理不善，站内秩序混乱，甲方有权收回经营、管理、使用权。2015

年10月30日，呼市交通局向武川县人民政府发出呼运发〔2015〕398号《呼和浩特市交通运输局关于处置武川县客运汽车站（旧站）的函》，该函内容为因武川县客运汽车站（新站）已投入使用，旧站闲置停运造成国有资产浪费，商情武川县人民政府委托县交通运输局，按照国有资产处置的相关规定收入武川县人民政府，用于该县客运站（场）建设。2015年12月7日，武川县交通局向呼运公司武川县客运汽车站发出《武川县交通运输局关于收回武川县客运汽车站（旧站）的函》，要求呼运公司按照国有资产处置的有关规定，尽快搬出站内财物，将客运汽车站交付当地财政部门处置。2016年1月18日呼运公司向我院提起行政诉讼，请求撤销呼市交通局作出的呼交发〔2015〕398号文件，判决呼市交通局继续履行《武川县客运汽车站有偿使用协议书》。

呼和浩特市中级人民法院于2015年8月19日作出（2016）内01行初11号行政判决书：被告呼市交通局继续履行其与原告呼运公司签订的《武川县客运汽车站有偿使用协议书》。

【评析】

本案的争议焦点为，如果呼市交通局与呼运公司签订的《武川县客运汽车站有偿使用协议书》属于行政协议，呼市交通局提前收回客运汽车站的行为是否合法，即是否满足行使行政优益权的法定条件。

关于呼市交通局提前解除协议是否合法的问题，行政机关在履行协议中享有行政优益权，该权力赋予行政机关在协议中的主导地位，行政机关有权决定协议内容、监督指导协议相对人、单方解除或变更协议，当相对人违约时行政主体有权实施相应的法律制裁。设置行政优益权的宗旨是保障行政协议的公共利益，通过限制个体权利，起到增进公共利益、实现公共职责和公共服务的效果。所谓公共利益是指公众共同的利益，它具有以下特点：（1）利益共享性，是指行政行为所带来的利益或造就的成果应当是社会大多数民众能够享受的；（2）受益主体不特定性；（3）行政行为目的非营利性，商业行为不能认定为具有公益性；（4）利益享受的直接性，社会公众应该能够直接从中获得利益，实现公共利益是履行行政协议的根本目标。但同时，行政协议又是一种特殊的行政行为，其本质上包含一般协议所具备的公平、自由、自愿原则，尽管协议双方地位不对等，但出于秉持自由协商、自愿订立原则，保护相对人的合理信赖利益，法律对于行政机关行使行政优益权进行了严格的限制，仅当公共利益受到威胁和侵害，或国家政策发生重大调整时，方能行使该权力。本案中，呼市交通局提前解除协议的理由是“旧客运汽车站停运闲置，造成国有资产浪费”。经法院审查，该旧客运汽车站自协议签订后一直运营良好，呼运公司按照协议约定支付150万元租金后，负责该站日常经营管理，客源集中稳定，秩序良好，承载该县主要公共交通客运职能，是极为重要的交通运输站点。新客运汽车站尚未建成投入使用，且从该县旧站地理位置及经营状况来看，即使新站完工运营，也并不会导致旧站闲置，位于县中心的旧站更便于民众出行，是不可替代的交通中转枢纽。因此保留旧的客运汽车站方便了民众的日常出行，有利于该县公共交通运输发展，与社会公众的需求具有内在一致性，并不会损害公共利益，不能成为呼市交通局行使行政优益权单方解除协议的法定理由。综上，呼市交通局单方解除协议的行为不合法，该协议约定的期限为50年，双方均具备继续履约的条件，应当判令呼市交通局继续履行该行政协议。

另外，关于被告称原告经营管理混乱，违反“三不进站、六不出站”制度的抗辩理由，尽管协议中约定，如果乙方经营混乱、安全管理失控，甲方有权收回客运汽车站，但因被告没有提供相应的证据证明原告的经营管理存在疏漏，且被告向武川县人民政府作出的函中载明，收回客运汽车站的理由是旧站停运闲置，而非其经营管理不善，因此该主张不能成为提前解除协议的理由。

本案是2014年修正的《行政诉讼法》实施以来，将行政协议争议纳入法院行政诉讼受案范围的典型案例，涉及对行政协议的认定和行政机关行使行政优益权的审查。在当前我国行政协议立法不尽完善的形势下，本案的处理对于人民法院审理此类行政协议案件具有一定的参考意义。

第二节　行政协议中非基于行政优益权的单方变更权

唐某国诉贵州省关岭布依族苗族自治县人民政府房屋征收补偿协议变更案

【案号】

一审：贵州省安顺市中级人民法院（2017）黔04行初389号行政判决书

二审：贵州省高级人民法院（2018）黔行终292号行政判决书

再审：最高人民法院（2018）最高法行申8980号行政裁定书

【案情】

再审申请人（一审被告、二审被上诉人）：贵州省关岭布依族苗族自治县人民政府（以下简称关岭县政府）。

再审被申请人（一审原告、二审上诉人）：唐某国。

贵州省安顺市中级人民法院一审查明，关岭县政府因实施棚户区改造项目作出《2017年永宁镇东片区城市棚户区改造项目房屋征收决定》，一并发布征收补偿安置方案，明确房屋征收实施单位为关岭县永宁镇人民政府（以下简称永宁镇政府）。唐某国坐落于关岭县永宁镇永关路108号的房屋在征收范围内，该房屋为砖混结构一栋三层共354.23平方米，第二层113.49平方米与路面相平，用于经营便利店；第一层（即负一层）113.49平方米位于路面以下，用于堆放货物。2016年11月，贵州黔峰源工程管理咨询有限公司（以下简称黔峰源公司）出具《房屋面积测绘报告》，载明唐某国房屋砖混结构三层面积共354.23平方米，负一层及第一层共226.98平方米为经营面积。2017年2月6日，永宁镇政府根据上述测绘报告确定的面积，参照相关补偿标准，测算出唐某国房屋货币补偿款共计3411681.3元并与唐某国签订房屋征收补偿协议。补偿款全额支付后，唐某国主动搬迁腾房交征收部门拆除。此后永宁镇政府发现测绘报告误将唐某国房屋负一层面积认定为经营面积，导致补偿款多算。经与唐某国协商返还未果，便以返还不当得利为由将唐某国诉至关岭县人民法院，该案现已中止审理。2017年8月21日，关岭县政府根据黔峰源公司对唐某国房屋重新作出的《房屋面积测绘报告》与《情况说明》，以及贵州安顺九鼎房地产估价有限公司作出的《唐某国户房屋征收评估分户报告》等，作出《关于对被征收人唐某国房屋征收补偿协议变更的行政决定书》（以下简称《行政决定书》），以征收部门永宁镇政府与唐某国签订的房屋征收补偿协议对房屋经营性面积认定错误，导致补偿数额多算为由，责令唐某国退回多领金额980678.5元。该决定书送达后，唐某国不服，向法院起诉，要求撤销关岭县政府作出的《行政决定书》。

【审判】

贵州省安顺市中级人民法院一审作出（2017）黔04行初389号行政判决，认为，本案的争议焦点是：（1）关岭县政府是否有权单方变更涉案行政协议；（2）关岭县政府变更行政协议行为是否事实清楚、证据充分、程序正当。唐某国与关岭县政府的房屋征收部门签订的房屋征收补偿协议系行政协议，属行政诉讼受案范围。行政协议作为行政机关为实现公共利益或者行政管理目标，在法定职责范围内，与公民、法人或者其他组织协商订立的具有行政法上权利义务内容的协议，协议双方当事人并不具有完全平等的法律地位，行政主体因公共利益需要，依法享有行政优益权，可以根据国家行政管理的需要，单方面依法变更或解除合同，而相对方不享有此种权利。本案中，根据双方提交的有效证据，唐某国与关岭县政府的房屋征收部门签订的房屋征收补偿协议所依据的测绘报告明显存在对唐某国房屋性质认定错误的情形，将不符合经营条件的负一楼误认定为经营性用房，导致唐某国依补偿协议所获货币补偿数额大大超过应获数额，有悖公平、合理的征收补偿原则。双方签订的房屋征收补偿协议属因重大误解而订立，符合《合同法》第五十四条规定的法定变更、撤销情形，故关岭县政府作为征收主体，为维护公共利益、国家利益，出于国家行政管理需要，有权单方变更该行政协议。对于唐某国所称协议已经履行完毕不能变更的理由，因无法律依据，不予支持。本案关岭县政府发现涉案行政协议存在重大误解后，在与唐某国多次协商变更未果的情况下，依据测绘机构重新作出的测绘报告及评估机构作出的房屋征收评估分户报告等证据材料，作出变更唐某国房屋征收补偿协议的行政决定并依法送达，事实清楚，证据充分、程序正当，该变更行为符合公共利益需要且未对唐某国合法权益造成损害，故唐某国要求撤销该变更决定的理由不能成立，该院不予支持。据此，依照《行政诉讼法》第六十九条的规定，判决驳回唐某国的诉讼请求。

唐某国不服一审判决，向贵州省高级人民法院提起上诉。贵州省高级人民法院二审作出（2018）黔行终292号行政判决，认为，本案涉诉的行政决定对经营性用房的认定，事实不清，主要证据不足，缺乏法律依据。依据《行政诉讼法》第七十条的规定，涉诉行政行为违法，唐某国的上诉理由于法有据，该院依法予以支持。依据《行政诉讼法》第八十九条第一款第二项判决：一、撤销贵州省安顺市中级人民法院（2017）黔04行初389号行政判决；二、撤销关岭县政府作出的《行政决定书》。

关岭县政府不服，向最高人民法院申请再审，请求撤销二审判决，并依法对本案进行再审。主要理由为：（1）二审判决认定事实错误。《关岭自治县2017年永宁镇东片区城市棚户区改造项目征收补偿安置方案》（在原征收补偿协议中被申请人同意按该方案补偿并达成了补偿协议）对被征收房屋性质的认定方式规定为“被征收房屋的用途原则上以房屋权属记载为准，房屋权属证未载明用途或载明用途与现有用途不一致的以及历史原因造成无证的，在房屋征收公告发布前已持续经营且当前还在经营的，原则上按经营性用房认定，并以现有经营面积为准”。对“经营性用房”的理解应依据该规定且在遵循生活法则的基础上，结合唐某国房屋一层用于经营“唐记便利店”商品零售的事实，应当理解为只有第一层是具有门店性质的用于经营的房屋。负一层与第一层在实际使用功能上是完全不一样的，负一层用于堆放货物及供人居住，第一层用作铺面经营便利店使用，二者因使用价值不同，评估的价值亦相去甚远。（2）二审判决适用法律错误。因本案涉诉的行政决定是对原签订的《关岭自治县2017年永宁镇东片区城市棚户区改造房屋征收补偿协议》的变更，原协议已经明确征收补偿适用的法律依据为《国有土地上房屋征收与补偿条例》和《安顺市两城区集体土地上房屋征收与补偿办法》，又因《关岭自治县2017年永宁镇东片区城市棚户区改造房屋征收补偿协议》系行政协议，故政府相关文件亦应作为政策依据，也就是作出行政决定的依据还有《关岭自治县2017年永宁镇东片区城市棚户区改造项目征收补偿安置方案》。二审法院认定本案涉诉行政决定缺乏法律依据，属于明显错误。由于我国并无专门规制行政优益权的法律法规，致使目前出现很多行政机关难以行使行政优益权，或在行使时出现无明确法律法规可供依据的情形，故政府要行使行政优益权只能参照相关法律原则。而行政协议是行政机关为履行行政职责，达到行政管理目标，与相对人协商一致达成的协议，其既有民事合同的特性，又有行政管理的因素，故对行政管理在法律法规无具体规定的前提下，在不违反行政诉讼法规定的原则下，可适用民事法律的规定。故一审判决运用合同法相关规定，并无不当。

最高人民法院作出（2018）最高法行申8980号行政裁定，认为，《国有土地上房屋征收与补偿条例》第三十四条规定："房地产价格评估机构或者房地产估价师出具虚假或者有重大差错的评估报告……造成损失的，依法承担赔偿责任；……"本案关岭县政府提交的黔峰源公司出具的《情况说明》载明，系因该公司提交的调查附表存在工作失误，导致经营面积确认错误，此《情况说明》如属实，也应当在案涉协议双方协商变更不成的情况下，依据上述规定由黔峰源公司承担责任，而不存在损害国家利益和社会公共利益的情形。进一步说，关岭县政府主张"经营性用房"面积认定错误，尚需更加充分的证据予以证明。本案关岭县政府仅在案涉协议履行完毕后提交与本案有一定利害关系的黔峰源公司出具的《房屋面积测绘报告》与《情况说明》及其他分户报告等，并不足以证明本案"经营性用房"面积认定错误，更不能以此径行作出单方变更协议决定。故关岭县政府关于二审法院对本案涉诉经营性用房的认定错误的申请再审理由不能成立，本院不予支持。故关岭县政府作出的《行政决定书》对经营性用房的认定，事实不清，主要证据不足，缺乏法律依据，应予撤销。二审法院判决撤销一审判决及关岭县政府作出的被诉行政决定，并无不当。关岭县政府的再审申请不符合《行政诉讼法》第九十一条规定的情形。依照《最高人民法院关于适用〈中华人民共和国行政诉讼法〉的解释》第一百一十六条第二款之规定，裁定驳回关岭县政府的再审申请。

【评析】

2014年修正的《行政诉讼法》第十二条第一款第十一项虽将行政机关违法变更、解除行政协议纳入行政诉讼受案范围，但法律、司法解释未对行政机关单方行使变更、解除权的条件进行明确规定，除基于一般行政优益权外，行政机关在不能通过提起行政诉讼或者民事诉讼进行救济，又面临行政协议因正当理由需要变更或解除时，是否可以单方变更或解除行政协议的问题。

与传统的行政行为相比，在柔性执法理念的趋势之下，各级政府及其工作部门通过友好协商的方式和行政相对人签订行政协议，更有利于促进行政管理目标的实现。本案争议焦点在于关岭县政府在本案中已经选择了“行政协议”这一较为柔性的行为方式，其是否有权单方面变更与唐某国签订并已实际履行完毕的房屋征收补偿协议。在此前提下本案需要解决的核心问题有二：一是本案关岭县政府是否属于行使行政优益权单方变更案涉协议；二是本案中相关情形是否能够引发关岭县政府非基于行政优益权而行使的单方变更权。

1.关岭县政府是否属于行使行政优益权单方变更案涉协议

在我国现行行政诉讼法律制度下，行政机关不能作为行政诉讼的原告，为解决行政机关不能起诉行政相对人的问题，亦为行政机关在行政协议中实现行政管理和公共服务目的，司法实践中有些法院探索设置了行政协议非诉执行程序，即如果行政协议中约定了强制执行条款，且该条款符合法律规定、内容明确并具有可执行内容，行政机关可依据该约定向法院申请非诉强制执行；未约定强制执行条款的，行政机关亦可作出书面决定，再将行政决定作为执行名义向人民法院申请强制执行。这一探索虽然明确了协议相对人不履行协议或者不按照约定履行协议之时行政机关的救济路径，但在面对行政协议内容因某些正当理由，可能需要变更、终止甚至撤销时，行政机关仍不能以提起行政诉讼寻求司法救济。本案中，关岭县政府提交的黔峰源公司出具的《情况说明》载明，系因该公司提交的调查附表存在工作失误，导致经营面积确认错误。故本案实质系关岭县政府认为其在订立协议过程中，对协议的基本事实认知出现偏差，而主张协议相关内容应予变更。如果案涉协议是民事合同，可以根据《合同法》第五十四条规定，提起诉讼或仲裁请求人民法院或者仲裁机构变更或者撤销。[①]但案涉协议为行政协议，行政机关不能成为行政协议诉讼原告。在这种情况下，依据《合同法》第七十七条“当事人协商一致，可以变更合同”的规定，[②]关岭县政府可以与唐某国进行协商，在双方协商达成一致的基础上对合同内容予以变更，但因与唐某国协商未果，关岭县政府根据黔峰源公司对唐某国房屋重新作出的《房屋面积测绘报告》与《情况说明》，以及贵州安顺九鼎房地产估价有限公司作出的《唐某国户房屋征收评估分户报告》等，作出本案《行政决定书》。

2014年修正的《行政诉讼法》第十二条第一款第十一项虽将行政机关违法变更、解除行政协议纳入行政诉讼受案范围，但法律、司法解释并未对行政机关单方行使变更、解除权的条件进行明确规定，未来仍需在个案审查中逐步进行探索。一般认为，行政机关对协议内容单方变更、解除权只能在国家法律政策和协议基础事实发生变化，履行协议会给国家利益或者社会公共利益带来重大损失这一特定情形下行使。也就是说，行政机关单方变更、解除协议必须基于行政优益权，从而最大限度维护行政协议的稳定及行政机关

① 对应《民法典》第一百四十七条。

② 对应《民法典》第五百四十三条。

的公信力。本案中，一审法院认为，关岭县政府作为征收主体，为维护公共利益、国家利益，出于国家行政管理需要，在唐某国与关岭县政府的房屋征收部门签订的房屋征收补偿协议所依据的测绘报告明显存在对唐某国房屋性质认定错误情形，将不符合经营条件的负一楼误认定为经营性用房，导致唐某国依补偿协议所获补偿数额大大超过应获数额，有悖公平、合理的征收补偿原则，属因重大误解而订立征收补偿协议，符合《合同法》第五十四条规定的法定变更、撤销情形，有权单方变更该行政协议。最高人民法院的驳回再审申请裁定认为，一审法院此认定错误，二审法院予以否定并无不当。理由有二：其一，即使符合《合同法》规定的法定变更、撤销情形，如合同双方无法协商一致时必须通过诉讼或者仲裁予以变更、撤销，而不允许作为一方当事人的行政机关单方变更、撤销。其二，即使经营性用房面积认定确有错误，具体到本案情形，关岭县政府仍不能基于行政优益权单方变更案涉协议。本案中如果确实存在“经营性用房”面积认定有误的问题，关岭县政府可能会多支出一部分补偿款。但结合本案事实，仅以多支出一部分补偿款就认定关岭县政府可以基于行政优益权行使单方变更协议权，缺乏事实根据和法律依据，亦对唐某国不公。案涉协议订立即使存在问题，亦是因关岭县政府工作人员对相关文件中房屋用途的判断出现失误，属于案涉协议订立过程中关岭县政府内部决策问题，并不能以此归咎于唐某国，且2017年2月14日案涉协议已经履行完毕，唐某国在整个协议的履行过程中均予以积极配合，并无证据证明唐某国对于“经营性用房”认定错误存在任何主观上的故意或过失，作为善意的唐某国在本案中有值得保护的信赖利益，如关岭县政府草率单方变更案涉协议，不仅有悖于行政协议制度设立的初衷，更会破坏唐某国及公众对国家机关的信任，损害国家公信力。

2.本案中相关情形是否能够引发关岭县政府非基于行政优益权而行使的单方变更权

当关岭县政府在本案中不能行使行政优益权，案涉协议对变更或撤销没有约定且双方又无法对变更协议协商一致，而该协议内容因正当理由需要变更或撤销时，关岭县政府通过何种方式予以处理，是目前行政协议审判中面临的一个重要问题。我国现行《行政诉讼法》规定，关岭县政府不能以原告身份提起行政诉讼解决此类协议争议，但如果由关岭县政府通过民事诉讼解决，则可能导致同一行政协议争议由不同诉讼程序和方式审理，容易出现同案不同判的情形。因此当关岭县政府缺乏行使行政优益权的条件，且不能通过提起行政诉讼或者民事诉讼进行救济时，又面临案涉协议内容因故需要变更或解除，赋予其一定程度的非基于行政优益权的单方变更、解除权实属必要。依据2014年修正的《行政诉讼法》第十二条第一款第十一项规定，可以赋予行政机关非因行政优益权而在极个别情况下对案涉协议进行变更、撤销等权力。这就类似于民事合同中具备一定情形时，当事人可以申请法院变更、撤销合同。考虑到相对人可以通过行政诉讼进行救济，而行政机关不能成为行政诉讼的原告，因此该变更、撤销权只赋予行政机关。为防止行政机关滥用上述权力，不当侵害当事人的合法权益，一般来说，应仅限于行政相对人存在欺诈、胁迫等主要归责于行政相对人，或者权利义务存在极度无正当理由的显失公平而严重损害国家利益和社会公共利益等情形。《国有土地上房屋征收与补偿条例》第三十四条规定："房地产价格评估机构或者房地产估价师出具虚假或者有重大差错的评估报告……造成损失的，依法承担赔偿责任；……"关岭县政府的损失可能通过其他途径获得救济，尚无证据证明存在严重损害国家利益和社会公共利益等情形时，本案中关岭县政府仅以黔峰源公司出具的《情况说明》等证据材料径行作出本案被诉的单方变更协议决定，缺乏事实根据和法律依据。

【实务指导】

行政协议是指行政机关为实现公共利益或者行政管理目标，在行使行政职责过程中，与公民、法人或者其他组织协商订立的具有行政法上权利义务内容的协议。行政机关采用此双方行为履行法定职责后，是否可以对同一事项又采用单方行政行为，争议很大。“有关行政契约与行政处分是否并存，学界并存说、不得并存说均有人主张，但总体而言，契约既已成为当事人之间权利义务关系发生、变更、消灭的法源，双方发生争议，亦应以契约有关方式及程序加以解决。契约一方之行政机关不得再以行政处分介入契约，即所谓‘两种行为并行禁止原则’。也就是说，行政契约签订后，原则上应以契约方式解决后续争议。”①

当然，这也并非绝对的。一般认为，因为行政合同的目的在于满足公共利益的需要，公共利益和公共服务在合同执行过程中可能发生重大变化，以至于根据行政合同的初始约定无法恰当地实施公共服务且合同当事人又无法达成新的合意时，行政机关有权单方面对合同内容进行变更解除。也就是说，行政机关单方变更、解除协议必须基于行政优益权，从而既最大限度维护行政合同的稳定及行政机关的公信力，又保证行政合同对公共事务或者公共利益的灵活性和适应性。我国台湾地区“行政程序法”在参照法、德两国的基础上，在第一百四十六条第一项规定：“行政契约当事人之一方为人民者，行政机关为防止或除去对公益之重大危害，得于必要范围内调整契约内容或终止契约。”第一百四十七条第一项规定：“行政契约缔结后，因有情势变更，非当时所得预料，而依原约定显失公平者，当事人之一得请求他方适当调整契约内容。如不能调整，得终止契约。”从而形成了一套行政合同调适机制，承认行政机关区别于合同相对人拥有单方面特权。但是，行政机关在行政合同中的单方面特权范围大小却存在不同意见。

从法、德两国和我国台湾地区的立法例和实践看，行政机关在行政协议中的行政优益权必须是为了公共利益或者公共服务的需要，但是，该特权适用于行政协议“缔约时”还是“缔约后”则不无争议。法国比较倾向仅局限于行政协议“缔约后”，也就是行政协议履行阶段，而德国和我国台湾地区则在法国的基础上似乎也包括行政协议“缔约时”，如我国台湾地区“行

① 陈世民：《从保障当事人或者第三人利益之观点探讨行政契约与行政处分并存与否之实益——法国发展“可分离行为”等相关概念之参考》，载《铭传大学法学论丛》2011年第16期。

政程序法”第一百四十七条第一项规定明确为行政协议“缔约后”，而第一百四十六条第一项规定则暗含行政协议“缔约时”。本案实质系关岭县政府认为其在订立协议过程中，对协议的基本事实认知出现偏差，而主张协议相关内容应予变更。如果案涉协议是民事合同，可以提起诉讼或仲裁请求人民法院或者仲裁机构变更或者撤销。但案涉协议为行政协议，行政机关不能成为行政协议诉讼原告。在这种情况下，又因与唐某国协商未果，关岭县政府根据黔峰源公司对唐某国房屋重新作出的《房屋面积测绘报告》与《情况说明》，以及贵州安顺九鼎房地产估价有限公司作出的《唐某国户房屋征收评估分户报告》等，作出本案被诉的《行政决定书》。本案解决的是行政协议“缔约时”而不是“缔约后”，行政机关在行政协议中可以行使行政优益权问题。本案一审法院显然认为关岭县政府“缔约时”存在的协议内容问题也可以行使行政优益权予以解决，而二审法院和再审法院则适用传统意义上的行政优益权理论认为不可以。[①]这一分歧涉及单纯内容违法而未达到无效程度的行政协议是否可以适用行政协议调适机制，行政机关是否可以运用行政优益权将该有合法性瑕疵的行政协议调适到合法状态的问题。

有人认为，按照法治国家的观念，行政行为的有效性取决于其合法性。这种观念是错误的。因为违法的行政行为只有在重大明显违法的情况下才无效。在其他违法情形中，行政行为仍然有效，甚至可以强制执行，除非关系人诉请撤销或者行政机关依职权撤销。[②]因此，有效性和合法性不是一一对应的。即使违法的行政行为也具有效力，这一点被称为“有效性推定”。[③]由此可以看出，按照依法行政的要求，任何行政行为均不得违法，但这并不代表一旦违法，便只有归于无效或者予以撤销，行政行为更不可能要么有效（因为合法），要么无效（因为违法）。对于违法情节轻微尚不构成无效的行

① 关于行政优益权在司法实践中的运用，可以参见最高人民法院（2017）最高法行申 3564 号行政裁定书和最高人民法院（2017）最高法行申 4595 号行政裁定书。

② ［德］汉斯·J. 沃尔夫、奥托·巴霍夫、罗尔夫·施托贝尔著：《行政法》（第二卷），高家伟译，商务印书馆 2002 年版，第 66 页。

③ ［德］汉斯·J. 沃尔夫、奥托·巴霍夫、罗尔夫·施托贝尔著：《行政法》（第二卷），高家伟译，商务印书馆 2002 年版，第 66—67 页。

政协议，基于其为双方当事人相互意思表示一致的产物，对此协议相对于作为单方行政行为的违法，应当给予更多的宽容。这是依法行政原则兼顾法的安定性、信赖保护、合同全面履行原则的结果，甚至可以说是上述原则妥协和折中的结果。因此，单纯内容违法而未达到无效程度的行政协议原则上不得适用行政协议调适机制，行政机关不得运用行政优益权对行政协议内容进行单方调整。

但是，凡事都有例外。当行政协议内容因协议相对人故意（欺诈、胁迫等）或者协议内容违法虽未达到无效程度但严重损害国家利益和社会公共利益需要变更或撤销时，排斥行政机关对行政协议内容进行单方调整就显得不合时宜。如上所述，我国《行政诉讼法》不允许行政机关成为行政协议诉讼原告，不可以提起行政诉讼变更或者撤销单纯内容违法而未达到无效程度的行政协议。在此情况下，本案再审法院依据2014年修改后的《行政诉讼法》第十二条第一款第十一项规定发展出行政机关基于非传统行政优益权的单方调整权，认为可以赋予行政机关非因行政优益权而在极个别情况下对案涉协议进行变更、撤销等权力，此类似于民事合同中具备一定情形时，当事人可以申请法院变更、撤销合同，只因相对人可以通过行政诉讼进行救济，而行政机关不能成为行政诉讼的原告，因此该变更、撤销权只赋予行政机关。同时，为防止行政机关滥用上述权力，不当侵害当事人的合法权益，一般来说，应仅限于行政相对人存在欺诈、胁迫等主要归责于行政相对人，或者权利义务存在极度无正当理由的显失公平而严重损害国家利益和社会公共利益等情形。也就是说，在行政相对人对行政协议的违法存在故意和协议内容不公导致严重损害国家利益和社会公共利益的情况下，行政机关才具有基于非行政优益权对行政协议进行变更、撤销等的权力。

第七章

政府特许经营协议

《行政诉讼法》将政府特许经营协议作为行政协议，纳入行政诉讼受案范围。企业根据特许经营协议享有的特许经营权，需要具备一定的资质和条件，享受特许经营带来的经济利益，属于合法经营权的一种特殊情形，应当依法得到保护。因公用事业特许经营涉及社会公共利益，当程序正当、第三人利益及行政相对人的合法权益与公共利益发生冲突时，法官应运用利益衡量方法综合考量，最优先保护社会公共利益的同时，又要尽力维护行政相对人的合法权益。

第一节　政府特许经营协议的解除

寿光中石油昆仑燃气有限公司诉寿光市人民政府解除特许经营协议案

——行政机关强制收回特许经营权的效力性认定和合法性评价

【案号】

一审：山东省潍坊市中级人民法院（2016）鲁07行初88号行政判决书

二审：山东省高级人民法院（2017）鲁行终191号行政判决书

【案情】

上诉人（一审原告）：寿光中石油昆仑燃气有限公司（以下简称昆仑燃气公司）。

被上诉人（一审被告）：寿光市人民政府、潍坊市人民政府。

被告寿光市人民政府于2016年4月6日作出《关于印发寿光市“镇村通”天然气工作推进方案的通知》（寿政办发〔2016〕47号），决定按照相关框架合作协议中有关违约责任，收回原告昆仑燃气公司的羊口镇、双王城生态经济园区和侯镇的经营区域授权，授权给寿光市城市基础设施建设投资管理中心代表寿光市政府经营管理。原告不服，向被告潍坊市人民政府申请行政复议，潍坊市人民政府于2016年8月2日作出潍政复决字〔2016〕第161号《行政复议决定书》，决定维持寿光市人民政府作出的寿政办发〔2016〕47号文件中关于收回昆仑燃气公司燃气特许经营区域授权的决定。

原告昆仑燃气公司诉称，2011年7月15日原告与寿光市人民政府授权的寿光市住房和城乡建设局签署《山东省寿光市天然气综合利用项目合作协议》，协议约定寿光市住房和城乡建设局同意原告在寿光市从事城市天然气特许经营，特许经营范围为渤海化工园区（羊口镇）、侯镇化工园区、东城工业园区，特许经营期限为30年。协议签署后，原告先后开展了寿光市双王城生态经济园区、羊口镇中压管网及万隆华府小区、侯镇紫金花园小区、文家天然气门站等燃气项目的建设工作，累计投资1500余万元。项目建设过程中，寿光市各相关部门先后给原告批复了路由意见、门站选址意见、安全评价、环境影响评价等手续，对原告的工作给予了配合和认可。当原告正在积极进行项目建设时，被告于2016年4月6日作出《关于印发寿光市“镇村通”天然气工作推进方案的通知》（寿政办发〔2016〕47号），作出了“按照相关框架合作协议中有关违约责任，收回羊口镇、双王城生态经济园区和侯镇的经营区域授权，授权给寿光市城市基础建设投资管理中心经营管理”的决定。被告寿光市人民政府作出寿政办发〔2016〕47号文件收回原告全部燃气经营权区域授权的决定认定事实错误，原告不存在违约行为，且寿光市人民政府收回原告燃气经营权未履行听证程序，程序违法，系违法的行政行为。为维护自身合法权益，特提起诉讼，请求：（1）依法确认被告于2016年4月6日作出《关于印发寿光市“镇村通”天然气工作推进方案的通知》（寿政办发〔2016〕47号）收回原告全部燃气经营区域授权决定的行为违法；（2）依法撤销被告于2016年4月6日作出《关于印发寿光市“镇村通”天然气工作推进方案的通知》（寿政办发〔2016〕47号）收回原告全部燃气经营区域授权的决定。依法判令被告承担本案诉讼费用。

2011年7月15日，被告寿光市人民政府授权寿光市住房和城乡建设局（甲方）与原告昆仑燃气公司（乙方）协商共同开发寿光市天然气综合利用项目，双方签订了《山东省寿光市天然气综合利用项目合作协议》，主要内容为：“一、甲方、乙方同意就寿光市天然气利用项目进行合作。二、甲方同意乙方在寿光市从事城市天然气特许经营，特许经营范围包括渤海化工园区（羊口镇）、侯镇化工园区、东城工业园区，特许经营期限为30年。三、甲方充分考虑天然气项目具有公共事业的特点，在国家政策法规允许的范围内，对该项目在前期可行性研究阶段、建设和经营提供最大限度的支持。四、乙方应保证在中石油管网为寿光市争取足够的天然气指标，甲方应全力配合。如果乙方不能保证寿光市实际用气需求，则甲方有权依照山东省燃气管理条例等相关法律法规进行处理。……六、本协议正式签署后，乙方对寿光市燃气项目积极开展工作，甲方利用自身优势给予积极配合。签订协议八个月内，如因乙方原因工程不能开工建设，则本协议废止。”协议签署前后，原告昆仑燃气公司陆续取得了寿光市天然气综合利用项目的立项批复、管线路由规划意见、建设用地规划设计条件通知书、国有土地使用证、环评意见书等手续。同时，原告昆仑燃气公司对项目进行了部分开工建设。

2014年7月10日，寿光市住房和城乡建设局对原告昆仑燃气公司发出催告通知，载明：“你公司的管道天然气经营许可手续至今未能办理，影响了经营区域内居民、工业、商业用户及时用气。现通知你公司抓紧办理管道天然气经营许可手续，若收到本通知2个月内经营许可手续尚未批准，我市将收回你公司的管道天然气经营区域，由此造成的一切损失由你公司自行承担。”2015年6月25日，原告昆仑燃气公司参加了寿光市燃气工作会议，会议明确要求：“关于天然气镇村通工程建设，各燃气企业要明确管网铺设计划，加快推进工程建设，今年9月底前未完成燃气配套设施建设的，一律收回区域经营权。”2015年6月29日，原告昆仑燃气公司向被告寿光市人民政府出具项目建设保证书，承诺对文家门站及主管网项目、羊口镇燃气项目、侯镇燃气项目、双王城生态经济园区燃气项目在办理完成项目开工手续后三个月内完成，如不能完成，将自动退出政府所授权的经营区域。

2016年4月6日，被告寿光市人民政府作出寿政办发〔2016〕47号《关于印发寿光市“镇村通”天然气工作推进方案的通知》，决定按照相关框架合作协议中有关违约责任，收回昆仑燃气公司在羊口镇、侯镇的燃气经营区域授权，并授权寿光市城市基础设施建设投资管理中心经营管理。原告昆仑燃气公司不服该决定，向被告潍坊市人民政府申请行政复议。2016年8月2日，被告潍坊市人民政府作出潍政复决字〔2016〕第161号《行政复议决定书》，维持了寿光市人民政府收回昆仑燃气公司燃气经营区域授权的决定。原告昆仑燃气公司仍不服，提起本案行政诉讼，请求法院依法确认被告寿光市人民政府收回原告燃气特许经营权的行为违法并撤销该行政行为。

【审判】

山东省潍坊市中级人民法院一审判决：驳回原告昆仑燃气公司的诉讼请求。宣判后，昆仑燃气公司向山东省高级人民法院提起上诉。山东省高级人民法院于2017年4月11日作出（2017）鲁行终191号行政判决：撤销原审判决，撤销潍坊市人民政府潍政复决字〔2016〕第161号《行政复议决定书》，确认寿光市人民政府作出寿政办发〔2016〕47号《关于印发寿光市“镇村通”天然气工作推进方案的通知》收回昆仑燃气公司燃气特许经营权的行政行为程序违法，但不撤销该行政行为。

山东省高级人民法院二审认为：

1.根据《最高人民法院关于适用〈中华人民共和国行政诉讼法〉若干问

题的解释》第十四条的规定，人民法院审查行政机关是否依法履行、按照约定履行协议或者单方变更、解除协议是否合法，在适用行政法律规范的同时，可以适用不违反行政法和行政诉讼法强制性规定的民事法律规范。根据《合同法》第六十条第一款、第六十二条第四项、第九十四条第四项的规定，当事人应当按照约定全面履行自己的义务；履行期限不明确的，债权人可以随时要求履行，但应当给对方必要的准备时间；当事人一方迟延履行债务致使合同目的不能实现的，另一方可以解除合同。本案中，涉案合作协议系寿光市人民政府为满足公共利益之需要，对天然气综合利用项目实施特许经营而与昆仑燃气公司签订的政府特许经营协议，属行政协议，可以适用《合同法》相关规定予以调整，双方均应按协议约定履行相应义务。因该协议对燃气项目建设未约定具体的完工期限，寿光市人民政府可以随时要求昆仑燃气公司履行协议确定的义务，案件事实表明，寿光市人民政府在长达五年的时间内，多次催促昆仑燃气公司进行项目建设，并表示如不履约将收回其燃气经营区域授权。昆仑燃气公司对此也作出了承诺，但其始终未能消除项目建设的障碍。由此可见，昆仑燃气公司在寿光市人民政府给予的合理期限内，长期无法完成授权经营区域内的项目建设，致使相关经营区域供气目的无法实现，协议解除的法定条件成立。据此，寿光市人民政府收回昆仑燃气公司在羊口镇、侯镇的燃气特许经营权，实质就是解除其在上述区域内的燃气特许经营协议。值得注意的是，涉案合作协议的履行、变更、解除具有可分性。从协议内容来看，涉案合作协议实际可以分成羊口镇、侯镇化工园区、东城工业园区三个经营区域的燃气特许经营协议，取消昆仑燃气公司在任一区域的特许经营权并不影响其在剩余区域的权利义务。因寿光市人民政府并未提出收回昆仑燃气公司在东城工业园区的燃气特许经营权，故东城工业园区的燃气特许经营协议并未解除。

2.根据《市政公用事业特许经营管理办法》第二十五条的规定，对获得特许经营权的企业取消特许经营权并实施临时接管的，必须按照有关法律、法规的规定进行，并召开听证会。本案中，寿光市人民政府决定收回昆仑燃气公司已获得的燃气特许经营权，应当依法告知昆仑燃气公司享有听证的权利，听取昆仑燃气公司的陈述和申辩。昆仑燃气公司要求进行听证的，寿光市人民政府应当组织听证。然而，寿光市人民政府并未提供证据证明其已履行了相应的听证程序，其收回昆仑燃气公司燃气特许经营权的行为不符合上述规定，属于程序违法。综上，寿光市人民政府强制收回昆仑燃气公司的燃气特许经营权、终止昆仑燃气公司在授权经营区域内的燃气特许经营协议，符合《合同法》关于合同解除的相关规定，但其在行政行为的作出过程中没有履行必要的听证程序，违反了《市政公用事业特许经营管理办法》第二十五条关于取消特许经营权的行政处理程序中应召开听证会的规定。因收回燃气特许经营权的行为涉及社会公共利益，行为一旦撤销最终会影响居民供气需求及区域发展规划，故该行政行为应予确认程序违法，但不撤销。因燃气项目已经开工建设，在该行政行为确认违法又不宜撤销的情况下，寿光市人民政府应当采取相应的补救措施，对昆仑燃气公司的合法投入予以合法弥补。潍坊市人民政府作出行政复议决定的程序虽然并无不当，但未对寿光市人民政府违反听证程序的违法问题进行审查认定，其复议维持决定不当，应当予以撤销。

【评析】

本案的主要争议焦点在于被上诉人寿光市人民政府作出47号通知，决定收回上诉人昆仑燃气公司燃气经营区域授权的行为是否合法。《市政公用事业特许经营管理办法》第二条规定："本办法所称市政公用事业特许经营，是指政府按照有关法律、法规规定，通过市场竞争机制选择市政公用事业投资者或者经营者，明确其在一定期限和范围内经营某项市政公用事业产品或者提供某项服务的制度。城市供水、供气、供热、公共交通、污水处理、垃圾处理等行业，依法实施特许经营的，适用本办法。"因此本案涉及的燃气经营区域授权系市政公用事业特许经营。针对寿光市人民政府取消特许经营权行为的合法性及合理性审查，主要涉及以下三个方面的问题。

1.关于上诉人主张被上诉人寿光市人民政府收回燃气经营区域授权不符

合法定情形的问题。《市政公用事业特许经营管理办法》第十八条规定："获得特许经营权的企业在特许经营期间有下列行为之一的，主管部门应当依法终止特许经营协议，取消其特许经营权，并可以实施临时接管：（一）擅自转让、出租特许经营权的；（二）擅自将所经营的财产进行处置或者抵押的；（三）因管理不善，发生重大质量、生产安全事故的；（四）擅自停业、歇业，严重影响到社会公共利益和安全的；（五）法律、法规禁止的其他行为。"该条规定了主管部门取消特许经营权的法定情形，上诉人认为其不存在上述取消特许经营权的法定情形，被上诉人寿光市人民政府收回燃气经营区域授权的行为违反上述规定。本院认为，迟延履行特许经营协议义务行为虽然未在《市政公用事业特许经营管理办法》第十八条规定的前四项中明确列举，但该条为弥补列举不全面所可能造成的遗漏规定了兜底性条款，即"法律、法规禁止的其他行为"。本案中由于上诉人长期不能完成经营区域内的燃气项目建设，无法满足居民的用气需要，足以影响社会公共利益，应为法律、法规所禁止。不能因为该条款未将上诉人迟延履行特许经营协议义务行为明确列为取消特许经营权的情形，就将其排除在法律规定之外，这并不符合该法保障社会公共利益的立法目的。因此上诉人的该项主张，不应予以支持。

2.关于被上诉人收回燃气经营区域授权未进行听证程序是否合法的问题。《市政公用事业特许经营管理办法》第二十五条规定，对获得特许经营权的企业取消特许经营权并实施临时接管的，必须按照有关法律、法规的规定进行，并召开听证会。上诉人认为被上诉人寿光市人民政府收回其燃气经营区域授权未进行听证，违反上述规定。本院认为，被上诉人寿光市人民政府对供气行业依法实施特许经营，决定收回上诉人燃气经营区域授权，应当告知上诉人享有听证的权利，听取上诉人的陈述和申辩。上诉人要求举行听证的，被上诉人寿光市人民政府应当组织听证。而被上诉人寿光市人民政府未提供证据证明其已履行相应义务，其取消特许经营权的行为不符合上述法律规定，属于程序违法。原审法院判决认为被上诉人寿光市人民政府的行为系"非燃气经营许可的收回，故可以不进行听证"理由不当，应予纠正。对于上诉人的该项主张，应予支持。

3.关于确认违法判决的适用。2014年修正的《行政诉讼法》在吸收司法解释条文规定的基础上，增设了确认违法判决。确认违法判决，指的是人民法院经审查认为被诉行政行为违法但不适合作出撤销判决或履行判决，从而确认被诉行政行为违法的一种裁判方式。确认违法判决是对被诉行政行为的一种否定性评价，是对撤销判决的修改和补充。[①]本案中，寿光市人民政府没有履行必要的听证程序，属于程序违法。对此应选择适用撤销判决还是确认违法判决，首先，应以《行政诉讼法》及其司法解释所确立的“轻微违法”“对原告权利不产生实际影响”“撤销被诉行为将会给国家利益或社会公共利益造成重大损失”三个标准来区分判断。轻微违法是行政行为的外部特征，而对原告权利和公共利益的损益却表现为行政行为的法律效果。本案中，寿光市人民政府强制收回昆仑燃气公司燃气特许经营权已成事实，再考虑“轻微违法”“对原告权利不产生实际影响”已无意义，据此宜以“撤销被诉行为将会给国家利益或社会公共利益造成重大损失”为由作出确认违法判决而不撤销该行政行为。其次，因不同的判决方式对行政行为的效力评判不同，选择何种判决方式也蕴含着法官对利益平衡的考量和价值的取舍。撤销判决作出后产生消灭行政行为效力的法律后果，确认违法判决则是仅宣告行政行为的违法性，但依然承认效力的存在。选择确认违法判决体现了法官在裁判中的价值取舍。当行政相对人的正当权利与社会公众的合法利益发生冲突时，法官应运用利益衡量方法综合考量得出最优先保护的价值。本案在取消特许经营权行为实体正确、程序违法的情况下，选择确认违法判决但不撤销该行政行为，体现了法官在裁判过程中认为公用事业所蕴含的公共利益应是优先实现利益的价值判断。

综上，被上诉人寿光市人民政府作出47号通知收回上诉人燃气经营区域授权的行为事实清楚、证据充分，但违反法定程序，应当确认该被诉行政

① 江必新主编：《中华人民共和国行政诉讼法理解适用与实务指南》，中国法制出版社2015年版，第339页。

行为违法。因本案涉及寿光市供气公共事业，上诉人长期不能完成燃气项目建设，无法实现经营区域内的供气目的，达到了解除特许经营协议的法定条件，且经营区域内燃气项目特许经营权已经实际授予他人，行政行为一旦撤销不仅会影响他人已获得的合法权益，而且会影响居民用气，损害区域内公共利益，故对上诉人提出撤销被诉行政行为的诉讼请求不予支持。从合理性角度考量，因上诉人燃气项目已经开工建设，如果被上诉人寿光市人民政府收回上诉人燃气经营区域授权的行为给其造成一定程度的损失，在该行政行为被确认违法又不宜撤销的情况下，被上诉人寿光市人民政府依法应当采取必要的补救措施。

《行政诉讼法》将政府特许经营协议作为行政协议，纳入行政诉讼受案范围。企业根据特许经营协议享有的特许经营权，需要具备一定的资质和条件，享受特许经营带来的经济利益，属于合法经营权的一种特殊情形，应当依法得到保护。行政机关虽然有权根据公共利益的需要解除政府特许经营协议，但也应当按照法定权限和程序来进行，并对企业和投资人因此受到的财产损失依法予以补偿。本案判决的典型意义在于，人民法院审理相关案件时，既要支持因公共利益需要依法进行的行政管理行为，也要注意保护企业根据特许经营协议所享有的合法权益，这完全符合《中共中央、国务院关于完善产权保护制度依法保护产权的意见》精神。

行政相对人迟延履行政府特许经营协议致使协议目的无法实现的，行政机关可以单方解除政府特许经营协议。行政机关据此强制收回特许经营权行为，应肯定其效力，但对于收回特许经营权过程中没有履行听证程序的做法应给予确认违法的评价。因公用事业特许经营涉及社会公共利益，当程序正当与公共利益发生冲突时，法官应运用利益衡量方法综合考量得出最优先保护的价值。本案在取消特许经营权行为实体正确、程序违法的情况下，选择确认违法判决但不撤销该行政行为，并要求行政机关采取补救措施，体现了人民法院在裁判过程中既要优先保护社会公共利益，又要尽力维护行政相对人的合法权益。

【关联规定】

1.《中华人民共和国行政诉讼法》

第七十四条 行政行为有下列情形之一的，人民法院判决确认违法，但不撤销行政行为：

（一）行政行为依法应当撤销，但撤销会给国家利益、社会公共利益造成重大损害的；

（二）行政行为程序轻微违法，但对原告权利不产生实际影响的。

……

2.《中华人民共和国民法典》

第五百零九条 当事人应当按照约定全面履行自己的义务。

……

第五百一十一条 当事人就有关合同内容约定不明确，依据前条规定仍不能确定的，适用下列规定：

……

（四）履行期限不明确的，债务人可以随时履行，债权人也可以随时请求履行，但是应当给对方必要的准备时间。

……

第五百六十三条 有下列情形之一的，当事人可以解除合同：

（一）因不可抗力致使不能实现合同目的；

（二）在履行期限届满前，当事人一方明确表示或者以自己的行为表明不履行主要债务；

（三）当事人一方迟延履行主要债务，经催告后在合理期限内仍未履行；

（四）当事人一方迟延履行债务或者有其他违约行为致使不能实现合同目的；

（五）法律规定的其他情形。

以持续履行的债务为内容的不定期合同，当事人可以随时解除合同，但是应当在合理期限之前通知对方。

3.《最高人民法院关于审理行政协议案件若干问题的规定》

第一条 行政机关为了实现行政管理或者公共服务目标，与公民、法人或者其他组织协商订立的具有行政法上权利义务内容的协议，属于行政诉讼法第十二条第一款第十一项规定的行政协议。

第二条 公民、法人或者其他组织就下列行政协议提起行政诉讼的，人民法院应当依法受理：

（一）政府特许经营协议；

（二）土地、房屋等征收征用补偿协议；

（三）矿业权等国有自然资源使用权出让协议；

（四）政府投资的保障性住房的租赁、买卖等协议；

（五）符合本规定第一条规定的政府与社会资本合作协议；

（六）其他行政协议。

第二十五条 公民、法人或者其他组织对行政机关不依法履行、未按照约定履行行政协议提起诉讼的，诉讼时效参照民事法律规范确定；对行政机关变更、解除行政协议等行政行为提起诉讼的，起诉期限依照行政诉讼法及其司法解释确定。

4.《市政公用事业特许经营管理办法》

第二条 本办法所称市政公用事业特许经营，是指政府按照有关法律、法规规定，通过市场竞争机制选择市政公用事业投资者或者经营者，明确其在一定期限和范围内经营某项市政公用事业产品或者提供某项服务的制度。

城市供水、供气、供热、公共交通、污水处理、垃圾处理等行业，依法实施特许经营的，适用本办法。

第二十五条 ……

对获得特许经营权的企业取消特许经营权并实施临时接管的，必须按照有关法律、法规的规定进行，并召开听证会。

第二节 政府特许经营协议重复许可的处理

英德中油燃气有限公司诉英德市人民政府、英德市英红工业园管理委员会、英德华润燃气有限公司特许经营协议纠纷案

【案号】

一审：广东省清远市中级人民法院（2016）粤18行初134号行政判决书

二审：广东省高级人民法院（2017）粤行终559号行政判决书

【案情】

上诉人（一审被告）：英德市人民政府、英德市英红工业园管理委员会（原清远华侨工业园英德英红园管理委员会，以下简称英德英红园管委会）。

上诉人（一审第三人）：英德华润燃气有限公司。

被上诉人（一审原告）：英德中油燃气有限公司（以下简称英德中油公司）。

原审法院经审理查明，2008年8月20日，英德市建设局与中油中泰燃气有限责任公司（以下简称中油中泰公司）在广东省英德市签订《英德市管道燃气特许经营协议》，主要内容是：……1.3双方同意成立英德中油公司；1.4同意中油中泰公司按外资进入程序在英德市注册外资独资企业；……2.1英德市建设局为中油中泰公司发放特许经营权有关证明文件；2.2特许经营权有效期限为30年，自2008年8月20日起至2038年8月20日止；2.3特许经营权行使地域范围为英德市辖区内；……3.2因不可抗力或一方认为有必要时，经双方协商可以提前终止本协议，并签订提前终止协议。

2008年8月22日，英德市人民政府向英德市建设局作出《关于授予英德中油燃气有限公司管道天然气特许经营权的批复》（英府函〔2008〕99号），主要内容是：（1）同意中油中泰公司进入英德市场，按合法程序收购新时达能源有限公司，重新组建英德中油公司经营英德管道燃气业务；（2）同意将英德市的管道天然气特许经营权授予中油中泰公司，特许经营权限为30年；（3）授权你局（英德市建设局）负责与中油中泰公司签订特许经营协议。

2010年8月24日，英德英红园管委会作为甲方与英德中油公司作为乙方签订《投资天然气站项目合同书》，主要内容是：……第一条"项目的位置和规模"，1.项目位置：该项目选址位于英德市英红镇工业园内约30.2亩的用地，用作天然气站项目的建设生产用地；土地面积以国土测绘队测量核定的面积为准，土地的具体位置见红线图：《英德中油燃气有限公司用地红线图》。……第二条"开发经营方式"……3.在本合同项目用地红线范围内的30.2亩土地，使用年限为50年（按国家有关法律法规执行）……签订的《投资天然气站项目合同书补充协议》主要内容是：……根据乙方与英德市建设局于2008年8月20日签署的《英德市管道燃气特许经营协议》的内容，乙方在英红工业园的特许经营权有效期至2038年8月20日……

2010年12月23日，英德市住房和城乡建设局（以下简称英德市住建局）向中油中泰公司发出《关于解除〈英德市管道燃气特许经营协议〉的通知》，提出从2010年12月25日起解除双方于2008年8月20日签订的《英德市管道燃气特许经营协议》。签收上述通知的是英德中油公司的员工刘某强。

2011年7月22日，英德市英红镇规划建设管理所向英德中油公司颁发了《建设用地规划许可证》，建设项目名称是英红LNG气化站一期工程。

2011年8月16日，英德英红园管委会与英德中油公司签订《投资天然气站项目合同书补充协议2》，主要内容是：……英德中油公司必须在2011年8月开工建设，2012年2月1日前达到通气投产条件；……授予英德中油公司在清远华侨工业园英德英红园规划红线范围内管道燃气特许经营权，有效期至2038年8月20日。

2011年11月1日，英德英红园管委会向英德市环境保护局（以下简称英德市环保局）发出《关于英红园LNG气站项目的证明》，主要内容是：英德中油公司在英红园投资建设LNG气站项目，项目用地符合国土部门的建设用地规划，投资强度、规划建设等均符合英红园的要求，属园区的管道供气配套设施项目。

2011年11月25日，英德英红园管委会向英德市住建局发出《关于英红园中油燃气项目的招商引资证明》，主要内容是：英德中油公司在英红园投资建设LNG气站项目，项目用地符合国土部门的“英德市英红镇土地利用总体规划（2010—2020年）”，投资强度、规划设计等均符合英红园的要求，属园区供应管道天然气的基础设施配套项目；由于该项目属于园区基础设施配套项目，特请贵局按照招商引资的最优惠政策收取该公司应缴的相关规费。

2012年3月20日，英德英红园管委会向英德市规划和城市综合管理局发出《关于同意英德中油公司在英红园投资燃气配套项目的函》（英红园函〔2012〕31号），主要内容是：英德中油公司与管委会于2010年8月24日签订了《投资天然气站项目合同书》，该公司在英红园投资建设管道燃气项目，项目用地符合国土部门的“英德市英红镇土地利用总体规划（2010—2020年）”，投资强度、规划设计等均符合英德市和英红园的要求，属园区供应管道天然气的基础设施配套项目；英德英红园管委会在项目选址时邀请了贵局和市国土局、市住建局、市发改局、市经信局、市消防大队、市安监局等部门召开了选址现场会，上述相关单位均同意选址并出具了书面选址意见；同时，英德英红园管委会已将该项目报英德市人民政府同意；请贵局给予该项目大力支持。

2012年4月24日，英德中油公司向英德市规划和城市综合管理局提出办理英红园区燃气经营许可证的申请。2012年6月21日，清远市城市综合管理局向英德市规划和城市综合管理局作出《关于英德市英德中油燃气有限公司申请办理燃气经营许可证的批复》（清城管函〔2012〕243号），主要内容是：（1）同意核发燃气经营许可证，证书编号为：粤建燃证字16—0034号。（2）储配站地址位于英德市英城仙水路与玉泉一路交界处；批准经营范围为：

城市管道燃气（居民、工业、商业用户）CNG及LCNG加气站；供气区域为：英德市英红园区；燃气经营许可证有效期为5年。同日，清远市城市综合管理局向英德中油公司核发粤建燃证字16-0034号《燃气经营许可证》。

2012年9月4日，英德市人民政府通过媒体对管道燃气特许经营权招投标进行了公告，英德华润燃气有限公司（以下简称英德华润公司）的股东华润燃气投资（中国）有限公司（以下简称华润燃气投资公司）参与招标并中标。2013年2月20日，在英德市人民政府见证下，华润燃气投资公司与英德市规划和城市综合管理局签订了《英德市管道燃气特许经营协议》，主要内容是：……1.2协议双方分别为：英德市人民政府授权英德市规划和城市综合管理局（甲方）；华润燃气投资公司（乙方）；……3.1特许经营权授予（1）甲方与乙方签署本特许经营协议；（2）本协议签署15日内，甲方向乙方发放特许经营授权书，并向社会公布；……3.3特许经营期限，本协议之特许经营权有效期限为30年，自2013年2月20日起至2043年2月20日止。3.4特许经营权地域范围，为英德市现行行政管辖区域内（除清远华侨工业园外）。华润燃气投资公司于2013年5月成立了英德华润公司，负责项目的经营管理。

英德华润公司成立后，在英德市英红园区规划红线范围内建设气化站和铺设燃气管道，并进行了实质性的供气活动。英德英红园管委会对英德华润公司在2014年至2016年铺设燃气管道的工程颁发了临时施工许可证。

由于英德中油公司与英德华润公司在经营区域范围上发生争议，英德中油公司向英德市人民政府、英德英红园管委会多次书面请求保护其在英红园区的特许经营权并且明确其享有的特许经营权地域范围。

2013年9月24日，英德英红园管委会函复（英红园函〔2013〕45号）英德中油公司将通告园区各企业，明确英德中油公司在园区的特许经营权。同日，英德英红园管委会向各入园企业发出《关于英红工业园范围内管道燃气经营权的通告》（英红园函〔2013〕44号），明确英德中油公司的供气区域为英德市英红园区，英德中油公司是唯一一家在英红工业园签约经营管道燃气的燃气公司。

2013年10月28日，英德英红园管委会向英德中油公司发出《关于英德中油燃气服务范围说明》及附图，主要内容是：英德中油公司的供气区域为：英德市英红园区；英红园规划范围为：用地红线边界东临北江，西至广乐高速公路，南达皇朝大道，北至沙口镇［《清远华侨工业园英德英红园总体规划修编（2013—2020）说明书》］；其中包含英红园起步区377.85公顷（约合5664亩）、粤北产业新城片区2819.03万平方米；中油中泰服务范围为：英红园起步区377.85公顷（约合5664亩）、粤北产业新城片区2819.03万平方米，共计47949.45亩。

此后，英德中油公司持续向英德市人民政府、英德英红园管委会反映英德华润公司存在越界行使特许经营权行为的情况，请求立即制止英德华润公司在英德中油公司特许经营权区域内开展管道燃气建设及经营活动，英德市人民政府、英德英红园管委会未采取有效措施予以制止。

英德市人民政府在组织英德中油公司和英德华润公司调解后，于2015年12月作出《关于中油中泰燃气投资集团有限公司与英德华润燃气有限公司在英红园区燃气经营范围的调解意见》，主要内容是：（1）英红园区内的以下区域：皇朝大道以北、顺通大道以东、附件中的乡间道路以南以及皇朝山以西（详见附图），为中油中泰公司在英红园区的经营范围；除上述区域外，英红园区内的其他区域为英德华润公司的经营范围。（2）双方如有其他争议，应通过法律途径解决。英德英红园管委会在上述调解意见附件《中油中泰燃气公司与华润燃气公司在英红园区燃气经营范围红线图》上盖章确认。

2016年6月1日，英德市规划和城市综合管理局向英德华润公司颁发了燃气经营许可证（证号：粤建燃证字16-0041号），主要内容是：供气区域：英德市现行行政管辖区域内（除清远华侨工业园外）；有效期至2021年6月1日。

另查明，英德英红园管委会为英德市人民政府管理的正科级公益一类事业单位，主要任务有：（1）拟订园区开发建设计划和实施方案，并组织实施；（2）组织实施市政府批准的园区开发总体规划，负责监督园区控制性规划编制和实施；（3）根据园区土地利用总体规划，协助有关部门对园区征地，土地使用权的出让、转让、租赁、抵押等工作；（4）协助相关单位对园区内的房屋拆迁、拆迁安置补偿和征地劳动力安置；（5）组织实施经市政府批准的总体规划，按照批准的园区总体规划，对园区的规划建设、土地进行统一的管理；（6）承担园区内各组团片区外围的供水、供电、通信、污水处理等基础设施的建设、管理、协调，改善园区内投资环境；（7）承担园区的招商引资的组织、宣传和服务等工作；（8）承担园区的项目洽谈、签约等日常工作，并实行“一站式”管理；（9）对进入园区的符合园区功能定位范围的投资项目实行登记备案；（10）对园区内的企业依法进行管理、监督、协调服务；（11）联系财政、审计、税务、土地、规划、安监、公安、工商、金融等部门在园区开展有关业务；（12）承办市委、市政府交办的其他业务。

清远华侨工业园位于英德市东华镇。英红园全称清远华侨工业园英德英红园，位于英德市英红镇。

英德中油公司向原审法院提起本案诉讼，请求：（1）判令英德市人民政府、英德英红园管委会继续履行2010年8月24日签订的《投资天然气站项目合同书》《投资天然气站项目合同书补充协议》以及2011年8月16日签订的《投资天然气站项目合同书补充协议2》，继续授予英德中油公司在清远华侨工业园英德英红园规划红线范围内［用地红线边界东临北江，西至广乐高速公路，南达皇朝大道，北至沙口镇（《清远华侨工业园英德英红园总体规划修编（2013—2020）说明书》），其中包含英红园起步区377.85公顷（约合5664亩）、粤北产业新城片区2819.03万平方米，共计47949.45亩］管道燃气特许经营权（有效期至2038年8月20日），进行管道燃气建设及经营活动；并且维护特许经营权的完整性，不得在已授予英德中油公司特许经营权地域范围内再将特许经营权授予第三方。（2）判令英德市人民政府立即终止英德华润公司在清远华侨工业园英德英红园规划红线范围内（界址、面积同上）所有的管道燃气建设及经营活动。（3）本案的诉讼费用由英德市人民政府、英德英红园管委会承担。

【审判】

一审法院认为，根据《合同法》第八条关于“依法成立的合同，对当事人具有法律约束力……依法成立的合同，受法律保护”以及第四十四条关于“依法成立的合同，自成立时生效”的规定，英德英红园管委会与英德中油公司于2010年8月24日签订的《投资天然气站项目合同书》《投资天然气站项目合同书补充协议》，于2011年8月16日签订的《投资天然气站项目合同书补充协议2》，均是合同当事人的真实意思表示，内容没有违反法律和行政法规的强制性规定，是有效合同，受法律保护。本案的争议焦点是：（1）英德市人民政府、英德英红园管委会是否为本案适格被告。（2）《投资天然气站项目合同书补充协议2》中“授予英德中油公司在清远华侨工业园英德英红园规划红线范围内管道燃气特许经营权，有效期至2038年8月20日”的约定是否无效。（3）英德中油公司的诉讼请求是否应予支持。

1.英德市人民政府、英德英红园管委会授权并参与了本案相关协议的签订，且对本辖区范围内的管道燃气管理及行政许可行使了行政管理职权。根据《行政诉讼法》第二条关于“公民、法人或者其他组织认为行政机关和行政机关工作人员的行政行为侵犯其合法权益，有权依照本法向人民法院提起诉讼”以及第十二条第一款第十一项关于“人民法院受理公民、法人或者其他组织提起的下列诉讼：……（十一）认为行政机关不依法履行、未按照约定履行或者违法变更、解除政府特许经营协议、土地房屋征收补偿协议等协议的”及第四十九条关于“提起诉讼应当符合下列条件：（一）原告是符合本法第二十五条规定的公民、法人或者其他组织；（二）有明确的被告；（三）有具体的诉讼请求和事实根据；（四）属于人民法院受案范围和受诉人民法院管辖”之规定，英德市人民政府、英德英红园管委会为本案被告，主体适格。

2.《投资天然气站项目合同书补充协议2》中“授予英德中油公司在清远华侨工业园英德英红园规划红线范围内管道燃气特许经营权，有效期至2038年8月20日”的约定是否无效。虽然英德英红园管委会为英德市人民政府管理的正科级公益一类事业单位，但主要任务有拟订园区开发建设计划和实施方案，并组织实施；组织实施市政府批准的园区开发总体规划，负责监督园区控制性规划编制和实施；根据园区土地利用总体规划，协助有关部门对园区征地，土地使用权的出让、转让、租赁、抵押等工作；协助相关单位对园区内的房屋拆迁、拆迁安置补偿和征地劳动力安置；组织实施经市政府批准的总体规划，按照批准的园区总体规划，对园区的规划建设、土地进行统一的管理；承担园区内各组团片区外围的供水、供电、通信、污水处理等基础设施的建设、管理、协调，改善园区内投资环境等，其职能已超出事业单位的范围，与国家行政机关单位无异，属英德市人民政府授权在该区域范围内行使行政管理职权的事业单位，有权决定在其管辖范围内将管道燃气特许经营权授予相关经营主体。因此，“授予英德中油公司在清远华侨工业园英德英红园规划红线范围内管道燃气特许经营权，有效期至2038年8月20日”的约定，没有违反法律规定，是有效约定，受法律保护。

3.英德中油公司的诉讼请求是否应当支持。《投资天然气站项目合同书补充协议2》是有效合同，受法律保护，英德市人民政府及英德英红园管委会应当按照该协议的约定履行自己的义务。按照英德英红园管委会于2013年10月28日向英德中油公司发出的《关于英德中油燃气服务范围说明》及附图，英德中油公司的供气区域为：英德市英红园区；英红园规划范围为：用地红线边界东临北江，西至广乐高速公路，南达皇朝大道，北至沙口镇［《清远华侨工业园英德英红园总体规划修编（2013—2020）说明书》］；其中包含了英红园起步区377.85公顷（约合5664亩）、粤北产业新城片区2819.03万平方米；中油中泰服务范围为：英红园起步区377.85公顷（约合5664亩）、粤北产业新城片区2819.03万平方米，共计47949.45亩。因此，英德中油公司要求英德市人民政府及英德英红园管委会维护其在清远华侨工业园英德英红园规划红线范围内［用地红线边界东临北江，西至广乐高速公路，南达皇朝大道，北至沙口镇（《清远华侨工业园英德英红园总体规划修编（2013—2020）说明书》），其中包含英红园起步区377.85公顷（约合5664亩）、粤北产业新城片区2819.03万平方米，共计47949.45亩］的管道燃气特许经营权（有效期至2038年8月20日）的完整性，不得在已授予英德中油公司特许经营权地域范围内再将特许经营权授予第三方的请求，依据充分，原审法院予以支持。由于英德市人民政府及英德英红园管委会实际上并没有收回英德中油公司的管道燃气特许经营权，因此，英德中油公司要求英德市人民政府、英德英红园管委会“继续授予”其管道燃气特许经营权的请求，已没有必要，对此，原审法院不予支持。按照华润燃气投资公司与英德市规划和城市综合管理局于2013年2月20日签订的《英德市管道燃气特许经营协议》中“3.4特许经营权地域范围，为英德市现行行政管辖区域内（除清远华侨工业园外）”的约定，英德华润公司的管道燃气特许经营范围包括清远华侨工业园英德英红园，英德市人民政府于2015年12月作出的《关于中油中泰燃气投资集团有限公司与英德华润燃气有限公司在英红园区燃气经营范围的调解意见》不具法律效力，有关经营范围的划分同样不具法律效力，英德市人民政府、英德英红园管委会允许英德华润公司在清远华侨工业园英德英红园内进行管道燃气经营违反了《投资天然气站项目合同书补充协议2》，侵犯了英德中油公司的管道燃气特许经营权，因此，英德中油公司要求英德市人民政府、英德英红园管委会立即终止英德华润公司在清远华侨工业园英德英红园规划红线范围内所有的管道燃气建设及经营活动的请求，依据充分，原审法院予以支持。

综上所述，一审法院判决：一、确认英德中油公司与英德英红园管委会于2010年8月24日签订的《投资天然气站项目合同书》《投资天然气站项目合同书补充协议》，于2011年8月16日签订的《投资天然气站项目合同书补充协议2》有效。确认英德中油公司在清远华侨工业园英德英红园规划红线范围内［用地红线边界东临北江，西至广乐高速公路，南达皇朝大道，北至沙口镇（《清远华侨工业园英德英红园总体规划修编（2013—2020）说明书》），其中包含英红园起步区377.85公顷（约合5664亩）、粤北产业新城片区2819.03万平方米，共计47949.45亩］管道燃气特许经营权（有效期至2038年8月20日）。二、确认英德市人民政府、英德英红园管委会将英红园红线范围内特许经营权授予英德华润公司的行为违法。三、英德华润公司应停止在清远华侨工业园英德英红园规划红线范围内的管道燃气建设及经营活动。四、驳回英德中油公司的其他诉讼请求。

英德市人民政府、英德英红园管委会、英德华润公司不服，提起上诉。

广东省高级人民法院二审认为：涉案投资天然气站项目合同及补充协议是英德英红园管委会基于行政管理目标，为确保燃气供应，在其法定职责范围内，就特许经营权的实施与中油中泰公司签订的行政协议。该行政协议签订主体适格，职权、权利来源清楚，内容未违反法律、法规的禁止性规定，应为有效。英德中油公司享有的特许经营合同权利受法律保护，协议各方应当按照约定履行相关的合同义务。英德市人民政府作为该管委会这一事业单位的设立机关以及特许经营许可一方，应承担相应合同义务，保障合同履行，但该政府又将英红工业园的管道燃气特许经营权授予英德华润公司，存在对同一区域将具有排他性的独家特许经营权先后重复许可给不同的主体的行为，应当认定为违法。法院同时认为，该重复许可系行政机关的行政行为所致，并不必然导致在后的英德华润公司所获得的独家特许经营权无效，英德华润公司基于其所签订的特许经营权协议的相关合同利益、信赖利益亦应当予以保护。且英德中油公司、英德华润公司均已进行了管道建设并对园区企业供气，若撤销任何一家的特许经营权均将影响到所在地域的公共利益。对于重复许可的相关法律后果，应当由行政机关承担，不应由英德华润公司承担，原审法院判令该公司停止管道燃气建设及经营活动不当。英德市人民政府应当采取补救措施，依法作出行政处理，对双方相应经营地域范围予以界定，妥善解决本案经营权争议。二审法院遂判决：维持一审判决的第一项、第二项、第四项，撤销第三项，同时责令英德市人民政府采取补救措施。

【评析】

“依法行政”或“依法律行政”，就是依照法律的规定推行公共政策、实施行政管理。依法行政的本质特征是奉行法律至上，严格奉行规则治理，在性质上属于形式理性或自治性行政法制。这种法治类型是将行政严格置于法律规制之下的形态，也是行政法的发展形态。这种类型的本质特征是行政权形成和运作均受形式法治的支配。其主要特征为：实行国家权力分立，强调立法权对行政权的优越地位；行政法的法律渊源主要是议会的制定法；立法以保障国民的权利和自由为本位；对行政权进行全面的法律控制；强调法律优先、法律优越或法律至上；强调无法律授权即无行政，即强调宽泛的“法律保留”原则；强调对行政机关及其行政行为的合法性监督。①在依法行政类型下，依法行政之“法”，原则上限于最狭义上的法律，即议会制定的法律，而不包括现今行政机关所制定的“法”（广义的法），也很少建立委任立法制度，行政机关制定的法规、规章只能规范行政机关内部的事务，不具有对外拘束行政相对人的效力，习惯法、司法判例、行政法规、规章、行政解释和抽象的法律原则、理念都不能作为法律的渊源，故有“无法律即无行政”之说。②这种学说的本质在于，“必须有形式意义的法律，行政机关才能有依据地进行运作，无形式意义的法律，就不能实施行政，行政与司法均只是法律的执行而已”。③

亚里士多德在其巨著《政治学》一书中指出，“法治应包含两重意义：已成立的法律获得普遍的服从，而大家所服从的法律又应该本身是制订良好的法律”。④亚里士多德由此提出“良法为治”的问题。但是，在“二战”以前，由于形式法治的盛行，“良法为治”并没有受到足够的重视。“二战”以后，人们痛定思痛，以批评德国法西斯主义为契机，掀起了批评法律实证主义和形式法治主义的高潮。首先发难的是德国学者拉德布鲁赫，他于1946年在《南德法学报》发表了著名论文《法律上的不法与超法律的法》，对形式法治主义进行了深刻大批判。他认为，法律实证主义在纳粹时代遭到滥用，法官囿于“法律就是法律”，无法以自己的良知来对抗恶法，德国因此成了一个非法治国。另一位德国学者史密特认为，法治国乃基于法律之治，因此法治国当然

① 江必新著：《行政法制的基本类型》，北京大学出版社2005年版，第19页、第79页。
② 江必新著：《行政法制的基本类型》，北京大学出版社2005年版，第105页。
③ 江必新著：《行政法制的基本类型》，北京大学出版社2005年版，第105页。
④ ［古希腊］亚里士多德著：《政治学》，吴寿彭译，商务印书馆1997年版，第199页。

应该是法律国。但是，并不能因此局限于“恶法亦法”的实证论观念，法律必须要符合法治国家的原则以保障国民自由，否则，任何专制帝国都可称为法治国。法治国正是由于必须讲求法律品质才有别于专制国。[①]在英国，拉兹在1977年发表的《法治及其特点》一文中，认为法治如果仅强调政府一切作为依循现行法却不能防止政府滥用法治来侵犯人民时，此法治即无任何意义可言。因而他主张，法治应该非有其他价值的要素渗入不可。这便是讨论实质意义法治。他提出作为法治概念的法必须具有以下五个特点：普遍性、预期性、公开性、明确性和稳定性。拉兹的法治观将法的品质与法治概念合二为一，将价值观带入法治的概念内，无疑是英国宪法学的一个重要里程碑。[②]鉴于此，1959年在印度德里举行的“国际法学家会议”通过的《德里宣言》认为，法治是一个会扩张的机动概念，每一个法律人应该促使此概念的大力实践。法律人除了要作为自由社会中个人人权及政治权利首要的保护及促进者外，也要创造出使人人都能获得发展及尊严的社会、经济、教育及文化环境。这个被称为《德里宣言》的法治观，将社会权的概念引入法治的价值观，且将法律人的任务，由追求实证法律正义，提升到社会正义之上。[③]

目前，学者多从价值和构成要素两个方面对实质法治进行归纳。一方面，就实质而言，法治国并非只是法律的集合体，而是以人性尊严、人类价值为基础并加以践履的实质规范原则，且应使个人之价值能受到充分尊重，避免法律屈从于任何个人意愿之下，法治国之理想始可真正获得实现。[④]另一方面，法治国之基本理念主要由以下之要素加以组成：法律安定性、法之

① 江必新著:《行政法制的基本类型》，北京大学出版社2005年版，第184页。

② 陈新民著:《德国公法学基础理论》，山东人民出版社2001年版，第67—68页。

③ 陈新民著:《德国公法学基础理论》，山东人民出版社2001年版，第68页。

④ 彭国能著:《法治国之基本理念》，收录于城仲模主编:《行政法之一般法律原则》，三民书局1997年版，第392页。新的法治国概念必须要有特定的、实质的基本价值及基本要素。这种基本价值有二：一乃保障个人自由；二乃将国家权力用法来规定之，以对抗恣意滥权与不法。在此萧勒特别强调法律实证主义的不足，而正义与平等的精神以及必须符合民主的立法程序，方足以称为法治国家的法律。……同时认为，法治国必须承认欧洲某些传统文化的价值，例如承认人性尊严、法律保留、权力分立、独立审判等。详见陈新民著:《德国公法学基础理论》，山东人民出版社2001年版，第93页。

和平状态、权力之分立、以正式之制定法作为法规范的主要内容、禁止以命令代替法律、法律须以民主方式制定、依法行政原则、平等原则、比例原则、人民基本权利之保障以及独立之法院提供人民权利保护之途径。[①]但是，实质法治并不是要完全抛弃形式法治。恰恰相反，“法治国必须继承传统形式意义法治国的杰出理念，诸如最大幅度地维护人民基本权利、基于自由主义对国家权力可能滥权的疑惧，以及确保上述两个原则所必须采行的法律保留及所衍生的信赖利益保护，溯及禁止与可预测性原则的实践等。同时必须符合国家追求整体实质正义以及将国家行为确实用法而非单纯用法律来加以束缚，使得法治国无疑地可透过违宪审查权的制度，来摒弃恶法亦法，而达到良法之治。因此，法治国的精神已将实证的法律工具论视为下层次的执行原则，而追求法的品质论，也涉及宪法学及法理学的争议与发展，无疑是今后法治国概念的发展最主要关注之处”。[②]

综上，按照形式法治国家的观念，行政行为的有效性取决于其合法性。但是从形式法治和实质法治相结合来看，这种观念是错误的。因为违法的行政行为只有在重大明显违法的情况下才无效。在其他违法情形中，行政行为仍然有效，甚至可以强制执行，除非关系人诉请撤销或者行政机关依职权撤

---

① 详见彭国能著:《法治国之基本理念》，收录于城仲模主编:《行政法之一般法律原则》，三民书局 1997 年版，第 398 页。实际言之，法治国乃涉及价值判断之问题，是其应参考如下之要件，以验证是否属于真正之法治国:（1）将宪法作为一般法律之基本规范，并使其成为国家最高位阶之法规范——此即宪法国家原则。（2）对于规范国家与人民关系之法律必须考虑人类之尊严、正义自由平等、基本权利之保障——此即人类尊严、自由、权利平等之原则。（3）国家权力、功能须分配于不同之机关，而其相互间亦得互相拘束——此即权力分立、权力监督之原则。（4）以法（Recht 即广义之法规范，而不以狭义之制定法为限）作为国家运作之基础，并以之界定其行为之范畴，如宪法之于立法机关，法律之于行政机关与司法机关——此即法拘束性原则。（5）借由独立之法院以法定之程序提供广泛且有效之权利保障途径——此即法院保障原则。（6）建立国家机关责任之体系。在机关实施错误行为之情形，国家应对人民所受之侵害提供赔偿——此即赔偿体系之原则。（7）国家所为干涉人民之行为，须符合适当性、必要性与比例性——此即逾越禁止之原则。就前所述，法治国原则本身即涉及价值判断之问题，因此对于是否符合法治国原则，自须参酌前述之要件为断。见彭国能著:《法治国之基本理念》，收录于城仲模主编:《行政法之一般法律原则》，三民书局 1997 年版，第 399—400 页。

② 陈新民著:《德国公法学基础理论》，山东人民出版社 2001 年版，第 100 页。

销。[1]因此，有效性和合法性不是一一对应的。即使违法的行政行为也具有效力，这一点被称为“有效性推定”。[2]由此可以看出，行政行为不可能要么有效（因为合法），要么无效（因为违法）。行政行为有效性和合法性的关系包括如下四种形式：（1）合法并且有效的行政行为，其法律后果原则上具有法律上的稳定性。（2）合法但（尚）未生效的行政行为，其法律后果悬而未决。例如，需附和的行政行为尚未得到附和，一旦得到附和即生效。（3）违法但（临时）有效的行政行为，其法律后果表现为可诉请撤销性以及重作的可能性。一旦行政行为变得不可诉请撤销，或者关系人以合法的方式放弃法律救济，即具有形式存续力。（4）重大且明显违法的行政行为，其法律后果表现为自始当然无效。[3]

与此相同，行政协议同样也不可能要么有效（因为合法），要么无效（因为违法）。行政协议有效性和合法性的关系大致包括如下五种形式：（1）符合上述所有的行政协议合法性要件（其中包括一些导致生效的合法性要件）并依法生效的行政协议，其法律后果原则上具有法律上的稳定性，当事人协商或诉请变更、解除或者行政机关单方变更、解除的除外。（2）违反法律法规对缔约方式和形式所作的强制性规定，导致行政协议不成立，更无法律效力可言。（3）满足上述行政协议合法性要件但不符合行政协议的生效要件，属于尚未生效的行政协议，其法律后果悬而未决。但是，一旦附生效条件的行政协议的条件成就、附期限的行政协议期限到来、准依法应经其他机关核准、同意或者会同办理，以及征得第三人的同意的，立即生效。（4）违反上述所有的行政协议合法性要件但属于一般违法，行政协议临时具

---

① ［德］汉斯·J. 沃尔夫、奥托·巴霍夫、罗尔夫·施托贝尔著：《行政法》（第二卷），高家伟译，商务印书馆 2002 年版，第 66 页。

② ［德］汉斯·J. 沃尔夫、奥托·巴霍夫、罗尔夫·施托贝尔著：《行政法》（第二卷），高家伟译，商务印书馆 2002 年版，第 66—67 页。也有不同的意见。“因为该问题与证据规则和假定没有任何关系，它实际上是实体法律规则问题：违法的行政行为只在特定的条件下无效。这一由学理和司法界发展的规则当今成为大量立法的根据。”

③ 详见［德］汉斯·J. 沃尔夫、奥托·巴霍夫、罗尔夫·施托贝尔著：《行政法》（第二卷），高家伟译，商务印书馆 2002 年版，第 70 页。

有法律效力，其法律后果表现为可诉请撤销或者变更。一旦行政协议变得不可诉请撤销或者变更，或者关系人以合法的方式放弃法律救济，即具有形式存续力，从此不得再争讼。（5）重大且明显违法、适用民事法律规范确认行政协议无效或者符合行政行为等无效情形的行政协议，其法律后果表现为自始当然无效。

近年来，有关在能源和基础设施建设领域的特许经营协议、政府与社会资本合作协议（PPP协议）是行政协议还是民事合同的争议不断。《最高人民法院关于审理行政协议案件若干问题的规定》第二条明确规定，政府特许经营协议以及符合该解释第一条规定的政府与社会资本合作协议属于行政协议，属于人民法院行政诉讼受案范围。这将更有力地规范和监督相关协议行政行为，有助于解决因监管不到位导致权力寻租、滥用行政权排除限制竞争损害市场公平竞争机制等问题，以更好维护协议各方的合法权益，营造良好法治营商环境。本案是典型的PPP协议争议案例，涉及同一地方政府先后将同一区域范围内的能源设施建设重复与不同企业签订协议发生争议如何处理的问题。依照上述司法解释第五条第一项规定，认为行政机关与他人订立行政协议损害其合法权益的公民、法人或者其他组织，与该行政协议有利害关系，有权提起行政诉讼。本案中，英德中油公司认为英德市人民政府与英德华润公司签订的特许经营协议侵害其合法权益，有权通过起诉该行政协议维护自身权益。法院通过判决，进一步明确行政机关必须按照法治政府、诚信政府的要求，依法履行行政协议，对于因违反协议约定导致协议相对人损失的，应当由行政机关承担相应法律责任，采取相应合同补救措施，有力维护行政协议的稳定性和企业的合同权益，为今后此类问题的解决提供了重要参考。

本案关于英德中油公司在英红工业园范围内享有的涉案管道燃气特许经营权与英德华润公司在英德市行政管辖范围内（除清远华侨工业园外）享有的特许经营权之间是否存在冲突，以及应当如何处理的问题。华润燃气投资公司系参加英德市规划和城市综合管理局关于英德市城市管道燃气项目特许经营权的公开招标而中标，并与英德市规划和城市综合管理局于2013年2月

20日签订了《英德市管道燃气特许经营协议》。该公司获得了英德市现行行政管辖区域内（除清远华侨工业园外）的有效期限自2013年2月20日起至2043年2月20日止的管道燃气独家特许经营权。该特许经营协议符合法律规定，应为合法有效。涉案特许协议签订时，清远华侨工业园与英德英红园是分别隶属于清远市人民政府、英德市人民政府不同的工业园，清远华侨工业园并不包括本案诉争的英德英红工业园。因此，英德华润公司享有的特许经营权地域范围也包含了涉案争议的英红工业园，与英德中油公司的特许经营权在涉案争议的地域范围上发生了重叠。换言之，英德市人民政府及其公用事业主管部门、英德英红园管委会存在对同一区域将具有排他性的独家特许经营权先后重复许可给不同的主体，违反了上述特许经营协议的约定，应当认定为违法。但该重复许可系行政机关的行政行为所致，并不必然导致在后的英德华润公司所获得的独家特许经营权无效，且英德中油公司及英德华润公司均已在英红工业园内进行了管道建设并分别对园区的工业企业供气，若撤销任何一家的特许经营权均将影响到所在地域的公共利益。对于重复许可的相关法律后果，应当由行政机关承担，而不应由通过公开招投标程序中标的英德华润公司承担。英德华润公司已善意取得涉案特许经营权，对其相关合同利益、信赖利益亦应当予以保护。原审法院判令英德华润公司停止在英红园规划红线范围内的管道燃气建设及经营活动不当，超越行政审判职权范围，法院予以纠正。同时，根据《行政诉讼法》第七十六条的规定，人民法院判决确认违法或者无效的，可以同时判决责令被告采取补救措施。对于英德中油公司和英德华润公司在涉案英红工业园内的管道燃气经营权争议如何妥善解决、经营地域范围如何界定，英德市人民政府、英德英红园管委会负有采取相应补救措施的义务，应当主动履行行政职责，依法作出行政处理。

【实务指导】

认定行政协议是否无效，往往视立法者的目的、法律适用者的价值判断、政策选择以及利益衡量而定，也就是平衡审判理念。（1）目的考量。法律规范的制定承载着立法者所追求的目的，从某种角度上说，法律规范是实现立法者目的的手段或工具，所以每部法律都有自己的立法目的。法律竞合中的目的考量，主要是指对发生竞合的法律规范的立法目的进行考量。（2）价值权衡。任何法律对社会关系的调整，都不可避免地受一定价值目标的支配。在20世纪，人类进入信息社会和知识经济时代，各种文化和信息的频繁交流使人类所追求的价值不断多元化。这种日益发展和丰富多元的价值观，也对法律所追求的价值目标产生了深刻的影响。各国在制定法律规范时，越来越关注各种价值的权衡，而法律适用者在法律适用过程中更是如此，不仅要权衡法律内的价值还要权衡法律外的价值。这些价值权衡中最重要的是，公共利益优先还是个人权益优先。这一对矛盾，一直是法学中最复杂，也是最难以解决的问题。（3）利益衡量。法律适用中法官在判断之时会受到利益衡量的影响。利益衡量，是20世纪60年代以来兴起的一种法律适用方法。所谓利益衡量，是指法官审理案件，在案情事实查清后，不急于寻找本案应适用的法律规则，而是综合把握本案的实质，结合社会环境、经济状况、价值观念等，对各方的利害关系作比较衡量，作出某一方应当受保护的判断。此项判断称为实质判断。在实质判断的基础上，再寻找法律上的根据。①在我国民事合同无效的判断上，最高人民法院曾在《关于当前形势下审理民商事合同纠纷案件若干问题的指导意见》（法发〔2009〕40号）第十六条中指出，“人民法院应当综合法律法规的意旨，权衡相互冲突的权益，诸如权益的种类、交易安全以及其所规制的对象等，综合认定强制性规定的类型。如果强制性规范规制的是合同行为本身即只要该合同行为发生即绝对地损害国家利益或者社会公共利益的，人民法院应当认定合同无效”。

与此相同的是，行政协议的无效认定中，充斥着依法律行政原理与契约严守原则、法律优位原则与法安定性原则、公益与私益、合同当事人与第三人利益之间的矛盾。行政协议无效的认定很大程度上是上述具体目的考

① 梁慧星著:《裁判的方法》，法律出版社2003年版，第186页。

量、价值权衡以及利益衡量的结果，要对行政协议的违法程度、遵守协议的必要性、相对人及第三人的利益等进行综合衡量。在法国，根据不同的原告主体，行政法官灵活运用司法权力在各种利益诉求中寻求最佳平衡。在过去的“合同无效之诉”中，行政法官只能在宣布合同无效和判决维持合同关系这两种处理方式之间进行“非黑即白”的选择。现今需要法官综合权衡，给出更为丰富的解决方案，强化行政合同承诺之安定性，保障公共服务的可持续性提供。在我国也有类似行政协议案件，如重复行政许可协议本来可以作为无效协议处理，但考虑到有关方的信赖保护利益未予确认无效。比如，本案中，广东省高级人民法院二审认为：涉案投资天然气站项目合同及补充协议是英德英红园管委会基于行政管理目标，为确保燃气供应，在其法定职责范围内，就特许经营权的实施与中油中泰公司签订的行政协议。该行政协议签订主体适格，职权、权利来源清楚，内容未违反法律、法规的禁止性规定，应为有效。英德中油公司享有的特许经营合同权利受法律保护，协议各方应当按照约定履行相关的合同义务。英德市人民政府作为该管委会这一事业单位的设立机关以及特许经营许可一方，应承担相应合同义务，保障合同履行，但该政府又将英红工业园的管道燃气特许经营权授予给英德华润公司，存在对同一区域将具有排他性的独家特许经营权先后重复许可给不同的主体的行为，应当认定为违法。法院同时认为，该重复许可系行政机关的行政行为所致，并不必然导致在后的英德华润公司所获得的独家特许经营权无效，英德华润公司基于其所签订的特许经营权协议的相关合同利益、信赖利益亦应当予以保护。且英德中油公司、英德华润公司均已进行了管道建设并对园区企业供气，若撤销任何一家的特许经营权均将影响到所在地域的公共利益。对于重复许可的相关法律后果，应当由行政机关承担，不应由英德华润公司承担，原审法院判令该公司停止管道燃气建设及经营活动不当。二审法院判决维持一审判决的第一项、第二项、第四项，撤销第三项，同时责令英德市人民政府采取补救措施。

【关联规定】

《最高人民法院关于审理行政协议案件若干问题的规定》

第五条 下列与行政协议有利害关系的公民、法人或者其他组织提起行政诉讼的，人民法院应当依法受理：

（一）参与招标、拍卖、挂牌等竞争性活动，认为行政机关应当依法与其订立行政协议但行政机关拒绝订立，或者认为行政机关与他人订立行政协议损害其合法权益的公民、法人或者其他组织；

（二）认为征收征用补偿协议损害其合法权益的被征收征用土地、房屋等不动产的用益物权人、公房承租人；

（三）其他认为行政协议的订立、履行、变更、终止等行为损害其合法权益的公民、法人或者其他组织。

相关案例

百色新山铝工业示范园管理委员会与平果华商清洁能源有限公司、广西田阳华商清洁能源有限公司管道燃气特许经营纠纷案

【案号】

一审：广西壮族自治区百色市中级人民法院（2014）百中行初字第1号行政判决书

二审：广西壮族自治区百色市中级人民法院（2014）百中行终字第59号行政判决书

再审：广西壮族自治区高级人民法院（2015）桂行再字第10号行政判决书

【案情及裁判】

抗诉机关：广西壮族自治区人民检察院。

二审上诉人（一审被告）：百色新山铝工业示范园管理委员会（以下简称新山管委会）。

二审上诉人（一审第三人）：田阳新山新能燃气有限责任公司（以下简称田阳华商公司）。

二审被上诉人（一审原告）：平果华商清洁能源有限公司（以下简称平果华商公司）、广西田阳华商清洁能源有限公司。

一审第三人：百色新山开发投资有限责任公司（以下简称新山技资公司）、田阳县人民政府。

田阳县人民法院一审判决查明：2010年9月15日，田阳县人民政府授权田阳县市政管理局与平果华商公司签订《田阳县管道燃气特许经营协议》，约定在协议签订后15个工作日内，平果华商公司在田阳县工商局注册成立新公司；特许经营权期限30年（含建设期），地域范围为田阳县行政区域内；平果华商公司享有独家运营、维护市政管道燃气设施、以管道输送形式向用户供应燃气等管理燃气业务的权利。之后，田阳县人民政府向原告颁发《城市管道燃气特许经营项目授权证书》。2010年12月6日，平果华商公司在田阳县工商局注册成立田阳华商公司。2010年12月19日，田阳县发展和改革局以阳发改〔2010〕183号《关于田阳县天然气利用项目核准的批复》同意建设田阳县天然气利用项目，地点为新山铝产业示范园内建设液化天然气储配站，县城内建设天然气汽车加气站，项目法人为田阳华商公司。原告按照《田阳县管道燃气特许经营协议》及田阳县燃气专项规划的要求在田阳县开展管道建设等工作。

2009年12月28日，百色市机构编制委员会根据百色市委文件精神成立新山管委会，其性质为事业单位。2010年2月3日，百色市人民政府决定成立新山投资公司，公司性质为国有企业，主要职责是作为百色市新山铝产业示范园区的建设业主和政府投资融资平台，负责园区的土地收储和基础设施开发建设及经营管理，公司成立后受百色市人民政府监督管理。2010年5月19日百色市机构编制委员会的百编〔2010〕15号关于新山管委会内设机构等问题的批复，规定新山管委会的主要职责为：负责园区的统一规划、统一开发、统一建设、统一招商、统一管理等。2010年12月30日，新山管委会与百色市新能燃气有限责任公司（以下简称新山新能公司）就管道燃气入园经营签订了《合作框架协议》；2011年3月16日，新山管委会作出《授权委托书》，授权新山投资公司代表新山管委会与新山新能公司签订《百色新山铝产业示范园管道燃气特许经营协议》；2011年3月18日，新山投资公司与新山新能公司签订《百色新山铝产业示范园管道燃气特许经营协议》，约定特许经营权行使地域范围为百色新山铝产业示范园区规划范围，特许经营期限为30年。2012年1月10日，原告以新山投资公司、新山新能公司签订《百色新山铝产业示范园管道燃气特许经营协议》，已构成对原告管道燃气专营权的侵犯，向法院提起民事诉讼，请求判令新山投资公司、新山新能公司停止对原告管道燃气经营权的侵害，排除妨碍。法院认定新山投资公司与新山新能公司构成对原告管道燃气特许经营权的侵犯并判令两公司停止侵权，百色市中级人民法院维持原判。之后，新山投资公司和新山新能公司向检察机关申请抗诉。广西壮族自治区人民检察院向广西壮族自治区高级人民法院抗诉。2013年9月17日，广西壮族自治区高级人民法院再审认为本案双方当事人的纠纷不属于人民法院受理民事诉讼的范围，作出（2013）桂民提字第130号民事裁定，驳回原告的起诉。2014年1月22日，原告提起本行政诉讼，请求依法确认被告新山管委会授权新山投资公司与新山新能公司于2011年3月18日签订的《百色新山铝产业示范园管道燃气特许经营协议》，授予新山新能公司在百色新山铝产业示范园管道燃气特许经营权的行为违法并撤销该行政许可行为。

田阳县人民法院一审判决认为：

一、关于被告新山管委会授予新山投资公司与新山新能公司签订的《百色新山铝产业示范园管道燃气特许经营协议》是否具有可诉性的问题。根据《行政许可法》第二条“本法所称行政许可，是指行政机关根据公民、法人或者其他组织的申请，经依法审查，准予其从事特定活动的行为”的规定，授予特许经营权属于行政许可。本案中，被告新山管委会授权新山投资公司与新山新能公司签订《百色新山铝产业示范园管道燃气特许经营协议》，授予第三人新山新能公司百色新山铝产业示范园区管道燃气特许经营权的行为，属于行政许可行为，该具体行政行为具有可诉性。

二、关于被告新山管委会作出的行政许可行为是否合法的问题。特许经营权是有权政府按照规定的程序授予符合条件的申请人的一项权利，其在特定区域内具有独占性和排他性。原告取得的管道燃气特许经营权早于被告新山管委会授权给新山新能公司。被告新山管委会授权新山新能公司在田阳县行政区域的百色新山铝产业示范园区从事管道燃气经营，与原告取得田阳县行政区域内的管道燃气特许经营权重叠，侵害了原告管道燃气特许经营权。因此，被告的具体行政行为明显违反了法律规定，应予以撤销。至于被告新山管委会提出百色新山工业示范园行政区域已脱离田阳县行政区域及工业园区的管道燃气项目不属于市政公用设施的抗辩理由没有相关的证据或者依据证实，不予以采信。第三人新山新能公司认为原告的特许经营权的取得途径违法，不属于本案审理范围。本案经审判委员会讨论，依照修改前的1989年《行政诉讼法》第五十四条第二项第一目、《行政许可法》第二条、《城镇燃气管理条例》第二条、第五条、第十五条、《市政公用事业特许经营管理办法》第二条、第四条第三款的规定，判决：确认被告新山管委会授权第三人新山投资公司与第三人新山新能公司于2011年3月18日签订的《百色新山铝产业示范园管道燃气特许经营协议》违法并予以撤销。

百色市中级人民法院二审判决认为：

一、关于平果华商公司和田阳华商公司的诉讼主体资格问题。平果华商公司和田阳华商公司认为新山管委会在同一辖区内授权新山投资公司代表新山管委会与新山新能公司签订《百色新山铝产业示范园管道燃气特许经营协议》侵犯了其管道燃气特许经营权，新山管委会作出的具体行政行为与其有法律上的利害关系，被上诉人平果华商公司和田阳华商公司是具有本案的诉讼主体资格的。另外，虽然与田阳县人民政府签订合同的是平果华商公司，但田阳华商公司是根据协议约定，应田阳县人民政府的要求在田阳县注册成立的公司，公司的人员和法定代表人都是平果华商公司的原班人马，目的是保证该项目在田阳县纳税。田阳华商公司经过工商登记，具有法人资格，因此，田阳华商公司作为本案的当事人也是适格的。

二、关于本案是否以（2014）百中行初字第1号行政案件的审理结果为依据，是否应先中止本案审理的问题。对于平果华商公司和田阳华商公司与田阳县人民政府签订的《田阳县管道燃气特许经营协议》是否合法的问题，在本案诉讼中已经包含在内，在本案没有作出判决之前，新山新能公司和新山管委会又于2014年6月17日向百色市中级人民法院起诉，新山新能公司和新山管委会要求以后起诉的案件来中止已经进入二审法院开庭审理的本案诉讼是没有事实和法律依据的。此外，本案的判决结果已经解决了平果华商公司和田阳华商公司取得的田阳县管道燃气特许经营权是否合法的问题。一审法院认为“第三人新山新能公司认为原告（平果华商公司和田阳华商公司）的燃气特许经营权的取得途径违法，不属于本案审理范围”是错误的，应予以纠正，因为在审理本案中首先要审查的是合法性问题，即平果华商公司与田阳县人民政府签订的《田阳县管道燃气特许经营协议》是否合法，如果合法它的诉讼请求就予以支持，不合法平果华商公司和田阳华商公司的诉讼请求就被驳回。

三、关于一审法院认可新山管委会具有作出园区管道燃气经营权行政许可的职权，是否致使本案原审被告不适格的问题。一审法院没有否认新山管委会的职权，只是以田阳县人民政府与平果华商公司签订《田阳县管道燃气特许经营协议》后，新山管委会在没有审查清楚的情况下在同一辖区内又授权给他人，其行政行为违法。一审法院的判决没有因此而致使本案原审被告不适格。而且，上诉人新山管委会在一审提交的所有证据以及答辩状均认为自己具有合法的行政诉讼主体资格，一审第三人在一审庭审中明确表示同意一审被告的答辩，没有提出一审被告没有诉讼主体资格的任何异议。故上诉人在二审提出的这一诉讼请求也没有事实和法律依据。

四、关于上诉人新山新能公司在一审作为第三人，是否有权提起上诉的问题。根据《行政诉讼法》规定，《行政诉讼法》没有规定的，可参照《民事诉讼法》规定执行。由于《行政诉讼法》对第三人是否有权提起上诉的问题没有作出具体规定，因此，根据《民事诉讼法》第五十六条规定，由于案件审理结果与新山新能公司有利害关系，新山新能公司在一审是作为有独立请求权的第三人参加诉讼的，因此，其有权提起上诉。

五、关于本案一审法院判决认定事实是否清楚、适用法律和判决是否正确的问题。在2009年间，广西各县（区）一级管道燃气尚未普及，大部分管道燃气经营企业不愿到欠发达地区投资经营管道燃气项目。为此，广西各县（区）政府大多采用招商引资或给予投资者一定优惠政策的方式吸引管道燃气经营企业投资当地的管道燃气项目。在这种背景下，2009年3月1日田阳县人民政府曾经通过招商引资与广州富都管道燃气有限公司签订《田阳县管道燃气特许经营协议》，但广州富都管道燃气有限公司签订协议后因各种原因没有经营就终止了协议，影响了田阳县管道燃气项目的建设。为了尽快推进田阳县管道燃气建设步伐，使田阳县群众尽快用上清洁能源，2010年7月3日，田阳县人民政府组织建设局、市政管理局、公安消防大队、财政局、发改局、招商局等多部门联合对平果华商公司的燃气经营业务进行考察后，认为平果华商公司有实力，便通过招商的方式，引进平果华商公司到田阳县经营管道燃气，田阳县人民政府依法与平果华商公司签订《田阳县管道燃气特许经营协议》，并依法向社会进行了公示，因此，平果华商公司取得田阳县管道燃气特许经营权是合法的。平果华商公司取得田阳县管道燃气特许经营权后，依照双方签订的协议和法律规定成立了田阳华商公司，平果华商公司和田阳华商公司根据可信赖原则，信赖田阳县人民政府与其签订的协议效力，进行了管道建设等工作，已在田阳县行政区域内累计完成项目投资4547万元人民币，建成供气站两座，敷设市政管网40多公里，实现工业、商业用气8235方/日，完成居民用户合同安装7862户，工程安装入户2385户，居民置换用气1051户。此外，中石油西气东输广西管理处在南宁至百色支线上专设供应田阳县行政区域的供气阀室，中石油广西天然气管网公司与第三人田阳华商公司于2012年签订供气协议，为田阳县行政区域提供足够的供气规模。在此期间新山新能公司也在田东县和平果县同样通过招商引资方式以政府授权形式取得这两个县的管道燃气特许经营权，广西绝大部分县（区）也是通过招商方式授予企业管道燃气特许经营权，如果认定在当时特定的投资环境下没有通过招投标方式授予管道燃气特许经营权违法，那么广西绝大部分县（区）授予的管道燃气特许经营权均是违法的，广西管道燃气市场将面临全部推倒重来的重大风险。

2011年3月18日新山管委会不顾平果华商公司和田阳华商公司已经取得田阳县辖区内管道燃气特许经营权的事实，又授权给新山投资公司与新山新能公司签订了《百色新山铝产业示范园管道燃气特许经营协议》，该协议造成新山新能公司经营的辖区与平果华商公司和田阳华商公司经营的辖区重叠，因而该协议是违法的。

综上所述，一审判决认定事实清楚，审判程序合法，适用法律和判决正确，应予维持。上诉人上诉请求无事实和法律依据，依照2014年修正前的《行政诉讼法》第六十一条第一项的规定，判决如下：驳回上诉，维持原判。

广西壮族自治区人民检察院抗诉认为：1.二审判决认定事实错误。（1）二审判决认定新山新能公司是通过招商引资方式取得田东县、平果县的管道燃气特许经营权的，缺乏证据证明。申诉人新山管委会提供的《田东县管道燃气中标通知书》《平果县管道燃气项目中标公告》等新证据，足以推翻二审判决的认定。（2）在田阳县人民政府授予平果华商公司特许经营权之前，同处于广西的藤县的管道燃气特许经营权就是通过招标方式进行的。二审判决认定广西大部分县（区）也是通过招商方式由政府授予管道燃气特许经营权的，属于认定基本事实缺乏证据证明。2.二审判决程序错误。（1）本案一审开庭后，一方当事人另行向百色市中级人民法院提起要求宣告田阳华商公司所获特许经营权无效之诉，本案二审依法应与另案合并审理，如果不合并审理则应中止审理。（2）本案被告新山管委会是百色市人民政府的派出机构，属于事业单位，依法应将百色市人民政府列为被告，新山管委会不是适格被告。3.二审判决适用法律错误。（1）新山管委会经百色市人民政府依法设立，行使新山铝产业示范园行政事务的管理权，有权将新山铝产业示范园内的管道燃气经营权授予企业。田阳县人民政府与新山管委会是平级关系而非隶属关系，田阳县人民政府行政管理权不及于新山铝产业示范园。依据《城镇燃气管理条例》第二条“天然气、液化石油气的生产和进口，城市门站以外的天然气管道输送，燃气作为工业生产原料的使用，沼气、秸秆气的生产和使用，不适用本条例”的规定，新山新能公司以“燃气作为工业生产原料的使用”在新山铝产业示范园内的燃气特许经营权无须经过特别的行政许可程序，也与平果华商公司、田阳华商公司获得的市政生活用气特许经营不同，两者不存在重叠或冲突。（2）田阳县人民政府授予田阳华商公司管道燃气特许经营权因未经立项报批、招投标、中标公示、中标报批等程序，签约的是平果华商公司，获得授权的却是田阳华商公司，田阳华商公司注册成立于2010年12月6日，田阳县人民政府授予其《城市管道燃气特许经营项目授权证书》却是2010年9月15日，田阳华商公司获得授权时不具备经营管道燃气的特定资格，田阳华商公司由此取得的管道燃气特许经营权无效。4.原审判决实体处分错误。新山铝产业示范园的管道燃气业已成大规模，实际投入巨大，已经没有撤掉重来的可能，依法应不予撤销。综上所述，二审判决认定案件基本事实缺乏主要证据证明，审理程序错误，适用法律、法规错误，实体处分确有错误，依据2014年修正前的《行政诉讼法》第六十四条的规定提出抗诉，请依法再审。

再审法院再审过程中，各方当事人没有新的证据提供。经审理，本院确认一审判决确认的证据合法有效，可作为定案依据。据此，该院查明的事实除“2010年12月6日，平果华商公司在田阳县工商局注册成立田阳华商公司”不予认定外，其余事实与一审判决查明的事实一致。

该院另查明：平果华商公司的股东（发起人）为金某芳、陶某、张某文、赵某华。田阳华商公司的股东（发起人）也是金某芳、陶某、张某文、赵某华。

又查明：新山新能公司因诉田阳县人民政府、一审原告平果华商公司、一审第三人田阳华商公司管道燃气特许经营许可纠纷一案，不服百色市中级人民法院（2014）百中行初字第1号行政判决，向本院提起上诉，本院于2015年2月2日立案受理，案号为（2015）桂行终字第21号。（2015）桂行终字第21号案裁判前，本院受理本案。因两案相关联，该院中止（2015）桂行终字第21号案的审理，对两案同时做出裁判。

根据各方当事人的诉辩意见，该院归纳本案的争议焦点为：（1）当事人是否具备本案诉讼资格；（2）本案被诉行政行为是否合法，如违法是否应当撤销。

再审法院认为：

一、关于当事人诉讼资格问题。为了解决税留当地问题，田阳县人民政府在协议中约定平果华商公司要在田阳县注册成立新的公司来专门运作田阳县管道燃气项目。虽然田阳华商公司不是平果华商公司注册成立，而是由平果华商公司的股东成立，但是这并不影响注册成立新公司是为了解决税留当地问题，田阳县人民政府也未对田阳华商公司的运作提出异议，则田阳华商公司有权运作田阳县管道燃气项目。田阳华商公司与被诉行政行为有利害关系，可以作为原告提起诉讼。新山管委会是百色市人民政府设立的事业单位，具备独立承担责任的法人资格，其授权新山投资公司与新山新能公司签订管道燃气特许经营合同，后果应自行承担，应作为被告参与本案诉讼。

二、关于涉案行政许可的合法性问题。根据《行政许可法》第五十三条及《市政公用事业特许经营管理办法》第八条规定，行政机关实施有限自然资源开发利用的行政许可，应当通过招标、拍卖等公平竞争的方式作出决定；市政公用事业主管部门应该通过招投标方式选择投资者或者经营者。本案新山管委会未经招投标方式选择管道燃气项目的投资者或经营者，授权新山投资公司与新山新能公司签订《百色新山铝产业示范园管道燃气特许经营协议》，将园区境内管道燃气建设经营的特许经营权授予新山新能公司，违反了上述法律规定的程序，新山管委会作出的涉案行政许可依法应确认违法。

三、关于涉案行政许可应否撤销的问题。新山管委会作出的管道燃气特许经营行政许可违法，本应撤销。而且，在田阳县人民政府已经对整个田阳县行政区域范围作出管道燃气特许经营行政许可情况下，新山管委会又在属于田阳县行政区域范围的新山铝产业示范园作出管道燃气特许经营行政许可，造成两个行政许可在地域范围上的重叠，根据管道燃气特许经营独占性、排他性的特点，后作出的行政许可本应全部撤销。但是，根据《最高人民法院关于执行〈中华人民共和国行政诉讼法〉若干问题的解释》第五十八条"被诉具体行政行为违法，但撤销该具体行政行为将会给国家利益或者公共利益造成重大损失的，人民法院应当作出确认被诉具体行政行为违法的判决，并责令被诉行政机关采取相应的补救措施；造成损害的，依法判决承担赔偿责任”、《行政许可法》第六十九条第三款“依照前两款的规定撤销行政许可，可能对公共利益造成重大损害的，不予撤销”的规定，新山管委会违法的行政许可行为是否应当撤销，取决于撤销该行为是否会造成国家利益或社会公共利益的重大损害。根据新山管委会的授权，新山新能公司已经在新山铝产业示范园内实施供气，有一定数量的企业依靠其供气生产经营，如果撤销新山新能公司已经实施的特许经营行为，停止供气，将造成这部分企业停产，导致这些依靠新山新能公司供气的生产企业无辜遭受重大损失，亦造成已建成使用的供气设施极大浪费，属于公共利益重大损害的情形，因此对该部分行政许可依法应不予撤销。考虑到南昆铁路穿过新山铝产业示范园中部，新山新能公司在二审终审前已实施供气的设施主要坐落在南昆铁路以北，以南昆铁路为分界，便于今后田阳县人民政府、新山管委会对管道燃气的行政管理。新山新能公司在二审终审判决生效之后，在南昆铁路以南实施的建设行为，没有法律依据，该院依法不予保护。

综上所述，原审判决认定的主要事实清楚，判决确认被诉行政许可行为违法正确，但全部撤销被诉行政许可结果错误，本院依法予以纠正。依照《行政诉讼法》第八十九条第一款第二项、《行政许可法》第六十九条第三款、《最高人民法院关于执行〈中华人民共和国行政诉讼法〉若干问题的解释》第五十八条、第七十八条的规定，判决如下：一、撤销百色市中级人民法院（2014）百中行终字第59号行政判决；二、变更田阳县人民法院（2014）阳行初字第5号行政判决的内容为：确认被告新山管委会授予第三人田阳华商公司百色新山铝产业示范园管道燃气特许经营权的行政许可行为违法。以南昆铁路线为界，撤销新山管委会授予新山新能公司的管道燃气特许经营行政许可中南昆铁路以南区域的行政许可。

【评析】

本案也是典型的PPP协议争议案例，同样涉及行政机关先后将同一区域范围内的能源设施建设重复与不同企业签订协议发生争议如何处理的问题。本案再审法院认为，新山管委会作出的管道燃气特许经营行政许可违法，本应撤销。而且，在田阳县人民政府已经对整个田阳县行政区域范围作出管道燃气特许经营行政许可情况下，新山管委会又在属于田阳县行政区域范围的新山铝产业示范园作出管道燃气特许经营行政许可，造成两个行政许可在地域范围上的重叠，根据管道燃气特许经营独占性、排他性的特点，后作出的行政许可本应全部撤销。但是，根据《最高人民法院关于执行〈中华人民共和国行政诉讼法〉若干问题的解释》第五十八条和《行政许可法》第六十九条第三款的规定，新山管委会违法的行政许可行为是否应当撤销，取决于撤销该行为是否会造成国家利益或社会公共利益的重大损害。根据新山管委会的授权，新山新能公司已经在新山铝产业示范园内实施供气，有一定数量的企业依靠其供气生产经营，如果撤销新山新能公司已经实施的特许经营行为，停止供气，将造成这部分企业停产，导致这些依靠新山新能公司供气的生产企业无辜遭受重大损失，亦造成已建成使用的供气设施极大浪费，属于公共利益重大损害的情形，因此对该部分行政许可依法应不予撤销。此判断与英德中油公司诉英德市人民政府、英德英红园管委会、英德华润公司特许经营协议纠纷一案如出一辙，高度一致。

值得进一步关注的是，英德中油公司诉英德市人民政府、英德英红园管委会、英德华润公司特许经营协议纠纷一案中，二审法院对重复许可协议仅仅责令英德市人民政府采取补救措施，而本案再审法院，考虑到南昆铁路穿过新山铝产业示范园中部，新山新能公司在二审终审前已实施供气的设施主要坐落在南昆铁路以北，以南昆铁路为分界，便于今后田阳县人民政府、新山管委会对管道燃气的行政管理。新山新能公司在二审终审判决生效之后，在南昆铁路以南实施的建设行为，没有法律依据，依法不予保护。故判决变更田阳县人民法院（2014）阳行初字第5号行政判决的内容为：确认被告新山管委会授予第三人田阳华商公司百色新山铝产业示范园管道燃气特许经营权的行政许可行为违法。以南昆铁路线为界，撤销新山管委会授予新山新能公司的管道燃气特许经营行政许可中南昆铁路以南区域的行政许可，从而一次性实质化解纠纷，体现了法院行政审判的担当。不过，我们认为，对于此类案件，是责令政府采取补救措施，还是法院直接划分重复特许经营协议的经营范围，不仅要注意司法权和行政权的区分及司法不能代替行政，还要根据法院是否能够查明相关事实，政府是否还有裁量权和是否同意法院直接划界而定，不宜“一刀切”，要具体问题具体分析。

第八章

行政协议的法律责任与诚信原则

《中共中央、国务院关于完善产权保护制度依法保护产权的意见》突出强调了要“完善政府守信践诺机制”“大力推进法治政府和政务诚信建设，地方各级政府及有关部门要严格兑现向社会及行政相对人作出的政策承诺，认真履行在招商引资、政府与社会资本合作等活动中与投资主体依法签订的各类合同，不得以政府换届、领导人员更替等理由违约毁约，因违约毁约侵犯合法权益的，要承担法律和经济责任”。诚信原则不仅是合同法中的帝王条款，也是行政协议各方应当遵守的基本行为准则。作为行政协议当事人的行政机关仍应遵循平等、自由、公平、诚信、依约履责等一般的合同原则，行政相对人在行政机关违约中的信赖保护利益也应受到充分保障。

第一节　行政协议的信赖保护

南望信息产业集团有限公司诉杭州市西湖区集镇建设总指挥部、杭州市西湖区人民政府未按照约定履行土地行政协议案

【案号】

一审：浙江省杭州市（2016）浙01行初20号行政判决书

二审：浙江省高级人民法院（2017）浙行终9号行政判决书

【案情】

上诉人（一审被告）：杭州市西湖区人民政府。

被上诉人（一审原告）：南望信息产业集团有限公司。

一审被告：杭州市西湖区集镇建设总指挥部。

2005年年初，浙江南望图像信息产业有限公司（原告南望信息产业集团有限公司的前身）向杭州市规划局申请，将其取得的位于杭州市西湖区三墩镇虾龙圩村地块，即案涉地块容积率上调，并将原用地性质由工业用地调整为科研教育用地。经杭州市规划局商杭州市国土资源局同意并上报杭州市人民政府，杭州市人民政府同意该调整容积率和用地性质的申请，同时明确需由土地使用者补缴土地出让金。杭州市国土资源局遂就浙江南望图像信息产业有限公司2003年8月1日签订的国有土地使用权出让合同，与该公司于2008年7月2日签订补充协议，约定了土地面积调整为19778平方米及补缴土地出让金等事宜。

2008年3月南望信息产业集团有限公司因投资失误，在银根紧缩的背景下资金链断裂，面临破产。在此情况下，杭州市西湖区人民政府经协调，于2008年9月16日向杭州市人民政府建议将原告名下用地性质为工业用地的案涉土地，调整为商业用地后予以出让，并享受土地出让金收入全额返还，将出让总价扣除收购补偿部分，作为原告的专项扶持资金，支持其重整。

此后，案涉地块用地性质及容积率等调整依流程进行，但关于享受土地出让收入金额返还一事则未获明确意见。

2012年6月7日，杭州市西湖区人民政府再次报请杭州市人民政府称，杭州市西湖区人民政府将对案涉地块进行收购，并请求明确该地块出让后的土地出让金返还政策（请示中再次表明案涉地块用地性质为工业用地）。

2013年1月17日，杭州市西湖区人民政府决定由三墩镇启动案涉地块的做地工作。经请示，案涉地块的做地主体由杭州市人民政府于2014年3月14日确定为杭州市西湖区集镇建设总指挥部（杭州市西湖区人民政府举办的事业单位）；杭州市人民政府同时确定案涉地块出让金返还按相关政策执行。

2013年3月7日，原告与杭州市西湖区集镇建设总指挥部的下设机构——杭州市西湖区三墩镇集镇建设总指挥部签订《关于推进南望集团虾龙圩地块处置工作的框架协议》，主要内容为：（1）为支持南望信息产业集团有限公司破产重组，市有关部门已将南望信息产业集团有限公司虾龙圩地块用地性质由原来的工业用地调整为公建用地。乙方同意将该地块交由杭州市土地储备中心收储并挂牌出让。（2）南望信息产业集团有限公司虾龙圩地块总面积29.7亩，该地块完成挂牌出让，土地出让收益返还到西湖区财政局账户后十天内甲方负责支付1.35亿元人民币的做地成本给乙方，作为对收购乙方土地的补偿费用和地面附着物清理、围墙砌筑、土地出让前期报批等相关费用及乙方破产重组债务的处置资金。（3）南望信息产业集团有限公司虾龙圩地块上的附属物由乙方委托甲方负责处置，处置所需资金由乙方承担；地块规划调整和围墙砌筑等工作由甲方负责，所需费用由乙方承担。以上处置费用控制在500万元以内，由甲方先行垫付，甲方在支付给乙方做地成本时进行扣除。（4）本协议签订后三天内乙方需与杭州市土地储备中心签订土地收储交付协议，并协助甲方办理土地证照注销和土地交付手续等。

2013年5月15日，经原告和杭州市西湖区三墩镇集镇建设总指挥部共同委托，浙江韦宁资产评估有限公司在考虑案涉地块用地性质调整为科研、出让土地面积调整为19778平方米等内容的情况下，确定案涉地块的评估价值为123489995元。

2014年12月4日，案涉地块经挂牌出让，由浙江天煌科技实业有限公司竞得，总成交价43178万元。

2015年2月16日，杭州市西湖区财政局收到案涉地块出让后返还的土地出让金93214780元。

2015年3月27日，杭州市西湖区三墩镇集镇建设总指挥部向原告支付人民币3000万元。

2015年12月7日，经杭州市西湖区三墩镇集镇建设总指挥部委托，浙江天平资产评估有限公司以工业用地为用地性质，将21033平方米的案涉地块的评估价值确定为48312446.91元，资金占用费6728408.89元，共计

55040855.8元。

2015年12月16日，杭州市西湖区三墩镇集镇建设总指挥部向原告支付人民币2500万元。

2016年3月3日，杭州市西湖区财政局收到案涉地块出让后返还的土地出让金97150500元。

原告南望信息产业集团有限公司起诉称，2003年8月，原告与杭州市国土资源局就杭州市西湖区三墩虾龙圩的塘北单元FG05-C2-B01地块签订国有土地使用权出让合同，并于2004年取得国有土地使用权证。2013年年初，杭州市西湖区人民政府召开专题会议决定启动地块的做地工作（即由政府收购上述地块）。按照杭州市西湖区人民政府的要求，2013年3月7日，原告与杭州市西湖区集镇建设总指挥部的内设机构——杭州市西湖区三墩镇集镇建设总指挥部签订了《关于推进南望集团虾龙圩地块处置工作的框架协议》。此后，原告依框架协议将案涉地块交人民政府。案涉地块于2014年12月4日进行公开拍卖，土地出让金总额为43178万元。杭州市西湖区财政局于2015年1月30日、7月5日分别收到按相关政策予以返还的45%的土地出让金各9500万元，合计1.9亿元。但杭州市西湖区三墩镇集镇建设总指挥部却未依约履行案涉框架协议，至今仅向原告支付5500万元，尚余8000万元未付。杭州市西湖区三墩镇集镇建设总指挥部系西湖区集镇建设指挥部的内设机构，杭州市西湖区人民政府系西湖区集镇建设指挥部的主办单位，同时也是土地出让收益及补偿的主体，故相关权利义务应由两被告承担。为此，请求：一、判令被告继续履行杭州市西湖区三墩镇集镇建设总指挥部与原告于2013年3月7日签订的《关于推进南望集团虾龙圩地块处置工作的框架协议》；二、判令被告立即向原告支付人民币8000万元以及逾期付款利息2386813元（以未付款为基数，自2015年7月15日起，按照中国人民银行同期贷款利率暂计至2016年1月18日，以后据实结算至实际结清之日）。

【审判】

杭州市中级人民法院经审理认为，从本案查明的事实看，对案涉土地的收回，一直由杭州市西湖区人民政府主导实施。2012年6月7日在致杭州市人民政府的请示（西政发〔2012〕41号）中，杭州市西湖区人民政府甚至直接表明其将对原告的案涉地块进行收购，因此案涉协议可判断实际系由杭州市西湖区人民政府作出。据此，本案原告将杭州市西湖区人民政府作为被告提起诉讼，并无不当。《行政诉讼法》第二条规定："公民、法人或者其他组织认为行政机关和行政机关工作人员的行政行为侵犯其合法权益，有权依照本法向人民法院提起诉讼。前款所称行政行为，包括法律、法规、规章授权的组织作出的行政行为。"本案另一被告杭州市西湖区集镇建设总指挥部既非行政机关，又非法律、法规、规章授权的组织，故其不能成为行政诉讼的适格被告。

本案被告杭州市西湖区人民政府认为案涉协议不应继续履行的理由是：原告未补缴从工业用地变更为科研教育用地的土地出让金，因此案涉土地的价值是不值1.35亿元的；《土地储备资金财务管理暂行办法》和《国务院办公厅关于规范国有土地使用权出让收支管理的通知》规定，土地出让收支全额纳入地方基金预算管理。收入全部缴入地方国库，支出一律通过地方基金预算从土地出让收入中予以安排，实行彻底的"收支两条线"……因此，被告无法支付原告诉请的8000万元。对此，法院认为，首先，案涉协议并非单纯的收购土地协议，协议约定的1.35亿元，包括收购原告土地的补偿费用和案涉地块地面附着物清理、围墙砌筑、土地出让前期报批等相关费用及原告破产重组债务的处置资金。因此，被告仅以案涉土地价值不值1.35亿元抗辩不能成立。其次，案涉协议的履行，并未以补缴土地出让金为前提。最后，案涉框架协议本身并无违反《土地储备资金财务管理暂行办法》和《国务院办公厅关于规范国有土地使用权出让收支管理的通知》之处。

案涉协议的特殊性在于，协议中的1.35亿元在约定时确实缺乏事实基础，但该情况是否足以成为案涉协议不应继续履行的理由？法院认为，行政机关对自己的行为应诚实守信，不得随意变更，对行政相对人的授益性行政行为作出后，即使发现不当，只要行为不是相对人过错所致，亦不得随意撤销、废止或改变。本案中，案涉框架协议已经签订，基于对该协议的信赖，原告已依约将案涉土地交由政府挂牌出让，并已由他方竞得，该行为具有不可逆转性，同时，本案中无证据显示原告信赖基础的成立并非善意。基于此，案涉框架协议应当继续履行。故判决：一、驳回原告南望信息产业集团有限公司对被告杭州市西湖区集镇建设总指挥部的起诉；二、被告杭州市西湖区人民政府继续履行《关于推进南望集团虾龙圩地块处置工作的框架协议》，向原告南望信息产业集团有限公司支付人民币8000万元以及自2016年3月14日起至被告支付完毕之日止的逾期付款利息（按年利率4.35%计）。

杭州市西湖区人民政府不服，向浙江省高级人民法院提出上诉，浙江省高级人民法院经审理后判决驳回上诉，维持原判。

【评析】

政府诚信是政府公信力得以彰显的保障，是政府权威的基础，也是政府治理能力的根本表现。社会需要持续发展，政府公信力是关键的环节。如果政府失去诚信，则政府的权威就会打折扣。提高政府公信力，对于推进经济社会发展，具有关键意义。诚实守信不仅是民事活动中的基本规则，也是对政府的要求。在公权力的运行中，行政相对人与政府通过签订协议的方式达成合意，只要是依法订立，就应该得到遵守。诚实守信放在公法和公权力的运行中，衍生出的基本原则就是信赖保护原则，即行政机关对自己的行为或承诺应诚实守信，不得随意变更、反复无常。其基本要求是，行政行为具有确定力，行为一经作出，未有法定事由和经法定程序不得随意撤销、废止或改变；对行政相对人的授益性行政行为作出后，即使发现违法或者对政府不利，只要行为不是因为相对人过错造成，亦不得撤销、废止或改变。从根本上说，诚实守信是法治政府的基本标准。

行政协议是新时代中国特色社会主义市场经济不断发展的必然产物，是现代行政管理活动发生重大变革的重要体现，是公众社会治理参与权和公共资源分享权的必然结果，是现代社会服务行政、给付行政等发展理念的具体体现。行政机关通过与公民、法人或者其他组织协商签订的协议，一方面能够充分发挥市场在资源配置中的决定性作用，让一切生产要素在公开、公平、公正的程序中竞争，另一方面能够更好发挥政府的职能作用，让社会资本潜力充分释放，更好地实现行政管理和公共服务目标。对于行政协议，《中共中央、国务院关于完善产权保护制度依法保护产权的意见》突出强调了要“完善政府守信践诺机制”“大力推进法治政府和政务诚信建设，地方各级政府及有关部门要严格兑现向社会及行政相对人作出的政策承诺，认真履行在招商引资、政府与社会资本合作等活动中与投资主体依法签订的各类合同，不得以政府换届、领导人员更替等理由违约毁约，因违约毁约侵犯合法权益的，要承担法律和经济责任”。人民法院通过对行政协议案件的审理，有助于推动政府“放管服”改革，有助于加快政府职能转变，有助于创新行政管理方式，有助于改善营商环境，有助于推动社会主义市场经济更有效率、更加公平、更可持续发展，有助于推进法治政府和服务型政府建设，有助于国家治理体系现代化和国家治理能力现代化。行政协议司法解释着眼于加强政府诚信建设，确保行政机关按照行政协议约定，严格兑现向社会及行政相对人依法作出的政策承诺，确保行政机关认真履行在招商引资、政府与社会资本合作等活动中与投资主体依法签订的各类合同；确保因以政府换届、领导人员更替等理由违约毁约侵犯合法权益的，要承担法律和经济责任；确保因国家利益、公共利益或者其他法定事由需要改变政府承诺和合同约定的，对企业和投资人因此而受到的财产损失依法予以补偿，推动责任政府、诚信政府建设落到实处。

与此同时，完善产权保护制度是坚持和完善社会主义基本经济制度、完善社会主义市场经济的内在要求。党中央、国务院明确提出要“完善产权保护制度”。行政协议司法解释根据《行政诉讼法》的规定，切实保护各种所有制经济产权和合法利益，保证各种所有制经济依法平等使用生产要素、公开公平公正参与市场竞争、同等受到法律保护；严格把握政府解除行政协议的条件，确保政府依法依约履行协议义务；明确因行政机关违约的充分赔偿和因国家利益需要的充分补偿原则，确保行政协议案件中当事人产权利益得到有力保护，推动实现平等保护产权，努力营造公平的竞争环境，切实保障民营企业和社会资本合作方的合法权益。

本案案涉协议的特殊性在于，协议中的1.35亿元在约定时虽然缺乏事实基础，但该情况尚不足以成为案涉协议不应继续履行的理由。行政机关对自己的行为应诚实守信，不得随意变更，对行政相对人的授益性行政协议签订后，即使发现不当（不属于严重损害国家利益、公共利益和他人合法权益），只要行为不是相对人过错所致，亦不得随意撤销、废止或改变。本案中，案涉框架协议已经签订，基于对该协议的信赖，原告已依约将案涉土地交由政府挂牌出让，并已由他方竞得，该行为具有不可逆转性，同时，从案件事实显示原告信赖基础的成立并非善意。基于此，案涉框架协议应当继续履行。本案的意义在于，人民法院通过判决使信赖保护切实地成为产权保护制度之一，既使行政相对人的产权得到有效保护，又以司法审查的方式督促政府诚实守信，以期推进经济社会的发展和法治政府的建设。

【关联规定】

《最高人民法院关于审理行政协议案件若干问题的规定》

第十六条 在履行行政协议过程中，可能出现严重损害国家利益、社会公共利益的情形，被告作出变更、解除协议的行政行为后，原告请求撤销该行为，人民法院经审理认为该行为合法的，判决驳回原告诉讼请求；给原告造成损失的，判决被告予以补偿。

被告变更、解除行政协议的行政行为存在行政诉讼法第七十条规定情形的，人民法院判决撤销或者部分撤销，并可以责令被告重新作出行政行为。

被告变更、解除行政协议的行政行为违法，人民法院可以依据行政诉讼法第七十八条的规定判决被告继续履行协议、采取补救措施；给原告造成损失的，判决被告予以赔偿。

第十八条 当事人依据民事法律规范的规定行使履行抗辩权的，人民法院应予支持。

第十九条 被告未依法履行、未按照约定履行行政协议，人民法院可以依据行政诉讼法第七十八条的规定，结合原告诉讼请求，判决被告继续履行，并明确继续履行的具体内容；被告无法履行或者继续履行无实际意义的，人民法院可以判决被告采取相应的补救措施；给原告造成损失的，判决被告予以赔偿。

原告要求按照约定的违约金条款或者定金条款予以赔偿的，人民法院应予支持。

第二十条 被告明确表示或者以自己的行为表明不履行行政协议，原告在履行期限届满之前向人民法院起诉请求其承担违约责任的，人民法院应予支持。

第二十一条 被告或者其他行政机关因国家利益、社会公共利益的需要依法行使行政职权，导致原告履行不能、履行费用明显增加或者遭受损失，原告请求判令被告给予补偿的，人民法院应予支持。

相关案例一

如皋市广信房地产开发有限公司诉
如皋市丁堰镇人民政府要求履行行政协议案

【案号】

一审：江苏省海安市人民法院（2018）苏0621行初126号行政判决书

二审：江苏省南通市中级人民法院（2019）苏06行终95号行政判决书

【案情及裁判】

被上诉人（一审原告）：如皋市广信房地产开发有限公司（以下简称广信公司）。

上诉人（一审被告）：如皋市丁堰镇人民政府（以下简称丁堰镇政府）。

2004年8月20日，广信公司以公开竞价方式取得丁堰镇某食品站

7005.04平方米土地的使用权，并与如皋市国土资源局签订如皋市国有土地使用权挂牌出让成交确认书。当日，广信公司（乙方）与丁堰镇政府（甲方）签订《附属协议》，作为上述土地出让协议的附属协议。附属协议约定了土地出让金价格的确定、项目开发用地的预留、配套平整土地、给予政策补贴、帮助减免相应税费，以及提供宽松的投资环境等，其中第四条约定“乙方在该地块开发中向甲方所缴纳的税收，甲方确认后按乙方所缴纳的50%奖励给乙方”。广信公司在取得案涉土地的土地使用权证、建设用地规划许可证等后进行了建设开发销售，并缴纳营业税、土地增值税、城建税等相关税收。2017年8月20日，广信公司向丁堰镇政府提交关于祈请丁堰镇政府依约奖励的报告，认为其自2004年7月至2017年7月30日已缴纳税收1236760.48元，要求丁堰镇政府按照附属协议第四条约定给付奖励618380元。丁堰镇政府未予同意，广信公司遂提起行政诉讼，请求法院判决丁堰镇政府履行行政协议义务，向广信公司支付税收奖励618380元及迟延付款利息12万元。

江苏省海安市人民法院经审理，判决丁堰镇政府给付广信公司奖励费用419899.42元。丁堰镇政府不服提起上诉，江苏省南通市中级人民法院二审认为，行政机关为引进资金、带动地方经济发展、增加地方财税收入等目的，签订的招商引资协议属于行政协议。案涉协议内容均是作为一级政府的丁堰镇政府所享有的行政管理职能或者能够协调完成的事项，未超越丁堰镇政府的职权，不具有重大且明显违法的情形。案涉附属协议是在广信公司和丁堰镇政府协商一致的基础上订立，是双方真实意思表示，并有双方盖章和签字，协议依法成立。虽然丁堰镇政府依法不得擅自作出减免税收的决定或约定，但广信公司在签订合同中的信赖利益应受保护，案涉附属协议签订于2004年，根据《国务院关于税收等优惠政策相关事项的通知》（国发〔2015〕25号）文件的规定，协议中涉及税收优惠政策的事项，继续有效。况且，案涉协议的第四条是通过奖励的形式予以支付，该约定不等同于税收的先征后返，法律并不禁止行政机关依据特定的标准，通过对企业给予奖励等优惠政策从而实现行政管理目的。对于行政协议履行过程中公共利益是否受到损害，不能简单地以政府在协议中是否盈利为标准，即使存在丁堰镇政府上诉所称其奖励费用过高的情形，也不必然认为案涉附属协议即损害国家利益或者公共利益，故丁堰镇政府无权单方变更或者解除协议，应当按照协议约定履行。南通市中级人民法院遂判决驳回上诉，维持原判。

【评析】

民营企业的合法权益应当依法予以保护，行政机关在签订、履行行政协议中应当恪守诚信原则，依法、依约、善意履行行政协议，在招商引资过程中，行政机关对于承诺的事项更应当依约履行，从而维护良好的营商环境，进一步推动地方经济的发展。本案的意义在于，明确了招商引资行政协议中对合同条款采用诚信原则解释方法的基本规则，即行政机关对于本地区招商引资的相关政策、流程、奖惩措施的掌握，应当比企业更加熟悉，故在订立招商引资协议过程中，行政机关应当充分考虑协议条款的合法性、可履行性以及可能给企业带来的期待利益，在协议条款存在模糊之处时，依据诚信原则，应当按照对相对人有利的原则解释相关条款，由行政机关承担不利后果。该案例对促进行政机关在招商引资中依法行政、诚信行政，维护民营企业的合法权益有重要意义。

相关案例二

潍坊某置业发展有限公司诉安丘市人民政府不依约履行投资协议案

【案号】

一审：山东省潍坊市中级人民法院（2015）潍行初字第35号行政判决书

二审：山东省高级人民法院（2017）鲁行终495号行政判决书

【案情及裁判】

上诉人（一审原告）：潍坊某置业发展有限公司。

上诉人（一审被告）：安丘市人民政府。

2005年9月13日，安丘市人民政府与莱芜正泰钢铁有限公司（以下简称正泰公司）作为甲乙双方签订投资协议，由乙方在安丘注册成立房地产开发公司，负责承建长安路两侧沿街商铺和住宅的开发。其中，协议第四条约定，甲方同意给乙方提供以下优惠政策，用于道路建设补偿：……2. 免收土地契税、土地增值税、土地使用税；3. 营业税（含教育附加费、城市调节基金）、所得税地方留成部分用于项目市政设施投资补助，并于乙方交纳后30日内返还。协议签订后，正泰公司注册成立了潍坊某置业发展有限公司（以下简称置业公司），置业公司依约完成了长安路各项基础设施建设，并对长安路两侧沿街商铺和住宅进行了投资开发，完成了相关拆迁补偿安置工作。在项目建设过程中，置业公司缴纳土地增值税4141406.92元、土地使用税978759.43元、营业税9711685.73元（含教育附加费272343.67元）、企业所得税4526207.33元。置业公司要求安丘市人民政府依据投资协议第四条第二项、第三项的约定向其返还相应税款未果，提起本案诉讼。

山东省高级人民法院经审理认为，涉案投资协议属行政协议，可以适用《合同法》的相关规定作为判定依据。根据《国务院关于税收等优惠政策相关事项的通知》第三条"各地与企业已签订合同中的优惠政策，继续有效；对已兑现的部分，不溯及既往"的规定，对税收开征及减免具有普遍约束力。故该项约定符合行政规范要求，应认定有效。投资协议第四条第三项约定营业税、所得税地方留成部分用于项目市政设施投资补助，并于乙方交纳后30日内返还。该约定实际为营业税、所得税地方留成在置业公司交纳后予以返还的问题，并不违反法律、行政法规的强制性规定。双方约定的营业税属于地方性财政收入，在安丘市人民政府对其拥有所有权和支配权的情况下，应当全部返还。对于所得税的返还，山东省人民政府明确规定企业所得税分享比例为32%，故安丘市人民政府应按地方留成的32%返还置业公司。遂判决安丘市人民政府返还置业公司已缴纳的营业税、企业所得税共计11160072.08元。

【评析】

招商引资是促进经济发展的重磅引擎，地方政府在法定权限范围内出台招商引资优惠政策的应当予以兑现，认真履行在招商引资、政府与社会资本合作等活动中与投资主体依法签订的各类行政协议，因违约、毁约侵犯合法权益的，要承担法律和经济责任。本案的意义在于明确了行政协议中关于税款减免、返还约定是否有效及如何履行的问题。在行政协议的订立、履行过程中，确保行政机关与行政相对人约定的税收优惠条款合法有效，有利于提升政府的公信力，有利于保持地方经济的活力。因此，有关税收优惠条款的效力认定及履行问题，关系到协议双方的权利义务，关系到行政协议的价值实现，对于推进法治政府和政务诚信建设、营造良好营商环境具有示范意义。

相关案例三

淮安宝铁龙汽车销售有限公司诉淮安经济开发区国家税务局、淮安市国家税务局税务处理决定及行政复议案

【案号】

一审：江苏省淮安市清江浦区人民法院（2017）苏0812行初222号行政判决书

【案情及裁判】

原告：淮安宝铁龙汽车销售有限公司（以下简称宝铁龙公司）。

被告：淮安经济开发区国家税务局、淮安市国家税务局。

宝铁龙公司系淮安市清江浦区人民政府（以下简称清江浦区政府）招商引资进入的企业，清江浦区政府与宝铁龙公司的全资控股母公司润东集团就相关投资达成《项目合同书》及补充协议，补充协议第五条约定“以上甲方承诺给乙方的扶持发展资金和奖励若有税收，由甲方承担，与乙方无关”。淮安经济开发区国家税务局认定宝铁龙公司于2011年根据协议取得的企业扶持发展资金，未按规定申报收入，且不符合免税条件，遂对宝铁龙公司作出《税务处理决定书》，责令其补缴2011年度企业所得税并缴纳税收滞纳金。宝铁龙公司不服，向淮安市国家税务局申请复议，复议决定维持淮安经济开发区国家税务局作出的《税务处理决定书》。该公司不服，认为税务机关作出的《税务处理决定书》违法，本案已经超过法律规定的追缴期限，遂提起诉讼。

一审法院判决认为，宝铁龙公司取得的企业扶持发展资金不能视为自有资金，也不属于国家投资和资金使用后要求归还本金的财政性资金，在税收上应纳入收入总额予以征税。税务机关作出的《税务处理决定书》并未超过法定的追缴期限。二审法院判决认为，宝铁龙公司获得的企业扶持资金，系其收入而非集团公司的收入，应当纳入收入总额予以征税。税务机关作出的《税务处理决定书》并未超过法定的追缴期限。但未缴或少缴税款并非宝铁龙公司的责任，税务机关加收税收滞纳金的决定缺乏法律依据，依法予以撤销。遂判决：撤销一审判决，撤销《税务处理决定书》中关于加收税收滞纳金的部分、撤销《复议决定书》中维持加收税收滞纳金的部分。

【评析】

地方政府常通过签订含有优惠政策的招商引资协议来吸引企业入驻，但签订协议的内容不得违反法律的规定。在履行协议过程中产生争议的，有约定的按约定，没有约定的按法定，且约定不能违反法定。本案中，地方政府在协议中约定给予引进企业某些税收优惠，违反了有关税收征收管理法律、法规。税务机关在本案中既查处了税收违法行为，又客观上促进了政府在签订和履行行政协议过程中要依法行政，优化了公平竞争的市场营商环境。

第二节 行政协议违约责任不低于民事标准

宁海县盛源激光科技有限公司诉宁海县自然资源和规划局解除《国有建设用地使用权出让合同》并要求行政赔偿责任案

【案号】

一审：浙江省宁波市北仑区人民法院（2016）浙0206行初37号行政判决书、浙江省宁波市北仑区人民法院（2018）浙0206行初1号行政判决书

二审：浙江省宁波市中级人民法院（2017）浙02行终144号行政判决书、

浙江省宁波市中级人民法院（2019）浙02行终109号行政判决书

【案情】

上诉人（一审原告）：宁海县盛源激光科技有限公司。

被上诉人（一审被告）：宁海县自然资源和规划局（原宁海县国土资源局）。

一审经审理查明：2012年11月21日，浙江省人民政府作出浙土字A〔2012〕-0345号《浙江省建设用地审批意见书》，同意宁海县2012年度计划第四批次建设用地32.5883公顷，其中包括涉案的宁海县模具城08-1地块。经挂牌出让竞买程序，2013年8月24日原、被告签订《国有建设用地使用权出让合同》，出让地块系宁海县模具城08-1地块，宗地面积23001平方米，坐落于宁海县模具城，原告支付全部国有建设用地使用权出让金13873928元，及缴纳委托补充耕地指标费1035045元，支付耕地占用税805035元，土地出让契税465900元及财产转移印花税7765元。2013年9月24日，原告取得涉案土地《国有土地使用证》。此后，原告与宁海县建筑设计院签订《建设工程设计合同》；与宁波科信建设工程造价咨询有限公司签订《建设工程造价咨询合同》；与宁波住宅建设集团股份有限公司签订《建设工程施工合同》。筹措开展项目开发。并以该宁海县模具城08-1地块土地使用权为抵押物，与中信银行股份有限公司宁波宁海支行签订最高额为25000000元的《最高额抵押合同》，并实际贷款2000万元。2015年6月9日，浙江省人民政府浙政复字〔2014〕360号《行政复议决定书》作出撤销浙土字A〔2012〕-0345号《浙江省建设用地审批意见书》批准宁海县2012年度计划第四批次建设用地宁海县模具城08-1地块、西店12-7地块项目中征收1.8473公顷林地的具体行政行为。本案原告竞得的宁海县模具城08-1地块包含上述林地中的13137平方米，且与本地块内剩余土地呈穿插交错状态。

2015年11月12日，被告原宁海县国土资源局向原告送达《关于解除3302262013A21075号〈国有建设用地使用权出让合同〉的函》，通知原告解除3302262013A21075号《国有建设用地使用权出让合同》，原告对此不予认可，并要求被告就土地征收重新审批并继续履行合同。2016年7月18日，被告原宁海县国土资源局在网站上发出《不动产权属证书作废启示》，宣告原告于2013年9月24日取得编号为宁国用〔2013〕第06034号的《国有土地使用证》作废。另因原告未按照约定还本付息，中信银行股份有限公司宁波宁海支行向浙江省宁海县人民法院提起诉讼。2016年6月14日，应中信银行股份有限公司宁波宁海支行的强制执行申请，宁海县人民法院从被告处强制扣划原告缴纳的土地出让金13873928元（包含委托补充耕地指标费）。原告不服，起诉请求依法确认原、被告《国有建设用地使用权出让合同》解除并要求被告原宁海县国土资源局承担赔偿责任。

【审判】

一审法院认为，依据《土地管理法》第四十六条、第五十三条的规定，土地的征收由县级以上地方人民政府组织实施，国有建设用地的使用需要经过县级以上地方人民政府批准。依据《城镇国有土地使用权出让和转让暂行条例》第十一条的规定，被告仅负责具体的土地出让及订立合同事宜。因此，浙江省人民政府浙政复字〔2014〕360号《行政复议决定书》作出撤销浙土字A〔2012〕–0345号《浙江省建设用地审批意见书》批准宁海县2012年度计划第四批次建设用地宁海县模具城08–1地块、西店12–7地块项目中征收18473平方米林地的具体行政行为，对于被告履行《国有建设用地使用权出让合同》而言，构成不可抗力。再者，原、被告签订的《国有建设用地使用权出让合同》项下的土地面积为23001平方米，其中包含的13137平方米林地受上述浙江省人民政府撤销行为的影响，并且这13137平方米林地与剩下的9864平方米土地呈穿插交错状态，不可分割，因此，浙江省人民政府的上述撤销行为，导致原、被告签订的《国有建设用地使用权出让合同》项下的土地无法作为建设用地被整体利用，使得整个合同目的不能实现。《合同法》第九十四条第一项规定，因不可抗力致使不能实现合同目的的，当事人可以解除合同。本案中原、被告双方均有权解除《国有建设用地使用权出让合同》。因此，2015年11月12日，被告原宁海县国土资源局向原告送达《关于解除3302262013A21075号〈国有建设用地使用权出让合同〉的函》，主张解除合同，符合法律规定，原、被告签订的《国有建设用地使用权出让合同》已经于2015年11月12日解除。故原告主张被告发出的《关于解除3302262013A21075号〈国有建设用地使用权出让合同〉的函》无效，《国有建设用地使用权出让合同》仍然有效，并请求法院确认原、被告签订的编号为3302262013A21075的《国有建设用地使用权出让合同》解除的诉讼请求，依法不予支持。依据《合同法》第九十四条第一项、《行政诉讼法》第六十九条之规定，判决驳回原告宁海县盛源激光科技有限公司的诉讼请求。

二审法院认为，涉案土地被合法征收后上诉双方经正常程序签订建设用地使用权出让合同，该行政协议合法有效。后因部分林地的征收程序瑕疵被撤销征收手续，被上诉人无法继续履行该行政协议，应承担相应的合同责任。上诉人可以根据《最高人民法院关于适用〈中华人民共和国行政诉讼法〉若干问题的解释》第十五条及《合同法》的相关规定提起诉讼。涉案争议土地在征收过程中，被上诉人未经林地审批手续即上报“一书三方案”，最终导致省政府撤销了部分土地的征地手续，因该具体程序违法问题被上诉人可以预见可以避免也可以克服，即其先前过错行为导致土地出让合同不能实现，故不能适用不可抗力规则来解除合同。原判认定基本事实不清，证据不足，上诉人上诉理由部分成立，该院予以支持。依照《行政诉讼法》第八十九条第一款第三项的规定，裁定撤销浙江省宁波市北仑区人民法院（2016）浙0206行初37号行政判决；本案发回宁波市北仑区人民法院重审。经重审，一审法院认为，涉案征收土地中的林地事先未经有权机关审批即上报“一书三方案”，最终导致浙江省人民政府撤销了部分土地的征地审批行为，系被告的先前过错行为导致原、被告签订的《国有土地使用权出让合同》不能实现，被告应当承担相应的合同责任，依法判决：一、确认原告宁海县盛源激光科技有限公司与被告原宁海县国土资源局签订的《国有建设用地使用权出让合同》于2015年11月12日解除。二、被告原宁海县国土资源局应于本判决生效之日起30日内赔偿原告宁海县盛源激光科技有限公司因支付土地出让金13873928元（包含委托补充耕地指标费）遭受的利息损失2240585.77元（利息按照中国人民银行同期同档次贷款基准利率计算，其中320万元自2013年8月14日计算至2016年6月14日，计519311.11元；其中10673928元自2013年8月20日计算至2016年6月14日，计1721274.66元）。三、被告原宁海县国土资源局应于本判决生效之日起30日内赔偿原告宁海县盛源激光科技有限公司城建配套费1656072元，并支付自2013年8月20日至实际履行之日止按照中国人民银行同期同档次贷款基准利率计算的利息；应于本判决生效之日起30日内赔偿原告宁海县盛源激光科技有限公司支付的耕地占用税805035元、土地出让契税465900元、财产转移印花税7765元，合计1278700元，并支付自2013年9月5日至实际履行之日止按照中国人民银行同期同档次贷款基准利率计算的利息；应于本判决生效之日起30日内赔偿原告宁海县盛源激光科技有限公司墙体材料及散装水泥专项资金424879元，并支付自2013年9月13日至实际履行之日止按照中国人民银行同期同档次贷款基准利率计算的利息；应于本判决生效之日起30日内赔偿原告宁海县盛源激光科技有限公司向宁海县模具城缴纳的履约保证金600000元，并支付自2013年9月3日至实际履行之日止按照中国人民银行同期同档次贷款基准利率计算的利息。四、被告原宁海县国土资源局应于本判决生效之日起30日内赔偿原告宁海县盛源激光科技有限公司实际支出的各项费用78275元（含审图费30275元，环评编制费13000元，检测服务费2000元，勘察设计费33000元）。五、驳回原告宁海县盛源激光科技有限公司的其他诉讼请求。

该案经上诉，二审法院维持一审判决。目前，判决已经生效。

【评析】

《行政诉讼法》及《最高人民法院关于审理行政协议案件若干问题的规定》对违约责任如何进行赔偿没有明确规定。在司法实践中，对于行政协议违约责任案件中的赔偿标准问题，存在较大的争议，主要有两种观点：第一种观点认为，被告承担赔偿或者补偿责任的方式和标准，应当根据行政协议的约定确定；无约定的应当参照《国家赔偿法》的规定。第二种观点认为，被告承担赔偿或者补偿责任的方式和标准，应当根据行政协议的约定确定；行政协议无约定的，应参照民事法律规范的相关规定。其分歧在于，行政协议无约定的，是应当参照《国家赔偿法》的规定还是应当参照民事法律规范的相关规定。上述争议最关键的问题是行政机关的赔偿范围包括哪些？这个问题不仅涉及合同相对人利益的保护，也涉及行政协议制度是否可以提供不低于民事保护的标准，更关涉行政协议制度是否有强大生命力的核心问题。

行政合同纠纷造成合同相对人利益损失的，根据《德国行政程序法》第62条的规定，可以类推适用《德国民法典》的相关条款。《德国民法典》对赔偿义务的规定主要有：一是该法第249条第1款规定，负损害赔偿义务的人，应将损害恢复原状；二是该法第252条规定，应赔偿的损害也包括可得利益。可得利益，是指依事物的通常进行，或者依特殊情形，特别是依已采取的措施或者准备，可预期获得的利益。在美国，如果政府或合同另一方未能根据合同履行其义务，法院将对受害方给予救济。特别是，如果政府未能根据合同履行其义务，或者根据合同中未规定的理由终止合同，法院将命令“具体履行”，即指示当事人完成合同，或给予损害赔偿。这些损害金额的计量方式与在私人合同纠纷中衡量损害赔偿金的方式相同，即受害方在合同履行情况下应得到的金额。有时，如果可以证明由于合同违约而未能实现其他预期的利益，法院也可以对受害方给予“间接”损害赔偿。

我们认为，正是因为公共行政目的决定了公法在行政协议中的运用，而协商手段决定了私法在行政协议的适用余地。真正的困难在于如何协调公私法在行政协议中的适用。行政协议是游离于公法和私法之间的一种协议行为，在公法和私法之间反复摇摆。现在有很多行政协议案件无法妥善解决的根本原因，就在于其同时具备公共行政的目的和协商手段，而存在民商法与行政法同时适用的可能（甚至在冲突中适用），这也决定了它必然游离于公法和私法之间。当行政协议一出现，公法和私法不可避免地碰撞在一起，而且一个非常重要的问题是公法和私法本身区分就不是很明确。正如前文提到的曾有人统计过有关公法和私法的区别标准学说，足足有19种，包括意志说、权利说、公共利益说、主体说等。也就是说，公法和私法的界限是不清楚的，这种情况更加剧了行政协议在公法和私法之间的游离。现代行政管理活动具有多元性、多样性和复杂性，行政机关不仅采用传统权力手段，还频繁借用私法领域中的合同手段来实现传统权力手段无法实现的行政目的。行政协议正是其中的最重要代表。它的出现产生了有别于“私法公法化”的另一种公私法融合的趋势：“公法私法化”。它意味着规范公共行政的法律在保持公法属性的前提下，也可以适用一些与公共行政不相悖的私法规则，最大限度地发挥两者的潜能，共同解决存在的问题。如此，不仅可以解决长期以来单纯适用私法规则无法防止政府机关及其工作人员在行政管理和公共服务领域滥权和腐败的问题，也可以最大限度地发挥私法规则的功能作用，更好地体现有关主体地位，确实保护其合法权益。不可避免的是，行政协议在公私法的适用中会变得更复杂，而违约责任和行政赔偿之间的关系就是行政协议在公私法的复杂适用中的具体体现。行政机关违法变更、解除行政协议，其为典型的违约行为，若按照《国家赔偿法》规定的标准进行行政赔偿，民众无法获得预期利益。比如说一个工程是某个企业负责的，进行到一半合同解除了，结果按照国家赔偿的标准，投入多少赔偿多少，但是其经营利益并不会计算在内。所以，有人提出，在这种情况下是否可以按照民法的民事违约责任来处理，将当事人的预期利益计算在内。当然，这种做法因为会极大地增加国家财政的负担，也不能轻易适用，所以又有人提出折中的办法：当时签订的协议规定了违约责任的，从其协议；协议没有约定的，可以参照适用民事法律规范的规定，在一些特殊情形下可以按照国家赔偿标准进行赔偿。也就是说，只要选择了行政协议，就选择了违约责任，国家赔偿标准原则上是可以排除适用的。但是实践中，需要考虑行政机关和国家财政承受能力，如果完全按照违约责任，那就需要将预期利益也算进赔偿范围，地方政府就一定会有压力，尤其是一些重大工程。所以目前可以考虑合同有约定就按照合同约定，没有约定的可以参照适用民事法律规范的规定，但禁止双赔等超过填平损失或者其他造成国家财政巨大压力的情形出现。这是行政协议诉讼运用民事实体法规定的具体表现，也是在公法和私法之间摇摆，也就是所谓的“价值权衡”“目的考量”“利益衡量”的必然结果。

综上所述，对于行政赔偿和补偿的问题，有约定的，应当按照约定的标准计算；没有约定的，原则上可以参照适用民事法律规范的规定。这主要是考虑：第一，当前行政协议案件中，一些行政机关往往利用在行政协议中的特权，随意变更解除协议，导致行政相对人遭受重大损失，即使赔偿，也是按照国家赔偿标准的低水平赔偿，亟须通过诉讼程序进一步规范。第二，行政协议案件中，更应当强调行政相对人在协议权益方面的保护。行政相对人之所以愿意签订行政协议，其目的不在于履行国家义务，而在于通过经营获得自身收益。第三，如果适用国家赔偿标准，可能引导行政机关在订立协议时不对赔偿或者补偿数额进行约定。行政机关在订立协议时，应当综合考虑协议事项的实现可能性等因素，确定相应的违约责任，一旦约定，就应当信守，不能在违约后认为应当适用国家赔偿标准。第四，司法实践中，行政协议的标的额往往十分巨大，利益也比较大，特别是在国有土地使用权出让合同领域，由于土地使用权价值飞涨，有的行政机关不惜违约转卖使用权获取利益，如果适用国家赔偿标准，可能加剧这种现象。当然，人民法院在审理行政协议案件确定赔偿和补偿时，也应当注意行政协议“行政性”“公益性”的一面，不能完全采用民事合同赔偿的标准，而是应当在综合考虑的基础上首先参照适用民事法律规范规定的赔偿、补偿标准。①

国有土地使用权出让过程中，即便买受人已经将交付的国有土地使用权做证，因前期须完成集体土地征收转用为建设用地方可出让，而征地程序中可能会存在问题而导致已经被出让的国有土地使用权出让合同因征收程序被撤销而无法继续履行，买受人已经取得的国有土地使用权将因此丧失。如何保护买受人的产权，依赖国有土地使用权出让这一行政合同受到合同法律规范等的有效保护。其中的关键在于行政机关依法承担相应的合同责任。本案

① 江必新、梁凤云：《最高人民法院新行政诉讼法司法解释理解与适用》，中国法制出版社2015年版，第164—165页。

中，被告国土部门把省政府撤销涉案部分土地的征收手续视作自己协议不能履行时免责的不可抗力。行政协议履行过程中上级行政机关的行政决定可能成就政策性不可抗力，但如果该行政决定系下级行政机关本身的程序违法行为引致的，后者不能适用不可抗力规则来免责，而应承担违约责任。而在实际赔偿中，应把握实际损失原则来确定损失范围，行政协议纳入行政诉讼的审理过程中，对当事人的保护力度应秉持不低于民事诉讼的基本尺度，本案中，按贷款利率确定权利人利息损失范围及适用定金双倍返还规则等都体现了这一要求。

【实务指导】

在实践中，具体如何进行赔偿，一般应当注意以下四个方面：一是行政协议有约定的处理及限制。行政协议有约定的相对人请求行政机关按照行政协议的约定承担违约责任的，人民法院应予支持，但约定标准不得低于国家赔偿法规定的标准，与此同时约定标准过高的，人民法院应依法予以调减。二是行政协议没有约定及可获得利益的处理。没有约定的，按照民事法律规范规定予以行政赔偿。鉴于行政机关选择了契约的形式来实施行政管理或者提供公共服务，其承担责任应按照违约责任予以处理，亦可参照合同法律有关违约责任的规定处理。原告请求赔偿包括协议履行后可获得利益的损失的，人民法院应予支持，但不得超过当事人订立协议时预见到或者应当预见到的因违反协议可能造成的损失，但法律、行政法规另有规定的除外。也就是说，行政机关违约的，应当充分赔偿当事人的实际损失，该实际损失不仅包括直接损失，也包括预期损失。三是过错相抵。原告对损失有过错，被告请求适当减轻其赔偿责任的，人民法院应予支持。四是赔偿标准、违约金的调适。行政协议约定的赔偿标准、违约金产生争议的，可以适用合同法律规范及其司法解释有关违约金调适的规定办理，另有规定的除外。比如国有土地出让合同的违约金必须按照法律及行政法规收取，原则上不得调减。

【关联规定】

《最高人民法院关于审理行政协议案件若干问题的规定》

第十六条 在履行行政协议过程中，可能出现严重损害国家利益、社会公共利益的情形，被告作出变更、解除协议的行政行为后，原告请求撤销该行为，人民法院经审理认为该行为合法的，判决驳回原告诉讼请求；给原告造成损失的，判决被告予以补偿。

被告变更、解除行政协议的行政行为存在行政诉讼法第七十条规定情形的，人民法院判决撤销或者部分撤销，并可以责令被告重新作出行政行为。

被告变更、解除行政协议的行政行为违法，人民法院可以依据行政诉讼法第七十八条的规定判决被告继续履行协议、采取补救措施；给原告造成损失的，判决被告予以赔偿。

第十九条 被告未依法履行、未按照约定履行行政协议，人民法院可以依据行政诉讼法第七十八条的规定，结合原告诉讼请求，判决被告继续履行，并明确继续履行的具体内容；被告无法履行或者继续履行无实际意义的，人民法院可以判决被告采取相应的补救措施；给原告造成损失的，判决被告予以赔偿。

原告要求按照约定的违约金条款或者定金条款予以赔偿的，人民法院应予支持。

第三节　行政协议约定违约责任的处理

濮阳市牌照厂诉濮阳市华龙区孟轲乡人民政府履行行政补偿协议案

【案号】

一审：河南省濮阳县人民法院（2015）濮行初字第28号行政判决书

二审：河南省濮阳市中级人民法院（2015）濮中法行终字第00116号行政判决书

【案情】

上诉人（一审被告）：濮阳市华龙区孟轲乡人民政府。

被上诉人（一审原告）：濮阳市牌照厂。

2012年9月19日，因濮清快速通道建设占用原告濮阳市牌照厂所占已征国有土地4.2亩，濮阳市牌照厂（乙方）与濮阳市华龙区孟轲乡人民政府（甲方）达成拆迁安置补偿协议。协议第三条约定："乙方拆除完毕时，甲方于七日内将土地补偿款费用101.08万元支付给乙方。如果甲方不能及时支付该款，乙方有权选择土地置换或者继续追讨该款"。第四条约定："乙方按约定实施拆除，如果甲方未能依约支付该款，乙方有权停止拆除。并且甲方按照银行同期贷款双倍利率向乙方承担违约金。该条款适用于第三条所定乙方继续追讨条款"。原告拆除完毕后，被告未按协议支付原告土地补偿款。一直就土地置换向上级机关请示，但土地置换并未实施。至2015年1月27日，因原告剩余土地5.8亩在土地征收范围，华龙区房屋征收与补偿办公室将两次征收补偿款一并支付给濮阳市牌照厂。濮阳市牌照厂于2015年6月9日起诉至法院称：2012年9月19日，原、被告因濮清快速通道建设对原告进行拆迁一事，经协商达成拆迁安置补偿协议。协议第三条约定："乙方拆除完毕时，甲方于七日内将土地补偿款费用101.08万元支付给乙方。如果甲方不能及时支付该款，乙方有权选择土地置换或者继续追讨该款"。第四条约定："乙方按约定实施拆除，如果甲方未能依约支付该款，乙方有权停止拆除。并且甲方按照银行同期贷款双倍利率向乙方承担违约金。该条款适用于第三条所定乙方继续追讨条款"。协议签订后，原告依约进行了拆除，但被告未能依约支付协议第三条所定的土地补偿款101.08万元。直至2015年1月27日，华龙区房屋征收与补偿办公室方将该款本金支付给原告。但违约金并未处理。原告认为双方于2012年9月19日所签订的拆迁安置补偿协议合法有效，属于《最高人民法院关于适用〈中华人民共和国行政诉讼法〉若干问题的解释》规定的行政协议，对双方均产生法律约束力。原告已履行义务，但被告自2012年9月26日至2015年1月27日持续违约，依据同期人民银行基准利率双倍计算，违约金为38万元。故请求该院判令被告向原告支付违约金38万元。

【审判】

濮阳县人民法院一审认为：按照《国有土地上房屋征收与补偿条例》第四条规定："市、县级人民政府负责本行政区域的房屋征收与补偿工作。市、县级人民政府确定的房屋征收部门（以下称房屋征收部门）组织实施本行政区域的房屋征收与补偿工作……"第二十五条规定了由房屋征收部门与被征收人订立补偿协议。被告虽然不是房屋征收部门，但其作为乡级人民政府参与了其行政区域内的房屋征收与补偿工作。原告作为行政管理相对人出于对行政机关的信任，与其签订了补偿协议，且按照协议履行了拆迁义务。房屋征收部门亦是按照协议约定支付了附着物补偿款。故应视为协议有效并基本履行完毕。双方只是对土地补偿方式产生了争议，即原告选择的是货币补偿还是土地置换。被告主张原告申请的是土地置换，但被告提交的证据不能证明原告选择的是土地置换。被告虽然为原告土地置换积极向上级行政机关请示，但未得到上级机关的答复。即使原告选择了土地置换，被告也没有履行协议，实现土地置换，违约的仍然是被告。原告延迟得到货币补偿的同时，即有权按照拆迁安置补偿协议主张违约金。被告作为行政机关依照诚信原则，应当按照协议约定按银行同期贷款双倍利率承担违约金。故依照《行政诉讼法》第七十八条第一款、《最高人民法院关于适用〈中华人民共和国行政诉讼法〉若干问题的解释》第十五条第一款之规定判决：一、由被告濮阳市华龙区孟轲乡人民政府在本判决生效后十日内按照双方达成的协议按人民银行同期贷款基准利率双倍支付给原告违约金1010800元 × 6.15% × 28个月 × 2倍，即348119.52元。二、驳回原告其他诉讼请求。

濮阳市中级人民法院二审判决认为：一审认定濮阳市华龙区孟轲乡人民

政府作为乡级人民政府参与了其行政区域内的房屋征收与补偿工作。濮阳市牌照厂作为行政管理相对人出于对其信任，与其签订了补偿协议，且按照协议履行了拆迁义务。房屋征收部门亦是按照协议约定支付了附着物补偿款。该事实认定是清楚的。濮阳市华龙区孟轲乡人民政府应当按照诚信原则承担责任，一审判决其承担违约责任正确，但违约金计算有误，应予更正。依照《行政诉讼法》第八十九条第一款第二项的规定，判决：一、变更河南省濮阳县人民法院（2015）濮行初字第28号行政判决第一项为：由濮阳市华龙区孟轲乡人民政府在本判决生效后十日内按照双方达成的协议按人民银行同期贷款基准利率双倍支付给濮阳市牌照厂违约金289560.52元［（133998.39＋10781.87）×2］；二、维持濮阳县人民法院（2015）濮行初字第28号行政判决第二项。

【评析】

行政协议是行政主体为实现行政管理目标而与公民、法人和其他组织经过协商，相互意思表示一致所达成的协议。2014年修正的《行政诉讼法》第十二条将行政协议纳入行政诉讼的受案范围，为人民法院审理行政协议案件提供了法律依据，行政协议履行过程中产生的行政争议理应属于行政诉讼审判范围。

《行政诉讼法》第七十八条规定："被告不依法履行、未按照约定履行或者违法变更、解除本法第十二条第一款第十一项规定的协议的，人民法院判决被告承担继续履行、采取补救措施或者赔偿损失等责任。"即，法院经审查查明被告不依法履行、未按照约定履行或者违法变更、解除协议的，可以要求被告承担违约责任，根据原告请求和实际情况，作出要求被告继续履行行政协议、采取补救措施或者赔偿损失的判决。但是，对于上述规定对行政协议违约应承担法律责任的性质存在两种不同的意见。一种观点认为，行政协议案件是行政协议行为案件，只能判决承担赔偿责任，不能判决违约责任；另一种观点则认为，行政协议案件应当坚持民事诉讼"不告不理"原则，按照当事人诉讼请求进行审理裁判，应当根据当事人诉求判决承担返还财产、赔偿等违约责任。我们认为，人民法院要对行政协议案件进行合法性审查和合约性审查，行政协议案件包括行政机关行使优益权的行政行为案件，也包括行政机关违反行政协议约定的案件。2014年修正的《行政诉讼法》借鉴《合同法》第一百零七条“当事人一方不履行合同义务或者履行合同义务不符合约定的，应当承担继续履行、采取补救措施或者赔偿损失等违约责任”的规定，明确了行政协议案件的违约责任。因此《行政诉讼法》第七十八条作出上述规定。该规定的释义中进一步明确，“合同法规定，不履行合同就要承担违约责任”“法院经审理查明被告不依法履行、未按照约定履行的，可以要求被告承担违约责任”。[①]故立法机关认为在依据《行政诉讼法》第七十八条行政机关违反行政协议约定内容的，应当承担相应的违约责任。

根据《行政诉讼法》第七十八条规定，行政协议的判决内容包括继续履行、采取补救措施、赔偿损失等，但是没有明确具体适用条件，也没有明确上述违约责任之间的关系。2015年《最高人民法院关于适用〈中华人民共和国行政诉讼法〉若干问题的解释》第十五条第一款规定，原告主张被告不依法履行、未按照约定履行协议或者单方变更、解除协议违法，理由成立的，人民法院可以根据原告的诉讼请求判决确认协议有效、判决被告继续履行协议，并明确继续履行的具体内容；被告无法继续履行或者继续履行已无实际意义的，判决被告采取相应的补救措施；给原告造成损失的，判决被告予以赔偿。可见，判决内容主要包括判决继续履行、采取补救措施和赔偿损失。该条对此作了进一步的细化。鉴于《最高人民法院关于适用〈中华人民共和国行政诉讼法〉若干问题的解释》第十五条第一款规定内容比较成熟，《最高人民法院关于审理行政协议案件若干问题的规定》继续作了规定。此外，为了防止行政机关滥用变更、解除协议权，《最高人民法院关于审理行

① 全国人大常委会法制工作委员会行政法室编著：《中华人民共和国行政诉讼法解读》，中国法制出版社2014年版，第214页。

政协议案件若干问题的规定》规定，被告变更、解除行政协议的行政行为存在《行政诉讼法》第七十条情形的，人民法院判决撤销或者部分撤销，并可以责令被告重新作出行政行为，也可以依据《行政诉讼法》第七十八条的规定判决继续履行协议、采取补救措施；给原告造成损失的，判决被告予以赔偿。

1.判决继续履行协议。一般情况下，为了维护公共利益和保护协议双方的诚信，法院应当尽可能保证行政协议的有效性，使行政协议得到继续履行。因此，继续履行是首先要考虑的违约承担方式。原告主张被告不依法履行、未按照约定履行协议，理由成立的，人民法院判决被告继续履行协议。继续履行协议是指判决被告继续履行行政协议约定的义务。例如，广东深汕森钢投资发展有限公司诉深汕特别合作区管理委员会不履行招商引资协议纠纷一案，2015年8月，广东深汕森钢投资发展有限公司（以下简称森钢公司）与深汕特别合作区管理委员会（以下简称管委会）签订《项目投资协议》，约定该公司投资兴建深汕森钢建材物资市场，管委会将尽快按程序公开出让土地，该公司通过“招拍挂”力争竞得该土地，并在合作区成立全资子公司作为土地受让人。之后，森钢公司依约在合作区设立全资子公司，合作区土地储备中心也与森钢公司签订土地短期利用合同，将1万平方米土地租给森钢公司短期利用一年。但管委会未按约定启动土地出让程序，合作区有关部门还于2017年以森钢公司超期占地、建设永久性建筑物为由，决定收回出租的土地。森钢公司遂以管委会为被告提起行政诉讼，要求履约。人民法院认为，案涉《项目投资协议》属于行政协议，协议合法有效，也不存在不能继续履行的情形，双方应当依照行政法律规定和诚信原则，继续履行《项目投资协议》的具体约定。依据《行政诉讼法》第七十八条第一款规定，对森钢公司的继续履约请求，依法应予以支持，遂于2018年12月判令管委会继续履行与森钢公司签订的《项目投资协议》。该案是行政审判监督行政机关履约，依法支持企业合理诉求，切实稳定企业预期，优化营商环境的典型案例。在政府特许经营协议中，政府可以承诺与特许经营项目有关的土地使用、相关城市基础设施的提供、防止不必要的竞争性项目建设、必要合理的补贴等内容，如果行政机关未履行相应的约定义务的，人民法院可以判决继续履行协议。再如，在郑某财等243户村民诉汕尾市国土资源局土地行政合同纠纷案中，法院认为，人民政府土地行政主管部门与被征用土地农村集体经济组织签订的土地征收补偿合同是行政合同，由此引发的纠纷属于人民法院行政诉讼受案范围。土地征收补偿合同中，行政机关足额及时发放土地征用补偿款是其法定职责，失地农民认为行政机关不履行、未适当履行的，应当支持其诉讼请求，判决行政机关履行义务。①

在此要注意三个问题：一是在特定情况下，由于行政协议的公益性往往会突破合同的相对性，人民法院还可以对行政协议中的第三人作出继续履行协议的判决。例如，《海南省土地征收补偿安置管理办法》第二十五条规定，土地出让合同约定用地单位有招工义务的，用地单位应当按照约定招收被征地农民就业；不按照约定招收的，应当承担违约责任。如果行政协议中的第三人"用地单位"未按照约定招收被征地农民就业的，可以判决第三人继续履行约定义务。二是为了便于行政机关继续履行，便于法院强制执行，人民法院应当审查行政机关不依法履行、未按照约定履行的具体情况，对应当继续履行的具体内容进行明确，不能笼而统之要求行政机关按照约定履行。三是人民法院可以依据《行政诉讼法》第七十八条的规定判决被告继续履行，如涉及公益性不大，双方当事人又确实不愿继续履行，可以考虑不判决被告继续履行，避免之后人民法院强制执行不能的困境。

2.判决采取相应的补救措施。《合同法》第一百一十一条规定："质量不符合约定的，应当按照当事人的约定承担违约责任。对违约责任没有约定或者约定不明确，依照本法第六十一条的规定仍不能确定的，受损害方根据标的的性质以及损失的大小，可以合理选择要求对方承担修理、更换、重作、

① 《行政机关应依法履行土地征收补偿合同约定的义务——郑义财等243户村民诉汕尾市国土资源局土地行政合同纠纷案》，载最高人民法院行政审判庭编：《中国行政审判案例》（第三卷），中国法制出版社2013年版，第105—110页。

退货、减少价款或者报酬等违约责任。”[①]如果被告履行合同不适当、无法继续履行或者继续履行已无实际意义的，还可以采取合同法律规定的修理、更换、重作、退货、减少价款报酬等补救措施。

《最高人民法院关于审理行政协议案件若干问题的规定》第十九条第一款借鉴《合同法》的上述规定和依据《行政诉讼法》第七十八条，规定：“……被告无法履行或者继续履行无实际意义的，人民法院可以判决被告采取相应的补救措施……”补救措施是指在行政协议有效的前提下，行政机关采取的消除争议或者缓解矛盾的措施。人民法院判决被告采取相应的补救措施原则上不能在判决主文中笼统表述，应尽可能对采取补救措施的具体内容进行明确，便于行政机关实施和法院之后的强制执行。例如，《海南省土地征收补偿安置管理办法》第二十一条至第二十三条规定，“土地被征收后被征地集体的剩余土地不能满足生产需要的，市、县、自治县人民政府应当按照便利、就近的原则，安排一定数量的土地给被征地集体发展农业生产。”“被征地集体用征地补偿安置费用发展生产、安置劳动力就业确有困难的，市、县、自治县人民政府应当从土地有偿出让收入中提取一定资金补助被征地集体发展生产、安置劳动力。”“省和市、县、自治县人民政府每年安排的再就业专项资金中应当有一定比例的资金用于培训被征地农民，提高其再就业能力。具体实施办法由省人事劳动保障部门会同有关部门制定。”其中“安排一定数量的土地给被征地集体发展农业生产”“补助被征地集体发展生产、安置劳动力”“培训被征地农民”等内容，如果没有作为土地征收补偿协议中的一部分写进协议，则法院可以将其作为“采取相应的补救措施”的内容明确写进判决。

3.判决赔偿。《最高人民法院关于审理行政协议案件若干问题的规定》第十九条第一款规定：“……给原告造成损失的，判决被告予以赔偿”。原告合法权益因被告“不依法履行、未按照约定履行”行为受到损失的，应当予以赔偿。我国一些行政法律规范都作了大量的规定。比如，《市政公用事业

① 对应《民法典》第五百八十二条。

特许经营管理办法》第二十九条规定，主管部门或者获得特许经营权的企业违反协议的，由过错方承担违约责任，给对方造成损失的，应当承担赔偿责任。再如，《建设部关于印发城镇供热、城市污水处理特许经营协议示范文本的通知》中规定了甲方（建设部门）的违约责任：甲方对乙方的特许经营权构成妨碍的，应当及时改正，并应赔偿乙方因此而遭受的经济损失；甲方不将其投资建设的供热设施交付乙方使用或擅自处置其投资建设的供热设施的，应当及时改正，并应赔偿乙方因此而遭受的经济损失；甲方违反有关价格法规及本协议定价、调价程序，给乙方造成经济损失的，应当及时按照有关规定补偿乙方因此受到的经济损失；甲方基于对获得特许经营者的监管的权力采用非正当行为对乙方实施罚款、吊销营业执照、撤销特许经营权，经法定程序（如行政复议、法院判决等）证明其行为错误时，应当改正其行为，并赔偿乙方因此受到的经济损失。人民法院在作出赔偿判决时，可以参照有关法律规范的规定。

需要进一步说明的是，判决继续履行协议或者采取补救措施原则上是择一请求，而判决被告予以赔偿，则可以根据是否给原告造成损失与前两者并列的裁判内容。大力推进政务诚信建设是法治政府建设的重要环节。在依法治国进程中，政府要优化、规范管理行为，为民营企业营造稳定、可预期的法治环境。政府在服务和支持民营企业经济发展过程中，只有带头守信践诺，才能提升政府公信力。如张某印、张某龙与丹凤县人民政府履行行政协议一案，丹凤县人民政府在拆迁协议书中约定，其作为协调方及时兑付拆迁费用，确保拆迁安置到位。丹凤县人民政府具有负责做好正龙养殖场安置用地的协调工作，确保拆迁和安置到位的义务和责任。这些义务和责任，既是会议纪要要求，又是拆迁协议约定的义务和责任。在履行协议过程中，虽然丹凤县人民政府事实上也做了大量工作，但由于协调义务约定不明确，涉案土地尚需办理相关的审批程序等实际情况，协议签订后近十年时间仍未将应安置的土地协调到位，这显然与法治政府和政务诚信建设要求不符，损害了政府的公信力。丹凤县人民政府存在履行协调义务不及时的情形，具有一定的过错。法院判令丹凤县人民政府限期将案涉安置用地协调交付与张某龙、张某印的同时，酌情确定丹凤县人民政府赔偿张某龙、张某印损失8万元是合理的。判决体现了对政府失信行为的惩戒、对民营企业主的法律保护，对政府诚信建设起到积极推动和促进作用。①

此外，行政协议司法解释进一步明确了与民事合同一样的另外两种违约责任：违约金和定金。《最高人民法院关于审理行政协议案件若干问题的规定》第十九条第二款规定，对于行政机关未依法或者按照约定履行行政协议的，行政机关应当承担相应的违约责任，原告要求按照约定的违约金条款或者定金条款予以赔偿的，人民法院应予支持。

本案中，濮阳市华龙区孟轲乡人民政府为妥善解决征地拆迁过程中的补偿安置问题，与行政相对人签订的拆迁安置补偿协议属于行政协议。人民法院审理行政协议案件坚持合法性审查原则的同时，也应充分尊重行政协议双方对于协议内容的约定，以充分保障行政相对人的合法权益。实践中，行政机关进行行政管理的手段具有多样化，法律法规不可能对行政机关实施行政管理活动的方式方法作出具体的规定。就本案而言，虽然法律法规未赋予乡级人民政府签订拆迁补偿协议的职权，但本案乡政府与行政相对人签订的协议并不违反法律、法规的强制性规定。如果行政机关违反的“约定”为其法定的义务，那么其当然优先适用行政法律规范；但是若其违反的“约定”为双方协议确定的内容，几乎找不到适用的行政法律规范，这时就可以将不违反行政法律强制性规定的民事法律规范应用于审理行政协议案件，这与行政诉讼法立法目的并不相悖，应当认定此类协议是合法有效的。

在行政协议合法有效的情况下，作为协议双方的行政机关和行政相对人均应依照协议约定履行相关义务，行政机关违反协议约定的行为应当认定为违法行为，行政机关应当对其违法行为承担相应的行政责任。本案中，濮阳市牌照厂作为行政管理相对人出于对行政机关的信任，与其签订了拆迁安置补偿协议，且按照协议履行了拆迁义务，房屋征收部门亦按照协议约定支付

---

① 陕西省商洛市中级人民法院（2017）陕10行初29号行政判决书和陕西省高级人民法院（2018）陕行终268号行政判决书。

了附着物补偿款，故应视为协议有效并基本履行完毕。但乡政府未按照协议约定期限履行支付补偿款义务属于违反行政协议的违法行为，应当按照协议约定的违约条款承担支付违约金的责任。故本案适用2014年修正的《行政诉讼法》第七十八条第一款关于行政协议违约责任的规定及诚实信用原则作出了上述判决，此也完全符合《最高人民法院关于审理行政协议案件若干问题的规定》第十九条第二款的规定。

【实务指导】

《行政诉讼法》第七十八条规定，被告不依法履行、未按照约定履行行政协议的，人民法院判决被告承担继续履行、采取补救措施或者赔偿损失等责任。根据这一规定，如果行政协议能够继续履行，人民法院首先应当判令行政机关继续履行相关行政协议，只有在行政协议无法继续履行，或者继续履行无实际意义时，才判决采取补救措施或者赔偿损失。此外，根据合同法关于违约金和定金的规定，如果当事人在行政协议中约定了违约金和定金，人民法院可以参照《民法典》第五百八十五条、第五百八十六条、第五百八十七条及相关司法解释的规定作出裁决。

《民法典》第五百八十五条规定："当事人可以约定一方违约时应当根据违约情况向对方支付一定数额的违约金，也可以约定因违约产生的损失赔偿额的计算方法。约定的违约金低于造成的损失的，人民法院或者仲裁机构可以根据当事人的请求予以增加；约定的违约金过分高于造成的损失的，人民法院或者仲裁机构可以根据当事人的请求予以适当减少。当事人就迟延履行约定违约金的，违约方支付违约金后，还应当履行债务。"第五百八十六条规定："当事人可以约定一方向对方给付定金作为债权的担保。定金合同自实际交付定金时成立。定金的数额由当事人约定；但是，不得超过主合同标的额的百分之二十，超过部分不产生定金的效力。实际交付的定金数额多于或者少于约定数额的，视为变更约定的定金数额。"第五百八十七条规定："债务人履行债务的，定金应当抵作价款或者收回。给付定金的一方不履行债务或者履行债务不符合约定，致使不能实现合同目的的，无权请求返还定金；收受定金的一方不履行债务或者履行债务不符合约定，致使不能实现合同目的的，应当双倍返还定金。”第五百八十八条规定：“当事人既约定违约金，又约定定金的，一方违约时，对方可以选择适用违约金或者定金条款。定金不足以弥补一方违约造成的损失的，对方可以请求赔偿超过定金数额的损失。”上述法条是关于违约金、定金以及违约金与定金如何选择的规定。

2009年《最高人民法院关于适用〈中华人民共和国合同法〉若干问题的解释（二）》第二十七条规定：“当事人通过反诉或者抗辩的方式，请求人民法院依照合同法第一百一十四条第二款的规定调整违约金的，人民法院应予支持。”第二十八条规定：“当事人依照合同法第一百一十四条第二款的规定，请求人民法院增加违约金的，增加后的违约金数额以不超过实际损失额为限。增加违约金以后，当事人又请求对方赔偿损失的，人民法院不予支持。”第二十九条规定：“当事人主张约定的违约金过高请求予以适当减少的，人民法院应当以实际损失为基础，兼顾合同的履行情况、当事人的过错程度以及预期利益等综合因素，根据公平原则和诚实信用原则予以衡量，并作出裁决。当事人约定的违约金超过造成损失的百分之三十的，一般可以认定为合同法第一百一十四条第二款规定的‘过分高于造成的损失’。”行政协议具有协议性，行政协议约定的违约金和定金产生争议时，可以参照合同法律规范及相关司法解释有关规定进行处理，法律、行政法规和司法解释另有规定或者与行政协议行政性特征相冲突的除外（比如，国有土地出让合同的违约金必须按照法律及行政法规收取，原则上不得调减）。

【关联规定】

《最高人民法院关于审理行政协议案件若干问题的规定》

第十九条 被告未依法履行、未按照约定履行行政协议，人民法院可以依据行政诉讼法第七十八条的规定，结合原告诉讼请求，判决被告继续履行，并明确继续履行的具体内容；被告无法履行或者继续履行无实际意义的，人民法院可以判决被告采取相应的补救措施；给原告造成损失的，判决被告予以赔偿。

原告要求按照约定的违约金条款或者定金条款予以赔偿的，人民法院应予支持。

第四节　行政协议的变更及履行

黔西县绿化乡追梦养殖场诉贵州省黔西县人民政府、绿化白族彝族乡人民政府房屋征收补偿协议案

【案号】

一审：贵州省毕节市中级人民法院（2017）黔05行初37号行政判决书

二审：贵州省高级人民法院（2017）黔行终1591号行政判决书

再审：最高人民法院（2018）最高法行申9005号行政裁定书

【案情】

再审申请人（一审原告、二审上诉人）：黔西县绿化乡追梦养殖场（以下简称追梦养殖场）。

再审被申请人（一审被告、二审被上诉人）：贵州省黔西县人民政府（以下简称黔西县政府）。

再审被申请人（一审第三人、二审被上诉人）：贵州省黔西县绿化白族彝族乡人民政府（以下简称绿化乡政府）。

追梦养殖场向贵州省毕节市中级人民法院起诉称，2015年年初，黔西

县政府辖区内新建成贵铁路压覆了追梦养殖场，结合省、市、县专门针对此次成贵铁路用地的征收补偿计算方案，黔西县政府已将征收其名下养殖场房屋、构筑物、附属设施及其他实物等按照征收补偿文件计算后多次张榜公示，合计补偿总金额为1894215.01元，2015年9月15日与绿化乡政府签订了《拆迁协议书》，协议约定金额与公示金额相同。协议签订后，追梦养殖场停止了涉案养殖场的经营，黔西县政府下设的铁路建设工作部门称养殖场如果通过评估会得到更多的征收补偿款，遂欺骗追梦养殖场与其共同委托评估。评估过程中，黔西县政府又授意评估机构不要按照此次成贵铁路征收补偿文件确定的方案及计算方法进行评估，导致最终评估结果只有142.1万元。追梦养殖场认为，此次被征收的养殖场完全因为成贵铁路建设用地需要而征收，黔西县政府应当根据黔铁建〔2014〕80号、毕高铁征指通〔2014〕16号、黔政函〔2015〕10号等文件的相关规定计算得出的张榜公示及签订协议的金额支付追梦养殖场征收补偿款。评估机构未参照此次征收相关文件进行评估无事实根据和法律依据。故请求判决黔西县政府向追梦养殖场支付征收补偿款1894215.01元，并自2015年9月15日起按中国人民银行同期贷款利率支付利息至全部款项付清之日止。

贵州省毕节市中级人民法院查明：成都至贵阳铁路（成贵铁路）乐山至贵阳段于2009年经国家发展和改革委员会以发改基础〔2009〕3068号文件批复同意建设。2013年8月16日，中国铁路总公司下发了铁总办函〔2013〕568号《中国铁路总公司关于新建成都至贵阳铁路乐山至贵阳段初步设计的批复》，成都至贵阳铁路乐山至贵州段项目已依法完成各项审批程序并开工建设。2014年7月2日，贵州省铁路建设办公室印发了经贵州省人民政府批准的黔铁建〔2014〕80号《成都至贵阳铁路贵州段房屋征收及附着物补偿安置方案》；2014年8月5日，毕节市高速公路铁路建设征地拆迁协调指挥部印发了经毕节市人民政府批准的毕高铁征指通〔2014〕16号《成都至贵阳铁路毕节段房屋征收及地上附着物补偿安置实施方案》；2015年1月27日，黔西县政府批准同意黔政函〔2015〕10号《成都至贵阳铁路黔西段城市规划区内房屋征收补偿安置实施方案》。追梦养殖场在成贵铁路黔西段的征收范围内。2015年9月15日，绿化乡政府与刘兵签订了《拆迁协议书》，拟对刘兵的房屋、构筑物、附属设施、装饰装修实行货币补偿，总金额为1894215.01元。协议签订后，黔西县政府认为追梦养殖场属个人独资企业，《成都至贵阳铁路贵州段房屋征收及附着物补偿安置方案》中对各类企事业单位的生产性用房征收作出了规定，原则上以评估为基础。《成都至贵阳铁路毕节段房屋征收及地上附着物补偿安置实施方案》《成都至贵阳铁路黔西段城市规划区内房屋征收补偿安置实施方案》均对各类企事业单位的生产性用房征收，原则上以评估为基础。其中，被征收企业资产价值在50万元及以上的，需毕节市高速公路铁路建设征地拆迁协调指挥部参与。追梦养殖场与绿化乡政府签订的《拆迁协议书》，黔西县政府不予认可。因协议未得到履行，经协商，黔西县政府成立的黔西县快速铁路和高速公路建设领导小组办公室与追梦养殖场于2016年5月6日共同委托了贵州祥仕价格评估咨询有限责任公司，对追梦养殖场的资产进行评估，估价对象为土地租赁剩余价值、房屋、设备及地面附着物等。2017年2月22日，该评估公司出具了黔祥价评字〔2016〕第05-114号《资产估价结果报告》。经评估，评估基准日为2015年5月6日，标的物的市场价值为人民币142.1万元。

另查明，黔西县政府已向追梦养殖场预付了补偿费100万元。其中2016年2月29日向追梦养殖场预付50万元，2017年3月22日向追梦养殖场预付50万元。2016年3月7日，黔西县政府向追梦养殖场支付了涉案土地上的林木补偿款3554元。

【审判】

贵州省毕节市中级人民法院一审认为，因成贵铁路修建经过黔西县境内，黔西县政府征收了追梦养殖场在黔西县绿化乡的养殖场。根据《行政诉讼法》第二十六条第一款的规定，作出行政行为的行政机关是黔西县政府，本案被告主体适格。追梦养殖场根据其与绿化乡政府签订的《拆迁协议书》，作出要求黔西县政府补偿189万余元的补偿费用的诉讼请求。经查，追梦养殖场属于个人独资企业，贵州省政府批复的《成都至贵阳铁路贵州段房屋征收及附着物补偿安置方案》中，规定对各类企事业单位生产性质房屋征收，原则上以评估为基础。《成都至贵阳铁路黔西段城市规划区内房屋征收补偿安置实施方案》中，规定对各类企事业单位生产性用房征收，原则上以评估为基础。其中，被征收企业资产价值在50万元及以上的，需毕节市高速公路铁路建设征地拆迁协调指挥部参与。因《拆迁协议书》签订的主体及程序不符合方案规定，黔西县政府对协议不予追认，追梦养殖场与绿化乡政府签订的协议未能得到履行。后经协商，黔西县政府成立的黔西县快速铁路和高速公路建设领导小组办公室与追梦养殖场于2016年5月6日共同委托了贵州祥仕价格评估咨询有限责任公司对追梦养殖场的资产进行评估，经评估，追梦养殖场资产为142.1万元。该评估程序合法，系双方真实意思表示，黔西县政府应根据评估意见履行支付义务。追梦养殖场请求黔西县政府根据《拆迁协议书》履行补偿义务的请求该院不予支持。黔西县政府已预先支付了追梦养殖场补偿款100万元及林木补偿款3554元，应予扣减。黔西县政府应支付追梦养殖场补偿款417446元。追梦养殖场请求黔西县政府按同期银行贷款利率支付利息的请求，该院不予支持。据此，该院判决由黔西县政府支付追梦养殖场拆迁补偿款417446元。

贵州省高级人民法院二审认为，黔西县政府批准同意《成都至贵阳铁路黔西段城市规划区内房屋征收补偿安置实施方案》（黔政函〔2015〕10号），本案中的征收主体系黔西县政府。按照该征收补偿安置实施方案的规定，对各类企事业单位生产性用房征收，原则上以评估为基础。其中，被征收企业资产价值在50万元及以上的，需毕节市高速公路铁路建设征地拆迁协调指挥部参与。绿化乡政府与追梦养殖场负责人刘兵签订涉案《拆迁协议书》，但该协议违反了上述规定，黔西县政府对该协议未予追认，协议未生效且未履行。后追梦养殖场与黔西县政府共同委托贵州祥仕价格评估咨询有限责任公司，对追梦养殖场的资产进行了评估，该评估程序合法。一审判决黔西县政府根据评估结果履行支付义务并扣除已预先支付的补偿款并无不当。该院遂根据《行政诉讼法》第八十九条第一款第一项的规定，判决驳回上诉，维持原判。

追梦养殖场不服，向最高人民法院申请再审称，（1）其与绿化乡政府于2015年9月15日签订的《拆迁协议书》依法成立并生效，法律后果应由黔西县政府承担；（2）《拆迁协议书》签订的主体及程序并未违反黔西县政府发布的黔政函〔2015〕10号规定，黔西县政府应按照协议约定履行付款义务；（3）追梦养殖场与绿化乡政府并未达成任何协议约定以评估金额为支付金额，评估机构应当按照法律规定采用市场收益法评估，却采用重置成本法评估，损害其利益。故请求撤销一、二审判决，依法再审本案。

最高人民法院认为，原审法院判决认定黔西县政府应予支付的补偿金额缺乏事实根据和法律依据。裁定如下：一、指令贵州省高级人民法院再审本案；二、再审期间，中止原判决的执行。

【评析】

本案的争议实质在于案涉《拆迁协议书》是否依据《行政诉讼法》第七十八条第一款和当时有效的2015年《最高人民法院关于适用〈中华人民共和国行政诉讼法〉若干问题的解释》第十五条第一款规定，判决被告继续履行协议。而再审审查的焦点在于一、二审法院判决认定黔西县政府仅支付给追梦养殖场补偿款金额417446元是否具有事实根据及法律、协议依据。此取决于以下两方面：涉案协议是否需要经黔西县政府追认才能生效；双方共同委托评估是否能够视为就补偿金额约定进行了变更。

1.涉案协议是否需要经黔西县政府追认才能生效

行政协议案件具有“行政性”和“协议性”，在行政协议的成立和生效等问题上可参照适用合同法律规范。《合同法》第四十四条规定：“依法成立的合同，自成立时生效”[①]；涉案协议第七条约定：“本协议自签订之日起

① 对应《民法典》第五百零二条。

生效，乙方拆迁完毕交地给施工单位之日即自行失效，甲、乙双方应共同遵守”，涉案协议系绿化乡政府就搬迁补偿与被征收人追梦养殖厂达成的补偿协议，协议内容并不违反行政强制性规定及民事效力性强制规定，且根据原审法院查明，黔西县政府已预付部分补偿费和林木补偿款，故在双方签订涉案协议之日起，协议即已生效，并且部分履行，协议履行过程中如无变更、撤销等其他情形，双方均应按照协议约定全面履行义务。原审法院认为，因追梦养殖场属于个人独资企业，被征收企业资产价值在50万元及以上，需毕节市高速公路铁路建设征地拆迁协调指挥部参与，其征收原则上以评估为基础，故协议需黔西县政府进行追认后才能发生法律效力。但是，按照有关实施方案，上述参与及评估程序应发生于协议签订之前的协商过程中，在协议已订立生效且部分履行的前提下，仅仅以协议订立过程中上述协调指挥部未参与和征收未经评估即认定已经签订的涉案协议尚未生效，并不利于维护政府的公信力，亦有悖于行政协议制度设立的初衷和合同法律规定。故原审法院认定案涉协议未生效明显不当。

2.双方共同委托评估是否能够视为就补偿金额约定进行了变更

涉案协议并不违反国家法律、法规和政策的规定，事前经双方当事人协商达成一致，是双方真实意思表示，合法有效，当事人应当按照约定全面履行。但是，双方共同委托评估是否能够视为就补偿金额约定进行了变更而可以不按照已签订的涉案协议履行。

首先，《合同法》第七十七条第一款规定“当事人协商一致，可以变更合同”，第七十八条规定“当事人对合同变更的内容约定不明确的，推定为未变更”。[①]本案中，涉案协议并未约定如评估金额与协议约定不一致时，应以评估金额实际计算补偿金额；黔西县政府在诉讼中亦一直未能举出证据证明其曾就协议变更与追梦养殖场之间达成过新的约定，故本案不符合有关法律规定协商变更的情形。

① 对应《民法典》第五百四十三条、第五百四十四条。

其次，一、二审法院直接在判决中认定补偿金额与本次征收补偿方案中确定的补偿原则并不相符。贵州省铁路建设办公室文件《成都至贵阳铁路贵州段房屋征收及附着物补偿安置方案》（黔铁建〔2014〕80号）关于征收基本原则第四项“个案协商补偿原则”载明“对征收补偿与安置中无相关法律、法规和政策规定，或对其规定存在分歧的个案问题，原则上以评估为基础，由征收部门与被征收人协商确定补偿”；《成都至贵阳铁路毕节段房屋征收及地上附着物补偿安置实施方案》（毕高铁征指通〔2014〕16号）第四部分第四项“个案协商补偿原则”载明“在征收补偿与安置中无相关法律、法规和政策规定，或对其规定存在分歧的个案问题，原则上由项目业主和征地拆迁协调机构与被征收人协商确定”；黔西县政府文件《成都至贵阳铁路黔西段城市规划区内房屋征收补偿安置实施方案》（黔政函〔2015〕10号）第四部分第三项“个案协商补偿原则”载明“对征收补偿与安置方案中没有标准规定的或对其规定存在分歧的个案问题，原则上由成贵铁路建设成贵公司毕节段落指挥部、设计方代表、监理、毕节市高速公路和铁路建设指挥部、黔西县高速公路和快速铁路建设指挥部与被征收人按相关法律法规、政策并结合当时黔西县市场价格情况协商确定”，故省级征收安置补偿方案确定个案补偿的补偿金额需以评估为基础，但最终补偿金额确定需经过“协商”这一过程，而市、县两级的补偿方案中则更加强调“协商”。对于追梦养殖场的补偿在评估后最终仍需经过协商程序，未经协商或者协商无果的，仍应由黔西县政府按照涉案《拆迁协议书》支付剩余金额。一、二审法院在本案行政协议之诉的裁判中根据评估结果径行确定补偿金额，显属不当。

最后，结合本案已有事实尚不足以证明黔西县政府可行使单方变更权。对于行政机关的行政协议单方变更、解除权，目前法律或司法解释规定尚不明确，但从行政协议制度设立初衷来看，行政机关的单方变更权只能在国家法律政策和协议基础事实发生变化、履行协议会给国家利益或者社会公共利益带来重大损失的情况下才能行使。本案中协议约定的补偿金额虽然高于评估金额，但并非畸高，黔西县政府在本案诉讼中亦未能提供履行本案协议将对国家利益或者公共利益造成重大损失的证据，法院据此判决不按照案涉《拆迁协议书》约定的金额支付，缺乏事实根据和法律依据。故本案中仅共同委托评估并不能够视为双方就补偿款金额约定进行了变更，原合法有效的涉案行政协议应当继续全面履行。

综上，体现双方真实意思表示，合法有效的涉案行政协议应当继续按照约定全面履行。原审法院判决径直认定黔西县政府应予支付的补偿金额，与涉案行政协议约定的不同，缺乏事实根据和法律依据。故最高人民法院裁定指令贵州省高级人民法院再审本案。

【关联规定】

《最高人民法院关于审理行政协议案件若干问题的规定》

第十九条　被告未依法履行、未按照约定履行行政协议，人民法院可以依据行政诉讼法第七十八条的规定，结合原告诉讼请求，判决被告继续履行，并明确继续履行的具体内容；被告无法履行或者继续履行无实际意义的，人民法院可以判决被告采取相应的补救措施；给原告造成损失的，判决被告予以赔偿。

原告要求按照约定的违约金条款或者定金条款予以赔偿的，人民法院应予支持。

第九章

行政协议的非诉执行

行政协议因协商一致而与民事合同接近，作为行政协议当事人的行政机关和行政相对人仍应遵循平等、自由、公平、诚信、依约履责等一般的合同原则。行政协议不违反国家法律、法规和政策的规定，事前经双方当事人协商达成一致，是双方真实意思表示，合法有效，当事人应当按照约定全面忠实履行。目前，我国行政诉讼“官不能告民”，行政相对人不履约，行政机关的救济途径就成为不得不研究的问题。《最高人民法院关于审理行政协议案件若干问题的规定》规定行政机关行使优益权保证行政相对人履约是无可奈何的做法，行政协议约定执行才是未来的发展方向。

武汉市国有土地资源和规划局东湖新技术开发区分局申请执行湖北广电房地产开发有限公司土地出让金案

【案号】

湖北省武汉东湖新技术开发区人民法院（2015）鄂武东开行非诉审字第00002-1号行政裁定书

【案情】

申请执行人：武汉市国有土地资源和规划局东湖新技术开发区分局。

被执行人：湖北广电房地产开发有限公司（以下简称湖北广电）。

申请执行人申请称：2007年9月10日，申请执行人与被执行人签订《国有土地使用权出让合同》，申请执行人向被执行人出让位于武汉东湖新技术开发区民院路的地块，约定的容积率为不大于2.5，并约定：被执行人需要改变合同规定的土地用途和土地使用条件的，必须依法办理有关批准手续，并向申请执行人申请，取得同意，相应调整土地使用权出让金。2012年12月25日，申请执行人与被执行人签订《协议书》，约定：一、被执行人开发的位于武汉东湖新技术开发区民族大道的龙安港汇城项目，被执行人应当向申请执行人补缴土地出让金6095.38万元（其中，因提高容积率至6.2，应补缴土地出让金5710.52万元，因超建面积1104.33平方米，应补缴土地出让金384.86万元）；二、被执行人于2013年10月31日前缴清前述土地出让金。逾期支付的，每逾期一日，按应付出让金的千分之一向原告支付违约金，但被执行人没有按《协议书》的约定履行，至今未缴清协议约定的土地出让金，亦未支付逾期付款的违约金。故，特向人民法院申请强制执行申请执行人与被执行人2012年12月25日签订的《协议书》。

被执行人湖北广电辩称：

1.《协议书》并非行政行为。协议书属民事合同，申请执行人在民事诉讼中也是如此认为，武汉市中级人民法院也认定因《国有土地使用权出让合同》引发的纠纷不应属于行政争议。

2.《协议书》并未生效。协议书第四条约定，本协议书自双方授权代表并加盖公章后生效，该协议书中申请执行人并未授权代表签字，被执行人所谓的授权代表并非公司法人，也未取得公司书面授权文件，故协议不具备生效的要件。

3.《协议书》的内容不确定。土地使用权出让合同纠纷一案中，二审法院均认为协议书中的金额为暂定而不是核准的数额，故该协议书的内容存在不确定性，作为证据都存在效力问题，更不能直接作为强制执行的依据。

4.《协议书》的内容不符合客观事实，被执行人并未申请变更本案所涉土地容积率。（1）涉案土地使用权是中国人民解放军6907工厂转让给被执行人的，申请执行人只是补办土地出让手续，被执行人已经向6907工厂支付7100万元加上一层地下室的对价购买，并非申请执行人出让，被执行人不可能就一宗土地使用权缴纳两次费用。（2）被执行人未改变容积率。本案所指的《建设用地规划许可证》系对补办土地使用权出让手续的完善与补充，而非对用地条件的改变。即使按照被执行人依据的《关于加强军队空余土地转让管理有关问题的通知》第四条的规定，军队空余土地转让时，土地用途、开发利用和规划设计条件应当作为军队空余土地转让的前置条件，并在转让文件和《国有土地使用权出让合同》中明确。按照该规定，本案所涉土地使用权转让给被执行人的程序应为首先取得土地用途、开发利用和规划设计条件等文件，然后再办理《军用土地补办出让手续许可证》，最后再到申请执行人补办土地使用权出让手续。本案中，在2007年1月20日被执行人取得《军用土地补办出让手续许可证》之前，本案所涉土地的用途、开发利用和规划设计条件均未出台，在此情形下，为了加快土地开发利用的进度，双方先行签订了《国有土地使用权出让合同》并暂定了容积率等事项，但是规划部门并未向被执行人核发正式的《建设用地规划许可证》，依据上述规定，本案所涉土地使用权在补办土地出让手续时的程序存在重大纰漏。因此，对于用地条件，应当以规划局最终核定的为准。2008年，规划局核发的《建设用地规划许可证》中确定的容积率为不超过6.2，建筑面积60605平方米以内，该《建设用地规划许可证》才是本次补办土地出让手续所确定的最终的用地条件。因此，正式的《建设用地规划许可证》并没有改变用地条件，而是对补办土地使用权出让手续的完善与补充。（3）申请执行人没有证据证明被执行人改变用地条件（容积率）。首先，改变用地条件必须是存在前后两个条件不同的《建设用地规划许可证》，但是本案中，规划局只向被执行人核发了一份容积率为6.2的《建设用地规划许可证》，在没有任何其他《建设用地规划许可证》的情形下，不可能存在改变的问题。其次，本案也不存在改变用地条件的事实。依据规定以及《国有土地使用权出让合同》的约定，改变用地条件必须满足相应的程序要求，其中最主要的程序要求包括：查询总体规划、控制性规划是否允许变更；被执行人向规划部门提出变更申请；

规划部门审核同意后的变更方案报有批准权的政府审批；规划部门将变更后的规划条件通报国土部门并公示；土地使用者持补充合同和交款凭证申办土地登记、准建等相关手续。但是本案中，被执行人未提供任何与改变用地条件相关的程序文件，甚至于连被执行人申请变更的文件都没有，然而在此情形下，被执行人合法取得容积率为6.2的正式《建设用地规划许可证》以及建设规模为60565.06平方米的正式《建设工程规划许可证》并最终将项目开发完毕。由此可见，相关的主管部门也确定容积率为6.2的正式《建设用地规划许可证》并非对用地条件的改变，其本质应为补办土地使用权出让手续的完善与补充。因此，虽然正式的《建设用地规划许可证》及用地条件系在被执行人取得《土地使用权证》之后核发，但并非是经被执行人申请后改变了《土地使用权证》取得之前的用地条件，而是对补办出让手续时存在的程序瑕疵的完善与补充。

5.《协议书》即使生效，对于土地出让金的约定部分也属无效。《地方各级人民代表大会和地方各级人民政府组织法》第六十六条规定，市辖区的人民政府的各工作部门受人民政府统一领导，并且依照法律或者行政法规的规定受上级人民政府主管部门的业务指导或者领导。在国土部明确规定本案所涉土地转让不收取土地出让金的情况下，《协议书》中约定的土地出让金当然无效。

6.《协议书》即使生效，被执行人向中国人民解放军6907工厂缴纳的土地收益款也应当抵扣土地出让金。《协议书》第三条约定，被执行人因容积率调整向部队补缴的土地出让金，可以予以抵扣。根据本案查明的事实，被执行人已向6907工厂支付7100万元现金和5300平方米的地下室的对价，应当予以扣减，理由如下：（1）土地出让金只有土地管理部门能够收取，因此无论何种原因，被执行人向6907工厂或者其上级部门支付的费用从性质上不可能是土地出让金。（2）被执行人与6907工厂的合作形式已经被湖北省高级人民法院认定为土地使用权转让，因此被执行人与6907工厂的分配方式由按比例分割房屋变更为支付土地转让价款，再没有容积率调整的问题。（3）6907工厂属于中国人民解放军序列的军工企业，被执行人向其缴纳的款项当然属于向部队缴纳。因此,《协议书》第三条约定扣减的核心内容是扣减被执行人向6907工厂支付的相关款项,被执行人向6907工厂缴纳的费用与被执行人主张的土地出让金系同一标的。而且我们认为,申请执行人不能对其认可的方式做任意解释,被执行人向6907工厂支付的对价事实清楚,也得到6907工厂的认可,无论申请执行人是否认可,均不能改变被执行人已经支付的事实,均应予以扣减。

7.本案违反行政强制执行的程序规定:(1)超过执行申请期限。《最高人民法院关于执行〈中华人民共和国行政诉讼法〉若干问题的解释》(自2000年3月10日起施行)第八十八条规定,行政机关申请人民法院强制执行其具体行政行为,应当自被执行人的法定起诉期限届满之日起180日内提出。《行政强制法》(自2012年1月1日起施行)第五十三条规定,当事人在法定期限内不申请行政复议或者提起行政诉讼,又不履行行政决定的,没有行政强制执行权的行政机关可以自期限届满之日起三个月内,申请人民法院强制执行。依据上述规定,本案申请执行的期限早已届满。(2)申请执行人未履行催告的前置义务。《行政强制法》第五十四条规定,行政机关申请人民法院强制执行前,应当催告当事人履行义务。催告书送达十日后当事人仍未履行义务的,行政机关可以向所在地有管辖权的人民法院申请强制执行。本案中,申请执行人并未向被执行人送达书面催告文件,未履行催告的前置义务,依法不能强制执行。

8.《协议书》不能作为直接强制执行的依据以及名义。(1)本案不适用新的《行政诉讼法》。本案中,双方发生争议的《协议书》形成于2012年12月25日,2014年修正后的《行政诉讼法》生效时间是2015年5月1日,不能作为本案的法律依据。(2)依据2014年修正前的《行政诉讼法》、2011年发布的《行政强制法》及相关司法解释的规定,能够直接强制执行的只包括具体行政行为以及行政决定,本案所涉《协议书》不是行政协议,并非具体行政行为,更不是行政决定,因此不能作为执行的依据及名义。综上所述,申请执行人本次申请行政非诉强制执行,没有事实根据和法律依据,请求贵院依法予以驳回。

经武汉东湖新技术开发区法院审查认定如下事实：2007年，案外人6907工厂与湖北广电签订《合作建房合同》，约定，6907工厂提供位于武汉市洪山区民院路124号的9775平方米土地，湖北广电负责提供本项目的全部建设资金，合作建设40000平方米综合楼项目，并签订了《龙安大厦合作联建协议书》，上述合同签订后，6907工厂于2007年1月依约办理了《军队土地补办出让手续许可证》，许可证合作建房总面积为40000平方米。项目在建设过程中，名称由原暂定的“龙安大厦”更名为“龙安·港汇城”，建设规模由原约定的40000平方米增加至地上60565.05平方米、地下12047.03平方米。湖北广电陆续向6907工厂支付2620万元［以上事实由（2011）鄂民一初字第2号民事调解书认定］。2007年5月29日，申请执行人向被执行人作出容积率不大于2.5的《规划设计（土地使用）条件》，并于2007年9月10日补签了《国有土地使用权出让合同》，其约定建筑容积率不大于2.5。2007年10月18日，湖北广电办理了该用地的土地使用权证。2008年11月20日，申请执行人向被执行人作出容积率不超过6.2的《规划设计（土地使用）条件》。2009年5月4日，湖北广电办理了建设规模为“地上60565.06平方米，地下12047.03平方米”的《建设工程规划许可证》，随后进行建设。2011年1月9日，6907工厂因湖北广电取得《商品预售房许可证》后未征得其同意对外销售损害其利益而向湖北省高级人民法院起诉，要求按合同约定分配利益。该案以调解方式结案，由湖北广电支付项目权益所得7100万元及交付项目地下室5300平方米，且实际履行完毕。2012年12月25日，申请执行人与被执行人在对涉案土地进行评估的基础上签订了《协议书》，约定被执行人向申请执行人补缴土地出让金，补缴金额暂定为6095.38万元。2014年5月19日，申请执行人向被执行人发出律师函，要求其按协议约定缴纳所欠出让金6095.38万元。被执行人未履行，申请执行人于2014年10月向武汉市中级人民法院提起民事诉讼，要求被执行人履行《协议书》，补缴出让金，该案于2015年12月12日被两审法院裁定驳回。遂，申请执行人以《协议书》为生效行政行为为由申请法院强制执行。

另，申请执行人在申请非诉审查的同时，申请对涉案房屋予以保全，武汉东湖新技术开发区法院作出了保全裁定，对涉案房屋予以查封。听证会召开后，案外人纽宾凯酒店集团（武汉）有限公司以其已与被执行人协议购买涉案房屋、武汉东湖新技术开发区法院的查封措施影响其过户为由向该院提出执行异议，要求本院解除对该房屋的查封。

【审判】

武汉东湖新技术开发区法院于2016年3月3日裁定对案涉协议书准予执行（现该执行案件处于中止状态）。

【评析】

《行政诉讼法》第十二条第一款第十一项只规定了行政机关一方不履行行政协议，相对人可以提起行政诉讼，没有规定相对人一方不履行协议的，如何处理。之所以这样规定，主要原因如下：一是这类争议往往是由行政机关一方不履行或者未按照约定履行协议引起的。二是行政相对人一方不履行合同，行政机关一方可以通过其他途径加以解决。例如，特许经营者不按照协议约定提供公共服务的，行政机关可以取消特许经营，这也是行政合同区别于民事合同的重要之处。三是如果规定行政机关可以作为原告，与行政诉讼的性质不符合，与《行政诉讼法》的规定也不适应。因此，《行政诉讼法》修改时只规定了行政相对人可以起诉行政机关。[①]这就为司法实践留下一个制度上的难题，即在行政协议履行过程中，行政相对人不履行行政协议的，行政机关应当通过何种途径予以救济。从理论上看，对于行政相对人不履约的，行政机关可能有以下三种救济途径。

第一种救济途径是提起行政诉讼。即“官告民”，由行政机关起诉不履

① 袁杰主编，全国人大常委会法制工作委员会行政法室编著：《中华人民共和国行政诉讼法解读》，中国法制出版社2014年版，第44—45页。

行行政协议的行政相对人。在德国，允许行政机关基于行政合同关系向合同相对人提起行政诉讼（不仅是行政相对人不履行行政协议），具体的诉讼请求可以是：（1）要求履行合同，甚至限期履行；（2）要求承担因不履行合同发生的损失赔偿；（3）根据《德国行政法院法》第43条有关确认之诉的规定，要求确认合同效力；（4）根据《德国行政程序法》第60条第1款的规定，要求行使合同变更权等。针对合同相对人不履行合同或者其赔偿义务的情形，行政机关可以提起行政诉讼。裁判作出之后，行政机关不是基于行政合同，而是对生效判决的执行，实现权利救济。根据《德国行政程序法》的规定，执行判决时适用《德国民事诉讼法》有关判决执行的规定进行。但是，此处有个特别规定，即当判决中有明确的可执行内容时，行政机关可以依据《德国行政强制执行法》，由专门的行政强制执行机关对判决内容依法执行。由于签订合同时，行政机关有足够的权能和方式去保护自己的权益，行政机关提起诉讼的情形并不多。不过，如上所述，这个途径实际上在2014年我国《行政诉讼法》修改之时即被予以排除。

第二种救济途径是提起民事诉讼。《国有土地上房屋征收与补偿条例》第二十五条规定："房屋征收部门与被征收人依照本条例的规定，就补偿方式、补偿金额和支付期限、用于产权调换房屋的地点和面积、搬迁费、临时安置费或者周转用房、停产停业损失、搬迁期限、过渡方式和过渡期限等事项，订立补偿协议。补偿协议订立后，一方当事人不履行补偿协议约定的义务的，另一方当事人可以依法提起诉讼。"针对同一行政协议争议，当行政机关违约时，行政相对人起诉行政机关，由《行政诉讼法》调整；当行政相对人违约时，行政机关起诉被征收人，由《民事诉讼法》调整。如此做法显然混淆了民事法律关系与行政法律关系，极易造成法律适用的不统一和当事人的无所适从。致使法律缺乏确定性与可预测性，也不利于行政机关依法行政和公民、法人或者其他组织遵守法律。

第三种救济途径是提起非诉执行。从现有情况看，此种非诉执行是多种多样的。既有以行政协议为执行名义或者依据的，也有以转化为各种行政职权行为为执行名义或者依据的；既有直接以行政协议为执行名义或者依据的，也有当事人约定行政协议为执行名义或者依据的；既有申请人民法院强制执行的，也有行政机关自我强制执行的。可以有以下四种方式：

1.行政协议为执行名义或者依据，直接执行协议内容。但是关于执行名义的问题也存在一定的争议。有人认为，根据《行政诉讼法》和《行政强制法》的规定，行政机关申请执行行政协议的依据还不够充分。理由是无论是《行政诉讼法》还是《行政强制法》规定，执行名义均为“行政行为”或者“行政决定”，这些行政行为或者行政决定一般已经生效，权利义务关系已经确定，且具有可执行内容，行政协议是双方的，它的执行内容还不够确定，内容可能不断变化，即使一方主体是行政机关，是否可以成为执行名义或者依据也值得研究。也就是说，行政协议能否作为执行名义还存在法律依据不足的问题。

2.双方直接在行政协议中约定执行方式。此属于约定行政协议为执行名义或者依据，为前述情形的升级版，域外也有相应制度。德国的行政合同采取了预先约定的方式，约定相对人不履行的可以作为强制执行的名义。德国的行政机关在行政合同中的特权需要约定。根据《德国行政程序法》第61条的规定，行政机关和公民可以约定双方接受合同的及时执行。该接受声明成为合同的强制执行名义。公民不履约的，行政机关可以根据这一约定以行政行为的方式强制执行。目前，在大多数情况下，德国行政机关会要求公民作这种声明，因此对合同的执行比对行政行为的执行难度小得多。如果公民对此有异议，可以针对行政机关的强制执行行为提起诉讼，而不能针对行政合同。例外情况下，公民可以主张合同无效。因此，行政协议的执行名义的问题是可以通过约定执行予以解决的。

3.行政机关催告履行，行政相对人不履行的，申请人民法院强制执行催告履行行为。主要理由为行政协议不能直接作为执行名义，但是可以通过转换为行政行为的方式，成为执行名义。《行政强制法》规定了“催告程序”，催告是以书面形式作出的，并且具体载明了权利义务内容，且该催告亦为申请强制执行的必经程序。《行政强制法》第三十五条规定：“行政机关作出强制执行决定前，应当事先催告当事人履行义务。催告应当以书面形式作出，并载明下列事项：（一）履行义务的期限；（二）履行义务的方式；（三）涉及金钱给付的，应当有明确的金额和给付方式；（四）当事人依法享有的陈述权和申辩权。”第五十四条规定：“行政机关申请人民法院强制执行前，应当催告当事人履行义务。催告书送达十日后当事人仍未履行义务的，行政机关可以向所在地有管辖权的人民法院申请强制执行；执行对象是不动产的，向不动产所在地有管辖权的人民法院申请强制执行。”第五十五条规定：“行政机关向人民法院申请强制执行，应当提供下列材料：（一）强制执行申请书；（二）行政决定书及作出决定的事实、理由和依据；（三）当事人的意见及行政机关催告情况；（四）申请强制执行标的情况；（五）法律、行政法规规定的其他材料。强制执行申请书应当由行政机关负责人签名，加盖行政机关的印章，并注明日期。”可见，行政协议完全可以转换为“催告”形式的行政行为。[①]

4.行政机关依据行政协议内容，另行作出责令行政相对人履行行政协议内容的行政决定，或者动用行政优益权进行制裁甚至执行，这涉及行政优益权是依法授予还是当然取得。域外都有类似的立法例，不过，相对人对行政机关作出的行政行为又会产生起诉权的问题，极有可能最后成为行政诉讼执行。

根据2014年修正的《行政诉讼法》的立法原意，对于行政机关在行政协议中的权利保护，应当通过非诉行政执行程序来予以救济。允许行政机关对当事人不履行行政协议申请非诉强制执行，而对于行政机关不履行行政协议时却要求行政相对人提起行政诉讼，对同一不履行行政协议行为规定不同的解决路径，虽然有违平等对待原则，但也是我国《行政诉讼法》“官不能告民”定位下无可奈何的选择。考虑到此，《最高人民法院关于审理行政协议案件若干问题的规定》主要采纳了第三种非诉执行救济途径中第四种方式，同时也作了一些符合实际情况的规定。《最高人民法院关于审理行政协议案

① 江必新、梁凤云著：《最高人民法院新行政诉讼法司法解释理解与适用》，中国法制出版社2015年版，第127—128页。

件若干问题的规定》第二十四条规定，公民、法人或者其他组织未按照行政协议约定履行义务，经催告后不履行，行政机关可以作出要求其履行协议的书面决定。公民、法人或者其他组织收到书面决定后在法定期限内未申请行政复议或者提起行政诉讼，且仍不履行，协议内容具有可执行性的，行政机关可以向人民法院申请强制执行。法律、行政法规规定行政机关对行政协议享有监督协议履行的职权，公民、法人或者其他组织未按照约定履行义务，经催告后不履行，行政机关可以依法作出处理决定。公民、法人或者其他组织在收到该处理决定后在法定期限内未申请行政复议或者提起行政诉讼，且仍不履行，协议内容具有可执行性的，行政机关可以向人民法院申请强制执行。该条是关于在行政协议案件中，行政相对人不履行行政协议行政机关救济途径的规定。该司法解释区别以下两种情形作了规定。

1.行政机关作出的履行协议决定作为执行名义

根据《行政强制法》和《行政诉讼法》的规定，行政机关作出行政决定之后，相对人既不履行又不提起复议或者诉讼的，行政机关可以将该行政决定作为执行名义向人民法院申请强制执行。《最高人民法院关于审理行政协议案件若干问题的规定》第二十四条规定，行政协议未规定行政机关享有强制执行权，如行政相对人未按照协议履行，行政机关有权依据协议内容作出相应行政决定，公民、法人或者其他组织收到书面决定后在法定期限内未申请行政复议或者提起行政诉讼，且仍不履行，协议内容具有可执行性的，行政机关可以向人民法院申请强制执行。

该司法解释规定的责令履行协议的行政决定属于什么性质，现有法律及司法解释并未明确规定。我们认为，此决定类似于行政机关行政强制执行决定。依据《行政强制法》第三十七条第一款、第三款规定，行政机关在法定的条件下可以依法作出强制执行决定。现在的问题是，行政机关行政强制执行决定是否具有可救济性呢？当事人对行政机关强制执行决定是否可以申请行政复议或者提起行政诉讼，在2011年《行政强制法》制定之时有不同观点。一种观点认为，行政强制执行决定只是执行已经生效的行政决定，本身并没有给当事人增加新的义务，不能对行政强制执行决定申请行政复议或者提起行政诉讼。另一种观点认为，行政强制执行决定是一个新的行政行为，行政强制法和其他法律、行政法规对强制执行确定一些规范，行政机关在强制执行中也应当遵守，如可以采取什么方式强制执行，是否有权直接强制执行，强制执行前是否履行了催告程序等，同时，在执行过程上，强制执行还可能侵害当事人的权益，如扩大执行范围，该中止执行而没有中止执行，对居民生活采取停止供水、供电、供热、供燃气等方式迫使当事人履行。如果不遵守这些规范，当事人也可以申请复议或者提起行政诉讼，侵害当事人权益的，可以要求国家赔偿。据此有学者认为，行政执行的发动，是采职权进行主义，通常由执行机关发动行政执行的开始。行为或不行为强制执行机关，必须有一个执行命令，行政执行经由此执行命令而开始。强制执行的执行命令并非创造一新的规定，而只是执行原行政处分的内容，因此，执行命令本身大多非属行政处分。而公法上金钱给付义务的执行，是由处分机关移送行政执行处，行政执行处此时为执行机关，仍必须有一个执行命令作为执行的开始，此时的执行命令似乎多属行政处分。[①]《行政强制法》采纳了后一种观点。因此《行政强制法》第三十七条规定强制执行决定书应当载明申请行政复议或者提起行政诉讼的途径和期限。这就表示对行政

① 翁岳生主编:《行政法》，中国法制出版社 2002 年版，第 1165 页。关于加处罚款的执行决定亦属于合法性审查的范围问题，有人认为，因加处罚款的执行决定权属于行政机关，其执行程序是非诉执行程序，所以，其不属于被诉具体行政行为，不属于行政诉讼的审查范围。因此，在行政诉讼或非诉执行审理或审查中，无须对加处罚款的合法性进行审查。《行政诉讼法》第六条规定："人民法院审理行政案件，对行政行为是否合法进行审查。"也有人认为，这里所讲的合法性审查有两层含义，一是诉讼案件和非诉执行案件，法院均要坚持合法性审查。诉讼案件的合法性审查的强度高于非诉执行案件，但非诉执行案件仅仅在强度上低于诉讼案件，并不意味着要放弃合法性审查的原则。二是合法性审查是对具体行政行为合法性的全面审查，不受当事人的诉讼请求的限制。被诉或申请执行的具体行政行为中具有加处罚款的内容，它就是该具体行政行为的一个组成部分，因此法院在确认被诉行政处罚决定合法后，还应当对加处罚款决定的合法性进行审查。如果发现加处罚款超过法律规定的标准或者要求行政相对人执行行政罚款决定的期限极不合理等问题的，法院应当判决撤销或者不予执行这部分内容，令作出该具体行政行为的行政机关重新作出加处罚款的决定。见蔡小雪主编:《行政审判与行政执法实务指引》，人民法院出版社 2009 年版，第 571 页。

强制行为可以申请行政复议和提起行政诉讼。[①]总之，行政机关的强制执行决定具有可救济性，因为凡是对相对人的权利义务产生、变更、消灭、确认或弱化影响的，均可寻求法律救济。行政机关的强制执行决定影响了（至少削弱了）被执行人的权利义务，被执行人理应有权向人民法院提起行政诉讼。

《行政强制法》第八条第一款也规定，公民、法人或者其他组织因行政机关违法实施行政强制受到损害的，均有权依法要求赔偿。具体表现为：一是如果行政机关行政强制执行决定超过原行政决定范围的，应当允许公民、法人或者其他组织向人民法院提起行政诉讼；二是该中止执行而没有中止执行，该终止执行而没有终止执行，对居民生活采取停止供水、供电、供热、供燃气等方式迫使当事人履行等实际影响公民、法人或者其他组织合法权益的，应当允许公民、法人或者其他组织向人民法院提起行政诉讼；三是基于比例原则，可以先采取间接强制却采取直接强制实际影响公民、法人或者其他组织合法权益的，应当允许公民、法人或者其他组织向人民法院提起行政诉讼；四是不遵守法定程序（如催告等），应当允许公民、法人或者其他组织向人民法院提起行政诉讼；五是代履行和执行罚必然会影响公民、法人或者其他组织的合法权益，应当允许公民、法人或者其他组织向人民法院提起行政诉讼。因此，《行政强制法》第三十七条第二款规定，强制执行决定应当以书面形式作出，并载明下列事项：（1）当事人的姓名或者名称、地址；（2）强制执行的理由和依据；（3）强制执行的方式和时间；（4）申请行政复议或者提起行政诉讼的途径和期限；（5）行政机关的名称、印章和日期。从上述关于应当载明的“申请行政复议或者提起行政诉讼的途径和期限”来看，《行政强制法》是允许行政相对人针对行政机关行政强制执行决定向人民法院提起行政诉讼的，而且不管是直接强制的行政强制执行决定还是间接强制的行政强制执行决定、行为或不行为的行政强制执行决定还是公法上金钱给付

---

① 全国人大常委会法制工作委员会行政法室编：《〈中华人民共和国行政强制法〉释义与案例》，中国民主法制出版社2011年版，第47页。

义务的行政强制执行决定。

上述行政强制执行决定是依据《行政强制法》针对被执行人作出的。但是，在不同的单行法中有不同的规定。如国务院2001年发布的《城市房屋拆迁管理条例》第十七条规定："被拆迁人或者房屋承租人在裁决规定的搬迁期限内未搬迁的，由房屋所在地的市、县人民政府责成有关部门强制拆迁，或者由房屋拆迁管理部门依法申请人民法院强制拆迁。"依据这一规定，除向法院申请强制执行外，政府有关部门作出强制执行决定之前，尚应该由房屋所在地的市、县人民政府责成有关部门强制拆迁。所以，这里所说的"行政机关行政强制执行决定"既包括房屋拆迁管理部门的强制执行决定，也包括有些单行法规定的政府责成决定。而政府责成决定针对的却不是被执行人，其是否可诉争议较大。针对责成行为的可诉性问题，在司法实践中，不同法院对责成行为的性质在认识上和处理上并不一致。有的法院认为，责成行为是行政机关实施具体行政行为的依据，因此是可诉的；有的法院认为，责成行为是行政机关对实施具体行政行为所发布的内部命令，是内部行政行为，不属于行政诉讼受案范围；还有的法院认为，责成行为是具体行政行为的强制执行行为，未重新设定当事人的权利义务，故不属于法院的受案范围。①

《最高人民法院关于审理行政协议案件若干问题的规定》第二十四条第一款规定的责令履行协议决定，从整体上看，我们认为，此决定类似于行政机关行政强制执行决定，不同的是前者要求履行的是协议的内容，而后者则要求执行的是行政决定的内容。现在的问题是行政机关采用行政协议履行法定职责后，是否可以对同一事项再作出要求履行协议的决定。如上所述，我国《行政诉讼法》"官不能告民"定位下只能在行政优益权之外再行突破，承认行政相对人一方不履行合同，行政机关一方可以通过作出要求履行协议的行政决定，解决"官不能告民"给行政协议案件带来的困境，这也是无可奈何的选择。同时鉴于责令履行协议的决定类似于行政机关行政强制执行决定，依据《行政强制法》有关规定，行政机关在法定的条件下可以依法作出

① 王岩:《强制拆违司法审查中的若干问题》，载《人民司法（应用）》2011年第13期。

责令履行协议的决定，协议行政相对人对其则可以申请行政复议或者提起行政诉讼。

2.基于监督权指挥权作出的处理决定作为执行名义

此情形主要是《最高人民法院关于审理行政协议案件若干问题的规定》第二十四条第二款规定，是指行政机关以基于法律、行政法规规定对行政协议享有监督协议履行的职权作出的处理决定作为执行名义。如果法律、行政法规规定行政机关对行政协议享有监督协议履行的职权，行政机关有权对不履行协议义务的相对人作出处理决定。例如，“行政相对人一方不履行合同，行政机关一方可以通过其他途径解决，如对特许经营者不按照协议约定提供公共服务的，行政机关可以取消特许经营”[①]。根据《行政强制法》和《行政诉讼法》的规定，行政相对人未按照协议履行，行政机关基于法律、行政法规规定对行政协议享有监督协议履行的职权作出行政决定后，可以向人民法院申请执行该行政决定，人民法院可以参照行政强制法的规定进行审查并决定是否执行。故《最高人民法院关于审理行政协议案件若干问题的规定》第二十四条第二款规定，法律、行政法规规定行政机关对行政协议享有监督协议履行的职权，公民、法人或者其他组织未按照约定履行义务，经催告后不履行，行政机关可以依法作出处理决定。公民、法人或者其他组织在收到该处理决定后在法定期限内未申请行政复议或者提起行政诉讼，且仍不履行，协议内容具有可执行性的，行政机关可以向人民法院申请强制执行。

如上所述，行政协议中行政机关享有行政优益权，在行政相对人不履行行政协议内容的情况下，可以行使行政优益权。行政机关在行政协议中的优益权很丰富，主要包括指挥权、监督权、单方变更和解除权、制裁权等。行政机关基于法律、行政法规规定对行政协议享有监督协议履行的职权，亦即监督协议履行的监督权，属于行政优益权的一种。但是，行政机关作出要求

---

① 袁杰主编，全国人大常委会法制工作委员会行政法室编著：《中华人民共和国行政诉讼法解读》，中国法制出版社2014年版，第44页。

行政相对人履行协议内容的行政决定，是否也属于行政优益权的一种？换句话说，《最高人民法院关于审理行政协议案件若干问题的规定》第二十四条第一款和第二款之间是什么关系？《城镇国有土地使用权出让和转让暂行条例》第十七条明确规定，未按合同规定的期限和条件开发、利用土地的，市、县人民政府土地管理部门应当予以纠正，并根据情节可以给予警告、罚款直至无偿收回土地使用权的处罚。从性质上说，市、县人民政府土地管理部门应当予以纠正的内容包括行政机关作出要求行政相对人履行协议内容的行政决定，而对给予警告、罚款直至无偿收回土地使用权的处罚等行政处罚决定，均属于典型的行政优益权。但两者是有区别、有侧重的，前者是不增加相对人的权利义务，仅局限于行政协议的内容，而后者则增加了相对人的权利义务。但是，其中作为行政机关行政优益权的协议监督权和指挥权是有限度的，它也仅限于保障行政协议的如约履行，其目的均为行政协议内容的全面履行，不可滥用，不得要求相对人履行不合理的义务。也就是说，《最高人民法院关于审理行政协议案件若干问题的规定》第二十四条第一款有关责令履行协议决定的规定和第二款有关监督协议履行决定的规定，实质内容基本一致，均为行政优益权情形，故行政协议司法解释将其一并进行规定。

本案在处理中有两种观点：第一种是协议书应当不准予执行。因协议书从形式上看不具备有强制执行力的行政文书的要件，内容上关于补缴出让金的金额存在不确定性，律师函对此金额的确定不属于行政机关的有效法律文书，且未告知行政相对人对补缴金额提出异议的诉权，无论是从形式上还是内容上，均不具备申请强制执行的条件。第二种是协议书应当准予执行。2014年修正后的《行政诉讼法》出台后，行政协议已纳入行政诉讼的受案范围，根据此受案逻辑，行政协议应当被视为行政行为，律师函应当是对行政协议内容的确认，是行政协议的附属件，在行政相对方对行政协议放弃诉权的情况下，行政机关有权对生效的行政协议申请强制执行。

我们认为，行政协议因协商一致而与民事合同接近，作为行政协议当事人的行政机关和行政相对人仍应遵循平等、自由、公平、诚信、依约履责等一般的合同原则。行政协议不违反国家法律、法规和政策的规定，事前经双方当事人协商达成一致，是双方真实意思表示，合法有效，当事人应当按照约定全面忠实履行，此与民事合同的履行并无二致。目前，我国行政诉讼“官不能告民”，行政相对人不履约，行政机关的救济途径就成为不得不研究的问题。《最高人民法院关于审理行政协议案件若干问题的规定》规定的行政机关行使优益权保证行政相对人履约是无可奈何的做法，行政协议约定执行才是未来的发展方向。

【实务指导】

为了保障公共利益的实现和提高行政效率，一般来说，行政协议中如果约定强制执行条款，且该条款符合法律规定、内容明确并具有可执行性，行政机关可依据该约定向法院申请非诉强制执行，法院经审查，可以作出准予执行的裁定。大陆法系国家（例如德国）和我国台湾地区均作了类似规定。《德国行政程序法》第61条规定，每一合同签订方均可表示立即执行第54条第2句所指公法契约。比如行政机关决定拆除违章建筑，但与违章建筑所有权人在和解合同中达成约定，允许对方在五年之内自行拆除，若未按期完成拆除义务，行政机关可以立即强制拆除。同时，上述条款还规定了行政机关的签约限制：一是须由行政机关代表人签约。若行政机关想签订这种接受即时强制执行的条款，必须由行政机关代表人来签订，包括行政机关的“主管、一般代理人或具有法官职位资格或《德国法官法》第110条第1句条件的公职人员作为代表”。二是须经有权机关批准。经订约行政机关的业务主管机关批准，接受即时强制执行的约定方为有效。如该接受是由联邦或州最高机关作出的，不需要批准。此类接受即时强制执行的约定，经常在和解合同中得到运用。此外，《德国行政程序法》第60条第2款第1句规定，若订立合同的一方为该法第1条第1款①所指的行政机关，则对和解合同须准用联邦

① 《德国行政程序法》第1条第1款所指的行政机关包括：（1）联邦、联邦直属的公法社团、机构和财团的机关；（2）各州、乡镇、县以及其他接受州监督的公法法人的机关，但以其受联邦委托执行联邦法律者为限。

强制执行法。也就是说，行政机关须由机关首长、首长的一般代表人或者公共服务部门具备法官资格或者符合《德国法官法》第110条所指条件的人员作为代表。只有在签订合同的行政机关的业务主管监督机关批准时，有关立即执行的表示方为有效。最高联邦或者州行政机关作出或者针对他们作出立即执行表示的，无须批准。

我国台湾地区“行政程序法”第一百四十八条规定，行政契约约定自愿接受执行时，债务人不为给付时，债权人得以该契约为强制执行之执行名义。前项约定，缔约之一方为中央行政机关时，应经主管院、部或同等级机关之认可；缔约之一方为地方自治团体之行政机关时，应经该地方自治团体行政首长之认可；契约内容涉及委办事项者，并应经委办机关之认可，始生效力。第一项强制执行，准用行政诉讼法有关强制执行之规定。对此，我国台湾地区学者认为：“本条规定不论于提升双务契约或和解契约之执行效力上，具有重大之意义与功能。盖行政契约不如行政处分，并非当然享有执行力，所以当契约一方当事人不履行其契约上之义务时，他方当事人纵使是行政机关，理论上亦须经由诉讼途径以取得执行名义或执行力，以便对他造当事人为强制执行，如此一来，行政契约之效力即远不如行政处分。”[①]

《最高人民法院关于审理行政协议案件若干问题的规定》虽然没有对行政协议能否直接作为执行名义进行规定，但不妨碍在司法实践中进行探索。该司法解释制定过程中，有人认为，将行政协议直接作为执行依据，超出了目前《行政强制法》等法律及司法解释所确定的执行依据种类。对此我们认为，对于行政机关的救济渠道，立法机关有明确的意见，即通过非诉执行方式予以救济。党的十九届四中全会决定要求，坚持和完善中国特色社会主义制度、推进国家治理体系和治理能力现代化。传统上，我国属于大陆法系国家，德国和我国台湾地区的上述做法可以借鉴。在我国司法实践中，有些地方法院也进行过一些探索，将来可以继续进行有益探索。原则上，行政协议约定强制执行条款，公民、法人或者其他组织未按照约定履行义务，经催

① 翁岳生主编:《行政法》，中国法制出版社2002年版，第792页。

告后仍不履行，行政机关向人民法院申请强制执行该协议，人民法院应当依法受理。人民法院审查行政机关申请强制执行行政协议的案件，应当听取利害关系人意见，并对协议的合法性、有效性、公平性以及双方履行协议等情况进行审查。经审查，内容明确、无明显违法且有执行内容的，应当作出具有执行内容的准予执行裁定，否则不能裁定准予执行。从现有行政协议种类看，除约定支付违约金和房屋征收协议中交出房屋外，不少行政协议不存在执行的问题。这一点不得不予以注意。人民法院作出准予执行裁定后，一般由签订行政协议的行政机关组织实施，也可以由人民法院执行；内容不明确或者没有可执行内容的，应当作出不准予执行的裁定，由行政机关另行作出行政决定。上述听取意见的程序和举证责任等事项，可以参照行政诉讼法的有关规定办理。

【关联规定】

《最高人民法院关于审理行政协议案件若干问题的规定》

第二十四条 公民、法人或者其他组织未按照行政协议约定履行义务，经催告后不履行，行政机关可以作出要求其履行协议的书面决定。公民、法人或者其他组织收到书面决定后在法定期限内未申请行政复议或者提起行政诉讼，且仍不履行，协议内容具有可执行性的，行政机关可以向人民法院申请强制执行。

法律、行政法规规定行政机关对行政协议享有监督协议履行的职权，公民、法人或者其他组织未按照约定履行义务，经催告后不履行，行政机关可以依法作出处理决定。公民、法人或者其他组织在收到该处理决定后在法定期限内未申请行政复议或者提起行政诉讼，且仍不履行，协议内容具有可执行性的，行政机关可以向人民法院申请强制执行。

第二编

行政协议的司法审查

2014年《行政诉讼法》的修正，最有意义的部分之一在于将行政协议纳入行政诉讼的受案范围。《最高人民法院关于审理行政协议案件若干问题的规定》也于2019年11月12日由最高人民法院审判委员会第1781次会议通过，并自2020年1月1日起施行，从而开启了行政诉讼的新时代。本编结合案例从以下方面讨论行政协议司法实践中的热点难点问题：一是，行政协议案件的起诉和受理。包括：（1）什么协议纠纷可以纳入行政诉讼的受案范围？（2）纳入行政诉讼的行政协议争议在具备哪些起诉条件时可以由法院来审查？二是，对行政协议纠纷如何进行举证、审理、法律适用？三是，对行政协议纠纷如何进行裁判？

第一章

行政协议案件的受理

行政协议诉讼以人民为中心的发展思想为根本宗旨，坚持人民主体地位，践行全心全意为人民服务的根本宗旨，把人民对美好生活的向往作为目标，切实保证人民群众有更多获得感、幸福感、安全感。依法保护行政协议相对人的起诉权，其意义在于在法律规定不明确、事实经合法程序调查仍不清楚时，最大限度地保护行政相对人的诉权，明确行政协议的受案范围和起诉条件，从而充分保护行政相对人的合法权益，使其受到的侵害在行政诉讼中得到及时有效的恢复和救济。

第一节　行政协议争议均属于行政诉讼的受案范围

蒋某某诉重庆高新技术产业开发区管理委员会行政协议纠纷案

【案号】

一审：重庆市第五中级人民法院（2016）渝05行初277号行政裁定书

二审：重庆市高级人民法院（2016）渝行终605号行政裁定书

再审：最高人民法院（2017）最高法行再49号行政裁定书

【案情】

再审申请人（一审原告、二审上诉人）：蒋某某。

再审被申请人（一审被告、二审被上诉人）：重庆高新技术产业开发区管理委员会（以下简称高新区管委会）。

原审第三人：重庆高新技术产业开发区征地服务中心（以下简称征地服务中心）。

2016年7月12日，蒋某某向重庆市第五中级人民法院提起本案诉讼，请求：（1）撤销征地服务中心于2015年12月25日与其签订的《征地拆迁补偿安置协议》；（2）对渝府发〔2008〕45号文件进行合法性审查后排除适用。主要理由是：（1）签订房屋征收拆迁协议的双方主体不适格。根据《土地管理法实施条例》第二十五条的规定，征收土地房屋安置补偿方案经市、县人民政府批准后，由市、县人民政府土地行政主管部门组织实施。高新区管委会和征地服务中心均不具备签订协议的主体资格。（2）签订协议程序违法。《土地管理法实施条例》第二十五条第四款规定，征收土地的各项费用应当自征地补偿、安置方案批准之日起3个月内全额支付。本案补偿安置方案公告在2003年6月3日公布，补偿款应当在公告发布之日起3个月内，即2003年9月3日前支付完毕。蒋某某2014年申请行政协调，解决途径只有两种，一种是由人民法院判决；另一种是按照协商结果签订协议，而不应该是根据16年前的办法解决。（3）实体内容违法。协议签订的补偿单价仅为222.87元，根据2011年国务院590号令和中纪委及监察部办公厅8号文件规定，应当按照同地段类似国有土地上房屋的市场价格进行补偿，该价格明显低于相关地段房屋的市场价格。（4）适用的补偿标准错误。协议适用的是重庆市人民政府令〔1999〕55号和渝府发〔2008〕45号文件以及征用石桥镇白合村陈坪社土地补偿安置方案，该方案系17年前制定的，2010年国务院国办发明电〔2010〕15号已经明确要求修改以前偏低的标准，故协议不该适用该标准确定补偿方案。

【审判】

重庆市第五中级人民法院一审作出（2016）渝05行初277号行政裁定，认为，蒋某某认为其与征地服务中心签订的《征地拆迁补偿安置协议》侵害其合法权益，以高新区管委会为被告提起诉讼属于错列被告。经释明后仍拒绝变更，依法应予驳回起诉。《行政诉讼法》第十二条第一款规定："人民法院受理公民、法人或者其他组织提起的下列诉讼：……（十一）认为行政机关不依法履行、未按照约定履行或者违法变更、解除政府特许经营协议、土地房屋征收补偿协议等协议的……"蒋某某起诉请求撤销《征地拆迁补偿安置协议》，其起诉状中所诉理由均系对签订协议时主体、程序以及协议约定和适用法律所提出的异议，并不属于行政机关不依法履行、未按照约定履行或者违法变更、解除协议内容的范畴。故蒋某某的起诉不属于人民法院行政诉讼受案范围。综上，重庆市第五中级人民法院依照《最高人民法院关于适用〈中华人民共和国行政诉讼法〉若干问题的解释》第三条第一款第一项、第三项之规定，裁定驳回蒋某某的起诉。

重庆市高级人民法院二审作出（2016）渝行终605号行政裁定，认为蒋某某向一审法院提起的诉讼请求是请求撤销与征地服务中心签订的《征地拆迁补偿安置协议》。根据《行政诉讼法》第十二条第一款第十一项的相关规定，认为行政机关不依法履行、未按照约定履行或者违法变更、解除政府特许经营协议、土地房屋征收补偿协议等协议的，可以向人民法院提起诉讼。本案中，蒋某某的起诉状中所诉理由均系对签订协议时的主体、程序以及协议约定和适用法律所提出的异议，并不属于上述法律所规定的行政机关不依法履行、未按照约定履行或者违法变更、解除协议内容等范畴，故蒋某某的起诉依法不属于人民法院行政诉讼受案范围。另外，蒋某某提起诉讼以高新区管委会为被告属于错列被告，且经一审法院释明仍拒绝变更，依法应予驳回起诉。综上，二审法院维持了一审法院的裁定。

蒋某某不服，向最高人民法院申请再审，请求撤销一、二审裁定，依法再审本案。主要理由为：（1）本案属于行政诉讼的受案范围。依据《行政诉讼法》第七十五条以及《最高人民法院关于适用〈中华人民共和国行政诉讼法〉若干问题的解释》第十一条第二款、第十五条第二款规定，本案的《征地拆迁补偿安置协议》具有可诉性。（2）本案其未错列被告。根据《最高人民法院关于执行〈中华人民共和国行政诉讼法〉若干问题的解释》第二十条第一款规定，征地服务中心系事业单位，不具备行政主体资格，其以自己名义签订的征收补偿合同，应当以组建该中心的高新区管委会作为被告。

高新区管委会辩称：（1）根据相关文件规定，自2013年12月10日起，高新区管委会将组织实施高新区集体土地征收职能移交九龙坡区政府行使，其已无组织实施集体土地征收的职能，故对高新区集体土地征收进行补偿安置的实施主体应是九龙坡区国土分局，并非高新区管委会；（2）征地服务中心是根据九龙坡区编制委员会的规定，依法成立能独立承担法律责任的事业单位法人，签订《征地拆迁补偿安置协议》是受九龙坡区政府委托实施，行为后果依法由九龙坡区国土分局承担；（3）蒋某某曾就房屋征收补偿安置标准问题向九龙坡区政府申请行政协调，并申请行政裁决，完全知晓高新区管委会从2013年12月10日起即无组织实施集体土地征收的职能。综上，原审裁定驳回蒋某某起诉正确；蒋某某再审请求不能成立，应予驳回。

最高人民法院再审审查认为，结合原审法院的裁定和蒋某某再审申请的主张及理由，本案争议焦点主要有二：一是蒋某某提起撤销本案行政协议的诉讼请求是否属于行政诉讼的受案范围；二是蒋某某在本案中是否错列了被告。

1.蒋某某提起撤销本案行政协议的诉讼请求是否属于行政诉讼的受案范围问题

蒋某某以被诉《征地拆迁补偿安置协议》的签订主体、程序、内容以及补偿标准存在异议为由，请求人民法院撤销该协议，原审法院以该诉请不属于《行政诉讼法》第十二条第一款第十一项规定的四种情形为由，认为蒋某某的起诉不属于人民法院行政诉讼受案范围。因此，本案争议焦点之一在于蒋某某在本案提起撤销行政协议的诉讼请求是否属于行政诉讼受案范围。《行政诉讼法》第七十五条规定，“行政行为有实施主体不具有行政主体资格或者没有依据等重大且明显违法情形，原告申请确认行政行为无效的，人民法院判决确认无效”，行政协议作为行政行为的重要组成部分，如其有上述规定情形，公民、法人或者其他组织申请确认行政协议无效的，人民法院判决确认无效。《最高人民法院关于适用〈中华人民共和国行政诉讼法〉若干问题的解释》第十五条第二款规定，“原告请求解除协议或者确认协议无效，理由成立的，判决解除协议或者确认协议无效，并根据合同法等相关法律规定作出处理”，公民、法人或者其他组织可以依法请求解除行政协议或者确认行政协议无效；第十四条规定，“人民法院审查行政机关是否依法履行、按照约定履行协议或者单方变更、解除协议是否合法，在适用行政法律规范的同时，可以适用不违反行政法和行政诉讼法强制性规定的民事法律规范。”《合同法》第五十四条规定，“下列合同，当事人一方有权请求人民法院或者仲裁机构变更或者撤销：（一）因重大误解订立的；（二）在订立合同时显失公平的。一方以欺诈、胁迫的手段或者乘人之危，使对方在违背真实意思的情况下订立的合同，受损害方有权请求人民法院或者仲裁机构变更或者撤销。当事人请求变更的，人民法院或者仲裁机构不得撤销”，公民、法人或者其他组织可以依法请求变更或者撤销行政协议。①

根据上述法律规定，公民、法人或者其他组织可以依法向人民法院请求变更、撤销及解除行政协议或者确认行政协议无效等，而不应仅限于《行政诉讼法》第十二条第一款第十一项规定的四种情形。综上，基于上述法律规定，不应将“行政机关不依法履行、未按照约定履行或违法变更、解除协议”四种情形设定为提起行政协议行政诉讼的受理条件，原审法院对《行政诉讼法》第十二条规定作狭义的文义理解，属于适用法律错误，依法应予纠正。

---

① 对应《民法典》第一百四十七条、第一百五十条、第一百五十一条。

2.蒋某某在本案中是否错列了被告问题

原审法院认为，蒋某某提起诉讼以高新区管委会为被告属于错列被告，且经一审法院释明仍拒绝变更，应予驳回起诉。故本案另一个争议焦点在于蒋某某以高新区管委会作为被告，以征地服务中心作为第三人提起诉讼是否属于错列被告的问题。本案集体土地征收系经重庆市人民政府批准，高新区管委会负责，并由征地服务中心具体签订补偿安置协议的，而征地服务中心受高新区管委会领导，在原重庆市国土资源和房屋管理局高新技术产业开发区分局的具体指导下，代表高新区管委会承担征地工作的事业单位，本身不具备行政主体资格，亦没有法律、法规或者规章授权其实施补偿安置。根据《最高人民法院关于执行〈中华人民共和国行政诉讼法〉若干问题的解释》第二十一条“行政机关在没有法律、法规或者规章规定的情况下，授权其内设机构、派出机构或者其他组织行使行政职权的，应当视为委托。当事人不服提起诉讼的，应当以该行政机关为被告”的规定，结合本案征地服务中心作为代表高新区管委会承担征地工作的机构这一事实，本案可以认定高新区管委会委托征地服务中心实施了补偿安置，且依据《最高人民法院关于执行〈中华人民共和国行政诉讼法〉若干问题的解释》第二十条第一款“行政机关组建并赋予行政管理职能但不具有独立承担法律责任能力的机构，以自己的名义作出具体行政行为，当事人不服提起诉讼的，应当以组建该机构的行政机关为被告”的规定，本案当事人以高新区管委会作为被告提起诉讼，并无不当。同时征地服务中心因涉及本案协议签订，其在本案诉讼中作为第三人加入，亦属适当。高新区管委会再审辩称，由于政府职能调整，高新区集体土地征收职能已经移交重庆市九龙坡区人民政府行使，征地服务中心系受九龙坡区国土分局委托实施的行政行为，故本案的适格被告为九龙坡区国土分局。该院认为，根据《行政诉讼法》第二十六条第五款“行政机关委托的组织所作的行政行为，委托的行政机关是被告”的规定，若本案适格被告为九龙坡区国土分局，必须以其委托征地服务中心承担本案征地事宜为前提，目前并无合法有效的证据证明九龙坡区国土分局对征地服务中心进行了委托。高新区管委会的该项答辩理由不能成立，本院不予支持。故在本案，原审法院认为“蒋某某提起诉讼以重庆高新区管委会为被告属于错列被告，且经一审法院释明仍拒绝变更，裁定驳回其起诉”显属不当，依法应予纠正。

综上，最高人民法院作出（2017）最高法行再49号裁定：一、撤销重庆市第五中级人民法院（2016）渝05行初277号行政裁定及重庆市高级人民法院（2016）渝行终605号行政裁定；二、指令重庆市第五中级人民法院继续审理本案。

【评析】

在司法实践中，对《行政诉讼法》第十二条第一款第十一项规定的行政机关不依法履行、未按照约定履行或违法变更、解除协议四种情形是否设定为提起行政协议行政诉讼的受理条件，一直认识不一，经常在实践中出现混乱，既有受理后进行实体审查的情形，又有像本案一审法院一样不予受理。随着行政协议纠纷案件的迅速增长，本案的最大意义在于明确了人民法院受理行政协议案件的争议类型，清除了司法实践中部分当事人就相关问题提起行政诉讼的障碍，为《最高人民法院关于审理行政协议案件若干问题的规定》出台提供了司法实践范本。

有关行政协议争议从总体上分为以下四部分：一是有关缔约过失的争议；二是有关行政协议内容本身的合法性和有效性；三是有关行政协议的履行争议，主要包括行政机关不依法履行、未按照约定履行行政协议等；四是有关变更、解除行政协议的争议，主要包括违法变更、解除行政协议。2014年修正后的《行政诉讼法》第十二条第一款第十一项已明确行政机关不依法履行、未按照约定履行以及变更、解除行政协议的争议属于行政诉讼受案范围，那么，其他行政协议纠纷是否应纳入行政诉讼受案范围？

有一种观点认为，在指导思想上，因行政协议行政案件的审理是一个全新的案件类型，缺乏配套的法律规定和审判经验，因此，现阶段对此类案件的受理范围不应确定得太宽泛。从《行政诉讼法》第十二条第一款第十一项规定看，起诉行政协议的原因行为是针对不依法履行、未按照约定履行或者违法变更、解除协议四种情形，因此，将受理此类案件的范围限制在这四种情形为妥，若超过这四种情形，如因行政协议引发的撤销之诉、第三人撤销之诉、确认协议无效之诉等其他行政协议诉讼，均不应作为行政案件受理。理由如下：第一，没有法律依据。就像并非所有因行政行为引发的纠纷都属于行政诉讼受案范围一样，并非所有因行政协议引发的纠纷都属于行政诉讼受案范围。2014年修正后的《行政诉讼法》的规定是“认为行政机关不依法履行、未按照约定履行或者违法变更、解除政府特许经营协议、土地房屋征收补偿协议等协议的”，因此，只有当行政机关履行行政协议过程中实施了上述四类行为，当事人不服引发的争议才属于行政诉讼受案范围。第二，协议的订立与协议的履行属于不同层次的问题。协议的效力审查主要是协议订立时双方意思表示是否真实，是协议订立层面的问题；《行政诉讼法》规定的四种情形，属于行政协议在履行过程中出现的争议，是协议履行层面的问题。第三，之所以将这四类争议纳入行政诉讼，是因为其中都包含了行政机关发动其优越的意思力，体现了行政协议区别于民事协议的特点，才需要用行政诉讼这一特别程序予以救济。针对行政协议引发的撤销之诉、第三人撤销之诉、确认协议无效之诉与一般民事协议的撤销、无效并无区别，属于纯民事争议。第四，假设将撤销之诉、确认协议无效之诉纳入行政诉讼受案范围，《行政诉讼法》中关于原告应当与被诉行政行为具有利害关系的规定，将在这样一类诉讼中被彻底架空，任何一个主体都可以声称对行政协议所处分的财产拥有权利而发起行政诉讼。

我们认为，上述意见并不可取。这种狭义理解，既不符合现行《行政诉讼法》及司法解释的相关规定，也在理论上难以自圆其说，在实践中会造成不必要的混乱。《最高人民法院关于审理行政协议案件若干问题的规定》扩充了行政协议纠纷的种类，在原告资格、第三人、禁止反诉以及诉讼请求的相关条文中均规定，因行政协议的订立、履行、变更、终止等产生纠纷属于行政诉讼受案范围。其中仅缔约之诉就包括以下争议：在行政协议订立过程中，行政机关拒绝订立行政协议未说明正当理由的；行政机关违反公开、平等竞争原则订立协议的；行政机关与他人订立行政协议损害其合法权益的，行政相对人可以提起缔约之诉。

行政协议是指行政机关在行使行政职权、履行行政职责过程中与公民、法人或者其他组织协商订立的协议。《行政诉讼法》第十二条第一款第十一项列举规定了四种行政协议争议类型，但根据相关法律及司法解释规定，除上述四种行政协议争议类型外，行政协议类型还应包括协议订立时的缔约过失，协议成立与否，协议有效无效，撤销、终止行政协议，请求继续履行行政协议、采取相应的补救措施、承担赔偿和补偿责任以及行政机关监督、指挥、解释等行为产生的行政争议。

1.从现行法律及司法解释上看，相关规定已经超出了《行政诉讼法》第十二条第一款第十一项列举类型范围。首先，根据《行政诉讼法》第七十五条“行政行为有实施主体不具有行政主体资格或者没有依据等重大且明显违法情形，原告申请确认行政行为无效的，人民法院判决确认无效”的规定，行政协议作为行政行为的重要组成部分，如其有上述规定情形，公民、法人或者其他组织申请确认行政协议无效的，人民法院判决确认无效。基于此，起诉确认行政协议无效应当纳入行政协议争议受案范围。其次，有关司法解释对行政协议争议受案范围进一步作出了规定。根据《最高人民法院关于适用〈中华人民共和国行政诉讼法〉若干问题的解释》第十五条第二款“原告请求解除协议或者确认协议无效，理由成立的，判决解除协议或者确认协议无效，并根据合同法等相关法律规定作出处理”的规定，公民、法人或者其他组织可以依法请求解除行政协议或者确认行政协议无效。最后，司法解释明确了行政协议审理过程中可以适用不违反行政法和行政诉讼法强制性规定的民事法律规范。根据《最高人民法院关于适用〈中华人民共和国行政诉讼法〉若干问题的解释》第十四条“人民法院审查行政机关是否依法履行、按照约定履行协议或者单方变更、解除协议是否合法，在适用行政法律规范的同时，可以适用不违反行政法和行政诉讼法强制性规定的民事法律规范”及《合同法》第五十四条“下列合同，当事人一方有权请求人民法院或者仲裁机构变更或者撤销：（一）因重大误解订立的；（二）在订立合同时显失公平的。一方以欺诈、胁迫的手段或者乘人之危，使对方在违背真实意思的情况下订立的合同，受损害方有权请求人民法院或者仲裁机构变更或者撤销。当事人请求变更的，人民法院或者仲裁机构不得撤销”的规定，公民、法人或者其他组织可以依法请求变更或者撤销行政协议。[①]综上，公民、法人或者其他组织可以依法向人民法院请求变更、撤销及解除行政协议或者确认行政协议无效等，而不应仅限于《行政诉讼法》第十二条第一款第十一项规定的四种情形。

2. 从理论和实践上看，将《行政诉讼法》第十二条第一款第十一项列举之外的行政协议争议不纳入行政诉讼的受案范围，可能会出现以下问题：一是如将相关行政协议争议纳入民事诉讼，既造成了同一性质的协议争议由行政民事分别受理并审理的混乱局面，又增加了行政裁判和民事裁判不一致的风险，不利于彻底化解行政协议纠纷；二是如相关行政协议争议不纳入行政诉讼的受案范围，又因其行政性民事诉讼不予受理，极易造成行政诉讼和民事诉讼均不受理的尴尬局面，亦有悖现代行政诉讼为公民、法人或者其他组织提供无漏洞、有效的司法保护的主要宗旨；三是将相关行政协议争议排除出行政诉讼的受案范围，意味着有关行政协议争议游离行政法制轨道，既不能及时有效地依法解决相关行政争议，也不利于监督行政机关依法行使职权。

综上，不应将行政机关不依法履行、未按照约定履行协议或行政机关单方变更、解除协议四种情形设定为提起行政协议行政诉讼的受理条件，原审法院对《行政诉讼法》第十二条的规定作狭义的文义理解，既不能及时有效地依法解决相关行政争议，也不利于保护公民、法人和其他组织的合法权益，监督行政机关依法行使职权，不符合《行政诉讼法》立法宗旨及相关司法解释规定，依法应予纠正。那么，行政协议争议包括哪些？从行政协议不同阶段看，大致包括协议订立时的缔约过失，协议成立与否，生效与否，有

---

① 对应《民法典》第一百四十七条、第一百五十条、第一百五十一条。

效无效，变更、解除、撤销及终止行政协议，后合同义务以及请求继续履行行政协议、采取相应的补救措施、承担赔偿补偿责任等产生的行政争议，这些争议均属于行政诉讼受案范围。

【实务指导】

本案也探讨了长期存在争议的以高新区管委会为代表的高新管理委员会在征收案件中关于被告资格的问题。行政诉讼的被告是指被公民、法人或者其他组织起诉某一行政行为侵犯其合法权益，而由人民法院通知应诉的具有国家行政职权的机关或者组织。在我国确定行政诉讼被告时，应当考虑以下四个要素：一是在程序上，受公民、法人或其他组织起诉，且由人民法院通知应诉的机关或组织；二是在实体上，行使国家行政管理职权职责并作出行政行为（作为或者不作为），且该行为被公民、法人或其他组织认为侵犯其合法权益的机关或者组织；三是在组织上，属于能够独立承担法律责任的机关或组织，亦即行政主体；四是在方便性上，即使不属于行政主体，为便利当事人诉权的行使，通过法律、法规或者规章授权亦可将非行政主体的组织在行政诉讼中作为被告。本案征地服务中心受高新区管委会领导，代表高新区管委会承担征地工作的事业单位，本身不具备行政主体资格，亦没有法律、法规或者规章授权其实施补偿安置。在没有合法有效的证据证明重庆市九龙坡区国土分局对征地服务中心进行了委托的情况下，依法应当认定本案适格被告为高新区管委会，而不是重庆市九龙坡区国土分局。

【关联规定】

《最高人民法院关于审理行政协议案件若干问题的规定》

第四条 因行政协议的订立、履行、变更、终止等发生纠纷，公民、法人或者其他组织作为原告，以行政机关为被告提起行政诉讼的，人民法院应当依法受理。

因行政机关委托的组织订立的行政协议发生纠纷的，委托的行政机关是被告。

第六条 人民法院受理行政协议案件后，被告就该协议的订立、履行、变更、终止等提起反诉的，人民法院不予准许。

第二节 行政和解协议的处理

永城市友谊建筑工程有限责任公司诉永城市人民政府不履行行政协议案

【案号】

一审：河南省周口市中级人民法院（2015）周行初字第205号行政判决书

【案情】

原告：永城市友谊建筑工程有限责任公司（以下简称友谊公司）。

被告：永城市人民政府。

永城市人民政府于2000年10月26日作出决定，收回了友谊公司位于永城市永兴路西段北侧性质为教育用地的国有土地9.006亩。友谊公司不服提起诉讼，经人民法院审理判决确认永城市人民政府收回土地行为违法。2012年5月31日，友谊公司向法院提起行政赔偿之诉。经法院协调，永城市人民政府于2014年5月13日作出〔2014〕9号《永城市土地管理委员会第九次会议纪要》。该会议纪要第六项主要内容为，同意置换给友谊公司相等面积的教育用地用于建设幼儿园，由永城市城乡规划部门根据城市总体规划另行选址，如选址用地为集体土地且符合永城市土地利用总体规划，由永城市国土资源部门报请河南省政府批准征收后，再办理划拨供地手续，友谊公司必须严格按照规定时间及批准用途建设幼儿园，否则市政府将依法收回土地使用权。2014年5月30日，在法院的主持下，永城市人民政府与友谊公司签订了调解书。第一条约定，永城市人民政府同意置换给友谊公司相等面积的教育用地用于建设幼儿园，由永城市城乡规划部门根据城市总体规划另行选址，如选址用地为集体土地且符合永城市土地利用总体规划，由永城市国土资源部门报请河南省政府批准征收后，再办理划拨供地手续；第二条约定，友谊公司必须无条件服从永城市城乡规划部门选址，严格按照规定时间及批准用途建设幼儿园，并不得违反国家相关土地政策和法律，否则永城市人民政府将依法收回土地使用权。调解书签订后，友谊公司主动撤回了对永城市人民政府的行政赔偿诉讼。2015年7月27日，友谊公司再次向法院提起行政诉讼，请求事项为：（1）依法判令被告迅速落实〔2014〕9号《永城市土地管理委员会第九次会议纪要》的决定，为原告置换教育净用地9.006亩；（2）若被告反悔，不愿落实自己的决定，请求依法判令被告按照其违法收回土地的原区位的现价赔偿给原告造成的经济损失4030万元；（3）依法判令被告偿付给原告为维权而多次提起诉讼支付的费用；（4）本案的诉讼费用由被告承担。

【审判】

法院经审理认为，本案原告要求履行的会议纪要第六项决定并不违反法律的强制性规定。永城市人民政府作为该会议纪要的执行人和其与友谊公司签订的调解书的义务方，具有为原告友谊公司选择提供9.006亩教育用地的职责和义务。被告永城市人民政府在法定举证期限内提供了为原告置换教育用地的选址意见书，但尚未完成划拨供地等相关手续。被告永城市人民政府对于会议纪要决定的职责和调解书约定的义务没有履行完毕。原告友谊公司要求永城市人民政府落实会议纪要决定的主张成立，其诉讼请求依法应当予以支持。同时，友谊公司应当按照调解书的约定，主动配合被告永城市人民政府办理置换土地相关手续。该院依据《行政诉讼法》第七十三条之规定，判决被告永城市人民政府在本判决生效之日起三个月内落实〔2014〕9号《永城市土地管理委员会第九次会议纪要》第六项的会议决定。

【评析】

行政机关与行政相对人达成的和解协议是否可以纳入行政诉讼的受案范围，是一直有争议的问题。和解在刑事诉讼中称为“诉辩交易”。有人反对将行政和解协议纳入行政诉讼范围，理由为和解的初衷是化解争议，若可诉，则为再次制造争议，故在行政执法、行政诉讼或者行政复议阶段，以及信访中的和解协议都不应纳入行政诉讼，但也有不同的观点。我们认为，和解协议是否可诉，要具体问题具体分析：（1）行政执法过程中达成的和解协议，多为行政行为的替代协议，行政行为可诉，其替代协议亦可诉；（2）行政复议过程的和解协议，行政复议属于行政争议纠纷解决的一种，但行政复议权属于行政权的一种，依法应当对其进行司法监督，其中达成的协议亦可诉；（3）信访过程的和解协议，一般情况下不可诉，但如果设立了新的权利和义务则可诉；（4）行政诉讼过程达成的和解协议，鉴于司法最终原则，原则上不可诉。我们认为，对于此类和解协议，可以无须过多考虑起诉条件，尽可能进入实体审查，经审查，只要没有胁迫、恶意串通或者协议内容没有过度损害公共利益的，原则上不应否定其效力。

本案诉讼的标的是法院在审理原告友谊公司与永城市人民政府行政赔偿之诉中，永城市人民政府为与原告达成调解协议，通过会议纪要的形式对调解内容进行的一种前置确认。原告友谊公司既可提起要求永城市人民政府履行会议纪要决定的履行职责之诉，又可根据调解书的约定提起要求履行行政协议之诉，其本质均是双方对行政赔偿诉讼达成调解意见后的实际履行争议。这也是在2014年修正的《行政诉讼法》明确将行政协议纳入行政诉讼受理范围之后，法院受理的一起有关和解行政协议的案件。双方当事人自2000

年发生争议至今历时15年，法院在处理双方行政赔偿之诉过程中，通过大量工作，协调双方达成以土地置换方式补偿原告的损失。但在协议达成后，永城市人民政府未按照会议纪要决定积极履行，原告友谊公司再次提起请求履行会议纪要决定之诉，法院在查明事实的基础上，判令被告永城市人民政府在三个月内落实〔2014〕9号《永城市土地管理委员会第九次会议纪要》第六项的会议决定，有效地维护了原告友谊公司的合法权益。

【实务指导】

在司法实践中，也有签订了新的权利和义务的信访和解协议因涉及历史遗留问题不可诉的案例。2011年9月，原告陈某以其父曾为中国共产党的革命事业作出过贡献并出借给民主政权一笔资金为由，向宁波市鄞州区人民政府信访，要求安置子女工作并对1949年9月出借给民主政权的资金给予合理补偿。就此，原告陈某等与被告下属的宁波市鄞州区龙观乡信访办公室于2011年12月31日签订《协议书》，内容为："根据陈某给区长的信件（见附件），经区政府办公室、区老促会、区人社局、区信访局、龙观乡人民政府、区党史办多次协调后，达成如下协议：一、对于子女工作安排事情，考虑到陈某之父曾经出借给民主乡政权稻谷一事，从照顾三老人员子女出发，陈某自2012年1月起享受每月1000元的补贴。如三老人员每月基数增加时同步增加……"协议签订后，被告按约每月支付给原告1000元。但自2014年8月起，被告以原告陈某仍在就其父的政策落实问题进行信访为由，停发了该补贴。原告不服，诉至法院。一审法院认为，原告陈某等与被告宁波市鄞州区龙观乡人民政府于2011年12月31日签订的《协议书》系在原告方就其父亲的政策落实及子女待遇等问题进行信访，相关政府部门为化解该信访事项的背景下所签订，该协议涉及原告父亲落实身份、待遇等历史遗留政策问题。原告现诉请要求被告按照《协议书》约定履行相关义务，本质上属于请求处理历史遗留的政策问题，该事项不属于人民法院主管范围。因此，原告陈某的起诉不符合条件，不应受理；已经受理的，裁定驳回起诉。[①]

第三节　股东代表诉讼适用于行政协议诉讼

张某强、施某国诉慈溪市人民政府、掌起镇人民政府不履行《房屋拆迁补偿协议》案

【案号】

一审：浙江省宁波市中级人民法院（2015）浙甬行初字第32号行政裁定书

二审：浙江省高级人民法院（2015）浙行终字第193号行政裁定书

再审：最高人民法院（2016）最高法行再91号行政裁定书

【案情】

再审申请人（一审原告、二审上诉人）：张某强、施某国。

再审被申请人（一审被告、二审被上诉人）：浙江省慈溪市人民政府（以下简称慈溪市政府）、浙江省慈溪市掌起镇人民政府（以下简称掌起镇政府）。

原审第三人：宁波云柱电器有限公司（以下简称云柱公司）。

张某强、施某国向浙江省宁波市中级人民法院起诉称：（1）2011年9月29日，掌起镇政府与第三人云柱公司签订《房屋拆迁补偿协议》一份，云柱公司已按协议约定履行了全部合同义务，但掌起镇政府未按协议约定支付云柱公司房屋拆迁补偿款。（2）云柱公司的法定代表人袁某柱怠于主张权利，致公司遭受重大损失。根据《公司法》第一百五十一条第三款“他人侵犯公

① 详见浙江省宁波市鄞州区人民法院（2015）甬鄞行初字第138号行政裁定书。

司合法权益，给公司造成损失的，本条第一款规定的股东可以依照前两款的规定向人民法院提起诉讼”的规定，张某强、施某国作为云柱公司的股东，有权以自己名义提起诉讼。（3）《房屋拆迁补偿协议》载明，掌起镇政府受上级主管部门委托，与云柱公司签订该协议。因慈溪市政府是掌起镇政府的上级政府，应认为掌起镇政府是接受慈溪市政府的委托，与云柱公司签订了《房屋拆迁补偿协议》。因此，慈溪市政府应为本案共同被告。故请求法院判令慈溪市政府、掌起镇政府按《房屋拆迁补偿协议》的约定，支付云柱公司房屋拆迁补偿款129999828元、自2011年10月16日至本案起诉之日的违约金30575960元，并赔偿因违约给云柱公司造成的损失4000万元，共计200575788元。

原审经审理查明：2011年9月29日，掌起镇政府与云柱公司签订《房屋拆迁补偿协议》一份。该协议载明，掌起镇政府受上级主管部门委托，与云柱公司签订该协议。云柱公司同意将其位于浙江省慈溪市掌起镇东埠头村土地面积为80468.2平方米，建筑面积为47404.6平方米的房屋（其中有证面积42826.14平方米，无证面积4578.46平方米）交由掌起镇政府拆除，掌起镇政府合计补偿云柱公司129999828元。云柱公司应于2011年9月30日前搬迁腾空房屋，并于同年10月15日前将拆除房屋后的土地交付给掌起镇政府，云柱公司若逾期搬迁的，应自逾期之日起每日按未付金额的万分之二支付掌起镇政府违约金。云柱公司搬迁腾空房屋的，掌起镇政府应于2011年10月15日前一次性付清房屋拆迁补偿总额款，掌起镇政府若逾期支付的，应自逾期之日起每日按未付金额的万分之二支付云柱公司违约金。本协议签字时，云柱公司应向掌起镇政府移交有关房屋、土地证件，由掌起镇政府统一向房管、土地部门办理注销手续等。2011年9月29日，掌起镇政府与云柱公司另签订《补充协议（一）》（约定了如涉案土地使用权出让时两次流拍，双方签订的《土地收购补偿协议》即自行失效，云柱公司应在3日内全部返还掌起镇政府已经支付的收购补偿费，双方互不追究责任，互不赔偿损失等事项）、《补充协议（二）》（约定了掌起镇政府将涉案土地上建筑物拆除、花木移植等工程发包给云柱公司等事项）和《借款合同》（约定了掌起镇政府向云柱公司支付收购补偿费的当日，向云柱公司借款与收购补偿费同等数额的款项。如土地再次出让时两次流拍，在《土地收购及地上附属物拆迁补偿协议》失效的同时，解除本《借款合同》。云柱公司应全部返还掌起镇政府已支付的收购补偿费，本合同项下的借款即作为云柱公司返还给掌起镇政府的收购补偿费等事项）。2011年9月29日，云柱公司出具收款收据一份，载明缴款单位为掌起镇政府，款项内容为土地收购及地上附属物拆迁补偿款，金额为129999828元。2011年11月30日、12月2日，浙江省慈溪市房地产管理中心和浙江省慈溪市国土资源局根据云柱公司的申请，分别注销了涉案地块的房屋所有权证和国有土地使用权证。2011年12月15日，浙江省慈溪市国土资源局作出慈土资（预）告〔2011〕1号《慈溪市国有建设用地使用权挂牌出让预公告》，公告拟以挂牌方式出让涉案地块。

另查明，张某强、施某国系云柱公司股东。2013年9月、2014年6月，云柱公司和张某强、施某国分别委托律师致函掌起镇政府，要求支付拆迁补偿款129999828元。

【审判】

浙江省宁波市中级人民法院一审作出的（2015）浙甬行初字第32号行政裁定认为：涉案地块系国有土地，根据《国有土地上房屋征收与补偿条例》第八条、第十七条、第二十五条等规定，签订国有土地上房屋征收与补偿协议的前提为市、县人民政府已作出房屋征收决定。本案中，慈溪市政府否定其曾作出过房屋征收决定，张某强、施某国也未能提供证据证实慈溪市政府作出了房屋征收决定，故掌起镇政府与云柱公司订立国有土地上房屋征收与补偿协议的前提基础不存在。另，根据2011年9月29日，掌起镇政府与云柱公司签订的《补充协议（一）》《补充协议（二）》《借款合同》及云柱公司出具的《承诺书》载明的内容，均明确双方于2011年9月29日就涉案地块的厂房和土地使用权收购事宜签订《土地收购及地上附属物拆迁补偿协议》一份。据此，可以认定掌起镇政府与云柱公司于2011年9月29日签订的《房屋拆迁补偿协议》，实质上应为土地使用权收购及地上附属物拆迁补偿协议。根据《土地储备管理办法》的相关规定，土地使用权收购是土地储备的一种方式，属于行政公共事务，故掌起镇政府与云柱公司签订的土地使用权收购及地上附属物拆迁补偿协议系行政协议，当事人对此不服提起诉讼的，属于行政诉讼受案范围。掌起镇政府认为其与云柱公司签订《房屋拆迁补偿协议》系“协议收购”的民事行为，不属于行政诉讼的受案范围的主张，缺乏事实与法律依据，不予支持。

当时有效的《最高人民法院关于执行〈中华人民共和国行政诉讼法〉若干问题的解释》第十二条规定，行政诉讼的原告应与被诉的具体行政行为有法律上的利害关系。该法律上利害关系是指直接利害关系，即实际或必然受到具体行政行为的影响。根据公司法相关原理，公司具有独立的人格，公司独立于公司股东而存在，公司股东并非能代表公司，故一般情况下公司股东对具体行政行为而言不具有直接的利害关系。另，当时有效的《最高人民法院关于执行〈中华人民共和国行政诉讼法〉若干问题的解释》第三章关于诉讼参加人的规定，亦未赋予公司股东具有行政诉讼法上的原告主体资格。该解释第九十七条规定，人民法院审理行政案件，除依照《行政诉讼法》和本解释外，可以参照民事诉讼的有关规定；意即人民法院审理行政案件，如《行政诉讼法》及其司法解释已有明确规定的，应依照该规定执行，如无明确规定的，可参照民事诉讼的有关规定。在《行政诉讼法》及其司法解释对公司股东是否具有《行政诉讼法》上的原告主体资格问题已有规定的情况下，张某强、施某国主张其具有原告主体资格依据的《公司法》第一百五十一条不能适用本案。因此，张某强、施某国不具有提起本案行政诉讼的原告主体资格。综上，依照当时有效的《最高人民法院关于执行〈中华人民共和国行政诉讼法〉若干问题的解释》第四十四条第一款第二项、第六十三条第一款第二项之规定裁定驳回张某强、施某国的起诉。

浙江省高级人民法院二审作出的（2015）浙行终字第193号行政裁定认为：本案系张某强、施某国提起的要求慈溪市政府、掌起镇政府履行《房屋拆迁补偿协议》之诉，上述协议于2011年9月29日由掌起镇政府与云柱公司双方签订。当时有效的《最高人民法院关于执行〈中华人民共和国行政诉讼法〉若干问题的解释》第十二条规定，与具体行政行为有法律上利害关系的公民、法人或者其他组织对该行为不服的，可以依法提起行政诉讼。张某强、施某国认为其与上述协议具有利害关系的理由系其属云柱公司的股东。根据公司法的相关原理，公司和股东人格互相独立，公司在享有独立权力的同时，也独立承担相应的责任，股东一旦出资，就丧失了对其所出资资产的所有权，股东以出资资产获得的是出资人享有的股权。因此，张某强、施某国以其系公司股东为由，就涉案的协议提起行政诉讼，显然不具有法律上的利害关系。一审裁定认为张某强、施某国不具有原告主体资格并据此驳回张某强、施某国的起诉认定事实清楚，适用法律正确，审判程序合法，依法应予维持。张某强、施某国提出的上诉理由不能成立，不予采纳。依照2014修正前的《行政诉讼法》第八十九条第一款第一项之规定，裁定驳回上诉，维持一审裁定。

张某强、施某国不服原裁定，向最高人民法院申请再审称，第一，原裁定认定事实不清，适用法律错误，申请人符合原告主体资格，有权提起行政诉讼。公司法人人格独立与股东享有权益并不对立，股东与本案存在利害关系。根据《公司法》第四条之规定，公司股东依法享有资产收益、参与重大决策和选择管理者等权利。张某强、施某国作为云柱公司股东，享有上述权益。而公司作为独立法人，其利益、资产受损即必然导致股东利益受损。云柱公司就《房屋拆迁补偿协议》项下补偿款事宜多年来怠于行使诉权，导致公司及股东权益均受到巨大损害，因此张某强、施某国与本案存在直接利害关系，其作为云柱公司股东，有权提起诉讼，维护公司及自身合法的资产收益权。第二，公司股东有权在特定情形下提起股东代表诉讼，所得利益归于公司，这一权利并未局限于民事诉讼。根据2014年修正前的《行政诉讼法》第二条规定，公民、法人或其他组织认为行政机关和行政机关工作人员的具体行政行为侵犯其合法权益，有权依照本法向人民法院提起诉讼；根据《公司法》第一百五十一条第三款的规定，他人侵犯公司合法权益，给公司造成损失而公司怠于行使诉权，公司股东有权以自身名义向人民法院提起诉讼。

上述规定并未将股东代表诉讼限制在民事诉讼范围内，行政诉讼亦未禁止，应同样适用。第三，当时有效的《最高人民法院关于执行〈中华人民共和国行政诉讼法〉若干问题的解释》对联营方、中外合资、合作企业各方赋予了行政诉讼原告主体资格，是对公司股东享有原告主体资格的认可。该司法解释第十五条规定，联营企业、中外合资或者合作企业的联营、合资、合作各方，认为联营、合资、合作企业权益或者自己一方合法权益受具体行政行为侵害的，均可以自己的名义提起诉讼。上述联营、合资、合作各方的法律性质即等同于公司股东，该规定实际是对公司股东享有行政诉讼原告主体资格的认可，同时并未规定诉讼前置程序。第四，本案起诉前已经过云柱公司内部救济程序。2014年5月20日，张某强、施某国与云柱公司签订协议，云柱公司同意由其就有关的房屋拆迁补偿款纠纷向人民法院提起诉讼，证明云柱公司怠于行使诉权的事实。故张某强、施某国的原告主体资格符合前述法律规定。综上，请求撤销一、二审行政裁定，指令一审法院继续审理本案。

慈溪市政府再审辩称，涉案《房屋拆迁补偿协议》系云柱公司与掌起镇政府签订，慈溪市政府并非涉案行政协议的当事人，依法不属于本案适格被告，张某强、施某国以其为共同被告属于错列被告。

掌起镇政府再审辩称，（1）张某强、施某国既非行政相对人又非利害关系人，不具有本案原告主体资格。（2）张某强、施某国的起诉亦不符合《公司法》第一百五十一条关于股东代表诉讼的相关法定条件。请求依法驳回张某强、施某国的再审申请。

最高人民法院提审后另查明，2014年5月20日，张某强、施某国与云柱公司签订协议，云柱公司同意由张某强、施某国在其股权比例范围内就有关房屋拆迁补偿款纠纷向人民法院提起诉讼。

最高人民法院作出的（2016）最高法行再91号行政裁定认为，掌起镇政府与云柱公司签订的土地使用权收购及地上附属物拆迁补偿协议系行政协议，当事人对此不服提起诉讼的，属于行政诉讼受案范围。本案中，云柱公司系有限责任公司，张某强、施某国作为云柱公司的股东，当慈溪市政府、掌起镇政府不履行与云柱公司签订的系列协议，云柱公司不仅怠于起诉且与张某强、施某国达成允许其起诉协议的情况下，依据《公司法》第一百五十一条第三款规定，为了公司利益有权提起行政诉讼。故原审生效裁定以本案不能适用《公司法》第一百五十一条第三款规定，张某强、施某国作为云柱公司的股东，不具有法律上的利害关系为由，驳回张某强、施某国的起诉，违反法律、法规规定，依法应予纠正。依照《行政诉讼法》第八十九条第一款第二项、《最高人民法院关于适用〈中华人民共和国行政诉讼法〉的解释》第一百二十三条第三项的规定，裁定如下：一、撤销浙江省高级人民法院（2015）浙行终字第193号行政裁定和浙江省宁波市中级人民法院（2015）浙甬行初字第32号行政裁定。二、指令浙江省宁波市中级人民法院继续审理本案。

【评析】

2014年修正后的《行政诉讼法》第十二条第一款第十一项虽将行政协议纳入行政诉讼受案范围，但未对其原告主体资格进行明确规定，除一般行政诉讼原告外，股东是否可以，以及在符合什么条件下可以提起行政协议诉讼，是一个值得探讨的问题。本案的争议焦点如下。

1.本案所涉协议是否为行政协议

行政协议是指行政机关为实现公共服务或者行政管理目标，在行使职权履行职责的过程中与公民、法人或者其他组织协商订立的协议。与民事合同相比，除协商一致与民事合同相同外，识别行政协议的标准主要有两个方面：一方面，形式标准，也就是主体标准，它发生在具有行政职权、履行行政职责的机关和组织及其工作人员与行政职权所作用的公民、法人或者其他组织之间。另一方面，实质标准，也就是标的及内容标准，亦即行政法上的权利义务，其意在提供一种指引，强调行政协议不同于民事合同，这一标准排除了行政机关基于自身民事权利义务而签订的协议。行政法上的权利义务可以从以下三点进行判断：一为是否行使行政职权、履行行政职责；二为是否为实现公共服务或者行政管理目标；三为在协议里或者法律上是否规定了行政机关的优益权。其中，行使行政职权、履行行政职责及行政机关具有优益权为首要标准，无法判断时，还可以结合“实现公共服务或者行政管理目标”进一步判断。

在本案，根据2011年9月29日再审被申请人掌起镇政府与云柱公司签订的《补充协议（一）》《补充协议（二）》《借款合同》及第三人云柱公司出具的《承诺书》载明的内容，均明确双方于2011年9月29日就涉案地块的厂房和土地使用权收购事宜签订《土地收购及地上附属物拆迁补偿协议》一份。据此，可以认定掌起镇政府与云柱公司于2011年9月29日签订的《房屋拆迁补偿协议》，实质上应为土地使用权收购及地上附属物拆迁补偿协议。根据原国土资源部、财政部、中国人民银行2007年联合制定的《土地储备管理办法》的相关规定，土地使用权收购是土地储备的一种方式，是为实现调控土地市场、促进土地资源合理利用目标，依法取得土地，进行前期开发、储存以备供应土地的行为，属于行政公共事务，且上述协议明确其签订目的为“加快城市旧区改造和生态环境改善……”，故掌起镇政府与云柱公司签订的土地使用权收购及地上附属物拆迁补偿协议系行政协议，当事人对此不服提起诉讼的，属于行政诉讼受案范围。

2.张某强、施某国作为云柱公司的股东是否具有提起本案诉讼的原告主体资格

行政诉讼中的原告资格指的是在行政诉讼中，公民、法人或者其他组织必须具备什么条件才可以以自己的名义提起行政诉讼。原告资格是对起诉人可以成为原告的限制。如果行政诉讼对原告没有限制，也就没有所谓原告资格问题。2014年修正前的《行政诉讼法》第二条规定：“公民、法人或者其他组织认为行政机关和行政机关工作人员的具体行政行为侵犯其合法权益，有权依照本法向人民法院提起诉讼。”第四十一条第一项规定：“原告是认为具体行政行为侵犯其合法权益的公民、法人或者其他组织”。据此在当时一般认为，原告是指认为行政主体的具体行政行为侵犯其合法权益，向法院提

起行政诉讼的公民、法人或者其他组织。在司法实践中，有些地方错误地理解《行政诉讼法》的这些规定，认为只有具体行政行为直接针对的相对人即具体行政行为法定文书中载明的人才具有原告资格。其实，行政相对人在理论上可以分为直接相对人和间接相对人。前者是具体行政行为法定文书中载明的人，后者则是具体行政行为法定文书中虽未载明，但其合法权益受到具体行政行为影响的人。这两者都符合2014年修正前的《行政诉讼法》规定的"认为行政主体的具体行政行为侵犯其合法权益"这一标准。

为此，《最高人民法院关于执行〈中华人民共和国行政诉讼法〉若干问题的解释》第十二条规定："与具体行政行为有法律上利害关系的公民、法人或者其他组织对该行为不服的，可以依法提起行政诉讼。"这一原告资格的规定借用了修改前的《行政诉讼法》第二十七条关于"与具体行政行为有法律上利害关系"的规定[①]。由此，《最高人民法院关于执行〈中华人民共和国行政诉讼法〉若干问题的解释》明确了"与具体行政行为有法律上利害关系"的公民、法人或者其他组织具有提起行政诉讼的权利，而不管公民、法人或者其他组织是直接相对人还是间接相对人。2014年修正后的《行政诉讼法》第二十五条第一款亦规定"行政行为的相对人以及其他与行政行为有利害关系的公民、法人或者其他组织，有权提起诉讼。"

至此，"有利害关系"这一标准为认定行政诉讼的原告提供了较为合理的依据和尺度，而这一规定确定的原告资格有以下两方面要件：一是必须是公民、法人或者其他组织。也就是说，原告必须是具有法律上独立人格的公民、法人或者其他组织。从法律上看，只有具有法律上独立人格的公民、法人或者其他组织才能承担最后的诉讼后果。所以，行政诉讼的当事人原则上应具有法律上独立人格。但是在实践中，具有法律上独立人格的公民、法人或者其他组织由于种种原因，并不依法提起行政诉讼，是否允许其内部的组织或个人代表法人或者其他组织提起行政诉讼一直是悬而未决的问题。如

---

① 1989年《行政诉讼法》第二十七条规定："同提起诉讼的具体行政行为有利害关系的其他公民、法人或者其他组织，可以作为第三人申请参加诉讼……"

果不允许，不仅导致行政相对人的合法权益无法保障，也达不到监督行政机关依法行政的目的。为此，《最高人民法院关于执行〈中华人民共和国行政诉讼法〉若干问题的解释》第十七条规定，非国有企业被行政机关注销、撤销、合并、强令兼并、出售、分立或者改变企业隶属关系的，该企业或者其法定代表人可以提起诉讼。第十八条规定，股份制企业的股东大会、股东代表大会、董事会等认为行政机关作出的具体行政行为侵犯企业经营自主权的，可以企业名义提起诉讼。上述两条规定是针对特定的企业法人在特殊情况下无法提起行政诉讼时，允许法定代表人或股东大会、股东代表大会、董事会等以自己或企业名义提起行政诉讼的规定。由此，开启了行政诉讼在企业法人原告资格上除法定代表人外，企业内部的组织或个人也可以以企业名义提起行政诉讼的时代。也就是说，企业法人作为行政诉讼的原告，有权向人民法院提起行政诉讼，但由于特殊原因，法定代表人没有提起行政诉讼，而股东大会、股东代表大会、董事会等作为起诉人依法可以以企业名义提起行政诉讼。[①]二是该公民、法人或者其他组织与行政行为有利害关系。由于《最高人民法院关于执行〈中华人民共和国行政诉讼法〉若干问题的解释》及之后的《最高人民法院关于适用〈中华人民共和国行政诉讼法〉的解释》均将可诉的行为界定为“对相对人权利义务产生实际影响的行为”，那么，“与行政行为有利害关系”相应地应当理解为“行政机关的行政行为对公民、法人和其他组织的权利义务已经或将会产生实际影响”。

理解这一点必须注意以下两点：第一，所谓的实际影响指的是行政主体的具体行政行为实际上处分了行政相对人的权利义务。处分行政相对人的权利义务分为直接处分和间接处分。前者是指行政行为直接处分相对人的权利义务，或者说，增加相对人的义务、剥夺相对人的权利或变更相对人的权利义务。后者是指行政行为虽然并未直接增加相对人的义务、剥夺相对人的权利或变更相对人的权利义务，但其存在会给其他行为的作出提供具有法律意

---

① 上述规定亦被2017年11月13日最高人民法院审判委员会第1726次会议通过、自2018年2月8日起施行的《最高人民法院关于适用〈中华人民共和国行政诉讼法〉的解释》所延续。

义的依据，或者置某一方当事人于不利的地位。间接处分除包括对相对人权利义务确认外，还包括导致相对人权利义务的弱化。所谓弱化，并不在权利义务发生、变更、消灭或确认之中，它仅仅是对当事人现有的法律地位或权利义务的削弱而已。因此，处分行政相对人的权利义务，亦即引起行政相对人的权利义务发生、变更、消灭、确认以及弱化等。第二，这里所说的“权利义务”包括哪些呢？一是按照1989年《行政诉讼法》第十一条第一款第八项规定，主要包括人身权和财产权；二是按照《最高人民法院关于执行〈中华人民共和国行政诉讼法〉若干问题的解释》第十三条第一项规定，包括相邻权或者公平竞争权的；三是按照《最高人民法院关于执行〈中华人民共和国行政诉讼法〉若干问题的解释》第十八条规定，包括企业经营自主权；四是在司法实践中，包括与人身权和财产权相关的教育权和就业权等。2014年修正后的《行政诉讼法》将此统称为“人身权、财产权等合法权益”。

根据公司法相关原理，公司和股东人格互相独立。公司具有独立的人格，公司独立于公司股东而存在，公司股东原则上不能代表公司。一般情况下，公司股东既不属于《行政诉讼法》规定的一般意义的公民、法人或者其他组织，也与行政行为不具有利害关系，且《行政诉讼法》及相关司法解释亦未赋予公司股东在《行政诉讼法》上的原告主体资格。故张某强、施某国作为云柱公司股东，一旦出资，就丧失了对其所出资资产的所有权，股东以出资资产获得的是出资人享有的股权，一般不具有原告主体资格。在本案，涉案《房屋拆迁补偿协议》及其补充协议均由掌起镇政府与云柱公司签订。张某强、施某国作为云柱公司的股东，认为其有权以自己名义提起本案行政诉讼的依据为《公司法》第一百五十一条第三款关于“他人侵犯公司合法权益，给公司造成损失的，本条第一款规定的股东可以依照前两款的规定向人民法院提起诉讼”的规定。《公司法》第一百五十一条赋予了股东维护公司利益的起诉权，规定了股东可以提起股东代表诉讼及提起股东代表诉讼的条件和程序。股东代表诉讼是指当公司的合法权益受到他人不法侵害而公司却拒绝或者怠于通过诉讼手段追究有关侵权人的责任时，具有法定资格的股东为了公司利益而依据法定程序，以自己的名义代表公司对侵权人提起诉讼，追究其法律责任，所获赔偿归于公司的一种法律制度。

提起股东代表诉讼的条件如下：第一，股东需符合法律规定要件。《公司法》对有限责任公司提起股东代表诉讼的股东资格未作限制，而对股份有限公司提起股东代表诉讼的股东资格则要求是连续180日以上单独或者合计持有公司1%以上股份的股东。第二，股东必须在诉前用尽公司内部救济。即他人侵犯公司合法权益，给公司造成损失的，股东可书面请求监事会或不设监事会的有限责任公司的监事、董事会或不设董事会的有限责任公司的执行董事提起诉讼。只有前述监事会、不设监事会的有限责任公司的监事，或者董事会、执行董事收到书面请求后拒绝提起诉讼，或者自收到请求之日起30日内未提起诉讼，或者情况紧急、不立即提起诉讼将会使公司利益受到难以弥补的损害的，前述股东有权为了公司利益以自己的名义直接向法院起诉。《公司法》第一百五十一条第三款赋予了公司股东在他人侵犯公司合法权益、给公司造成损失而公司怠于行使诉权的情况下以自身名义向人民法院提起诉讼的权利。但该规定并未将股东代表诉讼限制在民事诉讼范围内，公司股东亦有权提起行政诉讼。故在《行政诉讼法》及其司法解释对公司股东是否具有行政诉讼原告主体资格问题上没有规定时，可以适用该款规定判断作为云柱公司股东的张某强、施某国是否具有本案的原告主体资格。

【实务指导】

对上述条文之所以作出上述理解，主要理由有三：一是2014年修正前的《行政诉讼法》第十一条第二款规定，除该条第一款规定外，人民法院受理法律、法规规定可以提起诉讼的其他行政案件。第五十二条第一款规定，人民法院审理行政案件，以法律和行政法规、地方性法规为依据。2014年修正后的《行政诉讼法》亦作出相同规定。依据上述规定，人民法院可以受理和审理法律、法规规定可以受理和审理的其他行政案件。《公司法》作为法律，其第一百五十二条第三款允许股东代表诉讼，《行政诉讼法》没有作出禁止性规定，即意味着存在适用的空间。二是当时有效的《最高人民法院关于执行〈中华人民共和国行政诉讼法〉若干问题的解释》第九十七条规定："人民法院审理行政案件，除依照行政诉讼法和本解释外，可以参照民事诉讼的有关规定。"2014年修正后的《行政诉讼法》第一百零一条也规定："人民法院审理行政案件，关于期间、送达、财产保全、开庭审理、调解、中止诉讼、终结诉讼、简易程序、执行等，以及人民检察院对行政案件受理、审理、裁判、执行的监督，本法没有规定的，适用《中华人民共和国民事诉讼法》的相关规定。"依据上述规定，即使将《公司法》第一百五十二条第三款规定理解为民事诉讼规定，在《行政诉讼法》及其司法解释对公司股东是否具有行政诉讼法原告主体资格问题上没有规定时，也可以适用该款规定判断作为云柱公司股东的张某强、施某国是否具有原告主体资格。三是本案系行政协议争议，行政协议本身即具有行政和协议的双重属性，作为公司股东如果在民事诉讼中可以作为原告提起诉讼，那么并不因为相关争议纳入行政诉讼而丧失其作为行政诉讼的原告主体资格。

现在的问题是股东代表诉讼是否也可以适用于除行政协议外的其他行政案件？从前述理由看，本案适用于《公司法》第一百五十二条第三款规定的股东代表诉讼主要有《行政诉讼法》及司法解释的依据（如理由一、理由二）和行政协议与民事合同接近而导致其诉讼规则的趋同（如理由三）。但从更深层次上看，这个问题还涉及《公司法》的法域性质。法律一般分为公法与私法。公司法属于公法还是私法，历来存在争议。[①]一般认为，近现代以来同时带动公领域和私领域的扩张，两者之间呈现越来越多的交错，故法律体系很自然地也从公私法的二元变成多元，出现了两种截然相反的公私法融合趋势："私法公法化"和"公法私法化"。公司法是一部公法化的私法，

① 不仅公司法属于公法还是私法存在争议，就是公法与私法的本身如何区分也有不同意见。从古罗马学者乌尔比安提出公法与私法概念开始，算起来有近两千年漫长的历史。不过，公法与私法的区别标准一直争论不休。据我国台湾地区学者蔡志芳统计，区别公私法的学说，包括利益说、目的说、主体说、权力说、意思说、社会说、应用说、统治关系说、法律关系说、生活关系说、性质说、效力说、统治主体说、归属说、行为说、三分说（法源区分说、立法目标区分说及责效方法区分说）、资格说、国家社会关系说、资格关系说，共19种。

其任意性规范与强制性规范相互交织的立法安排，体现出国家干预与公司自由之间的辩证关系：绝对的放任，不仅对公司的发展不利而且会损害社会、国家利益；但过于严格管制会削弱公司作为商业社会主体的应变能力，扼杀其生命与活力。[①]因此，公司法作为管制与自治工具的公私法规范集合体，其规定的股东代表诉讼可以适用于民事诉讼，乃至于与之接近的行政协议诉讼，也一样可以适用于其他行政案件，从而解决公司违反公司法所应承担行政责任的争议问题。

相关案例

佛山市南海华豪铝型材有限公司等诉清城区政府、源潭镇政府行政协议纠纷案

【案号】

一审：广东省清远市中级人民法院（2017）粤18行初151号行政判决书

二审：广东省高级人民法院（2018）粤行终778号行政判决书

【案情及裁判】

被上诉人（一审原告）：佛山市南海华豪铝型材有限公司、叶某恩、麦某民、麦某文、梁某章。

上诉人（一审被告）：清城区人民政府。

一审被告：源潭镇人民政府。

2006年4月28日，广东湖南商会皮革皮具专业委员会与被告源潭镇政府就位于源潭镇东坑工业小区银英公路边的征用土地、建设等事宜签订《项目投资协议书》，该协议约定由被告源潭镇政府负责征收位于源潭镇东坑工业小区银英公路边的土地约2430亩，并将上述所征收的土地交付给广东湖南商会皮革皮具专业委员会使用及为其办理该土地的国有土地使用证，而广东湖南商会皮革皮具专业委员会则需按照每亩土地包干价格为84000元的标准支

① 余磊：《公司法性质研究——以公司法第71条为分析路径》，载《现代商贸工业》2017年第10期。

付相应的土地价款20412万元。上述所征收土地的用途为工业用地，使用年限为50年。被告清城区政府则在该投资协议的鉴证方处加盖公章予以确认。在《项目投资协议书》签订后，广东湖南商会皮革皮具专业委员会邀请到五原告等参与项目土地开发，并于2010年8月至2011年1月通过银行转账的方式向被告源潭镇政府支付了征地预付款3690万元（其中湖南商会支付1000万元，麦某文支付480万元，叶某恩支付990万元，麦某民支付120万元，梁某章支付600万元，南海华豪公司支付500万元），源潭镇政府对此则出具了非税收入通用票据予以确认。随后，因项目暂缓建设，源潭镇政府于2012年1月11日与广东湖南商会皮革皮具专业委员会签订了《〈项目投资协议书〉的终止协议》，一致同意终止于2006年4月28日签订的《项目投资协议书》，同时约定源潭镇政府分期退回1000万元征地预付款给广东湖南商会皮革皮具专业委员会。该笔款项已于2012年3月12日和2012年8月3日分两笔全额退还。2012年5月21日，源潭镇政府与五原告分别签订《退款协议》，约定分两期退回2690万元给五原告（2012年12月31日前退回1345万元，2013年6月30日前退回1345万元）。时至今日，源潭镇政府仍未退还上述款项。

清远市中级人民法院一审判决：一、清远市清城区人民政府于本判决生效之日起30日内返还佛山市南海华豪铝型材有限公司、叶某恩、麦某民、麦某文、梁某章预付征地款共计2690万元及利息（其中1345万元款项的利息自2013年1月1日起计算，另外1345万元款项的利息自2013年7月1日起计算，上述利息按照中国人民银行规定的同期同类贷款利率计付至清偿完毕之日止）；二、清远市清城区源潭镇人民政府对清远市清城区人民政府返还佛山市南海华豪铝型材有限公司、叶某恩、麦某民、麦某文、梁某章的代征地款2690万元及利息承担连带责任。上诉人清城区政府不服提起上诉。

广东省高级人民法院二审审查认为：本案中五被上诉人和源潭镇政府就其在源潭镇政府行政区域内投资的事项签署了《项目投资协议书》，清城区政府作为鉴证方在上述《项目投资协议书》盖章。之后，五被上诉人向源潭镇政府支付了征地预付款。后因该《项目投资协议书》未能履行而约定解除，五被上诉人和源潭镇政府又签署了涉案《退款协议》。源潭镇政府作为

《项目投资协议书》的合同当事人，且未能在《退款协议》中约定的期限内退款，应当承担退还五被上诉人预付征地款以及利息的义务。源潭镇政府和五被上诉人签署上述《项目投资协议书》，承诺征收土地交付给五被上诉人使用，因源潭镇政府依法无权实施征地，且依据《土地管理法》《土地管理法实施条例》的相关规定，征收集体土地应当先报经有权机关批准，方可组织实施。在征地程序中，组织实施和落实征地方案、给付被征地方相关征地补偿款、办理国有土地使用权出让手续、向建设单位交付土地等均属于县级以上地方人民政府及其职能部门的职权职责。因此，本案清城区政府作为鉴证人在该《项目投资协议书》盖章，造成了五被上诉人对当地政府征地承诺的信赖。且一审庭审过程中，五被上诉人主张源潭镇政府与其签署《项目投资协议书》系由清城区政府组织协商，清城区政府亦未能提出反驳意见。原审法院经审理认定，清城区政府在上述《项目投资协议书》签订过程中起着主导作用，源潭镇政府作为下级政府，只是具体实施机关，清城区政府和源潭镇政府应当共同对《项目投资协议书》确定的权利义务承担责任；清城区政府和源潭镇政府未经合法征地审批、公开出让等法定程序，其与用地单位签署涉案《项目投资协议书》违反我国土地管理法律法规的规定，清城区政府和源潭镇政府对上述协议无法履行均有过错，依法应当对五被上诉人要求退还的预付征地款以及利息承担责任，且源潭镇政府和五被上诉人签署了《退款协议》，根据上述理由，原审法院判决清城区政府返还五被上诉人预付征地款以及利息，源潭镇政府对清城区政府的退款义务承担连带责任并无不当，应予维持。遂判决：驳回上诉，维持原判。

【评析】

区政府和镇政府作为国家行政机关，其签署行政协议的行为属于行使行政职权的行为，该行为对协议相对方会产生行政信赖，行政机关应当本着诚信原则，依法签署和履行行政协议。该案中清城区政府和源潭镇政府在签署涉案《项目投资协议书》时，即了解其不具备征收土地的行政职权，却预收了上诉人等巨额的征地款。在征地无法完成、协议目的无法实现的情况下，应当积极退还已收取的征地款，但两级政府却互相推诿，一拖再拖，给依法行政造成了恶劣的影响，人民法院依法应予纠正。

本案裁判结果要求两级政府退还已收取的征地款，也是考虑到源潭镇政府作为镇一级行政机关，财力有限，是否能够依法履行退还全部款项的义务尚存在不确定因素，因此，将清城区政府一并认定为涉案行政协议的主体，判令两级政府共同对被上诉人等要求退还的巨额征地款承担义务，更有利于裁判的执行，确保案结事了。本案列共同被告的思路和原理与上述张某强、施某国案列浙江省慈溪市人民政府和浙江省慈溪市掌起镇人民政府为共同被告是一致的，法院考虑到下级行政机关财力有限，且上级行政机关在签订行政协议过程中发挥着不同程度的作用，将上级行政机关排除出诉讼程序，不仅不利于案件的正常审理，也无法实现案结事了。

第四节　行政协议的推定管辖

杨某生诉山西省寿阳县人民政府房屋拆迁补偿协议案

【案号】

一审：山西省晋中市中级人民法院（2015）晋中中法行初字第4号行政判决书

二审：山西省高级人民法院（2016）晋行终40号行政裁定书

再审：最高人民法院（2016）最高法行申4300号行政裁定书

【案情】

再审申请人（一审原告、二审被上诉人）：杨某生。

被申请人（一审被告、二审上诉人）：山西省寿阳县人民政府（以下简称寿阳县政府）。

被申请人（一审第三人、二审上诉人）：杨某成。

根据原审查明，杨某生系杨某成之子。杨某生于1986年在寿阳县松塔镇郭村学校读书时，被严重烧伤以致残疾。1990年3月13日，寿阳县政府因杨某生被烧伤后回乡谋生，故下发《关于松塔镇郭村杨某生使用国有土地的批复》，划拨给杨某生国有土地三分。同年3月16日杨某生办理了寿城建字第9号建筑施工许可证后开始在划拨土地上修建二层楼房一幢。1995年寿阳县政府为该房屋颁发了房屋所有权证和国有土地使用证，权利人为杨某生。1999年和2006年在该地基上又加盖了六间平房。2009年寿阳县政府对包括上述房屋的区域开始进行拆迁改造。同年7月9日，寿阳县政府与第三人杨某成就拆除上述房屋签订了拆迁补偿协议。协议约定拆除房屋面积共计428.16平方米，补偿杨某成东关街临街门店四间，东关安置小区住宅一套及现金960392.08元。同年7月11日，涉诉房屋被拆除，各项补偿也已经全部兑付杨某成。杨某生不服该拆迁补偿协议，于2009年向晋中市中级人民法院提起行政诉讼，经晋中市中级人民法院一审和山西省高级人民法院二审行政裁定，以该协议属于民事争议为由，对杨某生的起诉不予受理。随后杨某生又向昔阳县人民法院提起民事诉讼，经过昔阳县人民法院一审和晋中市中级人民法院二审后，杨某生不服判决结果，又向山西省高级人民法院申请再审，山西省高级人民法院裁定，由晋中市中级人民法院再审本案。晋中市中级人民法院再审后裁定发回昔阳县人民法院重审。2015年4月15日，昔阳县人民法院以该拆迁补偿协议属于行政诉讼受案范围为由，驳回杨某生的起诉。杨某生遂提起本案诉讼。

经最高人民法院再审查明，再审申请人杨某生曾于2009年提起行政诉讼，请求撤销涉案拆迁补偿协议并由寿阳县政府与其本人订立新的协议，山西高院于2009年12月15日作出（2009）晋行终字第129号生效行政裁定，认定该争议不属于人民法院行政诉讼受案范围，裁定对杨某生的起诉不予受理。后杨某生于2010年以寿阳县政府、杨某成为被告就房屋拆迁合同纠纷提起民事诉讼，该案经过一审、二审，后被山西高院指令晋中市中级人民法院再审，晋中市中级人民法院发回山西省昔阳县人民法院重审，山西省昔阳县人民法院于2015年4月15日作出（2010）昔民初字第157-1号民事裁定，认为寿阳县政府在涉案房屋所有权存在争议的情况下，未经杨某生同意即与其父杨某成签订房屋拆迁补偿协议，其行政行为存在侵犯原告财产所有权的情形，属于行政诉讼法的受案范围，应通过行政诉讼渠道予以解决，裁定驳回杨某生的起诉。杨某生遂于2015年5月6日向山西省晋中市中级人民法院提起本案行政诉讼。

【审判】

晋中市中级人民法院一审认为，本案中各方争议的主要焦点如下：（1）关于本案是否属于行政诉讼受案范围。根据《行政诉讼法》第一条的规定，保护公民、法人和其他组织的合法权益是本法的核心目的；解决行政争议是本法的基本目的。本案一审原告杨某生主张因一审被告寿阳县政府的行为侵犯了其合法权益而提起诉讼，应属于行政诉讼受案范围。（2）关于寿阳县政府的被诉行为是否合法。根据2001年11月1日起施行的《城市房屋拆迁管理条例》第四条规定，拆迁人是指取得房屋拆迁许可证的单位。被拆迁人是指被拆迁房屋的所有人。《城市房屋拆迁管理条例》第十条规定，拆迁人可以自行拆迁，也可以委托具有拆迁资格的单位实施拆迁。房屋拆迁管理部门不得作为拆迁人，不得接受拆迁委托。本案中，寿阳县政府拆迁安置领导组办公室作为寿阳县政府的具体承办部门并不符合当时有效的《城市房屋拆迁管理条例》中关于拆迁人的规定，且寿阳县政府亦未在法定期限内提供证明拆迁补偿安置合法的相关证据和法律依据，其拆迁补偿安置行为违反法律规定。（3）有关的事实。本案所涉及被拆迁房屋的房屋所有权证和国有土地使用证上权利人均为本案一审原告杨某生，一审被告寿阳县政府在未有任何所涉及被拆迁房屋产权确权依据的情况下，与权利人以外的一审第三人杨某成签订的房屋拆迁补偿协议没有法律依据。综合全案，结合有关法律法规的更新和本案的实际情况，一审被告寿阳县政府与一审第三人杨某成签订的房屋拆迁补偿协议依法应予撤销，寿阳县政府应当采取一定的补救措施；但杨某生请求确认寿阳县政府与杨某成签订的房屋拆迁补偿协议无效并判令寿阳县政府对杨某生被拆房屋进行补偿的主张，与法律规定的处理方式不完全一致，一审无法全部支持，依据《行政诉讼法》第十二条第一款第十二项，第四十九条，第七十条第一项、第二项之规定，判决撤销寿阳县政府与杨某成于2009年7月9日签订的拆迁补偿协议。

寿阳县政府不服一审判决，向山西省高级人民法院提起上诉。山西省高级人民法院二审认为，杨某生要求撤销寿阳县政府与杨某成签订的拆迁补偿协议的诉讼请求，已经山西高院2009年12月15日作出的（2009）晋行终字第129号生效行政裁定认定不属于人民法院行政诉讼受案范围。杨某生以同一事实、同一理由再次提起行政诉讼，属于重复起诉。杨某生的诉求应通过民事审判监督程序途径解决。根据《最高人民法院关于适用〈中华人民共和国行政诉讼法〉若干问题的解释》以及《行政诉讼法》第八十九条第一款第二项，裁定撤销山西省晋中市中级人民法院（2015）晋中中法行初字第4号行政判决书；驳回杨某生的起诉。

杨某生不服二审裁定，向最高人民法院申请再审称：（1）本案属于行政诉讼受案范围，且已经进入行政诉讼，人民法院应当受理。（2）涉案房屋所占土地系特批给申请人，其本人亦是房屋所有权证和国有土地使用证所载明的权利人，且一直对房屋占有使用，寿阳县政府与一审第三人签订拆迁补偿协议缺乏法律依据。请求：（1）依法撤销山西省高级人民法院（2016）晋行终40号行政裁定书；（2）依法维持山西省晋中市中级人民法院（2015）晋中中法行初字第4号行政判决书第一项，即判决撤销寿阳县政府与杨某成于2009年7月9日签订的拆迁补偿协议；（3）依法判令被申请人寿阳县政府对申请人杨某生被拆房屋予以补偿（按原拆迁补偿费总额1883637.68元，安置补偿申请人东关街临街门店四间，东关安置小区楼房一套及现金960392.08元给予申请人被拆房屋拆迁安置补偿）；（4）请求最高人民法院提审本案。

最高人民法院经审查认为，就当事人提出的再审申请，结合原审处理过程，目前需要重点审查三个焦点问题：一是被诉拆迁补偿协议是否属于行政诉讼受案范围的问题。二是当事人在民事诉讼裁定驳回后提起行政诉讼的，人民法院能否作为行政案件受理的问题。三是当事人提起的本案诉讼是否属于重复起诉的问题。

1.关于被诉拆迁补偿协议是否属于行政诉讼受案范围的问题

本案被诉拆迁补偿协议签订于2009年。按照当时有效的《城市房屋拆迁管理条例》规定，此类协议属于作为平等民事主体的拆迁人与被拆迁人之间订立的民事合同。根据最高人民法院（2007）民立他字第54号复函提出的案件管辖统一标准，拆迁安置补偿协议争议应当通过民事诉讼途径予以解决。据此，本案争议本应通过民事诉讼加以解决，山西省昔阳县人民法院于2015年4月15日作出（2010）昔民初字第157-1号民事裁定（以下简称157-1号民事裁定），认为拆迁补偿协议属于行政诉讼受案范围，适用法律显有不当。

2.关于本案能否作为行政案件受理的问题

通常情况下，拆迁补偿协议不宜作为行政案件受理，但本案的情况有其特殊性。再审申请人杨某生之所以提起行政诉讼，系因之前人民法院作出的民事裁定在驳回其就征收补偿协议提起的民事诉讼的同时，告知其应提起行政诉讼。在此情况下，如果人民法院的行政审判再以其不属于行政诉讼受案范围应由民事诉讼加以处理为由予以驳回，将使当事人告诉无门，而且造成法院内部互相推诿的不良印象，既不利于争议解决，又有损于司法权威。就此类情况而言，适当的做法是，要么作为行政案件继续审理，要么就民事案件启动审判监督程序，将本案争议导入正确的处理程序。至于本案的处理，以下两个因素应着重考虑：一是按照2014年修正的《行政诉讼法》第十二条第一款第十一项规定，自2015年5月1日该法实施之后，人民法院的行政审判就应具备与审理土地房屋征收补偿协议案件相应的履职能力。而拆迁补偿协议与作为其制度替代品的房屋征收补偿协议虽然形式有异，但内容相似、功能同一，行政审判对其引起的争议作出处理，并不存在法律和事实上的障碍。二是本案行政诉讼提起时，2014年修正的《行政诉讼法》已经实施。综上，在民事裁定已告知当事人提起行政诉讼，且人民法院已将本案作为行政案件立案的情况下，按照有利于实质解决争议和诉讼经济的原则，应以继续审理最为适宜。本案一审法院对被诉拆迁补偿协议进行实体审理的做法应予肯定。二审法院裁定撤销一审判决并驳回起诉，则存在明显不当，应予纠正。

3.关于本案诉讼是否属于重复起诉的问题

虽然2009年再审申请人杨某生曾就本案提起行政诉讼，且人民法院已经裁定不予受理，形式上看，本次提起的诉讼与其具有同一性，但考虑到以下两点不宜认定为重复起诉。一是2009年的行政诉讼中，法院裁定不予受理的理由是本案不属于行政诉讼受案范围，应由民事诉讼管辖。此后，杨某生就本案提起了民事诉讼，生效裁定最终驳回杨某生的起诉，理由是本案应属行政诉讼受案范围。至此，杨某生的诉讼请求在生效的民事和行政裁判中均未能进入实体审理，造成这一局面的原因在于原审法院的民事审判和行政审判之间的观点冲突，杨某生并无任何过错，自然不应因此承担丧失诉权的结果。二是2009年行政裁定的内容已经完全被后续民事裁定所否定，在此情况下，判断是否重复起诉应以后续民事裁定为基准，而不应以2009年行政裁定为基准。综上，当事人按照后续民事裁定的观点再次提起行政诉讼，并非对诉讼权利的滥用，其提起本次行政诉讼仍具有诉的利益。二审法院对于本案适用重复起诉的规定错误。在民事裁定已经不予受理的情况下，原审法院以重复起诉为由再行驳回其起诉，违背了《行政诉讼法》的立法宗旨。

综上，杨某生的再审申请符合《行政诉讼法》第九十一条规定的情形。最高人民法院依照《行政诉讼法》第九十二条第二款和《最高人民法院关于适用〈中华人民共和国行政诉讼法〉的解释》第一百一十六条第一款之规定，裁定本案指令山西省高级人民法院再审。

【评析】

当事人因民事生效裁定认为协议属于行政协议而驳回其诉讼请求，当事人再提起行政诉讼时，法院如何处理，法律和司法解释均无规定，在起草行政协议司法解释过程中争论较大。一种意见认为，如果案件属于民事合同，应当告知当事人通过审判监督程序解决。另一种意见认为，为了防止行政审判庭和民事审判庭“踢皮球”，人民法院应予立案。对于合同纠纷，民事审判庭已经以合同案件属于行政协议为由裁定驳回起诉，如果行政审判庭再行告知当事人通过审判监督程序解决，可能会影响人民法院的对外形象和权威性。此外，根据《行政诉讼法》的规定，行政审判法官可以对民事争议一并审理，具有审理民事案件的权力。同时，在协议案件中，人民法院除了适用行政法律规范之外，也要适用民事法律规范审理案件。行政审判法官有权力、有能力、有责任审理该类案件。为了维护人民法院的权威性，减轻当事人的诉讼负担，体现行政审判的担当意识，《最高人民法院关于审理行政协议案件若干问题的规定》第八条即关于行政协议案件推定管辖的规定，该条规定，为充分保护当事人诉权，确保当事人的合法权益能够依法及时获得救济，一份协议属于行政协议还是民事合同，在立法没有明确或相关规定存在冲突的情形下，公民、法人或者其他组织向人民法院提起民事诉讼，生效民事裁定以涉案协议属于行政协议为由不予立案或者驳回起诉，当事人又提起行政诉讼的，人民法院应当依法立案。

例如，祁东县玉合街道办石门社区重贤居民小组诉祁东县人民政府、祁东县国土资源局、原审第三人祁东县城镇建设综合开发公司确认行政协议无效案①，二审法院认为，本案中，签订《开通竹园路、拆迁重贤组院子协议书》的城建开发公司虽非行政主体，但该协议系城建开发公司经县政府同意与重贤组签订，内容涉及行政管理职能，且被生效民事裁定定性为行政协议，一审将该协议视为行政协议并无不当。这体现了诉讼制度的兜底功能，无漏洞救济原则。这种推定管辖也可以叫作兜底管辖。国有土地出让合同、协议拆迁、协议征收等到底是行政还是民事，存在争议。公民、法人或者其他组织向人民法院提起民事诉讼，生效民事裁定以涉案协议属

① 湖南省高级人民法院（2017）湘行终442号行政裁定书。

于行政协议为由不予立案或者驳回起诉，当事人又提起行政诉讼的，人民法院应予立案。相反的情况也成立。当事人先提起民事诉讼，民事诉讼必须受理，先提起行政诉讼，行政诉讼必须受理。如民事诉讼不受理的，行政诉讼必须接下来，行政诉讼不受理的，民事诉讼也必须受理。总之，行政和民事两个诉讼的不同，绝对不能妨碍当事人行使诉权。这是个原则，具体通过行政诉讼还是民事诉讼审理，这是次要的问题。但在审理过程中一定要充分尊重行政性和协议性，做好两者关系的平衡。

【关联规定】

《最高人民法院关于审理行政协议案件若干问题的规定》

第八条 公民、法人或者其他组织向人民法院提起民事诉讼，生效法律文书以涉案协议属于行政协议为由裁定不予立案或者驳回起诉，当事人又提起行政诉讼的，人民法院应当依法受理。

相关案例

成都浩宇正能商贸有限公司诉成都市温江区规划和自然资源局行政其他行为案

【案号】

一审：四川省成都市郫都区人民法院（2019）川0124行初105号行政判决书

二审：四川省成都市中级人民法院（2019）川01行终1089号行政判决书

【案情及裁判】

被上诉人（一审原告）：成都浩宇正能商贸有限公司（以下简称浩宇正能公司）。

上诉人（一审被告）：成都市温江区规划和自然资源局（原温江区国土资源局）。

原审法院审理查明，2013年1月9日，原温江区国土资源局（以下简称原温江区国土局）作为出让人，冯某亮、李某绪作为受让人签订温挂2013–2号《国有建设用地使用权出让合同》。2013年2月1日，冯某亮、李某绪及其全资子公司成都市温江区正能市场管理有限公司，与原温江区国土局三方签订《国有建设用地使用权出让合同变更协议》，原出让合同的受让人变更为成都市温江区正能市场管理有限公司。此后双方因该合同的履行产生民事争议，原温江区国土局诉至四川省成都市温江区人民法院，要求浩宇正能公司支付因违反约定逾期支付第二期土地出让价款而产生的违约金1788183.36元及利息。成都市温江区人民法院经审理后作出（2017）川0115民初1904号民事判决书，驳回了原温江区国土局的诉讼请求，该判决已于2018年6月21日生效。2018年11月5日，原温江区国土局作出366号《决定书》，主要内容为："……根据《财政部、国土资源部、中国人民银行关于印发〈国有土地使用权出让收支管理办法〉的通知》（财综〔2006〕68号）第三十四条'对国有土地使用权人不按土地出让合同、划拨用地批准文件等规定及时足额缴纳土地出让收入的，应当按日加收违约金额1‰的违约金'之规定，应加收你公司逾期缴纳土地出让价款违约金1788183.36元。按照《国务院办公厅关于规范国有土地使用权出让收支管理的通知》（国办发〔2006〕100号）规定：'土地出让收入由财政部门负责征收管理，可由国土资源管理部门负责具体征收'，现我局决定加收你公司逾期缴纳土地出让价款违约金人民币1788183.36元，你公司应在收到本决定书之日起十日内，将上述款项交至以下账户……"浩宇正能公司不服，遂提起本案诉讼，请求撤销366号《决定书》。

一审法院认为，根据《行政诉讼法》第三十四条之规定，被告对作出的行政行为负有举证责任，应当提供作出该行政行为的证据和所依据的规范性文件。被告不提供或者无正当理由逾期提供证据，视为没有相应证据。原温江区国土局所作出的366号《决定书》系要求浩宇正能公司履行《国有建设用地使用权出让合同》中支付违约金的义务。对于2014年修正的《行政诉讼法》施行之前形成的该类合同，按照当时的法律规定属于民事纠纷的范畴，不纳入行政诉讼受案范围，主要通过当事人提起民事诉讼的方式进行司法救济。该方式与国务院办公厅的相关通知并不矛盾，对于应当加收的违约金，原温江区国土局作为责任主体能够通过民事诉讼的方式予以实现。案涉合同为原温江区国土局与浩宇正能公司于2013年1月9日协商达成，合同履行中是否存在违约行为，应否承担违约责任，按照当时的规定应当通过民事诉讼主张权利。原温江区国土局作出366号《决定书》的行为是以行政决定的方式解决二者之间的民事争议。原温江区国土局未提供法律法规授权其作出行政决定处理合同违约金的职权依据和法律依据，以证明该行政决定的合法性。且原温江区国土局已就逾期缴纳土地出让价款的违约金纠纷提起了相应的民事诉讼，并由成都市温江区人民法院作出生效判决所拘束，原温江区国土局再行作出案涉行政决定于法无据。依据《行政诉讼法》第七十条第一项、第二项之规定，判决：撤销原温江区国土局于2018年11月5日作出的366号《决定书》，案件受理费50元由原温江区国土局负担。

二审另查明，2019年2月2日，成都市委办公厅发布成委厅〔2019〕14号《关于印发〈温江区机构改革方案〉的通知》，要求新组建规划和自然资源局，不再保留区国土资源局、区规划管理局。2019年7月12日，成都市温江区规划和自然资源局取得统一社会信用代码证书。

二审法院认为，本案二审的争议焦点为原温江区国土局作出366号《决定书》认定违约金金额并决定追缴是否具有法律依据，在此前提下需要解决的核心问题有二：一是对于国有土地使用权出让合同，如果受让方违约，国土资源管理部门能否依据合同约定作出行政决定认定违约金具体金额并决定追缴；二是本案中原温江区国土局已经提起民事诉讼主张违约金，并经人民法院作出生效判决予以驳回，原温江区国土局能否作出行政决定追缴违约金。

1.对于国有土地使用权出让合同，如果受让方违约，国土资源管理部门能否依据合同约定作出行政决定认定违约金具体金额并决定追缴。

上述问题可引申为在国有土地使用权合同引发争议时，行政机关的争议解决路径选择。对于国有土地使用权出让合同的性质，司法实践和学界历经了漫长讨论，实践中存在不同做法，而对于国有土地使用权出让合同的定性认识不同，争议解决路径选择不尽相同。

《最高人民法院关于审理涉及国有土地使用权合同纠纷案件适用法律问题的解释》（法释〔2005〕5号）确认国有土地使用权出让合同纠纷属于民事案件的受案范围；《民事案件案由规定》亦将“建设用地使用权出让合同纠纷”列为“合同纠纷”的下级案由予以明确，司法实践中民事诉讼也已经审理了大量国有土地使用权出让纠纷。如认定国有土地使用权出让合同为民事合同，对于民事合同引发的纠纷，作为平等主体的合同缔约双方，均应当根据《合同法》的规定寻求救济。《合同法》第一百二十八条规定了合同争议的解决路径：“当事人可以通过和解或者调解解决合同争议。当事人不愿和解、调解或者和解、调解不成的，可以根据仲裁协议向仲裁机构申请仲裁。涉外合同的当事人可以根据仲裁协议向中国仲裁机构或者其他仲裁机构申请仲裁。当事人没有订立仲裁协议或者仲裁协议无效的，可以向人民法院起诉。当事人应当履行发生法律效力的判决、仲裁裁决、调解书；拒不履行的，对方可以请求人民法院执行。”对于因违约引发的民事合同纠纷，缔约双方均可以且仅可以遵循上述法定路径寻求救济。

2015年5月1日起实施的《行政诉讼法》明确把行政协议纳入行政诉讼的受案范围；部分地方性规定亦认定了国有土地使用权出让合同属于行政协议，司法实践中也有部分案例认定国有土地使用权出让合同属于行政协议，并经由行政诉讼进行了实体审理。如果认定国有土地使用权出让合同为行政协议，行政协议基于其公益属性，行政机关在订立合同后仍应享有在对方存在违法情形或违反合同情形时的制裁权。同时在我国现行行政诉讼法律制度下，行政机关不能作为行政诉讼的原告，在协议相对人违约时，行政机关无法按照合同法律规定寻求救济。司法实践中一些法院探索设置了行政协议非诉执行程序，如果行政协议中约定了强制执行条款，且该条款符合法律规定，内容明确并具有可执行内容，行政机关可依据该约定向法院申请非诉强制执行；未约定强制执行条款的，行政机关亦可通过作出书面决定，再将行政决定作为执行名义向人民法院申请强制执行。甚至基于行政优益权，为防止特定情形下的公共利益损害，行政机关还享有一定的单方变更解除权或解除权。行政协议的违约问题属于典型的行政协议履行过程中的争议，《行政诉讼法》第七十八条第一款规定了原告针对行政机关未按照约定履行行政协议情形下，人民法院的判决形式。从公共利益保护的角度出发，对于行政协议中行政相对人违约责任的追究亦应允许由行政机关作出决定，再通过行政非诉执行的方式进行救济。如果行政相对人不服行政机关作出的决定，可通过提起行政诉讼的方式进行救济。

需要明确的是，原温江区国土局在本案中主张根据《国务院办公厅关于规范国有土地使用权出让收支管理的通知》（国办发〔2006〕100号）“土地出让收入由财政部门负责征收管理，可由国土资源管理部门负责具体征收”的规定，其具有直接作出征收违约金决定的法定职权。上述规定系从加强国有土地使用权出让收入征收管理，实行“收支两条线”管理，从行政管理内部对收支权限进行的职责划分，不能仅凭上述规定认为可以简化法定的国有土地使用权出让程序，土地出让金的收取或违约责任纠纷仍须遵循法律规定的程序。如对于国有土地使用权出让，《物权法》第一百三十七条第二款规定：“工业、商业、旅游、娱乐和商品住宅等经营性用地以及同一土地有两个以上意向用地者的，应当采取招标、拍卖等公开竞价的方式出让”。第一百三十八条第一款规定：“采取招标、拍卖、协议等出让方式设立建设用地使用权的，当事人应当采取书面形式订立建设用地使用权出让合同”；第二款规定：“建设用地使用权出让合同一般包括下列条款：……（六）出让金等费用及其支付方式；……”国有土地使用权出让，收取土地出让金仍应当遵循法律规定的程序，经过招标、拍卖的形式，订立书面的国有土地出让合同对标的金额、付款方式进行约定，而上述行政管理职责由国土资源管理部门具体行使。同理，对于违约责任的追究也应当遵循法定的民事或行政救济路径。

综上，因对国有土地使用权出让合同定性不同，国有土地使用权出让合同的争议解决路径在司法实践中存在民事、行政两种迥异的救济路径。行政机关无论选择哪一条救济路径，均应当严格遵循法律规定的程序。

2. 本案中原温江区国土局已经提起民事诉讼主张违约金，并经人民法院作出生效判决予以驳回，原温江区国土局能否再作出行政决定追缴违约金。

原温江区国土局已就本案违约金争议选择了通过民事诉讼的方式进行救济，人民法院作为民事合同纠纷进行受理，并已作出生效民事判决，为避免逻辑和后续救济实现路径的混乱，同时维护生效裁判的既判力，应当认定原温江区国土局就同一标的作出的366号《决定书》缺乏法律依据。

首先，认定涉案合同为民事合同符合合同订立时的司法解释的规定。《最高人民法院关于审理行政案件适用法律规范问题的座谈会纪要》（法〔2004〕96号）第三部分规定了“实体从旧、程序从新”，对于合同性质的判断问题属于实体认定问题，应当适用涉案合同订立时的规定。涉案合同订立于2013年1月9日，当时《行政诉讼法》尚未修正，《最高人民法院关于审理涉及国有土地使用权合同纠纷案件适用法律问题的解释》（法释〔2005〕5号）明确规定对于国有土地使用权出让合同可以提起民事诉讼进行救济，故温江区人民法院受理原温江区国土局针对违约提起的民事诉讼并无不当。

其次，在我国现行法律体系下认定一份协议既属于民事合同亦属于行政协议将导致逻辑上的混乱。从诉讼制度上考虑，我国现有的行政诉讼和民事诉讼属于不同性质的诉讼制度，起诉、受理、审理、执行均存在相应的规定，如果跳跃适用不同的诉讼制度极易引发实践操作上的混乱；从民事合同和行政协议的区分来看，《合同法》第二条第一款界定的民事合同为“平等主体的自然人、法人、其他组织之间设立、变更、终止民事权利义务关系的协议”，2015年《最高人民法院关于适用〈中华人民共和国行政诉讼法〉若干问题的解释》定义的行政协议为“行政机关为实现公共利益或者行政管理目标，在法定职责范围内，与公民、法人或者其他组织协商订立的具有行政法权利义务内容的协议”，二者在订立目的、法定主体、订立目标、争议解决尤其是主体地位上存在根本上的区别，由此相对应的审理方式及裁判标准也存在很大的不同。基于上述两点理由，司法实践不宜认定一份协议既为民事合同又为行政协议。

最后，从维护生效裁判既判力的角度，涉案争议已经民事审理，原温江区国土局仍应当按照民事合同争议解决路径的指引进行救济。一般认为，已经生效的前诉裁判具有既判力，后诉不得作出与前诉相反的判断。民事案件受理评判涉案标争议的前提在于已认定涉案争议为民事合同争议，而本案认定原温江区国土局具有作出行政决定追缴违约金相应职权的前提则为认定涉案合同属于行政协议，为避免不同裁判就同一协议性质的认定出现冲突，本案中不应再认定涉案合同属于行政协议。《民事诉讼法》对于生效民事判决规定了审判监督的救济程序，原温江区国土局如不服民事判决，仍应当遵照《民事诉讼法》的规定进行救济。

基于上述三点理由，应当认定在已经民事诉讼作出生效裁判认定的情形下，原温江区国土局作出366号《决定书》缺乏法律依据。据此，原审判决认定事实清楚，适用法律正确，审理程序合法。遂判决驳回上诉，维持原判。

【评析】

在《最高人民法院关于审理行政协议案件若干问题的规定》出台后，国有土地使用权出让合同性质之争仍未能平息。《最高人民法院关于审理行政协议案件若干问题的规定》第八条规定，公民、法人或者其他组织向人民法院提起民事诉讼，生效法律文书以涉案协议属于行政协议为由裁定不予立案或者驳回起诉，当事人又提起行政诉讼的，人民法院应当依法受理。此案对该条规定作了进一步的讨论，在民事诉讼已经裁判不予支持的情况下，行政机关采用作出行政决定的方式追缴违约金，能否获得支持。很显然，无论是针对后续行政决定的非诉执行，还是行政决定的相对人已经提起行政诉讼进行救济，司法终局原则在此时均应当放在首位进行考虑。

对于协议是属于行政协议，还是属于民事合同，在立法未予明确规定或规定存在不一致的情形下，司法实践中常常难以判断。从充分保护当事人诉权的角度来看，司法应当充分尊重当事人的救济路径选择权，确保当事人的合法权益能够依法及时获得救济。为维护已生效裁判的既判力，同时避免逻辑和后续救济实现路径的混乱，在一方当事人已经选择一种争议解决路径并已经生效裁判评判的情况下，应当截断当事人对于另一种争议解决路径的选择权。本案中原温江区国土局已经提起民事诉讼主张违约金，并经人民法院作出生效判决予以驳回，原温江区国土局能否再作出追缴违约金决定。对于第一个问题，因对国有土地使用权出让合同属于民事合同还是行政协议认识不同，司法实践中存在民事、行政两种迥异的救济路径。如认定国有土地使用权出让合同为民事合同，对于民事合同引发的纠纷，作为平等主体的合同缔约双方，均应当根据《民事诉讼法》《民法典》的规定寻求救济；如认定国有土地使用权出让合同为行政协议，结合司法实践，从公共利益保护的角度出发，行政协议中行政相对人违约责任的追究应允许由行政机关作出决定，再通过行政非诉执行的方式进行救济。对于第二个问题，涉案合同订立于2013年1月9日，当时《行政诉讼法》尚未修正，《最高人民法院关于审理涉及国有土地使用权合同纠纷案件适用法律问题的解释》（法释〔2005〕5号）明确规定对于国有土地使用权出让合同可以提起民事诉讼进行救济，原温江区国土局已经就本案违约金争议选择通过民事诉讼的方式进行救济，人民法院作为民事合同进行受理并已作出生效的驳回民事判决，为避免逻辑和后续救济实现路径的混乱，同时为维护生效裁判的既判力，应当认定原温江区国土局就生效裁判已经驳回的事项作出行政决定，缺乏事实根据和法律依据。

第五节　行政协议是否可以仲裁

河南新佳苑房地产有限公司诉安阳市自然资源和规划局土地行政管理案

【案号】

一审：河南省濮阳市中级人民法院（2019）豫09行初86号行政判决书

二审：河南省高级人民法院（2019）豫行终3002号行政判决书

【案情】

上诉人（一审被告）：安阳市自然资源和规划局。

被上诉人（一审原告）：河南新佳苑房地产有限公司（以下简称新佳苑公司）。

一审被告：安阳市人民政府。

一审第三人：安阳投资集团有限公司（以下简称安阳投资集团）。

新佳苑公司诉称：2012年9月5日，经安阳市人民政府批准，安阳市国土资源局与新佳苑公司签订豫（安）出让〔2012〕0001B（6）《国有建设用地使用权出让合同》，新佳苑公司取得宗地编号为2011-10-8，共计81042.39平方米的土地使用权，地块编号为DN7-9-3-2，土地出让金为91172250元。至2013年6月13日，新佳苑公司已足额缴纳土地出让金，完全履行了合同约定的付款义务，且涉案土地实际交付给新佳苑公司占有管理。2018年7月19日，新佳苑公司向安阳市国土资源局申请办理不动产登记，7月20日，安阳市国土资源局认为，《安阳市人民政府关于解除DN8-3-6-1等地块〈国有建设用地使用权出让合同〉的批复》（安政土〔2017〕126号）（以下简称安阳市人民政府〔2017〕126号批复）对申请登记的地块土地使用权已收回，未予办理不动产登记。新佳苑公司对此不服，提起行政诉讼，请求：（1）撤销安阳市人民政府〔2017〕126号批复中涉及新佳苑公司DN7-9-3-2地块的处理行为；（2）判令安阳市人民政府和安阳市自然资源和规划局继续履行豫（安）出让〔2012〕0001B（6）《国有建设用地使用权出让合同》。

2009年3月25日，安阳市人民政府发文决定将安阳市建设投资公司和安阳市城市建设投资有限公司合并，成立安阳投资集团，安阳投资集团为安阳市人民政府直属的国有独资公司，独立核算，自负盈亏，为安阳市人民政府授权的主要投融资主体。

2011年8月15日，安阳投资集团为甲方与乙方昊澜实业集团订立了安阳市京港澳高速长江大道出入口区域地块项目合作协议，协议约定：甲方负责该宗土地的征地拆迁工作及村民的安置房建设，乙方负责该宗土地的后期开发建设工作。乙方自筹资金，解决宗地摘牌实施中的费用，并按协议约定将土地款项足额存入甲方指定账户。土地出让后乙方按协议约定的方式支付土地出让金。乙方按法定程序取得该宗土地使用权，甲方按约定的时间将土地所有权证办至乙方名下。乙方应在协议生效后10个工作日内支付第一笔1.35亿元至甲方指定账户，甲、乙双方通过联合投标方式取得该宗土地使用权后，乙方须于10日内将土地总余款支付到甲方指定账户，甲方在收到土地总款额及乙方应缴纳相关税费单据后20个工作日内将土地使用证办至乙方名下。2011年8月22日、10月12日昊澜实业集团以其法定代表人丁某国个人账户转入安阳投资集团计1亿元。2011年9月30日，安阳市国土资源局发布国有建设用地使用权出让公告，公开将包括涉案的规划编号DN7–9–3–2在内的7块土地整体出让。竞买须知中规定，竞买人须与安阳投资集团联合竞买，成交价款在成交后60日内交齐。2011年10月31日，昊澜实业集团竞得包括编号DN7–9–3–2在内的6块土地，总价款275579648元。2012年3月22日，安阳投资集团以公司文件形式通知新佳苑公司按DN7–9–3–2地块成交确认书的要求，于2012年3月31日前将余款缴纳完毕。2012年5月23日，新佳苑公司转入安阳投资集团5000万元。

2012年9月5日，新佳苑公司与安阳市国土资源局签订了《国有建设用地使用权出让合同》，合同编号为豫（安）出让〔2012〕0001B（6），出让方为安阳市国土资源局，受让方为新佳苑公司。上述合同第二章出让土地的交付与出让价款的缴纳约定，出让宗地编号为2011–10–8，面积81042.39平方米，出让土地用途为商业金融用地，绿地用地。出让人同意在2011年11月1日前将出让宗地交付给受让人。出让年限为商业金融用地40年。出让宗地的总价款91172250元。合同第十条约定，受让人同意按照本合同签订之日起30日内，一次性付清国有建设用地使用权出让价款。第十一条约定，受让人应在按本合同约定付清本宗地全部出让价款后，持本合同和出让价款缴纳凭证等相关证明材料，申请出让国有建设用地使用权登记。第三章至第六章就土地开发建设与利用，国有建设用地使用权转让、出租、抵押，期限届满，不可抗力作出了约定。第七章约定了违约责任，第三十条约定，受让人应当按照本合同约定，按时支付国有建设用地使用权出让价款。受让人不能按时支付国有建设用地使用权出让价款的，自滞纳之日起，每日按迟延支付款项的1‰向出让人缴纳违约金，延期付款超过60日，经出让人催交后仍不能支付国有建设用地使用权出让价款的，出让人有权解除合同，受让人无权要求返还定金，出让人并可请求受让人赔偿损失。第四十一条约定，本合同项下宗地出让方案业经安阳市人民政府批准，合同自双方签订之日起生效。合同补充条款约定，由安阳投资集团负责监督落实该地块竞得人对已竞得地上建筑物的所有者补偿到位。

2012年9月5日，安阳投资集团作出《关于京港澳高速长江大道出入口区域改造土地办理相关手续的请示》，向安阳市人民政府请示称，安阳投资集团收取了昊澜实业集团拍得的6块土地的出让金275579648元，用于拆迁安置工程，无法上缴财政，没有财政收据，土地证不能办理。恳请市政府按遗留问题妥善处理。因无土地净收益，土地出让金因此不再上缴财政，由安阳投资集团出具证明后市土地局、规划局等部门给予办理相关证件和手续。2013年3月14日，由安阳市人民政府副市长召集市督查组、市财政局、市国土局、安阳投资集团、昊澜实业集团参加的协调会，就昊澜实业集团反映的DN8-3-3-1等地块土地手续形成相关意见，认为昊澜实业集团已将土地价款交于安阳投资集团，资金在投资集团和财政局之间如何运作属于部门之间的问题，与昊澜实业集团无关，安阳市人民政府应该为昊澜实业集团办理相关土地手续。对于土地手续的办理，由安阳市投资集团出具资金证明，并由财政局予以确认。根据市财政局确认意见，由市国土局为昊澜实业集团办理土地相关手续。

2013年6月13日，安阳投资集团向新佳苑公司出具了收取DN7-9-3-2地块土地出让金91172250元的收据。

2013年10月8日，安阳市人民政府办公室印发《关于京港澳高速出口昊澜实业集团地块办理土地证有关问题的会议纪要》（2013年9月17日），要求：安阳投资集团将收到资金证明提供给市财政局，市财政局出具审核意见，提供给市国土局，市国土局为昊澜实业集团地块办理土地证。2013年9月25

日，安阳投资集团向安阳市财政局出具《关于南出口六地块土地出让金的情况说明》，共收六地块出让金275579648元。所附明细显示其中DN7-9-3-2地块，收取新佳苑公司91172250元。2013年10月10日，安阳市财政局根据上述会议纪要，以安财办〔2013〕115号文件，对昊澜实业集团，新佳苑公司转入安阳投资集团的资金向安阳市人民政府出具了审查意见：（1）自2001年8月22日至2013年6月6日分别由丁某进、昊澜实业集团、新佳苑公司转入安阳投资集团275579648元，其中新佳苑公司2015年5月23日转入5000万元。（2）截至目前市财政局未收到昊澜实业集团、新佳苑公司缴纳的土地出让金。（3）根据国办发〔2006〕100号、财综〔2006〕68号和财综〔2009〕74号文件，关于土地出让收支管理的规定，“用地单位必须将土地出让金及时足额缴入地方国库”。根据安阳市地产交易中心《2011-10-2、2011-10-3、2011-10-4等地块国有建设用地使用权挂牌文件》要求，安阳投资集团与昊澜实业集团、新佳苑公司属于土地联合竞得单位，应将土地出让总价款全额上缴市财政。（4）根据昊澜实业集团、新佳苑公司于2012年9月5日和安阳市国土资源局签订的《国有建设用地使用权出让合同》第十条、第三十条规定昊澜实业集团、新佳苑公司应足额缴纳国有建设用地使用权出让价款，并支付相应的违约金，建议市政府督导有关部门，催交国有建设用地使用权价款及相应违约金。

2017年7月3日，安阳市国土资源局高新区分局向安阳市国土资源局报告：出让给新佳苑公司位于光明路与长江大道西北角121.6亩土地，因新佳苑公司未将土地出让金缴至市财政局，未办理土地证、未补缴土地出让金，请市局报请安阳市人民政府收回该宗土地国有土地使用权。2017年9月6日，安阳市土地管理委员会会议纪要（〔2017〕2号）载明该次会议议定：新佳苑公司闲置土地位于光明路与长江大道西北角，新佳苑公司于2012年取得该宗土地的使用权，因项目单位未按规定将土地价款缴纳到市财政，无法办理后续土地和建设手续，导致项目一直无法开工建设。根据中央巡视组“回头看”处置限制空闲地的要求，会议议定，解除土地出让合同，收回该宗土地使用权，由市投资集团与项目单位协商具体收回事宜。此后，安阳市人民政府对安阳市国土资源局作出了〔2017〕126号批复：同意收回已出让的DN8-3-6-1等地块的国有建设用地使用权，并解除安阳市国土资源局与其签订的《国有建设用地使用权出让合同》，具体事宜按安阳市土地管理委员会会议纪要（〔2017〕2号）执行。涉案的DN7-9-3-2号地块包括在该批复所附清单中。

2017年10月9日，安阳市国土局作出《解除出让合同的通知》，通知新佳苑公司因未按政策规定向财政部门缴纳土地出让金，根据《合同法》和《国有建设用地使用权出让合同》，经市土委会第二次全体会议研究，决定依法解除双方签订的编号为豫（安）出让〔2012〕0001B（6）《国有建设用地使用权出让合同》，请新佳苑公司与安阳投资集团协商解除合同后的相关事宜。新佳苑公司否认收到了该通知，安阳市国土资源局提交的送达回证显示，2017年11月7日，在其机关八楼第二会议室留置送达，新佳苑公司魏笑普经理参加，经当庭核实魏某普并非新佳苑公司法定代表人、代理人或公司其他人员。

2018年7月19日，新佳苑公司向安阳市国土资源局申请DN7-9-3-2地块的不动产登记，7月20日安阳市国土资源局经核查，认为安阳市人民政府〔2017〕126号批复，已将新佳苑公司申请地块的土地使用权收回。据《不动产登记暂行条例》第十七条、第二十二条之规定，决定不予受理。对新佳苑公司出具了不动产登记不予受理告知书。另查，经改制，原安阳市国土资源局的职能，并入安阳市自然资源和规划局。

二审另查明：豫（安）出让〔2012〕0001B（6）《国有建设用地使用权出让合同》第四十条第一款约定：因履行本合同发生争议，由争议双方协商解决，协商不成的，提交安阳市仲裁委员会仲裁。

【审判】

濮阳市中级人民法院一审认为，本案是国有建设用地出让及国有建设用地使用权出让合同履行过程中形成的纠纷，对于新佳苑公司的诉讼请求及当事人争议的问题，分析认定如下：

1.关于本案是否属于行政案件的受案范围，是否应当按照协议约定的仲裁条款通过仲裁解决本案的争议。首先，新佳苑公司诉请撤销的安阳市人民政府〔2017〕126号批复虽然是安阳市人民政府对安阳市国土资源局作出的上下级之间的批复，但新佳苑公司向安阳市国土资源局申请不动产登记时，安阳市国土资源局在向新佳苑公司出具的不动产登记不予受理告知书中援引了该批复，该批复已经产生外化，故该批复具有可诉性，作出该批复的安阳市人民政府是本案适格的被告。其次，《行政诉讼法》第十二条规定了行政诉讼的受案范围，第一款第十一项规定，认为行政机关不依法履行、未按照约定履行或者违法变更、解除政府特许经营协议、土地房屋征收补偿协议等协议的，属于行政诉讼的受案范围。最高人民法院发布的76号指导案例明确了国有土地使用权出让合同为行政协议，涉案的国有建设用地出让合同应当属于行政协议，本案属于行政诉讼的受案范围。因为涉案合同属于行政协议，因此引起的纠纷不属于仲裁机构的受案范围，故涉案合同约定的仲裁条款无效，本案按行政案件处理具有事实和法律依据。

2.新佳苑公司的起诉是否超过了起诉期限。一审庭审中新佳苑公司明确的诉讼请求为，撤销安阳市人民政府〔2017〕126号批复中涉及新佳苑公司DN7-9-3-2地块的处理行为，判令安阳市人民政府和安阳市自然资源和规划局继续履行国有建设用地使用权出让合同。虽然安阳市人民政府的〔2017〕126号批复是在2017年9月28日签发的，但是其被新佳苑公司知悉的时间是安阳市国土资源局作出不动产登记不予受理告知书的时间，即2018年7月20日。另，安阳市国土资源局提交的《解除出让合同的通知》的送达回证，因注明的拒收人魏某普并非新佳苑公司的法定代表人、代理人或公司其他人员，安阳市自然资源和规划局不能证明在2017年11月7日将该通知送达给了新佳苑公司。故新佳苑公司的起诉期限应从2018年7月21日起计算，至2019年1月17日新佳苑公司提起本案诉讼，没有超过《行政诉讼法》第四十六条规定的起诉期限。

3.关于涉案出让合同的履行。涉案国有建设用地使用权出让合同是在昊澜实业集团通过摘牌程序竞得包括涉案土地使用权后，经安阳市人民政府批准就其中宗地编号为2011-10-8（地块编号为DN7-9-3-2）的地块与新佳苑公司签订的国有建设用地使用权出让合同，该合同合法有效，且按照合同第四十一条的约定已生效，作为行政协议的双方均应履行。安阳投资集团是安阳市人民政府成立的国有独资公司，是安阳市人民政府授权的投融资平台。在安阳市国土资源局和新佳苑公司签订涉案土地出让合同的当天，安阳投资集团向安阳市人民政府的请示中，确认收取了包括涉案地块在内的土地出让价款。安阳市人民政府于2013年3月14日作出的《关于昊澜置业有限公司DN8-3-3-1等地块土地出让金及土地手续办理问题的意见》，认为昊澜实业集团已将土地价款交与市投资集团，该资金在投资集团和市财政局之间如何运作属于部门之间的内部问题，与昊澜实业集团无关，安阳市人民政府应该为昊澜实业集团办理相关土地手续。又在2013年10月8日《关于京港澳高速出口昊澜实业集团地块办理土地证有关问题的会议纪要》中明确："昊澜实业集团于2011年10月31日通过挂牌方式竞得京港澳高速安阳出口6宗土地，并将土地出让金27557.9648万元缴纳至安阳投资集团。"并要求安阳投资集团将收到资金证明提供给市财政局，市财政局出具审核意见，提供给市国土局，市国土局为昊澜实业集团地块办理土地证。虽然在安阳市财政局的审查意见中并未确认财政部门收取的涉案出让合同的出让价款，但上述安阳市人民政府的意见及会议纪要均认可收到了新佳苑公司应缴纳的土地出让价款，新佳苑公司履行了涉案出让合同约定的缴纳土地出让价款的义务。在新佳苑公司履行了涉案出让合同约定的缴纳土地出让价款的义务的情况下，2017年10月9日安阳市国土资源局作出的《解除出让合同的通知》没有事实依据，且该通知没有有效送达给新佳苑公司，合同解除的通知并未生效，不能视为涉案出让合同于2017年10月9日已经解除。涉案土地出让合同应当继续履行。

4.关于安阳市人民政府作出的〔2017〕126号批复，因新佳苑公司履行了涉案出让合同约定的缴纳土地出让价款的义务，安阳市人民政府收回已出让涉案土地（DN7-9-3-2地块）国有建设用地使用权，并解除涉案出让合同，没有事实依据，安阳市人民政府作出该批复中涉及新佳苑公司部分，主要证据不足，对批复中的该部分依法应予撤销。综上所述，安阳市人民政府作出〔2017〕126号批复收回新佳苑公司DN7-9-3-2地块国有土地使用权，解除新佳苑公司与安阳市国土资源局国有建设用地使用权出让合同，没有事实依据，新佳苑公司请求撤销该部分的诉讼请求成立，予以支持。因涉案出让合同为有效且生效的行政协议，新佳苑公司已履行合同约定的支付土地出让价款的义务，安阳市人民政府作出的收回土地使用权，解除涉案出让合同的批复在本案中应予撤销，涉案出让合同没有解除，合同双方均应当按照法律、法规、规范性文件的规定及合同的约定继续履行合同。依照《合同法》第六十条,《行政诉讼法》第十二条第一款第十一项、第七十条第一项、第七十八条规定，判决：一、撤销安阳市人民政府〔2017〕126号批复中关于收回新佳苑公司DN7-9-3-2地块国有建设用地使用权，解除新佳苑公司与安阳市国土资源局签订的《国有建设用地使用权出让合同》部分；二、新佳苑公司与安阳市自然资源和规划局继续履行豫（安）出让〔2012〕0001B（6）《国有建设用地使用权出让合同》。

河南省高级人民法院二审认为：

1.关于本案是否属于行政诉讼受案范围的问题。新佳苑公司诉请撤销的安阳市人民政府〔2017〕126号批复是安阳市人民政府对安阳市国土资源局的请示作出的批复，这类上级对下级的批复属于行政机关的内部行为，原则上不具有可诉性，对外实现批复内容的是相关职能部门按照批复作出的行政行为，但新佳苑公司向安阳市国土资源局申请不动产登记时，安阳市国土资源局在向新佳苑公司出具的不动产登记不予受理告知书中援引了该批复，将该批复作为具有对外法律效力的行政行为，故该批复具有可诉性。

2.本案不适用涉案国有土地使用权出让合同中双方约定的仲裁条款。《仲裁法》第二条规定："平等主体的公民、法人和其他组织之间发生的合同纠纷和其他财产权益纠纷，可以仲裁。"第十七条规定："有下列情形之一的，仲裁协议无效：（一）约定的仲裁事项超出法律规定的仲裁范围的；……"本案涉案国有土地使用权出让合同一方当事人为行政主体，该合同属于行政协议，而不是平等主体之间订立的民事合同，已超出法律规定的仲裁范围，涉案合同中的仲裁条款无效。行政机关在订立行政协议时不能以协议约定方式排除法院对行政机关依法行使职权的监督，故新佳苑公司有权对出让合同争议提起行政诉讼，本案属于行政诉讼的受案范围。

3.关于涉案国有建设用地使用权出让合同是否应当履行的问题。涉案国有建设用地使用权出让合同是在昊澜实业集团通过摘牌程序竞得包括涉案土地使用权后，经安阳市人民政府批准就其中宗地编号为2011-10-8（地块编号：DN7-9-3-2）的地块与新佳苑公司签订的国有建设用地使用权出让合同，该合同合法有效，双方均应履行。安阳投资集团是安阳市人民政府成立的国有独资公司，是安阳市人民政府授权的投融资平台。在安阳市国土资源局和新佳苑公司签订涉案土地出让合同的当天，安阳投资集团向安阳市人民政府的请示中，确认收取了包括涉案地块在内的土地出让价款。安阳市人民政府于2013年3月14日作出的《关于昊澜实业集团DN8-3-3-1等地块土地出让金及土地手续办理问题的意见》，以及2013年10月8日作出的会议纪要，均能证明涉案地块的土地出让金已缴纳，上诉人关于安阳市政府和相关部门对已缴纳土地出让金事实的认可属于内部过程性意见的理由不能成立，本院不予支持。

4.关于解除合同的通知是否送达的问题。安阳市国土资源局提交的《解除出让合同的通知》的送达回证，因注明的拒收人魏笑普并非新佳苑公司的法定代表人、代理人或公司其他人员，安阳市自然资源和规划局不能证明在2017年11月7日将该通知送达给了新佳苑公司。

综上，上诉人的上诉理由不能成立，本院不予支持。一审法院认定事实清楚，适用法律正确，依法应予维持。依照《行政诉讼法》第八十九条第一款第一项之规定，判决如下：驳回上诉，维持原判决。

【评析】

《行政诉讼法》第十二条第一款第十一项明确把包括政府特许经营协议在内的一系列行政协议纠纷纳入行政诉讼的受案范畴。但由此面临的问题是，在政府特许经营协议等纠纷被纳入行政诉讼受案范围后，当事人是否可以继续根据合同原理在此类协议中约定仲裁条款或者签订单独的仲裁协议以解决将来可能发生的争议？对此，有两种不同的观点：一种观点认为行政诉讼不应排斥仲裁。首先，协议本身具有意思自治的属性，当事人有权自主选择纠纷解决方式；其次，2014年修正的《行政诉讼法》将政府特许经营协议等纠纷纳入受案范围的本意应是扩大当事人的救济途径，而非施以限缩；再次，对于政府特许经营协议纠纷，当特许经营权人为外国企业时，排斥仲裁不符合国际商事仲裁的普遍做法；[①]最后，一些PPP当事人、中介服务机构和项目管理机构的人员仍坚持政府特许经营协议民事属性和通过仲裁渠道解决此类争议，是因为我国1995年以来的政府特许经营大都作为民事案件对待，争议解决也多是选择了仲裁。政府特许经营争议解决在行政诉讼与仲裁上之分歧，不仅有历史延续涉及的利益调整问题，而且还涉及广泛和复杂的法律问题。其中的法律问题包括法律适用上在公法与私法之间的选择、政府特许行为脱离司法审查的监督、仲裁是否有权受理政府因素争议案件的管辖权，以及如何根据我国民法确定合同的民事属性问题等。[②]另一种观点则认为行政诉讼完全排斥仲裁等途径，因为政府特许经营协议等协议作为行政合同的性质已经由《行政诉讼法》所确定，此类纠纷亦属于行政纠纷，应通过行政途径解决，以防公法遁入私法，其中涉及的民事问题，可由人民法院行政庭适用民事法律规范处理。[③]

《最高人民法院关于审理行政协议案件若干问题的规定》第二十六条规定，行政协议约定仲裁条款的，人民法院应当确认该条款无效，但法律、行政法规或者我国缔结、参加的国际条约另有规定的除外。该条是关于行政协议仲裁条款效力的规定，规定基本上采纳了上述第二种意

① 高俊杰:《政府特许经营项目运行中的行政纠纷及其解决机制——一种框架性分析》，载《当代法学》2016年第2期。

② 于安:《论政府特许经营协议》，载《行政法学研究》2017年第6期。

③ 高俊杰:《政府特许经营项目运行中的行政纠纷及其解决机制——一种框架性分析》，载《当代法学》2016年第2期。

见，并按照现行有效的法律行政法规列举了一些例外。该规定的理由如下：（1）行政协议原则上不属于《仲裁法》规定的可以仲裁的事项。众所周知，仲裁是双方当事人在纠纷发生前或者发生后，通过签订书面的仲裁条款或者仲裁协议，自愿将双方发生或者将来可能发生的争议提交仲裁机构予以解决的制度。根据《仲裁法》第二条及第三条第二项的规定，平等主体的公民、法人和其他组织之间发生的合同纠纷和其他财产权益纠纷，可以仲裁。依法应当由行政机关处理的行政争议则不能仲裁。仲裁机构属于民间机构，仲裁规则是为了解决民事、商事合同纠纷而产生的，其范围适用于作为平等主体之间的自然人、法人或者其他组织之间发生的合同纠纷和其他财产权益纠纷。而行政协议是行政机关和行政相对人之间订立的，因此与行政机关行使公权力有关。根据《仲裁法》第三条第二项的规定，仲裁机构无权依据仲裁协议或者仲裁条款针对行政协议进行仲裁。行政契约与民事契约的区别意味着二者的纠纷解决途径亦不完全相同。而且，随着我国仲裁制度的改革，“出现了民间仲裁与行政仲裁的分野”，[①]原来设置在工商、科委等行政机关内的仲裁委员会纷纷被撤销，依据《仲裁法》重新组建的仲裁机构，性质转变为民间组织，而行政契约涉及的是行政法上的权利义务争执，这种权利义务的属性在一般情况下排斥了民间仲裁的可能。[②]（2）国家发展和改革委员会、财政部、住房和城乡建设部、交通运输部、水利部、中国人民银行六部委在2015年4月出台的第25号令《基础设施和公用事业特许经营管理办法》中，明确规定政府特许经营协议争议的解决途径主要包括：协商；专业技术问题争议可以共同聘请专家或第三人机构进行调解；特许经营者认为行政机关作出的具体行政行为侵犯其合法权益的，有陈述、申辩的权利，并可以依法提起行政复议或者行政诉讼。仲裁不属于解决作为行政协议重要代表的政府特许经营协议纠纷的途径之一。（3）从国外相关规定看，大部分国家和地区针对行政协议的争端解决机制都是以协议的性质来划分，如果协议具有私

① 胡宝岭著：《行政合同争议司法审查研究》，中国政法大学出版社2015年版，第90页。

② 参见张殊钢、赵玉梅编著：《中国行政合同的法律规制》，黑龙江人民出版社2011年版，第163—164页。

法性质，则可以通过仲裁、民事诉讼等方式解决，如果协议具有公法性质，则应当通过行政诉讼解决。

本案涉案国有土地使用权出让合同一方当事人为行政主体，该合同属于行政协议，而不是平等主体之间订立的民事合同，已超出法律规定的仲裁范围，涉案合同中的仲裁条款无效。行政机关在订立行政协议时不能以协议约定方式排除法院对行政机关依法行使职权的监督，故新佳苑公司有权对出让合同争议提起行政诉讼，本案属于行政诉讼的受案范围。

【实务指导】

第一，对2015年5月1日之前签订的拆迁补偿协议中约定的仲裁条款，应当认定有效，且排除法院的管辖权。例如，在钱旭初诉江苏省丹阳市人民政府、江苏省丹阳市人民政府征收办公室房屋行政征收一案中，最高人民法院认为，由于被诉房屋征收补偿协议系在2015年5月1日之前签订，而修正前的《行政诉讼法》尚未明确房屋征收补偿协议的性质，当事人双方约定就该类争议进行仲裁，应当承认其法律效力。[①]

第二，对PPP协议和政府特许经营协议中约定的仲裁条款的效力问题，要具体情况具体分析，不能一概否定其法律效力。《特许经营管理办法》第四十九条只规定就特许经营协议履行发生争议的，应当协商解决。协商不一致的，则没有明确规定法律救济途径，立法对这个争议问题作了模糊化处理，因为2014年修正的《行政诉讼法》把特许经营协议定性为行政协议，纳入行政诉讼的受案范围，原则上不得约定仲裁。2015年4月25日印发的《基础设施和公用事业特许经营管理办法》第六章专门规定了“争议解决”问题，包括协商、调解、行政复议和行政诉讼，但没有明确规定仲裁。[②]《基础

① 参见最高人民法院（2017）最高法行申5849号行政裁定书。

② 如《基础设施和公用事业特许经营管理办法》第五十条规定：“实施机构和特许经营者就特许经营协议中的专业技术问题发生争议的，可以共同聘请专家或第三方机构进行调解。调解达成一致的，应当签订补充协议并遵照执行。”

设施和公共服务领域政府和社会资本合作条例(征求意见稿)》则态度鲜明地规定，就合作协议发生争议难以协商达成一致的，可以提起民事诉讼或仲裁(第四十条)。基于PPP协议体系的复杂性、PPP协议法律关系的多重性、PPP协议引发争议性质的行民交叉性、PPP协议法律定性的不明确性，[①]以及域外国家和地区对PPP协议争议允许通过仲裁途径解决的国际经验或者惯例，人民法院对PPP协议和政府特许经营协议中约定的仲裁条款的效力问题，应当审慎审查，不宜轻易否定其法律效力。[②]

第三，从域外国家和地区的经验来看，行政协议纠纷也并不绝对地排除仲裁方式。例如，《葡萄牙行政程序法》第188条规定："对于因行政合同而可能产生的争议，允许以仲裁方式将之交由仲裁员裁定解决。"在法国，"原则上禁止公法人进行仲裁，公共工程承包合同和供应合同例外，在得到有关机关批准之后，可以进行仲裁"。因此，法国的行政合同纠纷常常通过非司法诉讼机制予以解决，主要是替代性纠纷解决机制，即调解争端的非诉讼机制。包括行政复议前置程序；和解协议程序；诉讼外调解程序与仲裁程序。[③]在我国台湾地区，有学者认为，按照我国台湾地区"仲裁法"的规定，得受仲裁者除须为现在或将来之法律争议外，尚以"依法得和解"为要件。若依法不得和解之法律争议，即不得为仲裁标的。又依我国台湾地区"行政诉讼法"第二百一十九条第一项之规定，当事人就诉讼标的具有处分权并不违反公益者，行政法院不论诉讼程度如何，得随时试行和解。第八条第一项规定，行政契约既得成为行政诉讼之标的。而我国台湾地区"合同法"第二百一十九条又未排除行政契约之适用，因此行政契约之标的，当事

---

① 参见喻文光:《PPP规制中的立法问题研究——基于法政策学的视角》，载《当代法学》2016年第2期。

② 对于仲裁方式的可适用性问题，国家发展改革委法规司曾于2017年3月举办特许经营协议争议解决国际研讨会，与会专家分析了特许经营协议或PPP协议在争议解决方式方面的国际经验，认为我国特许经营30余年实践中，基本按照平等法律关系的角度处理特许经营协议双方争议问题，并认为绝大多数国家是适用仲裁方式的。参见焦洪宝:《政府与社会资本合作项目争议的解决方式》，载《政法论丛》2018年第4期。

③ 参见徐琳:《法国公私合作(PPP模式)法律问题研究》，载《行政法学研究》2016年第3期。

人具有处分权，且和解不违反公益者，应可交付仲裁。[①]也有学者认为，一些国际投资行为中涉及国际条约的约定不属于国内法的范畴，但具体案件中有一些就是与政府签订的行政协议，因中方加入了特定国际条约的关系，这些具体个案可以通过国际仲裁的方式解决，越过了中国法院的管辖。对于这些问题，如何应对和衔接？如果外国投资的行政协议可以通过国际仲裁方式解决，而国内投资的行政协议却不能通过仲裁方式解决，是否有区别对待之虞？国际投资争端解决中心，简称ICSID，依《华盛顿公约》而成立，中国也是成员国之一。中国分别于2011年、2014年两次被诉。案例一：马来西亚伊佳兰公司诉中国案——海南万宁县政府收回该企业的土地使用权，海南高院曾受理过该土地征收案件，后该公司于2011年向ICSID对中方提起仲裁。案例二：韩国安城房地产公司诉中国案——2014年韩国安城房地产公司以江苏射阳县政府未按照协议约定向其提供投资项目的土地使用权为由，向ICSID提出仲裁申请，请求中国政府赔偿经济损失1亿元。该案的仲裁依据是2007年中国与韩国签订的《中韩双边投资条约》。案件背景据韩国媒体报道为：射阳县政府与该公司签订协议在当地兴建高尔夫球场，并承诺规划范围内无其他企业竞争，但后因政府未守承诺导致韩方亏损1380万美元。有鉴于此，《最高人民法院关于审理行政协议案件若干问题的规定》第二十六条规定，法律、行政法规或者我国缔结、参加的国际条约另有规定行政协议可以约定仲裁条款的，人民法院应当承认该条款的效力。

【关联规定】

《最高人民法院关于审理行政协议案件若干问题的规定》

第二十六条 行政协议约定仲裁条款的，人民法院应当确认该条款无效，但法律、行政法规或者我国缔结、参加的国际条约另有规定的除外。

---

① 参见林明锵：《委托开发工业区契约之定性与仲裁容许性——兼评“最高行政法院”九十四年裁字第〇〇四七〇号裁定》，载《月旦法学教室》第33期。

相关案例

陈某竹、蒋某清诉青田县政府房屋征收工作办公室确认行政协议无效案

【案号】

一审：浙江省丽水市松阳县人民法院（2018）浙1124行初27号行政判决书

二审：浙江省丽水市中级人民法院（2018）浙11行终128号行政判决书

【案情及裁判】

一审原告：陈某竹、蒋某清。

一审被告：青田县人民政府（以下简称青田县政府）。

2017年4月30日，青田县政府房屋征收工作办公室作为甲方（房屋征收部门）与蒋某清作为乙方（被征收人）签订了项目名称为青田县城酒厂区块一期旧城改造项目的《青田县国有土地上房屋征收补偿协议书》（货币补偿协议）。该货币补偿协议第九条协议争议解决约定，本协议在履行过程中发生争议，由双方当事人协商解决；协商不成的，提交丽水市仲裁委员会仲裁。原告陈某竹、蒋某清以请求确认原被告于2017年4月30日签订的《青田县国有土地上房屋征收补偿协议书》（货币补偿协议）无效为由，于2017年10月23日向法院提起行政诉讼。该院于同日登记立案。

一审法院认为，本案原告蒋某清与被告青田县政府房屋征收工作办公室签订的《青田县国有土地上房屋征收补偿协议书》（货币补偿协议），明确约定了对发生货币补偿协议争议的解决方式为，提交丽水市仲裁委员会仲裁。现原告陈某竹、蒋某清在向法院起诉时未声明有仲裁协议，该院受理后，被告青田县政府房屋征收工作办公室在首次开庭前对原告起诉提出异议。该院认为，根据《仲裁法》第二十六条“当事人达成仲裁协议，一方向人民法院起诉未声明有仲裁协议，人民法院受理后，另一方在首次开庭前提交仲裁协议的，人民法院应当驳回起诉，但仲裁协议无效的除外……”之规定，原告陈某竹、蒋某清的起诉构成不符合其他法定起诉条件的情形。遂裁定驳回陈

某竹、蒋某清的起诉。

陈某竹、蒋某清上诉称，（1）涉案纠纷属于行政协议纠纷，依法由人民法院管辖，政府格式条款约定不能排除法定管辖权。《最高人民法院关于适用〈中华人民共和国行政诉讼法〉若干问题的解释》第十一条规定，土地、房屋等征收征用补偿协议属于行政协议。公民就该类行政协议提起行政诉讼的，人民法院应当依法受理。所以，行政协议的诉讼属于人民法院法定管辖。法定管辖权是国家基本诉讼制度确定的，不能由当事人自行约定排除。否则，直接导致政府部门为了排除人民法院行政诉讼司法审查，而通过格式条款约定其他管辖，违背国家基本诉讼制度。（2）涉案协议不属于《仲裁法》管辖范畴，仲裁约定无效。根据《仲裁法》第二条规定，仲裁的受案范围是平等主体的公民、法人和其他组织之间发生的合同纠纷和其他财产权益纠纷。如前所述，涉案协议是典型的行政协议，是行政机关为实现公共利益或者行政管理目标，在法定职责范围内，与公民、法人或者其他组织协商订立的具有行政法上权利义务内容的协议，属于行政行为的一种，不属于平等主体之间的民事纠纷，不在仲裁管辖范围内。而《仲裁法》第三条第二项也明确规定依法应由行政机关处理的行政争议不得仲裁。据此，此类行政协议书中约定仲裁条款，排除法院管辖，因违背国家诉讼基本制度和法律规定而无效。综上，一审裁定驳回上诉人起诉，适用法律错误，应当予以纠正，故上诉人特依据《行政诉讼法》之规定提起上诉，请依法撤销一审裁定并裁令一审法院继续审理本案。

青田县政府房屋征收工作办公室答辩称，（1）一审法院的裁定事实清楚，证据充分，适用法律正确，答辩人请求二审法院依法裁定驳回上诉，维持原裁定。（2）上诉人的理由不能成立。一是，本案中，签订协议的主体是上诉人蒋某清与青田县政府房屋征收工作办公室。双方为平等民事主体，依法应当适用《民事诉讼法》等相关法律。且双方在协议第十一条中明确约定了争议解决方式为，提交丽水市仲裁委员会仲裁。既然，双方已经约定了仲裁条款，又没有任何证据证明该仲裁条款无效，那么，就应当适用仲裁条款。二是，从上诉人的一审起诉状可以看出，上诉人对协议的异议在于：陈某竹未同意补偿方案，蒋某清个人的签字属于无权处分，但上诉人自始至终都没有对答辩人的征迁程序提出异议。现在要判断这是否属于无权处分以及协议是否有效，属于民事法律调整的范围，故本案在性质上属于民事纠纷。即使协议被认定为行政协议，但引发纠纷的并非具体行政行为，而是民事行为，理应由民法规范和《民事诉讼法》调整。一审法院裁定驳回起诉，并无不当。综上所述，请求二审法院依法裁定驳回，维持原裁定。

二审法院认为，《仲裁法》第二条规定，平等主体的公民、法人和其他组织之间发生的合同纠纷和其他财产权益纠纷，可以仲裁。本案系国有土地上房屋征收与补偿引发的协议纠纷。青田县政府房屋征收工作办公室与上诉人将某清签订被诉房屋征收补偿协议，是受被上诉人的委托，该协议产生的法律责任应由被上诉人承担。根据2015年《最高人民法院关于适用〈中华人民共和国行政诉讼法〉若干问题的解释》第十一条规定，被诉房屋征收补偿协议系被上诉人为实现公共利益而与上诉人签订的具有行政法上权利义务内容的协议，属于行政协议。本案不属于《仲裁法》第二条规定的调整范围，上诉人起诉依法不受协议约定仲裁条款的约束。现被上诉人提出协议双方为平等民事主体的辩解理由，没有事实和法律依据，不予采信。原审裁定以上诉人起诉不符合其他法定起诉条件为由予以驳回，适用法律不当，依法应予纠正。上诉人的上诉理由成立，予以采纳。遂裁定撤销一审行政裁定，指令一审法院继续审理。

【评析】

《最高人民法院关于审理行政协议案件若干问题的规定》第二十六条规定，法律、行政法规或者我国缔结、参加的国际条约另有规定时，行政协议中约定的仲裁条款可以有效，人民法院不宜确认该仲裁条款无效。也就是说，在通常情况下，行政协议中不得约定仲裁条款。如果约定了仲裁条款，人民法院应当确认该条款无效，除非法律、行政法规或者我国缔结、参加的国际条约另有规定。

根据《仲裁法》第二条及第三条第二项的规定，平等主体的公民、法人和其他组织之间发生的合同纠纷和其他财产权益纠纷，可以仲裁。依法应当由行政机关处理的行政争议则不能仲裁。仲裁机构属于民间机构，仲裁规则是为了解决民事、商事合同纠纷而产生的，其范围适用于作为平等主体之间的自然人、法人或者其他组织之间发生的合同纠纷和其他财产权益纠纷。而行政协议是行政机关和行政相对人之间订立的，因此与行政机关行使公权力有关。行政契约与民事契约的区别意味着二者的纠纷解决途径亦不完全相同。而且，随着我国仲裁制度的改革，“出现了民间仲裁与行政仲裁的分野”，[①]原来设置在工商、科委等行政机关内的仲裁委员会纷纷被撤销，依据《仲裁法》重新组建的仲裁机构，性质转变为民间组织，而行政契约涉及的是行政法上的权利义务争执，这种权利义务的属性在一般情况下排斥了民间仲裁的可能。[②]本案二审法院认为，被诉房屋征收补偿协议系具有行政法上权利义务内容的协议，属于行政协议。虽然二审法院没有明确认定被诉房屋征收补偿协议中约定的仲裁条款无效，但实际上间接否定了仲裁条款的效力，二审法院指出，本案不属于《仲裁法》第二条规定的调整范围，上诉人起诉依法不受协议约定仲裁条款的约束。[③]

第六节　行政协议诉讼的溯及力及起诉期限与诉讼时效

成都亿嘉利科技有限公司、乐山沙湾亿嘉利科技有限公司诉四川省乐山市沙湾区人民政府解除投资协议并赔偿经济损失案

【案号】

一审：四川省乐山市中级人民法院（2016）川11行初267号行政裁定书

---

① 胡宝岭著：《行政合同争议司法审查研究》，中国政法大学出版社2015年版，第90页。

② 参见张殊钢、赵玉梅编著：《中国行政合同的法律规制》，黑龙江人民出版社2011年版，第163—164页。

③ 参见浙江省丽水市中级人民法院（2018）浙11行终11号行政裁定书。在安庆市迎春房地产开发有限公司与被告安庆市国土资源局土地行政管理行政合同一案中，一、二审法院则明确认定土地行政管理行政合同中约定的仲裁条款为无效条款。参见安徽省安庆市中级人民法院（2017）皖08行辖终1号行政裁定书。

二审：四川省高级人民法院（2016）川行终748号行政裁定书
再审：最高人民法院（2018）最高法行再1号行政裁定书

【案情】

再审申请人（一审原告、二审上诉人）：成都亿嘉利科技有限公司（以下简称成都亿嘉利公司）、乐山沙湾亿嘉利科技有限公司（以下简称乐山亿嘉利公司）。

再审被申请人（一审被告、二审被上诉人）：四川省乐山市沙湾区人民政府（以下简称沙湾区政府）。

成都亿嘉利公司、乐山亿嘉利公司向四川省乐山市中级人民法院诉称，2011年8月29日，成都亿嘉利公司与沙湾区政府签署《投资协议》，约定成都亿嘉利公司租赁四川省乐山市沙湾区祝村、王坝村约800亩土地（尾数以村民协议书为准），投资5000万元建设以鳗鱼养殖为主并与新农村建设相结合的现代观光农业项目，沙湾区政府负责提供“一站式服务”，为加快项目建设进度和协调相关部门的手续尽快落实，明确一名区级领导负责项目实施全过程的协调和服务工作，同时成都亿嘉利公司需在项目所在地注册具有独立法人资格的公司。2011年9月13日，设立乐山亿嘉利公司为项目公司。2011年12月5日，成都亿嘉利公司、乐山亿嘉利公司按照投资及生产计划，与案外人崔正浩签订《协议书》采购鳗鱼苗，2011年9月30日至11月21日，乐山亿嘉利公司在四川省乐山市沙湾区葫芦镇人民政府和葫芦镇农业服务中心见证下，与葫芦镇祝村、王坝村各组依法签订《农村土地承包经营权流转合同》。成都亿嘉利公司、乐山亿嘉利公司认为沙湾区政府一直怠于协调其项目行政手续办理事宜，隐瞒土地性质真相，无法办理相关手续，未按照约定履行《投资协议》，直接导致二公司项目停滞，间接损失3000余万元，因采购鱼苗无法兑现损失定金60万元及违约金计150万元，其他部分土地资金规划设计及工作人员工资等相关损失100万元。为此诉请解除成都亿嘉利公司与沙湾区政府于2011年8月29日签署的《投资协议》，判令沙湾区政府赔偿二公司经济损失400万元并且承担本案诉讼费用。

【审判】

四川省乐山市中级人民法院一审作出（2016）川11行初267号行政裁定，认为，成都亿嘉利公司和沙湾区政府于2011年8月29日签订的《投资协议》属于行政协议，2014年修正的《行政诉讼法》于2015年5月1日施行，成都亿嘉利公司、乐山亿嘉利公司要求解除该《投资协议》并要求沙湾区政府赔偿损失的诉讼请求不属于人民法院受案范围，依法应不予立案。故该院裁定对成都亿嘉利公司、乐山亿嘉利公司的起诉，不予立案。成都亿嘉利公司、乐山亿嘉利公司提起上诉，四川省高级人民法院二审作出（2016）川行终748号行政裁定，认为，对于2014年修正的《行政诉讼法》施行之前形成的行政协议，根据当时的法律规定和人民法院处理此类纠纷的通常做法，一般不纳入行政诉讼受案范围，主要通过当事人提起民事诉讼方式寻求司法救济。当事人针对2014年修正的《行政诉讼法》施行前的行政协议提起行政诉讼，相关法律依据不充分。成都亿嘉利公司、乐山亿嘉利公司起诉要求解除成都亿嘉利公司和沙湾区政府于2011年8月29日签订的《投资协议》并赔偿损失，一审法院裁定不予立案，该处理结果并无明显不当。故该院裁定驳回上诉，维持原裁定。

成都亿嘉利公司、乐山亿嘉利公司不服，向最高人民法院申请再审称，案涉《投资协议》属于行政协议，且其效力在2014年修正的《行政诉讼法》生效之后仍有效，故依法属于2014年修正的《行政诉讼法》规定的行政诉讼受案范围。综上，请求撤销一、二审裁定，依法再审本案。

沙湾区政府辩称，（1）案涉《投资协议》签订双方是平等主体，内容也是经过协商一致达成，实际上是其作为当地政府与投资者签订的招商引资协议，目的是表明对投资者合法投资项目的欢迎，而不是基于行政管理目的签订的，故该协议并非行政协议。（2）即便案涉《投资协议》属于行政协议，根据法不溯及既往原则，该协议签订于《行政诉讼法》修正并生效之前，也不属于行政诉讼受案范围。（3）成都亿嘉利公司、乐山亿嘉利公司于2016年8月31日提起本案诉讼超过了行政诉讼法定的起诉期限和《民法通则》规定的两年诉讼时效。（4）协议项目未能实施的根本原因是项目未依法通过环境影响评价，且成都亿嘉利公司、乐山亿嘉利公司于2013年11月就自行撤离办公场地，以自身行为表明不履行协议，乐山亿嘉利公司营业执照也于2015年11月2日被工商管理部门吊销，协议未能履行的责任并不在于沙湾区政府。

最高人民法院再审期间另查明，2012年6月5日，成都亿嘉利公司向沙湾区政府发出《关于乐山沙湾鳗鱼养殖基地因故停建的报告》，请求沙湾区政府补偿其经济损失和确保800亩项目用地。2012年6月12日，沙湾区政府作出《乐山市沙湾区人民政府关于成都亿嘉利科技有限公司〈关于乐山沙湾鳗鱼养殖基地因故停建的报告〉的答复》，告知成都亿嘉利公司如有损失，沙湾区政府愿意积极协调服务，努力帮助挽回或减轻损失；有关具体事宜，请适时安排人员到沙湾协商解决。2013年1月4日，成都亿嘉利公司向沙湾区政府发出《请求乐山市沙湾区政府明确告知沙湾鳗鱼养殖基地不能履行与政府签订的投资合同原因的报告》，表示对至今未能履行2011年8月29日签订的投资内容，成都亿嘉利公司多次以函电方式讨问，未得到正面答复，对此保留相对法律权益。2013年1月9日，沙湾区政府作出《乐山市沙湾区人民政府关于答复成都亿嘉利科技有限公司〈请求乐山市沙湾区政府明确告知沙湾鳗鱼养殖基地不能履行与政府签订的投资合同原因的报告〉的函》，告知有关具体事宜，请贵公司适时安排人员到沙湾协商解决。2015年11月7日，成都亿嘉利公司向沙湾区政府发出《关于乐山沙湾鳗鱼养殖基地（鳗鲡健康养殖示范推广项目）建设未能实施及要求政府索赔的说明》，请求沙湾区政府补偿成都亿嘉利公司损失300万元。2015年11月24日，沙湾区政府作出《乐山市沙湾区人民政府关于成都亿嘉利科技有限公司〈关于乐山沙湾鳗鱼养殖基地（鳗鲡健康养殖示范推广项目）建设未能实施及要求政府索赔的说明〉的答复》，表示按照《投资协议》的约定沙湾区政府并无违约行为，成都亿嘉利公司要求补偿损失300万元既不符合法律规定，又不符合《投资协议》的约定。

最高人民法院认为，一、二审法院以本案《投资协议》属于行政协议但不属于行政诉讼受案范围为由，裁定对成都亿嘉利公司、乐山亿嘉利公司的起诉不予立案不当，依法应予撤销。依照《行政诉讼法》第九十二条第二款、《最高人民法院关于适用〈中华人民共和国行政诉讼法〉的解释》第一百二十三条第二项之规定，裁定如下：一、撤销四川省高级人民法院（2016）川行终748号行政裁定和四川省乐山市中级人民法院（2016）川11行初267号行政裁定；二、指令四川省乐山市中级人民法院受理本案。

【评析】

结合原审法院的裁定和双方当事人申请再审及答辩的理由，本案争议焦点为:《投资协议》是否属于行政协议;《投资协议》是否属于人民法院行政诉讼的受案范围；本案诉讼是否超过起诉期限和诉讼时效。

1.关于案涉《投资协议》是否属于行政协议问题

行政协议是指行政机关为实现公共服务或者行政管理目标，在行使职权履行职责的过程中与公民、法人或者其他组织协商订立的协议。与民事合同相比，除协商一致与民事合同相同外，识别行政协议的标准主要有二：一方面，形式标准，即主体标准，它发生在具有行政职权、履行行政职责的机关和组织及其工作人员与行政职权所作用的公民、法人或者其他组织之间。另一方面，实质标准，即标的及内容标准，亦即行政法上的权利义务，其意在提供一种指引，强调行政协议不同于民事合同，这一标准排除了行政机关基于自身民事权利义务而签订的协议。行政法上的权利义务可以从以下三个方面进行判断：一为是否行使行政职权、履行行政职责；二为是否为实现公共服务或者行政管理目标；三为在协议里或者法律上是否规定了行政机关的优益权。其中，以行使行政职权、履行行政职责及行政机关具有优益权为首要标准，无法判断时，还可以结合“实现公共服务或者行政管理目标”进一步判断。

本案中，案涉《投资协议》是沙湾区政府与成都亿嘉利公司签订的，发生在具有行政职权、履行行政职责的机关与行政职权所作用公司法人之间，符合行政协议的主体要素，满足识别行政协议的形式标准。案涉《投资协议》的一方主体沙湾区政府作为地方人民政府具有对辖区内农村农业进行建设管理的行政职责，协议约定的主要内容亦是为实现促进沙湾区现代农业发展和推进新农村建设目的，因此该协议实质上系沙湾区政府为实现相应的行政管理目标，履行农村农业建设管理行政职责，而与成都亿嘉利公司签订的招商引资协议，符合识别行政协议的实质标准。故原审认定案涉《投资协议》系行政协议，并无不当。沙湾区政府关于案涉《投资协议》不属行政协议的主张，本院不予支持。

2. 关于案涉《投资协议》是否属于人民法院行政诉讼的受案范围问题

《最高人民法院关于规范行政案件案由的通知》（法发〔2004〕2号）将行政合同作为一种行政行为纳入行政诉讼受案范围，之后在相关的司法实务中亦有通过行政诉讼解决行政协议争议的司法案例，将行政协议争议纳入行政诉讼亦系行之有效的纠纷解决途径。《最高人民法院关于印发〈关于审理行政案件适用法律规范问题的座谈会纪要〉的通知》（法〔2004〕96号）对有关新旧法律适用以及法不溯及既往问题明确作出“实体问题适用旧法规定，程序问题适用新法规定”即所谓“实体从旧，程序从新”的规定。因此，对形成于2015年5月1日之前的行政协议产生的纠纷，当时的法律、行政法规、司法解释或者我国缔结或参加的国际条约没有规定其他争议解决途径（包括仲裁或者民事诉讼）的，作为协议一方的公民、法人或者其他组织提起行政诉讼，人民法院可以依法受理。本案中，案涉《投资协议》作为行政机关招商引资协议，当时的法律、行政法规、司法解释或者我国缔结或参加的国际条约没有规定其他争议解决途径，成都亿嘉利公司、乐山亿嘉利公司选择通过行政诉讼解决相关的争议，并不违反相关法律的规定，依法应予支持。原审法院既认定案涉《投资协议》属于行政协议，但又以该协议签订时间在2014年修正的《行政诉讼法》施行之前而不纳入行政诉讼受案范围为由，裁定不予立案，不仅不符合上述规定的精神，且前后矛盾，亦增加了当事人的诉累，不利于纠纷的实质化解，应予纠正。

与此同理，《最高人民法院关于审理行政协议案件若干问题的规定》第二十八条规定，2015年5月1日后订立的行政协议发生纠纷的，适用《行政诉讼法》及本规定。2015年5月1日前订立的行政协议发生纠纷的，适用当时的法律、行政法规及司法解释。该条是关于司法解释溯及力的规定。也就是说，人民法院审理行政协议案件，一般遵循实体从旧、程序从新原则，对于2015年5月1日之前订立的行政协议发生纠纷的，适用当时的法律、行政法规及司法解释；当时的法律、行政法规及司法解释没有规定的，可以适用《行政诉讼法》和该司法解释。

3. 关于本案诉讼是否超过起诉期限和诉讼时效问题

行政协议的法律关系涉及协议的合法性和有效性，也关涉行政机关职责权限变化，各方就协议是否及时、全面、适当履行的问题判断等，其远比单方行政行为的起诉期限更为复杂，如不能合理确定协议之诉的期限或时效并确定适宜于行政诉讼的判断，不利于稳定行政法律关系以及基于此而形成的社会关系安定。2015年《最高人民法院关于适用〈中华人民共和国行政诉讼法〉的解释》第十二条规定，针对行政行为纠纷和契约（包括履约）纠纷，考虑到审理规则的不同，其诉讼时限也是不同的，特别是公民、法人或者其他组织对行政机关不依法履行、未按照约定履行协议等提起诉讼的，适用比行政诉讼起诉期限更长的民事诉讼时效制度。该规定在司法实践中已经比较成熟，《最高人民法院关于审理行政协议案件若干问题的规定》第二十五条继续作了规定：公民、法人或者其他组织对行政机关不依法履行、未按照约定履行行政协议提起诉讼的，参照民事法律规范关于诉讼时效的规定；对行政机关变更、解除行政协议等行政行为提起诉讼的，适用《行政诉讼法》及其司法解释关于起诉期限的规定。但是，该规定在司法实践中同样遇到了请求确认行政协议有效或者无效的案件和请求解除、撤销行政协议案件，如何确定其起诉期限或者诉讼时效等问题。

一般认为，行政协议诉讼适用起诉期限或者诉讼时效的原则为，凡是行政机关因行使行政优益权等单方解除、变更行政协议，拒绝订立行政协议等具有单方性、高权性的行为，原则上适用起诉期限，其余（包括协议的履行与否、成立与否、生效与否、有效与否、撤销与解除等）适用诉讼时效。2014年修正的《行政诉讼法》第十二条第一款第十一项规定的行政协议纠纷主要包括两类：一类是认为行政机关不依法履行、未按照约定履行的纠纷；另一类是认为行政机关违法变更、解除行政协议的纠纷。对于这两类纠纷，是否一同适用《行政诉讼法》及其司法解释规定的起诉期限有不同意见。一种意见认为，行政协议纠纷一律应当适用《行政诉讼法》及其司法解释规定的起诉期限。因为行政协议作为行政行为的一种，即使其为双方行政行为亦应适用同一起诉期限；另一种意见认为，行政协议纠纷应当按照不同的纠纷类型适用不同的制度，对于认为行政机关不依法履行、未按照约定履行的纠纷应当适用民法上关于诉讼时效的规定，对于认为行政机关违法变更、解除行政协议的，应当适用《行政诉讼法》及其司法解释规定的起诉期限。因为前者是合同纠纷而后者是一般行政行为纠纷，适用不同的诉讼期限理所当然。《最高人民法院关于适用〈中华人民共和国行政诉讼法〉若干问题的解释》第十二条规定，公民、法人或者其他组织对行政机关不依法履行、未按照约定履行协议提起诉讼的，参照民事法律规范关于诉讼时效的规定；对行政机关单方变更、解除协议等行为提起诉讼的，适用《行政诉讼法》及司法解释关于起诉期限的规定。依据这一规定，行政协议这两类纠纷适用不同的诉讼期限。前者因主要的（不履行）合同纠纷参照民事法律规范关于诉讼时效的规定，而后者与一般行政行为无异，适用一般的行政诉讼起诉期限。之所以这样规定，主要理由是行政协议具有行政性和协议性，且行政协议从缔约、签订以及履行有各种不同的法律行为交织存在，根据这些法律行为侧重于行政性或者合同性的不同，也就是说，所涉公权力不同的特性，分别适用民事诉讼时效与行政诉讼起诉期限。我们认为，有关行政协议争议从总体上分为以下三部分：一是有关缔约过失的争议；二是有关协议本身的有效性；三是有关协议的履行争议。按照《行政诉讼法》第十二条第一款第十一项，主要包括行政机关不依法履行、未按照约定履行或者违法变更、解除政府特许经营协议、土地房屋征收补偿协议等协议。行政协议是行政性和协议性相结合的一种新型行政管理和公共服务手段，在行政协议不同阶段行政性和协议性的表现是不同的。原则上，有关协议本身的有效性及履约性问题体现行政协议的协议性较强，其起诉适用有关民事法律关于诉讼时效的规定，而有关缔约过失的争议和有关协议的行政优益权争议多体现行政协议的行政性，其起诉应当适用《行政诉讼法》及有关司法解释有关起诉期限的规定。①

当时有效的《最高人民法院关于适用〈中华人民共和国行政诉讼法〉若干问题的解释》第十二条规定："公民、法人或者其他组织对行政机关不依法履行、未按照约定履行协议提起诉讼的，参照民事法律规范关于诉讼时效的规定；对行政机关单方变更、解除协议等行为提起诉讼的，适用行政诉讼法及其司法解释关于起诉期限的规定。"行政协议作为一种行政手段，既有行政性又有协议性，应具体根据争议及诉讼的性质来确定相关的规则适用，在与行政法律规范不相冲突的情况下可以参照适用民事法律规范。该条文对行政协议纠纷中起诉期限和诉讼时效适用问题作出了明确规定，起诉期限适用于与传统行政诉讼审查对象一样体现单方性、高权性特点的行政机关单方变更、解除协议等行为，诉讼时效则适用于公民、法人或者其他组织对行政机关不依法履行、未按照约定履行协议提起诉讼或者其他因行政协议提起诉讼的案件。本案系因成都亿嘉利公司、乐山亿嘉利公司对沙湾区政府未履行案涉《投资协议》而提起的请求解除协议的行政诉讼，应参照适用民事法律规范关于诉讼时效的规定，不再适用起诉期限的规定。而关于诉讼时效，根据案涉《投资协议》的内容，并不能确定协议的履行期限，对于不能确定履行期限的，诉讼时效期间从债务人明确表示不履行义务之日起计算。案涉《投资协议》签订后因故未能顺利履行，成都亿嘉利公司从2012年6月5日起就通过函件等形式向沙湾区政府主张相应的权利，其间沙湾区政府也通过回函等形式予以回应，均未明确表示不予履行相关的义务，直至2015年11月

① 对于行政协议争议适用民事诉讼时效问题，也有一种意见认为，考虑到行政效率，特别是重大公共工程，不宜适用民事诉讼的相关规定。

24日沙湾区政府作出《乐山市沙湾区人民政府关于成都亿嘉利科技有限公司〈关于乐山沙湾鳗鱼养殖基地（鳗鲡健康养殖示范推广项目）建设未能实施及要求政府索赔的说明〉的答复》，表示不予履行成都亿嘉利公司的相关权利请求，诉讼时效方从此时起算。成都亿嘉利公司、乐山亿嘉利公司于2016年8月31日向一审法院提起本案诉讼，并未超过诉讼时效。故沙湾区政府关于本案超过起诉期限与诉讼时效原审法院不应立案的主张不能成立，本院不予支持。

另，本案解决的系原审法院对成都亿嘉利公司、乐山亿嘉利公司提起的诉讼裁定不予立案是否确有错误的问题。沙湾区政府关于协议项目未能实施的根本原因是项目未依法通过环境影响评价，且成都亿嘉利公司、乐山亿嘉利公司于2013年11月就自行撤离办公场地，以自身行为表明不履行协议，乐山亿嘉利公司营业执照也于2015年11月2日被工商管理部门吊销，协议未能履行的责任并不在于沙湾区政府等主张，涉及案件的实体处理，本院不予审理，可在四川省乐山市中级人民法院受理本案后，由该院依法审理。

【实务指导】

1.溯及力的其他问题

行政协议诉讼的溯及力需要注意以下问题：

（1）一开始就是行政协议，不论其签订于2014年修正的《行政诉讼法》实施前后，均纳入行政诉讼受案范围，比如教委签订的委培协议，不受时间的限制，签订时间无论是2014年修正的《行政诉讼法》实施前后行政诉讼均应受理。有一种观点认为，对于2014年修正的《行政诉讼法》实施前签订的行政协议，无论是否履行完毕均不宜纳入行政诉讼的受案范围，一是当时是按照民事法律规范签订，二是体量太大，有的协议历史久远，再进入行政诉讼对当地社会稳定影响较大。我们认为，行政合同在2014年修正的《行政诉讼法》实施前就是行政案件案由之一，认为其按照民事规则处理是不正确的，体量大和影响社会稳定均不能成为行政诉讼不受理的理由。

（2）关于政府特许经营协议。在2014年修正的《行政诉讼法》及其司法解释实施前，政府特许经营协议纳入民事诉讼的范围，而且还可以仲裁。但是，2014年修正的《行政诉讼法》及其司法解释实施后，该协议属于行政协议，行政诉讼依法应予受理。有些观点认为不应纳入行政诉讼的范围，否则不利于保护投资者的合法权益，我们认为，反对意见所担心的问题可以考虑借鉴民事合同的协议管辖等予以解决，无须违反《行政诉讼法》明确规定而不予受理政府特许经营协议。

（3）关于国有土地上房屋征收补偿协议。《国有土地上房屋征收与补偿条例》实施前、《城市房屋拆迁管理条例》实施时签订的拆迁补偿安置协议由于是开发商获得拆迁许可证后与被拆迁人签订的协议，按照最高人民法院有关答复应当作为民事合同处理。《国有土地上房屋征收与补偿条例》规定的征收补偿协议，若上述协议是在该条例实施的2011年到2015年5月1日签订的，属行政诉讼受案范围还是民事诉讼范围存在争议。我们认为，原则上应纳入行政诉讼中。但是，考虑到当时有争议，如可以走民事诉讼的走民事诉讼，走不通的也可以走行政途径；2015年5月1号之前签订的，但2015年5月1日之后行政机关单方变更、解除行政协议引起的争议应纳入行政诉讼范围；2015年5月1号之后签订的，依法纳入行政诉讼受案范围。

（4）关于《城市房屋拆迁管理条例》实施时签订的拆迁补偿安置协议。《行政诉讼法》第十二条第一款第十一项规定“等协议”不包括拆迁补偿安置协议。拆迁补偿安置协议的双方当事人是拆迁人和被拆迁人，其中并没有行政机关，显然不符合行政协议定义中对“行政机关”的要求。即便部分集体土地拆迁许可证确定的拆迁人是乡镇人民政府或街道，但其仍是以拆迁人的身份出现的，应将其与其他拆迁人一样作为民事主体对待。最高人民法院1996年的批复亦明确针对此类协议的争议，应作为民事案件受理。最高人民法院在1996年7月24日作出的《关于受理房屋拆迁、补偿、安置等案件问题的批复》明确：“拆迁人与被拆迁人因房屋补偿、安置等问题发生争议，或者双方当事人达成协议后，一方或者双方当事人反悔，未经行政机关裁决，仅就房屋补偿、安置等问题，依法向人民法院提起诉讼的，人民法院应当作为民事案件受理。”因此，拆迁补偿安置协议在2014年修正的《行政诉讼法》实施前属于民事协议毋庸置疑。《城市房屋拆迁管理条例》实施时签订的拆迁补偿安置协议，拆迁人不享有行政权，其拆迁权来源于拆迁行政许可的行政行为。如被拆迁人拒不履行拆迁补偿安置协议，拆迁人只能以民事主体的身份寻求救济。因此，涉案拆迁补偿安置协议无论从签订主体，还是协议内容（即当事人权利义务）来看，都不具备行政协议的属性，不因2014年修正的《行政诉讼法》的实施被纳入行政诉讼受案范围。处理此类案件要注意以下方面：一是当事人有时针对协议本身的问题向法院提起民事诉讼，法院进行审理并作出生效判决后，又依据现行《行政诉讼法》规定提起行政诉讼，请求确认案涉《拆迁补偿安置协议》无效或者解决其他争议。对此，我们认为，前后两案本质上仍属同一法律关系，当事人相同，后案的诉讼请求实质上是否定前案裁判结果，依法应予以驳回。理由为此类协议属于民事协议，人民法院已通过民事诉讼程序处理完毕的拆迁补偿安置协议，原告无权就该协议再行提起行政诉讼，其根据现行《行政诉讼法》提起的诉讼属于重复起诉。二是当事人有时针对协议履行问题向法院提起行政诉讼，由于当事人提起诉讼是为了保证作为民事协议的拆迁补偿安置协议确实履行依法亦不属于行政诉讼的受案范围。实践中也有些案件履行中达成民事调解书，协议一方行政机关不履行该调解书，当事人对生效调解书的理解和履行过程中发生异议，该民事调解书属于生效法律文书，依法具有执行力，协议一方行政机关没有履行调解书确定的相关义务，属于《民事诉讼法》规定的执行程序调整范围，不属于行政诉讼的受案范围。

2.起诉期限与诉讼时效的其他问题

特别需要说明的是，一是如果行政机关的履约行为和与行政协议相关的具有单方性、高权性的行为出现重合时，一种观点认为，考虑到行政诉讼有其特殊性且为提高行政效率，应当适用行政诉讼的起诉期限；另一种观点认为，行政协议具有行政性和协议性的双重性，理应尊重原告的选择权。我们倾向于后者。二是要求确认行政协议无效的，应适用诉讼时效。但是，2018年《最高人民法院关于适用〈中华人民共和国行政诉讼法〉的解释》第一百六十二条规定："公民、法人或者其他组织对2015年5月1日之前作出的行政行为提起诉讼，请求确认行政行为无效的，人民法院不予立案。"此规定的"请求确认行政行为无效"应当包括确认行政协议无效。亦即，2015年5月1日之前签订的行政协议原则上不可以请求确认无效。例如高某德因诉青海省贵德县人民政府、青海省贵德县住房和城乡建设局行政协议案。

关于超过民事诉讼时效的，应当适用裁定还是判决的问题，在民事诉讼中，超过诉讼时效的，法院会判决驳回原告诉讼请求，但是，行政协议争议适用民事诉讼时效且超过该时效的，是以裁定驳回起诉还是判决驳回诉讼请求，在司法实践中这两种做法都存在，且争议较大。比如，杨某伦诉烟台市莱山区海洋与渔业局不履行行政协议一案，莱山区人民法院一审认为，《最高人民法院关于适用〈中华人民共和国行政诉讼法〉若干问题的解释》第十二条规定："公民、法人或者其他组织对行政机关不依法履行、未按照约定履行协议提起诉讼的，参照民事法律规范关于诉讼时效的规定；……"本案原告主张被告未履行双方签订的养殖筏架拆除协议，未给付原告收回海域使用权的补偿，应参照民事法律规范关于诉讼时效的规定。《民法通则》第一百三十五条规定："向人民法院请求保护民事权利的诉讼时效期间为二年，法律另有规定的除外。"原告分别于2002年的1月9日、2月4日两次收到被告给付的补偿款，如其对协议履行有异议，应自2002年2月4日起二年内提起诉讼。2014年修正前的《行政诉讼法》虽未明确对于协议履行的诉讼规定，但不影响原告依照相关规定在法定的期限内提起诉讼。原告提交《上访答复意见书》以证明2003年12月原告上访过，但该《上访答复意见书》的出具时间在2005年之后。原告未提交充分证据证明在诉讼时效期间有诉讼时效中断、中止、延长的情形。故原告的起诉已过诉讼时效。综上，依照《民法通则》第一百三十五条、《最高人民法院关于适用〈中华人民共和国民事诉讼法〉的解释》第二百一十九条之规定，判决驳回原告杨某伦的诉讼请求。而烟台市中级人民法院二审则认为：根据所查明案件的事实，能够认定上诉人起诉时已超过诉讼时效期间。但是，《最高人民法院关于适用〈中华人民共和国行政诉讼法〉若干问题的解释》第十二条规定是就如何审查确认原告起诉是否超过法定的期间所作的规定，并未涉及裁判方式的适用。对于第二种情形超过起诉期限的，依照《行政诉讼法》及司法解释的规定裁定驳回起诉。对于第一种情形，只是“参照”民事法律规范关于“诉讼时效”的规定，而不能推定裁判方式也参照民事法律规范；当确认起诉已超过诉讼时效期间时，应当适用《行政诉讼法》及司法解释的相关规定，裁定驳回起诉，与其他行政诉讼案件保持裁判体例上的一致性。因此，原审法院适用民事法律规范判决驳回杨某伦的诉讼请求，属适用法律不当，应予纠正。故裁定撤销原判决的同时，驳回杨某伦的起诉。本案一、二审法院对超过民事诉讼时效的不履行行政协议起诉，应当适用裁定或判决态度截然相反。[①]对此我们认为，法院裁定驳回起诉较为适宜，因为虽然适用民事诉讼的诉讼时效，但仅为适用其“时间”，不代表遵照其民事诉讼的“效果”，所以裁定驳回起诉更为合适。此外，诉讼时效是实体性规则，需要被告主张，且涉及原告胜诉权，如认定超过诉讼时效意味着丧失胜诉权，应当判决驳回诉讼请求；而行政诉讼中超过起诉期限则直接驳回起诉，人民法院可直接审查，无须被告主张，也无须进行实体审查，故超过诉讼时效的裁定驳回起诉，也有利于节省有限司法资源，亦不妨碍义务方自行履行义务。

【关联规定】

《最高人民法院关于审理行政协议案件若干问题的规定》

第二十七条 人民法院审理行政协议案件，应当适用行政诉讼法的规

---

① 山东省烟台市莱山区人民法院（2015）莱山行初字第44号行政判决书、山东省烟台市中级人民法院（2015）烟行终字第178号行政裁定书。

定；行政诉讼法没有规定的，参照适用民事诉讼法的规定。

人民法院审理行政协议案件，可以参照适用民事法律规范关于民事合同的相关规定。

第二十八条 2015年5月1日后订立的行政协议发生纠纷的，适用行政诉讼法及本规定。

2015年5月1日前订立的行政协议发生纠纷的，适用当时的法律、行政法规及司法解释。

相关案例

高某德诉青海省贵德县人民政府、青海省贵德县住房和城乡建设局行政协议案

【案号】

一审：青海省海南藏族自治州中级人民法院（2018）青25行初5号行政裁定书

二审：青海省高级人民法院（2018）青行终103号行政裁定书

再审：最高人民法院（2019）最高法行申8345号行政裁定书

【案情及裁判】

再审申请人（一审原告、二审上诉人）：高某德。

再审被申请人（一审被告、二审被上诉人）：青海省贵德县人民政府（以下简称贵德县政府）、青海省贵德县住房和城乡建设局（以下简称贵德县住建局）。

原告高某德诉称，2013年贵德县政府实施纵四路开发工程建设，在拆迁高某德家房屋过程中，违背《合同法》的相关规定，以诱骗、口头承诺等方式强迫与其签订协议，使其受到巨大损失；在房屋征收补偿中，贵德县政府违背《国有土地上房屋征收与补偿条例》有关规定，未按照房屋征收决定公告之日被征收房屋类似房地产的市场价格给予补偿；贵德县政府在房地产价格评估机构的选定上，未通过多数决定、随机选定等方式确定评估机构，而

是单方委托评估机构进行评估；在拆迁征收前，贵德县政府没有作出社会稳定风险评估，增加了拆迁户与政府的矛盾且违反征收补偿条例先补偿、后搬迁原则，未将征收补偿费专户存储。综上，请求人民法院：（1）确认贵德县政府与高某德签订的纵四路征迁安置补偿协议无效；（2）请求法院重新作出公平、公正、现实有资质的评估报告；（3）请求法院裁定县级领导口头承诺的棚户区改造60000元和每套房30000元的简装潢费用；（4）请求法院判令贵德县政府承担单方面改图纸、违约的补偿；（5）请求法院判令安置户回迁所需贷款。

一审法院审理查明，2013年贵德县政府为实施贵德县纵四路开发项目建设，决定征收高某德家的房屋。同年7月29日高某德与贵德县住建局签订贵建纵四字〔2013〕第186号纵四路征迁安置补偿协议（以下简称安置补偿协议）对房屋现状、人口现状、安置方式、补偿标准以及贵德县住建局支付高某德过渡期内租金和高某德从贵德县住建局领取搬迁费、一次性补助费和领取补助后15日内完成搬迁事宜进行约定。另查明，2013年3月5日贵德县住建局关于公布贵德县纵四路项目房地产价格评估机构选定情况的通知载明：通过与被征收人村民代表协商的方式确定，贵德县融祥房地产估价所承担贵德县纵四路房屋征收项目的评估工作。产权人是高某德的贵德县融祥房地产估价所房屋评估计算表显示，评估日期：2012年7月2日。评估计算表中既无注册房地产估价师签字，也无产权人签字，且评估计算表中总数大写和小写数字不一致，与安置补偿协议评估价数字亦不一致。还查明，贵德县政府未向法院提交征收公告。

一审法院认为，《最高人民法院关于适用〈中华人民共和国行政诉讼法〉的解释》第一百六十二条规定，公民、法人或者其他组织对2015年5月1日之前作出的行政行为诉讼，请求确认行政行为无效的，人民法院不予立案。本案中，关于高某德诉请确认贵德县住建局与其签订的安置补偿协议无效的诉求。2013年7月29日高某德与贵德县住建局签订安置补偿协议，2018年3月12日请求人民法院确认安置补偿协议无效，不符合《最高人民法院关于适用〈中华人民共和国行政诉讼法〉的解释》第一百六十二条的规定，本院不予支持；该司法解释第六十四条第一款规定：行政机关作出行政行为时，未告知公民、法人或者其他组织起诉期限的，起诉期限从公民、法人或者其他组织知道或者应当知道起诉期限之日起计算，但从知道或者应当知道行政行为内容之日起最长不得超过一年。《行政诉讼法》第四十八条规定：“公民、法人或者其他组织因不可抗力或者其他不属于其自身的原因耽误起诉期限的，被耽误的时间不计算在起诉期限内。公民、法人或者其他组织因前款规定以外的其他特殊情况耽误起诉期限的，在障碍消除后十日内，可以申请延长期限，是否准许由人民法院决定。”《行政诉讼法》规定的起诉期限，是指法律规定的当事人不服某行政行为时向法院请求司法救济、行使行政撤销权的时间限制，它在性质上属于程序法上的法定期间。本案中，关于高某德诉请的第二项至第五项诉求，不符合《行政诉讼法》第十二条规定的受案范围，即便符合《行政诉讼法》的受案范围，其第二项至第五项诉求，因2013年7月29日高某德与贵德县住建局签订安置补偿协议时，高某德已经知道安置补偿协议这一行政行为的内容，但却在2018年3月12日提起与安置补偿协议有关的第二项至第五项诉求，高某德在提起行政诉讼时既没有提交因不可抗力或者其他不属于自身原因耽误起诉期限的证据，也无人民法院申请延长期限的决定。起诉显然已超过法定起诉期限。一审裁定驳回原告高某德的起诉。

二审法院认为，本案的争议焦点为本案是否超过法定起诉期限、原审法院驳回原告起诉是否适当。行政诉讼中，无效行政行为的标准为“存在重大且明显”的瑕疵。《行政诉讼法》第七十五条规定：“行政行为有实施主体不具有行政主体资格或者没有依据等重大且明显违法情形，原告申请确认行政行为无效的，人民法院判决确认无效。”本案中，高某德并未就其无效主张举证证明被上诉人存在上述法律规定的违法情形。值得说明的是，《最高人民法院关于适用〈中华人民共和国行政诉讼法〉的解释》第一百六十二条规定：“公民、法人或者其他组织对2015年5月1日之前作出的行政行为提起诉讼，请求确认行政行为无效的，人民法院不予立案。”涉案的安置补偿协议签订于2013年7月29日，高某德请求确认无效的正是这份协议。而依据上述法律规定，由于该行政协议是在2015年5月1日之前签订的，故对此协议提起确认无效的请求，人民法院应不予立案。原审法院据此驳回原告高某德的起诉于法有据，该院应予维持。

关于高某德认为本案系因不动产提起诉讼的案件，应适用20年最长起诉期限的问题。适用《行政诉讼法》第四十六条第二款规定的前提是当事人既不知道诉权和起诉期限，也不知道行政行为的内容。如果当事人在此期间已经知道了行政行为的内容，那么起诉期限就要从知道行政行为之日起计算，不再适用20年最长起诉期限。本案中，高某德早在2013年7月29日即与贵德县住建局签订安置补偿协议，知道了行政行为的内容，故不符合适用20年起诉期限的法定条件。高某德关于未超过20年最长起诉期限的上诉理由不能成立，该院不予支持。故裁定驳回上诉，维持原裁定。

最高人民法院认为，本案的核心争议为再审申请人对再审被申请人贵德县政府、贵德县住建局提起的确认第186号协议无效之诉是否超过法定起诉期限。根据《最高人民法院关于适用〈中华人民共和国行政诉讼法〉的解释》第一百六十二条之规定，公民、法人或者其他组织对2015年5月1日之前作出的行政行为提起诉讼，请求确认行政行为无效的，人民法院不予立案。行政行为无效属于实体法规则，按照实体从旧原则，行政相对人提起确认无效诉讼仅能针对2015年5月1日之后作出的行政行为提出。本案中，根据一、二审法院查明的事实，被诉第186号协议系再审申请人与再审被申请人贵德县住建局于2013年7月29日签订，现再审申请人诉请确认该协议无效，根据上述司法解释规定，对该协议提起的确认无效诉讼人民法院应裁定不予立案。一、二审法院裁定驳回再审申请人的起诉和上诉，处理结果均无不当。遂裁定驳回再审申请人高某德的再审申请。

【评析】

本案的核心焦点是《最高人民法院关于适用〈中华人民共和国行政诉讼法〉的解释》第一百六十二条规定是否适用于本案。其问题的实质也就是针对2015年5月1日前所订立的行政协议是否可以提起确认无效之诉。对此问题目前有以下观点。

第一种意见认为，行政协议为一种行政行为，应适用该解释第一百六十二条的规定。由于案涉协议签订于2015年5月1日之前，故应对公民的起诉裁定不予立案；已经立案的，裁定驳回起诉。如最高人民法院本部（2018）最高法行申6266号，一巡（2018）最高法行申3257号，四巡（2019）最高法行申5453号等。最高人民法院（2019）最高法行申5453号裁定即认为，"本案将围绕是否应当受理赵文峰的起诉进行审查。《最高人民法院关于适用〈中华人民共和国行政诉讼法〉的解释》第一百六十二条规定：'公民、法人或者其他组织对2015年5月1日之前作出的行政行为提起诉讼，请求确认行政行为无效的，人民法院不予立案。'本案中，赵文峰请求确认高新区管委会与赵福有签订的拆迁补偿安置协议无效，该协议签订于2015年5月1日之前，赵文峰提起的要求确认该协议无效的诉讼，依法应当不予立案。原审裁定驳回起诉，并无不当。"

第二种意见认为，该解释第一百六十二条的制定有特殊的背景。2014年修正的《行政诉讼法》第七十五条首次在法律层面规定了无效行政行为的实体判断标准，但由于在理论上无效行政行为不受起诉期限的限制，对2014年修正的《行政诉讼法》施行前的行政行为均可提起确认无效之诉，故出于节约司法资源和行政成本，才有该解释第一百六十二条的规定。由于行政协议系2014年修正的《行政诉讼法》首次规定，并非传统的行政行为，故不属于《行政诉讼法》第七十五条规定的行政行为的范畴，不应适用该解释第一百六十二条的规定。也就是说，立案受理并进行实体裁判。如位某斌诉河南省宜阳县人民政府、洛阳市洛龙区人民政府、洛阳高新技术产业开发区丰李镇小作村村民委员会确认行政协议无效一案，一、二审法院均实体裁判，最高人民法院（2018）最高法行申2130号行政裁定认为："本案的争议焦点为被诉征地补偿协议是否存在法定无效情形。被诉征地补偿协议系2010年1月20日宜阳县国土资源局与丰李镇小作村委会作为甲、乙双方所签订……协议约定的内容已经实际履行完毕。故本案被诉征地补偿协议不存在重大且明显违法情形，位某斌诉请确认无效不符合《中华人民共和国行政诉讼法》第七十五条的规定。"

第三种意见认为，通过民事诉讼寻求救济。如最高人民法院（2019）最高法行申2280号裁定载明，本案申请人李某交一审诉讼请求为确认拆迁补偿协议无效并安置房屋。被诉拆迁补偿安置协议于2009年7月21日签订，2015年5月1日《行政诉讼法》修改生效前，根据当时司法解释的相关规定和人民法院处理此类纠纷的通常做法，拆迁补偿安置协议一般按照民事协议处理，当事人通过提起民事诉讼的方式寻求司法救济。现李某交针对《行政诉讼法》修改前作出的拆迁补偿安置协议提起行政诉讼，相关法律依据不充分，人民法院不应受理。

我们认为，本案如果在一审阶段优先考虑的处理方式是第三种意见，即通过民事诉讼寻求救济。但考虑到本案处在申请再审阶段，且《最高人民法院关于审理行政协议案件若干问题的规定》第二十八条规定，“2015年5月1日后订立的行政协议发生纠纷的，适用行政诉讼法及本规定。2015年5月1日前订立的行政协议发生纠纷的，适用当时的法律、行政法规及司法解释。”也就是说，人民法院审理行政协议案件，一般遵循实体从旧、程序从新原则，对于2015年5月1日之前订立的行政协议发生纠纷的，适用当时的法律、行政法规及司法解释；当时的法律、行政法规及司法解释没有规定的，可以适用《行政诉讼法》和该司法解释，本案可以对此问题不予深究，所以，本案的核心争议在于再审申请人对再审被申请人贵德县政府、贵德县住建局提起的确认第186号协议无效之诉是否超过法定起诉期限。行政协议是一种特殊的行政管理活动，相对于一般行政行为而言，既具有行政管理活动作为第一属性的“行政性”的一般属性，同时也具有行政管理活动作为第二属性的“协议性”的特别属性。在理论界一般将其归类为行政行为的一种，一般称为“双方行政行为”。也就是说，行政协议属于行政行为的一种，其适用《最高人民法院关于适用〈中华人民共和国行政诉讼法〉的解释》第一百六十二条规定，于法有据。有人认为，行政协议可以适用民事法律规范有关无效的规定，适用《最高人民法院关于适用〈中华人民共和国行政诉讼法〉的解释》第一百六十二条规定是不妥当的。本案案涉拆迁补偿协议本来属于民事协议，如果其进入民事诉讼，如何判断按照民事法律规范决定，案涉拆迁补偿协议因各种原因进入行政诉讼后，必须首先按照《行政诉讼法》及其司法解释规定的起诉条件进行审查。《行政诉讼法》第七十五条首次在法律层面规定了无效行政行为的实体判断标准，但由于在理论上无效行政行为不受起诉期限的限制，对2014年修正的《行政诉讼法》施行前的行政行为均可提起确认无效之诉，容易浪费司法资源和行政成本，才有该解释第一百六十二条的规定。行政协议虽然并非传统的行政行为，但它一直以来都属于行政诉讼受案范围，2014年修正的《行政诉讼法》只是首次明确将其纳入行政诉讼受案范围，《行政诉讼法》第七十五条首次在法律层面规定了无效行政行为的实体判断标准，也意味着首次在法律层面规定了无效行政协议的实体判断标准。从这个角度看，本案也应当适用《最高人民法院关于适用〈中华人民共和国行政诉讼法〉的解释》第一百六十二条规定，不予立案。

【关联规定】

《最高人民法院关于审理行政协议案件若干问题的规定》

第二十五条 公民、法人或者其他组织对行政机关不依法履行、未按照约定履行行政协议提起诉讼的，诉讼时效参照民事法律规范确定；对行政机关变更、解除行政协议等行政行为提起诉讼的，起诉期限依照行政诉讼法及其司法解释确定。

第二章
行政协议案件的审理

行政协议既有行政性又有协议性，决定了人民法院对行政协议案件的审理，既要全面管辖又要区分处理；既有客观诉讼又有主观诉讼；既有传统的行为之诉又有新型的关系之诉。那么，行政协议诉讼在举证责任、审查规则、法律适用方面具有了双举证、双审查以及双适法等特征，这与一般行政诉讼案件形成鲜明对比。

第一节　行政协议的合法性审查

安吉展鹏金属精密铸造厂诉安吉县人民政府搬迁行政协议案

【案号】

一审：浙江省湖州市中级人民法院（2017）浙05行初41号行政判决书

二审：浙江省高级人民法院（2018）浙行终13号行政判决书

【案情】

上诉人（一审原告）：安吉展鹏金属精密铸造厂（以下简称展鹏铸造厂）。

被上诉人（一审被告）：安吉县人民政府。

原审法院经审理查明，原告展鹏铸造厂于2008年9月1日取得个人独资企业营业执照，经营范围及方式为金属铸件及工具制造、加工、销售，住所位于安吉梅溪杨家店。2015年11月18日，湖州振新资产评估有限公司接受安吉临港经济区管理委员会（以下简称临港管委会）委托对原告进行资产评估，并出具湖振资估〔2015〕第402号《资产评估报告书》。评估目的是为委托方临港管委会对展鹏铸造厂所拥有的因土地征用而拆迁补偿的企业市场价值提供参考依据，评估结论："评估后展鹏铸造厂所拥有的资产于评估基准日委托资产价值总额为917697元。"2016年1月22日，甲方临港管委会与乙方展鹏铸造厂就企业搬迁安置达成《企业搬迁补偿协议书》，约定原告以货币形式安置，搬迁补偿总额合计1131650元，付款方式为，在本协议签订之日起15个工作日内，支付乙方总额50%；乙方房屋等拆除完毕之日起15个工作日内付清余额。原告必须在2016年5月30日前腾空房屋并办理交房手续。该协议书经双方签字盖章确认。2016年1月22日，临港管委会按合同约定支付给原告搬迁合同款50%即570000元，由原告投资人顾某喜签字确认。2016年6月27日，临港管委会支付给原告拆迁合同余款，扣除100平方米商品房安置款208000元及借款40000元后支付313650元，由原告投资人顾某喜签字确认。

原审法院另查明，（1）2012年5月18日，中共安吉县委办公室安吉县人民政府办公室关于印发《中共梅溪镇委员会、梅溪镇人民政府、临港经济区管理委员会主要职责、内设机构和人员编制规定》的通知（安委办〔2012〕61号）载："根据县委、县政府《关于设立临港经济区管委会的通知》精神，设立临港管委会。"2013年12月30日，安吉县编制委员会下发《关于撤销天子湖现代工业园区管理委员会和临港经济区管理委员会机构设置等有关事项的通知》（安编〔2013〕28号），撤销梅溪镇人民政府合署机构临港管委会。（2）2017年1月12日，原告对涉案《企业搬迁补偿协议书》不服，以安吉县梅溪镇人民政府为被告向吴兴区人民法院提起诉讼，后于2017年5月15日撤诉，经吴兴区人民法院（2017）浙0502行初13号行政裁定，准予其撤回起诉。

2017年7月12日，原告对涉案《企业搬迁补偿协议书》不服，以安吉县人民政府为被告提起诉讼，请求：（1）判令被告作出的《企业搬迁补偿协议书》的具体行政行为违法应予以撤销，并责令被告依法与原告重新签订拆迁补偿协议；（2）本案诉讼费由被告承担。

【审判】

一审法院认为，关于本案是否系行政诉讼受案范围。根据《行政诉讼法》第十二条第一款的规定，“人民法院受理公民、法人或者其他组织提起的下列诉讼：……（十一）认为行政机关不依法履行、未按照约定履行或者违法变更、解除政府特许经营协议、土地房屋征收补偿协议等协议的；……”《最高人民法院关于适用〈中华人民共和国行政诉讼法〉若干问题的解释》第十一条第一款规定，“行政机关为实现公共利益或者行政管理目标，在法定职责范围内，与公民、法人或者其他组织协商订立的具有行政法上权利义务内容的协议，属于行政诉讼法第十二条第一款第十一项规定的行政协议”。本案中，经被告设立的临港管委会因土地征用而与原告签订涉案协议，符合上述法律规定，系行政诉讼受案范围，被告主张本案不属于行政诉讼受案范围的意见，不予支持。

关于原告起诉是否超过起诉期限的问题。根据《最高人民法院关于执行〈中华人民共和国行政诉讼法〉若干问题的解释》第四十一条第一款的规定，“行政机关作出具体行政行为时，未告知公民、法人或者其他组织诉权或者起诉期限的，起诉期限从公民、法人或者其他组织知道或者应当知道诉权或者起诉期限之日起计算，但从知道或者应当知道具体行政行为内容之日起最长不得超过2年”。本案中，原告与被告于2016年1月22日签订涉案协议，涉案协议签订时，被告并未告知原告相应的诉权或起诉期限，原告至2017年7月12日提起行政诉讼并未超过两年的起诉期限。故对于被告主张原告提起本案诉讼超过起诉期限的意见，不予支持。

关于涉案协议是否应当予以撤销的问题。根据《合同法》第五十四条第一款、第二款的规定："下列合同，当事人一方有权请求人民法院或者仲裁机构变更或者撤销：（一）因重大误解订立的；（二）在订立合同时显失公平的。一方以欺诈、胁迫的手段或者乘人之危，使对方在违背真实意思的情况下订立的合同，受损害方有权请求人民法院或者仲裁机构变更或者撤销。"本案中，原告主张涉案协议虽然达成，但被告对相关拆迁政策解释不够明朗，没有依法足额给予补偿，有诱导和欺骗的现象，但其并未提交证据证明上述主张。涉案协议于2016年1月22日经双方当事人签字盖章确认，并未违背双方当事人的真实意思表示，其内容也并未违反法律法规的强制性规定。涉案协议签订后，被告依照协议约定履行了支付补偿款的义务，原告也领取了相应的补偿款。涉案协议合法有效，不存在可撤销的情形。对于原告主张撤销涉案协议，责令被告与原告重新签订拆迁补偿协议的意见，不予支持。但被告授权已经撤销的临港管委会仍行使行政管理职能与原告签订涉案协议存在不当，因临港管委会本身不是具有独立承担法律责任能力的机构，其作出的行政行为本就由被告安吉县人民政府承担责任，且被告安吉县人民政府认可涉案协议的内容，故对于上述情形，予以指正。综上，依据《行政诉讼法》第六十九条之规定，判决驳回原告展鹏铸造厂的诉讼请求。

展鹏铸造厂上诉称：（1）双方签订的《企业搬迁补偿协议书》不能成立，被上诉人的行为违法。涉案协议的行政主体临港管委会并未告知上诉人其被撤销或被重新授权的相关事宜，在被撤销失去职能的情况下与上诉人签订涉案协议。临港管委会的行为不符合法定的合同成立的主体要件，其行为存在违法性，故合同不能成立。一审法院撇开上诉人的一审诉请，未对被上诉人的行为是否违法作认定不当。（2）涉案协议是在重大误解、欺诈，且违背真实意思情况下所签订的，应当予以撤销。由于临港管委会组织人力将上诉人四周地块进行填渣，使上诉人厂区以外的地基抬高，厂区积水，无法生产，迫使上诉人不得不拆除房屋，无奈签订涉案协议。在签订协议时，临港管委会隐瞒价值高的《中辰国瑞资产评估报告书》，用一份价值低的《湖州振新资产评估有限公司资产评估报告书》，与上诉人签订合同，故该协议是在违背真实意思且隐瞒真实价值的情况下被迫签订的。根据《安吉县征收集体土地房屋补偿安置暂行办法》第二十三条的规定，被诉拆迁合法房屋应按重置评估价补偿，但涉案协议是依据评估报告中的净资产价值补偿，临港管委会隐瞒了相关拆迁政策，误导上诉人签订涉案协议，该协议应予撤销。综上，请求二审法院撤销原判，支持上诉人的一审请求。一、二审的诉讼费用由被上诉人承担。

安吉县人民政府答辩称：1.上诉人认为被上诉人的行为不合法的上诉理由与事实不符，于法无据。（1）临港管委会虽被撤销，但其与上诉人签订的《企业搬迁补偿协议书》双方均已履行完毕，被上诉人对其在签约过程中的一切行为均认可，上诉人也全部收取了补偿款，涉案厂房也已经拆除。（2）被上诉人的行政行为明显没有对上诉人的合法权益产生实际影响，依据《最高人民法院关于适用〈中华人民共和国行政诉讼法〉若干问题的解释》第三条第一款第八项之规定，应驳回上诉人的起诉。2.上诉人诉称涉案协议存在重大误解、欺诈，且违背真实意思，应当予以撤销的观点，缺乏事实依据并有违诚实信用原则。（1）2016年1月22日双方签订协议前，"湖州振新资产评估有限公司"与"湖州中辰国瑞资产评估事务所"所作出的二份评估报告均已形成，内容上诉人均知悉，且上诉人还使用"湖州中辰国瑞资产评估事务所"作出的评估报告向安吉县发经委申报落后产能淘汰项目并获取补贴，故不存在签约过程中隐瞒评估报告的事实。（2）上诉人认为周边企业建设对其企业造成影响，多次上访要求被上诉人对其企业进行搬迁补偿，故客观上不存在被上诉人迫使其签约的事实，且协议内容系双方真实意思表示，未侵害上诉人的合法权益，且不违反国家法律规定，不存在可撤销的情形。综上，一审判决认定事实清楚，适用法律正确，请求二审法院维持一审判决，驳回上诉人的上诉请求。

二审法院认为，2014年修正的《行政诉讼法》第二条规定："公民、法人或者其他组织认为行政机关和行政机关工作人员的行政行为侵犯其合法权益，有权依照本法向人民法院提起诉讼。前款所称行政行为，包括法律、法规、规章授权的组织作出的行政行为。"第十二条第一款规定："人民法院受理公民、法人或者其他组织提起的下列诉讼：……（十一）认为行政机关不依法履行、未按照约定履行或者违法变更、解除政府特许经营协议、土地房屋征收补偿协议等协议的；……”2015年《最高人民法院关于适用〈中华人民共和国行政诉讼法〉若干问题的解释》第十一条第一款规定：“行政机关为实现公共利益或者行政管理目标，在法定职责范围内，与公民、法人或者其他组织协商订立的具有行政法上权利义务内容的协议，属于行政诉讼法第十二条第一款第十一项规定的行政协议。”

根据上述规定可知：（1）行政协议具备行政性。《行政诉讼法》将行政诉讼的起诉对象界定为“行政行为”，并将行政协议纳入行政诉讼的受案范围，意味着行政协议也是一种行政行为。其体现了政府依据公权力对社会进行管理和服务，含有实现公共利益或者行政管理目标等行政性内容。在行政协议的缔结过程中应当遵守职权法定、程序合法正当等行政法律原则。（2）行政协议具备契约性。其系各方当事人经协商意思表示一致而达成的缔约合意。在行政协议的缔结过程中应当遵循自愿、平等、公平、诚信等民事法律原则。（3）行政协议与传统行政行为、民事协议相比又有其特殊性。相比于传统的单方行政行为，行政协议是一种双方、协商性的行政行为，是一类特殊的行政行为。相比于民事协议，行政协议在缔约主体、缔约目的、协议内容等方面都有其特殊性，又是一类特殊的协议。

行政协议在法律性质上具有鲜明的双重性特点，行政性和契约性是行政协议的一体两面，共同构成行政协议不可分割的法律属性。《行政诉讼法》将行政协议纳入行政诉讼的受案范围，目的是更公正、及时审理行政协议案件，更有效解决行政协议争议，更有效保护公民、法人和其他组织的合法权益，更有效监督行政机关依法行使职权。将行政协议纳入行政诉讼的受案范围，能够更好地实现对行政协议行政性的监督和评判。

基于行政协议的双重性特征，为了实现行政诉讼法的上述立法目的，在行政协议案件司法审查中应坚持三个原则：一是行政诉讼保护不低于民事诉讼保护原则。在起诉期限、原告资格、诉讼类型、审查范围、赔偿标准等实体和程序权利方面，对行政相对人及利害关系人给予同等甚至更优保护。二是对行政机关行政协议行为全程监督原则。《行政诉讼法》第六条明确规定，人民法院审理行政案件，对行政行为是否合法进行审查。故在行政诉讼中，监督行政机关依法行使职权是人民法院的法定职责。行政诉讼程序一经启动，人民法院即应对被诉行政行为是否合法进行审查监督，这种司法审查监督不受原告是否提出相应请求的影响，其审查范围和裁判方式亦不完全受原告诉讼请求的限制。在行政协议案件中，人民法院不仅在行政机关单方变更、解除行政协议时才予以监督，对行政机关签订、履行等行为都应进行全程监督。这种监督充分体现了《行政诉讼法》将行政协议纳入受案范围的核心价值，是行政协议诉讼最独特于民事诉讼的特点。三是双重审查、双重裁判原则。既要审查行政协议行为的行政合法性，又要审查行政协议行为的契约效力性，在裁判主文中要体现对行政合法性和契约效力性的双重裁判。当然，这两种审查方式在举证责任分配等方面有所区别。

双重审查、双重裁判原则并不意味着必然要在裁判主文中作出两个判项。经过合法性和效力性审查，如发现协议合法且有效，则人民法院可判决驳回诉讼请求，如发现协议违法并无效，人民法院则可视情况确认协议无效等。上述情形中人民法院用一个判项即可实现对合法性和效力性的双重裁判。但是，如果经双重审查发现协议存在违法但有效等情形，此时用一个判项无法同时解决合法性和效力性问题，则人民法院在作出裁判时需对合法性和效力性分别作出回应。这就意味着在行政协议案件中，针对原告的一项诉讼请求，如请求撤销行政协议，当一个判项无法同时回应合法性和效力性时，就可以用两个判项分别对合法性和效力性予以裁判。

本案中，争议焦点为：（1）临港管委会与上诉人签订《企业搬迁补偿协议书》的行为是否合法。针对该争议焦点，本院在庭审举证责任分配中采用了行政机关对被诉行政行为合法性承担举证责任的原则。（2）上诉人主张撤销涉案《企业搬迁补偿协议书》并责令被上诉人重新签订搬迁补偿协议是否具有事实和法律依据。针对该争议焦点，本院在庭审举证责任分配中采用了“谁主张，谁举证”的原则。现具体分析如下。

1.临港管委会与上诉人签订《企业搬迁补偿协议书》的行为是否合法。原审裁判时有效的《最高人民法院关于执行〈中华人民共和国行政诉讼法〉

若干问题的解释》第二十条第一款规定："行政机关组建并赋予行政管理职能但不具有独立承担法律责任能力的机构，以自己的名义作出具体行政行为，当事人不服提起诉讼的，应当以组建该机构的行政机关为被告。"本案中，安委办〔2012〕61号等文件明确，临港管委会系由安吉县人民政府等以规范性文件设立并赋予相应职能的机构，其不具有独立承担法律责任的能力，无权以自己的名义对外实施行政行为。且该管委会于2013年12月30日被撤销后，更无权实施相关行为。临港管委会作出的涉案行政行为由被上诉人安吉县人民政府承担相应法律责任，故上诉人将被上诉人安吉县人民政府作为被告提起本案诉讼，被告主体适格。但临港管委会在被撤销后却一直未注销公章，甚至于在被撤销两年多以后的2016年1月22日仍与上诉人签订涉案补偿协议，该签约行为违法。虽然被上诉人安吉县人民政府追认该协议的效力，但这仅是对涉案补偿协议权利义务的追认，并不能改变临港管委会签订涉案补偿协议行为违法的事实。也就是说，被上诉人的追认行为只会影响协议的效力性审查，但无法改变协议的合法性审查结果。

2.涉案《企业搬迁补偿协议书》是否存在法定的可撤销情形。《合同法》第五十四条第一款规定："下列合同，当事人一方有权请求人民法院或者仲裁机构变更或者撤销：（一）因重大误解订立的；（二）在订立合同时显失公平的。"第二款规定："一方以欺诈、胁迫的手段或者乘人之危，使对方在违背真实意思的情况下订立的合同，受损害方有权请求人民法院或者仲裁机构变更或者撤销。"本案中，上诉人主张对方故意隐瞒价值较高的《中辰国瑞资产评估报告书》，用价值较低的《湖州振新资产评估有限公司资产评估报告书》签订合同，导致其违背真实意思。根据查明的事实，《湖州振新资产评估有限公司资产评估报告书》载明评估目的是"拆迁补偿，为委托方对安吉展鹏金属精密铸造厂所拥有的因土地征用而拆迁补偿的企业市场价值提供参考依据"，评估范围为"资产占有方的单项资产，主要为房屋建筑、设备及其附属物"，且评估数额也与《企业搬迁补偿协议书》中的评估补偿数额相一致。而《中辰国瑞资产评估报告书》的评估对象与范围为"展鹏铸造厂拥有的单项资产，包括电炉、中频炉及配套设施"，且评估目的并非补偿，评估数额也与《企业搬迁补偿协议书》不同，故原审法院认定《中辰国瑞资产评估报告书》与本案不具有关联性并无不当，上诉人的该项主张不能成立，本院不予支持。另，对于上诉人提出的被上诉人采取欺诈、误导等手段订立涉案《企业搬迁补偿协议书》的主张，因上诉人未能提交有效证据证明，本院不予支持。综上，涉案《企业搬迁补偿协议书》不存在法定的可撤销情形。

3.关于涉案《企业搬迁补偿协议书》的效力。本案中，上诉人与临港管委会于2016年1月22日达成的《企业搬迁补偿协议书》，对搬迁补偿金额、搬迁安置方式、付款方式及期限、腾空与拆除等事项作出约定，协议的内容并未违反法律、行政法规的禁止性规定，且不存在法定的可撤销情形。协议签订后，合同双方均依约履行各自义务，政府方面依约支付补偿款，上诉人领取相应补偿款。故涉案补偿协议系双方基于真实意思表示自愿达成，已经实际履行完毕，且补偿协议的内容并未损害上诉人的合法补偿权益。因临港管委会由被上诉人安吉县人民政府等设立，在被上诉人对涉案补偿协议予以追认的情况下，协议效力应予保留。

综上，上诉人提出的撤销《企业搬迁补偿协议书》并责令被上诉人依法与其重新签订拆迁补偿协议的请求不能成立，本院不予支持。但原审法院在临港管委会签订涉案补偿协议行为违法的情况下，仅以指正方式处理，未在判决主文中对其合法性作出裁判，未能有效监督行政机关依法行使职权，应予改判。遂判决如下：一、撤销浙江省湖州市中级人民法院（2017）浙05行初41号行政判决；二、确认被上诉人安吉县人民政府等设立的临港管委会与上诉人展鹏铸造厂签订《企业搬迁补偿协议书》的行为违法；三、驳回上诉人展鹏铸造厂要求撤销《企业搬迁补偿协议书》并责令被上诉人依法与其重新签订拆迁补偿协议的诉讼请求。

【评析】

《行政诉讼法》第六条明确规定，人民法院审理行政案件，对行政行为是否合法进行审查。《行政诉讼法》规定了“违法变更、解除行政协议”纠纷属于单方行政行为纠纷。对于这类纠纷，按照一般行政行为进行全面审查。这类纠纷总体上属于侵权纠纷，2014年修正的《行政诉讼法》也作了不同于履约纠纷处理的单独规定。例如，2014年修正的《行政诉讼法》第七十八条第二款规定，被告变更、解除本法第十二条第一款第十一项规定的协议合法，但未依法给予补偿的，人民法院判决给予补偿。《最高人民法院关于审理行政协议案件若干问题的规定》将行政协议纠纷从2014年修正的《行政诉讼法》第十二条第一款第十一项规定的四种情形扩展到所有的行政协议争议，包括行政机关订立、履行、变更、解除行政协议各个阶段。人民法院在审理行政协议案件时，应该坚持合法性审查的原则。不同于民事合同案件，人民法院在审查行政行为合法性时，不受原告诉讼请求的限制。

《行政诉讼法》第七十条规定，行政行为有下列情形之一的，人民法院判决撤销或者部分撤销，并可以判决被告重新作出行政行为：（1）主要证据不足的；（2）适用法律、法规错误的；（3）违反法定程序的；（4）超越职权的；（5）滥用职权的；（6）明显不当的。第七十二条规定，人民法院经过审理，查明被告不履行法定职责的，判决被告在一定期限内履行。第七十三条规定，人民法院经过审理，查明被告依法负有给付义务的，判决被告履行给付义务。依据上述规定，人民法院对行政协议案件审查侧重于对行政机关订立、履行、变更、解除行政协议的行为是否具有法定职权、是否滥用职权、适用法律法规是否正确、是否遵守法定程序、是否明显不当、是否履行相应法定职责进行合法性审查，其意在保障监督行政机关依法行使行政职权，保证行政机关行使职权不因协议方式而遁入私法，酿成肆意行政的恶果。这种审查可以根据原告诉讼请求但是不受原告诉讼请求的限制，对行政机关订立、履行、变更、解除行政协议的行为进行全程监督，有利于促进依法行政，防止行政机关利用民事诉讼遵循的法无明文禁止即可为的规则，通过订立合同来规避法律规定。

如在一起建设工程招投标案件中，原建设部规章明文规定只能收取不超过80万元的招投标保证金，某地政府在合同中约定了500万元的诚信保证金，以此来排除外地建筑企业参与竞争，民庭认为诚信保证金的约定没有违反法律明文规定，属合法有效，而行政庭则认为该约定与依法行政原则相悖，是以合同形式规避法律规定，约定违反法律规定部分无效。这是行政协议诉讼不同于民事诉讼而更具优势之处。基于此，行政协议诉讼保护原则上不应低于民事诉讼保护，其在起诉期限、原告资格、诉讼类型、审查范围、赔偿标准等方面，对行政相对人及利害关系人给予同等甚至更优之保护。

行政协议含有实现公共利益或者行政管理目标等行政性内容，具备行政性；也系各方当事人经协商意思表示一致而达成的缔约合意，具备契约性。基于行政协议的双重性特点，在行政协议案件司法审查中应坚持行政诉讼保护不低于民事诉讼保护原则、对行政机关行政协议行为全程监督原则、双重审查双重裁判原则，以实现行政协议诉讼中监督与救济并重的效果。在具体的审查过程中，既要审查行政协议行为的行政合法性，又要审查行政协议行为的契约效力性。在举证责任的分配方面，合法性审查采用行政机关对被诉行政行为合法性承担举证责任的原则，效力性审查采用“谁主张，谁举证”的原则。

本案中，针对临港管委会与展鹏铸造厂签订《企业搬迁补偿协议书》的行为是否合法的争议焦点，在庭审举证责任分配中采用了行政机关对被诉行政行为合法性承担举证责任的原则。针对展鹏铸造厂要求撤销涉案《企业搬迁补偿协议书》并责令重新签订搬迁补偿协议是否具有事实和法律依据的争议焦点，在庭审举证责任分配中采用了“谁主张，谁举证”的原则。安委办〔2012〕61号等文件明确，临港管委会系由安吉县人民政府等以规范性文件设立并赋予相应职能的机构，其不具有独立承担法律责任的能力，无权以自己的名义对外实施行政行为，该管委会被撤销后，更无权实施相关行为。临港管委会作出的涉案行政行为由安吉县人民政府承担相应法律责任，故展鹏铸造厂将安吉县人民政府作为被告提起本案诉讼，被告主体适格。但临港管委会在被撤销后却一直未注销公章，甚至在被撤销两年多以后仍与展鹏铸造厂签订涉案补偿协议，该签约行为违法。虽然被上诉人安吉县人民政府追认该协议的效力，但这仅是对涉案补偿协议权利义务的追认，并不能改变临港管委会签订涉案补偿协议行为违法的事实。展鹏铸造厂与临港管委会达成的

《企业搬迁补偿协议书》，对搬迁补偿金额、搬迁安置方式、付款方式及期限、腾空与拆除等事项作出约定，协议的内容并未违反法律、行政法规的禁止性规定，且不存在法定的可撤销情形。协议签订后，合同双方均依约履行各自义务，政府方面依约支付补偿款，展鹏铸造厂领取相应补偿款。故涉案补偿协议系双方基于真实意思表示自愿达成，已经实际履行完毕，且补偿协议的内容并未损害展鹏铸造厂的合法补偿权益。因临港管委会由安吉县人民政府等设立，在安吉县人民政府对涉案补偿协议予以追认的情况下，协议效力应予保留。故判决确认安吉县人民政府等设立的临港管委会与展鹏铸造厂签订《企业搬迁补偿协议书》的行为违法；驳回展鹏铸造厂要求撤销《企业搬迁补偿协议书》并依法与其重新签订拆迁补偿协议的诉讼请求；如展鹏铸造厂在签约过程中合法权益遭受损害，可以通过行政赔偿得以救济，这种裁判方式实现了对行政机关的监督和对行政相对人救济的双重功能。

【实务指导】

1.不同领域行政协议的合法性审查

从学理上看，行政协议一般分为从属性的行政协议和合作性的行政协议。从法律规定上看，行政协议包括政府特许经营协议、矿产权等国有自然资源使用权出让协议、PPP协议等。从域外立法例上看，主要分为和解合同和双务合同两类。目的和手段永远是分析行政协议的最重要方法。行政协议介于公行政和协议之间的关系远近是不同的，有些是基于紧密的、直接的、本质上的关系签订的（如从属性的行政协议），有些是基于松散的关系签订的（如合作性的行政协议）。故此，对于从属性的行政协议和合作性的行政协议，合法性审查原则的内容是不同的，前者原则上按照传统行政诉讼进行合法性审查，奉行“法无授权不可为”原则或者法律保留原则，后者奉行“法无禁止也可为”原则或者法律优位原则。

2.一并对行政规范性文件进行审查

《行政诉讼法》规定，公民、法人或者其他组织认为行政行为所依据的规范性文件不合法，在对行政行为提起行政诉讼时，可以一并请求对作出该行政行为所依据的规章以下的规范性文件进行审查。在司法实践中，原告针对协议合法性或履行协议等事项提起诉讼，同时针对签订协议的规范性文件一并提出审查请求的，可否一并受理并审查。如原告针对房屋征收协议违法提出请求时，一并对补偿安置方案合法性提出请求，可否一并审查，还是告知当事人可以对补偿安置方案直接起诉。我们认为，行政协议作为双方行政行为也同样适用该规定。按照2014年修正的《行政诉讼法》规定，原告针对行政协议合法性或履行协议提出诉请，并同时对签订协议所依据的规范性文件提出审查请求的，可以一并审查。例如，王某军诉青州市住房和城乡建设局确认房屋征收补偿行政协议无效、请求一并审查规范性文件案是行政协议案件中相对人要求确认行政协议无效同时请求一并审查规范性文件合法性的典型案例。2012年10月29日，青州市人民政府作出对包括原告王某军房屋在内的《关于玉竹片区房屋征收的决定》。2014年5月13日，被告青州住建局作为征收部门与被征收人王某军签订《房屋征收补偿协议》。协议签订后，王某军选取安置房两套并领取了补偿款与安置房价款差额36万余元。其间，第三人对原告房屋实施拆迁。2015年7月，王某军以涉案《房屋征收补偿协议》系受胁迫所签为由提起行政诉讼，请求确认该补偿协议无效，一并审查涉案补偿协议所依据的青州市人民政府青政发〔2013〕45号、青政发〔2011〕13号、青政发〔2011〕14号规范性文件的合法性。本案中，青州住建局与原告就房屋征收事宜经协商订立征收补偿协议，系双方的真实意思表示，不违反法律、行政法规的强制性规定，应认定为有效协议。涉案补偿协议所依据的规范性文件，均系青州市人民政府结合本地实际情况就房屋征收补偿安置工作制定的指导性意见，与上位法的规定并不冲突，法院据此判决驳回原告确认补偿协议无效及一并审查规范性文件的诉讼请求。

3.合理性审查的可能性问题

《行政诉讼法》第六条规定了合法性审查原则，同时《行政诉讼法》第七十七条第一款也规定，行政处罚明显不当，或者其他行政行为涉及对款额的确定、认定确有错误的，人民法院可以判决变更。可见，行政诉讼是以合法性审查为原则，以合理性审查为例外的。从《行政诉讼法》规定看，人民法院对行政行为的合理性审查，有严格限制：必须是属于行政处罚明显不当，或者其他行政行为涉及对款额的确定、认定确有错误。其理由在于，法院的司法权只能监督，而不能纠正，更不得代行行政机关的行政权，除非法律另有规定。

合理性审查原则是指人民法院监督行政主体的行为是否客观、适度，符合公平正义的法律理性。合理性原则是与合法性原则相并列的一项基本原则，而且属于合法性原则的重要补充。长期以来，合理性审查原则是否构成司法审查的基本原则一直存有较大争议，人民法院往往只审查行政行为的合法性及其依据，而不审查行政行为的合理性。这主要源于《行政诉讼法》关于“人民法院审理行政案件，对行政行为是否合法进行审查”的规定。学界和实务界以此为据确立了我国行政诉讼的核心原则。但是，合法性审查作为司法审查的核心原则，并不代表行政诉讼就排除了合理性审查原则。由于行政活动的复杂性和立法的局限性，不可能把社会生活中可能发生的任何情况都毫无遗漏地详尽地规定下来，由此行政自由裁量行为大量存在。但是，行政自由裁量行为并不是不受任何限制，由行政机关及其工作人员任意作出，它仍应遵循一定的规则，主要是合理性原则。合理性原则要求行政自由裁量行为要公平、客观、公正、适当、符合公理。如果将行政自由裁量行为排除在司法审查之外，就等于默许了主观随意产生的那些不公平、不公正、不适当的行政行为合法，其结果与我国行政诉讼制度的根本宗旨相悖。尤其是行政协议，一般来说只有存在行政自由裁量才可以采用，如果不进行一定的合理性审查似乎于理不通，也导致对行政协议的审查流于形式。故《最高人民法院关于审理行政协议案件若干问题的规定》规定，人民法院审理行政协议案件，应当对被告订立、履行、变更、解除行政协议的行为是否明显不当进行审查。

实践中，在行政合同的签订和履行过程中，处处都伴随着行政主体自由裁量权的存在。如在行政合同的缔约中，行政机关有权选择相对人；在合同履行过程中，行政机关有权根据相对人履行合同义务的状况作出必要的指挥，这种指挥权的行使也多以自由裁量权为前提；在出现了特定情形时，行政机关有权根据自己的判断决定是否变更或解除合同，而对特定情形的判断过程也是自由裁量的过程；在相对人严重违反合同约定或法律规定的情况下，行政机关有权对相对人作出制裁，对违约或违法情形的认定也存在自由裁量的空间。由此可见，在行政合同的签订和履行过程中，自由裁量权时刻都存在，行政机关的很多行政活动是基于自由裁量权作出的，而这些自由裁量权行使得合理与否，需要对其有一个公正的评价，而这个公正的评价离不开合理性审查原则，尤其是对是否明显不当进行审查。例如，《德国行政程序法》关于缔结双务合同的条件明文规定了“对待给付按整体情况判断适当，并与行政机关履行契约给付有实质联系”。这个实质联系的判断本身就是一个合理性的判断。①

一般来说，对行政协议的合理性审查应着重从以下几个方面进行：一要审查行政协议的签订是否符合常理；行政主体对相对人的选择是否适当；行政协议的订立是否出于正当的考虑（特别是是否基于公共利益的需要）；所为意思是否符合一般性常理；是否考虑了应当考虑的因素。二要审查对行政协议履行的监督指挥是否适当合理，是否基于正当考虑。三要审查行政协议的变更、解除是否基于公共利益的考量；是否到了非变更或解除不可的程度（当相对人有一般违约行为而不会导致行政协议无法最终履行时，行政主体可责令其继续履行协议，并要求支付违约金和赔偿金，而当因相对人严重违约确实致使合同不可能履行时，行政主体才可以单方变更或解除协议）；审查变更的方式和内容是否有利于公共利益的实现，效果是否好

① 参见1997年《德国行政程序法》第56条第1款。

于变更前的情形。四要审查制裁行为是否适当合理。在行政协议履行过程中，如果行政机关发现相对人严重违反约定或法律规定，可能会殃及公共利益、集体或个人利益，或者是严重破坏了行政管理秩序的，行政机关有权依照相关的法律对其作出处罚，以示制裁。但这种制裁也要有一个合理的度，不能明显罚当其过，法院通过合理性审查可以对行政机关的制裁行为进行客观的评价。五要审查行政机关在行使行政优益权时给相对人造成的损失赔偿或补偿是否适当、合理。在行政协议履行过程中，由于行政主体行使优益权给协议相对人的人身权或财产权造成损害或损失的，行政主体负有赔偿或补偿的责任。但这个赔偿或补偿的额度是否合理必须要严格审查，合理性可参照有关法律法规或相关标准，尤其要处理好实际损失和可预期收入之间的关系等。[①]

【关联规定】

《最高人民法院关于审理行政协议案件若干问题的规定》

第十条 被告对于自己具有法定职权、履行法定程序、履行相应法定职责以及订立、履行、变更、解除行政协议等行为的合法性承担举证责任。

原告主张撤销、解除行政协议的，对撤销、解除行政协议的事由承担举证责任。

对行政协议是否履行发生争议的，由负有履行义务的当事人承担举证责任。

第十一条 人民法院审理行政协议案件，应当对被告订立、履行、变更、解除行政协议的行为是否具有法定职权、是否滥用职权、适用法律法规是否正确、是否遵守法定程序、是否明显不当、是否履行相应法定职责进行合法性审查。

原告认为被告未依法或者未按照约定履行行政协议的，人民法院应当针

① 详见王旭军著：《行政合同司法审查》，法律出版社 2013 年版，第 172—178 页。

对其诉讼请求，对被告是否具有相应义务或者履行相应义务等进行审查。

相关案例

李某仁诉淮南市潘集区城乡建设委员会不履行房屋征收补偿协议案

【案号】

一审：安徽省淮南市田家庵区人民法院（2015）田行初字第00060号行政判决书

二审：安徽省淮南市中级人民法院（2016）皖04行终4号行政判决书

【案情及裁判】

被上诉人（一审原告）：李某仁。

上诉人（一审被告）：淮南市潘集区城乡建设委员会（以下简称潘集区建委）。

法院经审理查明：2013年1月31日，因淮南市潘集区粮食局周边地块改造项目建设需要，淮南市潘集区人民政府作出《潘集区人民政府房屋征收决定》（潘房征〔2013〕1号），确定房屋征收部门为潘集区建委。原告合法所有的位于该区域袁庄路西村南苑小区3-1-1室103.4平方米房屋及50平方米自建房被征收。2014年11月20日，原被告双方签订了《房屋征收安置补偿协议》，其中第五条第六项约定：被告给予原告“临时安置费、搬迁补助费、自建房补偿合计叁拾叁万元整”，第十四条约定：被告“同意在原告签约后，先期支付总补偿款中拾万元整给原告，余款贰拾叁万元被告同意在2015年1月30日前支付。逾期视为违约，同意每月支付给原告贰拾叁万元的20%违约金”。协议签订后，被告支付补偿款10万元，剩余23万元补偿款未按约定支付，原告遂向本院提起诉讼，要求判令被告给付补偿款23万元及违约金18.4万元。

安徽省淮南市田家庵区人民法院于2015年11月5日作出（2015）田行初字第00060号行政判决：判令潘集区建委向李某仁支付临时安置费、搬迁补助费、自建房补偿款合计23万元、违约金2万元。

一审判决后，被告潘集区建委提出上诉，其认为《房屋征收安置补偿协议》的相关条款与淮南市人民政府的淮府办〔2011〕99号文以及《潘集区老城改造原粮食局周边地块（金玉国际城）项目征收补偿方案》规定的补偿标准不符，损害国家利益及社会公共利益，应确认为无效。

安徽省淮南市中级人民法院于2016年2月1日作出（2016）皖04行终4号行政判决，认为：潘集区建委是政府征收决定确定的征收部门，具有签订涉诉的征收补偿协议的主体资格。该《房屋征收安置补偿协议》系潘集区建委为实现其行政管理目标，在法定职责范围内与李某仁协商订立的具有行政法上权利义务内容的协议。该协议约定系公平协商达成的合意，是双方的真实意思表示，对双方均具有约束力。潘集区建委认为《房屋征收安置补偿协议》的相关条款与淮南市人民政府的淮府办〔2011〕99号文以及《潘集区老城改造原粮食局周边地块（金玉国际城）项目征收补偿方案》规定的补偿标准不符，损害国家利益及社会公共利益，应确认为无效。但其未提供证据加以证明，且上述政府文件、征收补偿方案，不属于法律或行政法规，不能作为评价房屋征收补偿协议效力的依据。因此，原告依约履行义务后，被告潘集区建委即应支付约定款项，否则应承担违约责任。对于原告要求被告承担18.4万元的违约金的诉请，明显高于损失，应适用《合同法》及其司法解释的规定，兼顾合同的履行状况和当事人的过错程度，予以酌减为2万元。综上，二审法院作出判决，驳回上诉，维持原判。

【评析】

本案是行政机关不履行房屋征收补偿协议案件。案件涉及房屋征收部门与被征收人签订的房屋征收补偿协议与政府规范性文件、征收补偿方案不一致的效力认定问题，对以后审理此类案件具有一定的指引参照作用。

本案中，潘集区建委是潘集区政府作出的征收决定中确定的房屋征收部门，具有签订征收补偿协议的主体资格，其与李某仁在公平协商的基础上签订的房屋征收补偿，具有行政法上征收、补偿的权利义务内容，是属于《行政诉讼法》受案范围的行政协议。在法律适用上，2015年《最高人民法院关于适用〈中华人民共和国行政诉讼法〉若干问题的解释》第十四条规定：

“人民法院审查行政机关是否依法履行、按照约定履行协议或者单方变更、解除协议是否合法，在适用行政法律规范的同时，可以适用不违反行政法和行政诉讼法强制性规定的民事法律规范。”

关于房屋征收补偿协议与政府规范性文件、征收补偿方案不一致的效力认定是本案的关键。本案中，潘集区建委称其与李某仁签订的《房屋征收安置补偿协议》的相关条款，与淮南市人民政府的淮府办〔2011〕99号文以及《潘集区老城改造原粮食局周边地块（金玉国际城）项目征收补偿方案》规定的补偿标准不符，损害国家利益及社会公共利益，主张协议无效，没有事实根据和法律依据。

第一，政府规范性文件、征收补偿方案不是法律、行政法规，不能作为评价房屋征收补偿协议效力的依据。《合同法》第五十二条规定，违反法律、行政法规的强制性规定的合同无效。[①] 相关司法解释进一步把“强制性规定”明确为“效力性强制规定”。本案中，市政府规范性文件、征收补偿方案并不是法律、行政法规，房屋征收补偿协议与其规定的补偿标准不一致，不能就此认定无效。另外，从现有的法律和行政法规看，房屋征收部门与被征收人签订的房屋征收补偿协议可以高于房屋征收补偿方案。《国有土地上房屋征收与补偿条例》第十九条规定，对被征收房屋价值的补偿，不得低于房屋征收决定公告之日被征收房屋类似房地产的市场价格；第二十五条规定，房屋征收部门与被征收人依照本条例的规定，就补偿方式、补偿金额和支付期限……订立补偿协议；第二十六条规定，房屋征收部门与被征收人在征收补偿方案确定的签约期限内达不成补偿协议的，由房屋征收部门报请作出房屋征收决定的市、县级人民政府依照本条例的规定，按照征收补偿方案作出补偿决定。可以看出，征收补偿协议优先适用于征收补偿决定，是第一选择，只有在无法达成征收补偿协议时，才由作出征收决定的行政机关根据征收补偿方案作出征收补偿决定；那么在此之前，房屋征收部门与被征收人平等协商达成征收补偿协议当然可以超过征收补

---

① 对应《民法典》第一百五十三条。

偿方案的补偿标准，协商过程就是讨价还价的过程。

第二，本案不存在以欺诈手段损害国家利益、公共利益的情形。房屋征收补偿协议是房屋征收部门与被征收人协商一致达成的协议。签署房屋征收补偿协议，一方面，落实房屋征收决定的行政行为具有公定力，基于信赖保护原则，应当维护行政相对人的利益；另一方面，协议是房屋征收部门与被征收人公平协商达成的合意，是双方当事人的真实意思表示，对双方均具有约束力，基于诚信原则，双方均应忠实履行协议内容，因此，房屋征收补偿协议一经达成便受到行政法和民事法律规范的双重保护。本案中的房屋征收补偿协议是房屋征收部门与被征收人平等协商达成的合意，是双方真实意思的表示，李某仁没有以欺诈手段骗取补偿，损害国家利益，房屋征收补偿协议有效。

第三，潘集区建委主张协议损害国家利益、社会公共利益，应确认为无效，但未提交证据加以证明。行政机关作为补偿协议的一方，处于主导地位，对补偿协议的合法性、合理性与公平性负有证明责任，把补偿协议纳入行政诉讼程序，加大行政机关的举证责任，有利于保护被征收人的合法权益，规范征收行为，本案潘集区建委未提供证据证明其主张，不能得到法院支持。

综上，房屋征收部门与被征收人依法达成的房屋征收补偿协议，各方均应履行，违反协议约定的应当承担违约责任。房屋征收部门不能证明存在“欺诈手段损害国家利益、公共利益”等合同无效情形，仅以补偿协议违反地方政府规范性文件、补偿协议与征收补偿方案不一致为由拒绝履行补偿协议的，人民法院不予支持。补偿协议属于典型的行政协议，应适用《行政诉讼法》及其司法解释、《合同法》等民事法律规范的相关规定，本案的法律适用并无不当。本案行政机关提供的证据不足以否定涉案补偿协议的效力，法院判令行政机关履行行政协议，符合法律规定，具有良好的法律效果。另外，对于双方真实意思表示下达成合意的符合合同法律规定的补偿协议，若行政机关以不符合地方政府规范性文件或补偿方案为由，否定行政机关具有履行补偿协议的义务，将会对实践中的征收补偿环节达成协议造成巨大的冲击，不利于行政机关在法律框架范围内采取有效措施达成补偿协议完成征收工作。因此，本案的判决结果具有良好的社会效果。至于补偿协议超出补偿方案部分的费用承担及责任追究，应由行政机关在系统内部依法予以处理。

第二节 行政协议的协议性审查

赵某香诉济南市历城区人民政府不履行行政协议案

——诉请行政机关继续履行行政协议及协议约定不明时的审查规则

【案号】

一审：山东省济南市中级人民法院（2017）鲁01行初1016号行政判决书

二审：山东省高级人民法院（2018）鲁行终1145号行政判决书

【案情】

上诉人（一审原告）：赵某香。

被上诉人（一审被告）：济南市历城区人民政府（以下简称历城区政府）。

2013年1月28日，历城区政府出具授权书，载明："历城区政府委托雪山指挥部负责雪山片区四村整合安置房项目，配合济南城市建设投资集团有限公司做好土地征收工作，代表历城区政府与济南城市建设投资集团有限公司签订本项目的相关合同、协议等，处理与本项目有关的一切事务。"2015年10月9日，雪山指挥部与赵某香签订了《济南市历城区雪山片区整合村民住宅拆迁安置补偿协议》（以下简称拆迁安置补偿协议），协议载明"赵某香家庭共有2口人，除购买部分外合计选房面积94平方米。拆迁安置补偿协议系依据《济南市土地征收管理办法》《济南市人民政府关于加快中心城城中村改造的意见》等有关规定并结合《雪山片区拆迁安置办法》达成。”协议签订后，涉案房屋被拆除。2017年7月31日，雪山指挥部通知赵某香更改协议。历城区政府称，其之所以不按照协议约定对赵某香进行补偿安置，是因为签订协议时赵某香隐瞒了在济钢周边片区村庄整合中已经享受过拆迁安置房的事实，该安置房具有福利分房的性质，符合《雪山片区拆迁安置办法》第九条第六项关于被拆迁人已享受过福利分房不再予以安置的规定。赵某香对此反驳称，其在其他地方没有福利分房，拆迁安置房并非福利分房的范畴；另外，其享有的权利源于对其父母房屋的继承，《雪山片区拆迁安置办法》并未涉及类似情况，不能作为历城区政府作出行政行为的依据。赵某香对历城区政府不履行拆迁安置补偿协议的行为不服，提起本案行政诉讼，请求判令历城区政府继续履行拆迁安置补偿协议，向其交付94平方米的安置房。另查，赵某香在韩仓二村享有拆迁安置房，本案所涉房屋的权属来源系赵某香对其父母房屋的继承。《雪山片区拆迁安置办法》系雪山指挥部于2012年9月15日制定，该办法第九条列举了相关人员不予安置的六种情形，其中第六项规定：“原户口及现户口在被征地拆迁村的非农村集体经济组织成员在外有房改房和福利分房，不予安置，不能购买。”该办法第十二条第二项规定：“非农村集体经济组织成员选房时应如实提交：……5.市房管部门无房改房证明；6.单位无房证明……”

【审判】

山东省济南市中级人民法院一审认为，历城区政府并未提供证据证实雪山指挥部与赵某香签订的拆迁安置补偿协议具有合法依据。因此，涉案拆迁安置补偿协议没有合法依据，应当确认无效。遂判决确认涉案拆迁安置补偿协议无效，驳回赵某香要求历城区政府继续履行拆迁安置补偿协议的诉讼请求。

赵某香不服，向山东省高级人民法院提起上诉。

山东省高级人民法院二审认为，本案的争议焦点为被诉拆迁安置补偿协议是否合法有效，历城区政府是否应当继续履行协议，集中表现在历城区政府以重复安置为由不履行与赵某香达成的拆迁安置补偿协议是否正确。（1）关于被诉拆迁安置补偿协议的性质和权责归属的问题。本案中，赵某香基于对其父母房屋的继承，对涉案房屋享有拆迁安置补偿利益。雪山指挥部作为历城区政府成立的临时机构，其与赵某香签订的拆迁安置补偿协议，是为了社会公共利益之需要，属于行政协议，其行为的法律后果由历城区政府承担。（2）关于历城区政府不履行拆迁安置补偿协议的理由是否成立的问题。历城区政府不履行拆迁安置补偿协议，其理由为赵某香在签订协议时隐瞒了在其他地方享受过拆迁安置房的事实，且该安置房的性质为福利分房，本案安置属于重复安置。但是，赵某香享受到的拆迁安置房与涉案房屋安置的权源基础并不相同，且对于拆迁安置房是否可以归为福利分房，历城区政府并未提供相应证据或依据予以证明。因此，历城区政府在履行协议时将拆迁安置房视为福利分房并以重复安置为由不履行拆迁安置补偿协议，证据不足，理由不当。（3）关于拆迁安置补偿协议的效力及是否应当继续履行的问题。人民法院审查行政机关是否依法履行、按照约定履行或者单方变更、解除协议是否合法，在适用行政法律规范的同时，可以适用不违反行政法和行政诉讼法强制性规定的民事法律规范。具体到本案，历城区政府于2015年10月9日签订拆迁安置补偿协议时势必对赵某香的基本情况和安置资格进行了相应审查，协议签订后涉案房屋被拆除，其至2017年7月31日又反悔要求变更协议。因拆迁安置补偿协议一经签订，即具有公信力和既定力，在历城区政府无证据证明拆迁安置补偿协议存在《合同法》第五十四条所规定的重大误解或者违背一方真实意思表示等合同可撤销的情形，或者存在《合同法》第五十二条所规定的损害国家利益、社会公共利益等可构成合同无效的情形，抑或存在其他不应当履行的正当事由，应当认定该协议真实有效，历城区政府应当按照协议约定继续履行安置补偿义务。遂判决撤销原审法院判决并责令历城区政府继续履行拆迁安置补偿协议。

【评析】

行政协议是受公法与私法双重调整的特殊行政行为，其内容既具有行政性，也具有协议性，这就必然要围绕原告的诉讼请求对其双方行为进行审查，不仅要审查协议的有效性，也要审查行为的合约性。人民法院在审理行政协议案件中，对行政协议纠纷实行全面管辖，保障监督行政机关依法行使行政职权的同时，也要对行政协议进行契约性审查。契约性审查包括合约性审查，但不限于此。主要包括以下内容：

一是对意思表示是否一致、真实及无瑕疵的审查。如行政相对人认为行政协议存在胁迫、欺诈、重大误解、显失公平等情形而请求撤销，人民法院经审理认为符合法律规定可撤销情形的，可以依法判决撤销该协议。

二是对效力性的审查。行政协议的订立有诸多限制，比如订立权能、法定权限、缔约内容等，这些限制既包括实体上的，也包括程序上的。一旦违背这些限制，就有可能导致双方建立起来的法律关系归于无效。自然，双方主体也就不能基于行政协议而主张任何权利。所以，审理行政协议案件，必须首先审查行政协议的有效性，审查其是否合法成立，以行政协议效力为中心，从该协议是否有效出发来确定各方的法律责任。因此，行政协议的有效与否构成该类案件审查的最基本前提，而确定是否有效的问题主要看行政协议是否符合各种不同性质的合法性要件。只有确定了行政协议的有效性，才有可能对各方是否违约进行审查。（1）无效性审查。行政协议存在《行政诉讼法》第七十五条规定的重大且明显违法情形的，人民法院应当确认行政协议无效。人民法院可以适用民事法律规范确认行政协议无效。行政协议无效的原因在一审法庭辩论终结前消除的，人民法院可以确认行政协议有效。（2）未生效审查。法律、行政法规规定应当经过其他机关批准等程序后生效的行政协议，在一审法庭辩论终结前未获得批准的，人民法院应当确认该协议未生效。

三是对合约性的审查。《最高人民法院关于审理行政协议案件若干问题的规定》除了针对“行政机关不依法履行”，还对“未按照约定履行”纠纷作出规定，此类纠纷属于履约纠纷。对于这类纠纷，《行政诉讼法》第七十八条第一款规定，被告不依法履行、未按照约定履行或者违法变更、解除本法第十二条第一款第十一项规定的协议的，人民法院判决被告承担继续履行、采取补救措施或者赔偿损失等责任。行政机关不履行法定义务或者约定义务的，应当承担违约责任。立法机关按照《合同法》关于违约责任的内容，对行政机关违约责任作了明确。对于这类纠纷，法院应当针对原告诉讼请求进行审查。据此，《最高人民法院关于审理行政协议案件若干问题的规定》规定，原告认为被告未依法或者未按照约定履行行政协议的，人民法院应当针对其诉讼请求，对被告是否具有或者履行相应义务等进行审查。经审查认为，行政机关未依法履行、未按照约定履行行政协议的，人民法院可以依据《行政诉讼法》第七十八条的规定，结合行政相对人诉讼请求，判决行政机关继续履行，并明确继续履行的具体内容；行政机关无法履行或者继续履行无实际意义的，人民法院可以判决行政机关采取相应的补救措施；给行政相对人造成损失的，判决行政机关予以赔偿。行政相对人要求按照约定的违约金条款或者定金条款予以赔偿的，人民法院应予支持。

对政府是否诚实履行行政协议进行合约性审查，目的是推动行政机关按照协议约定诚实守信履行协议。这就是合约性审查原则，它是审理行政协议案件的重要原则，也是多数行政协议案件司法判决的前提。主要包括四个方面的要件：（1）主体要件即只限于签订行政协议的各方当事人；（2）主观要件即违约方必须具有主观过错；[①]（3）客体要件即行政协议法律关系的存在；（4）客观要件即必须有违约行为存在。西方法谚说，契约是当事人之间的法律。行政协议中通过协商一致形成的权利义务关系，以及合同双方对约定的履行问题，如似于私法的内容，应当在一定程度运用私法的规则进行合约性

① 对此，学界有不同的争论，有人认为，在行政协议中采用过错原则，使违约人承担因自己主观上过错的责任，有利于体现违约责任的惩罚功能，体现法律责任制度的公平原则。但也有人认为，行政协议违约责任的归责原则应采用严格责任，即无论行为人实施行为的心理状态为故意还是过失，只要有违约行为，且没有免责事由的情况，就应承担违约责任。参见谭宗泽、王学辉著：《新编行政法学》，重庆出版社 2001 年版，第 281 页。

审查。行政协议的违约和民事合同一样情形很多，如全部违约、先期违约、各有责任违约等，人民法院审查过程中与行政不相冲突的民事规则都可以适用。据此，对行政协议的合约性审查应从以下几个方面入手：一是在行政协议的签订过程中，各方是否依承诺与对方缔结协议。此为预约情形。二是审查在行政协议履行过程中，各方是否严格履约。三是审查任何一方变更或解除协议是否具备正当的理由。在行政协议履行过程中，如果发生了情势变更、不可抗力，或其他法定情形，导致协议无法正常履行，或者继续履行会带来更大损失的情况下，协议的任何一方都有权变更或解除协议。当然，行政机关与相对人二者变更和解除的程序有所不同，行政机关可以单方变更或解除，而相对人必须经过行政机关的同意，或通过诉讼程序进行。但不论是哪一种情形，还是哪一方变更或解除合同都必须有正当理由，如果没有免责事由，则构成违约，行为人必须承担违约责任。

从本案背景情况来看，签订协议时土地征收决定尚未作出，但依据《山东省土地征收管理办法》规定，土地征收补偿安置协议签订后，市、县人民政府国土资源行政主管部门方才组织编制土地征收方案，连同有关材料，报有批准权的人民政府批准。虽然本案中征收决定是在协议签订后才作出的，行政机关签订协议的当时无明确职权依据，却并没有违反法律法规的强制性效力规定。从判决效果考虑，原审法院判决确认协议无效，也可能会给整个片区的征收拆迁工作稳定带来严重不利影响。因此，在当事人诉讼请求为请求确认拆迁安置补偿协议有效，并判令历城区政府履行拆迁安置补偿协议，而非请求确认协议无效的情况下，一审法院仅以行政机关未提供证据证实签订涉案的拆迁安置补偿协议具有合法依据为由，贸然确认协议无效，有违维护行政协议安定性和稳定性价值取向。

关于历城区政府主张赵某香在签订拆迁安置补偿协议时存在欺诈行为，隐瞒了其已经享受到拆迁安置房的事实，是否能够构成协议无效。显然，历城区政府应当对赵某香存在欺诈行为导致协议无效承担相应的举证责任，在没有证据证明拆迁安置补偿协议存在重大误解或者违背一方真实意思表示等合同可撤销的情形，或者存在损害国家利益、社会公共利益等可构成合同无效的情形，抑或存在其他不应当履行的正当事由，应当认定该协议真实有效。并且，历城区政府作为行政协议的审查主体，在签订协议时应当对可能影响到协议效力的相关事项作出必要的告知说明。如果历城区政府签约时没有告知赵某香已经享受拆迁安置房的不能再行安置，则难以构成意思表示不真实。

本案中，《雪山片区拆迁安置办法》第九条第六项规定，在外有福利分房的人员，不予安置。历城区政府认为拆迁安置房应当归为福利分房，赵某香因在其他村已经享受过拆迁安置房，故本次安置属于重复安置，不符合上述办法规定。历城区政府的认识是否正确恰当，需要对拆迁安置房是否属于福利分房、本次安置是否违反安置政策进行分析认定。《雪山片区拆迁安置办法》第九条列举了不予安置的情形，但并未明确拆迁安置房属于不予安置的情形。并且，该办法第十二条第二项规定了本次安置的选房者在选房时所应提交的材料，有市房管部门无房改房证明、单位无房证明等，并未要求其提交没有享受拆迁安置房的证明。对此，历城区政府也没有提供相应的证据或依据证明拆迁安置房属于福利分房。作为安置政策制定者、补偿协议缔结者，历城区政府在制定拆迁安置方案及签订协议时未对拆迁安置房作出明确界定，在履行协议时将拆迁安置房视为福利分房，此种认识限缩了相对人的权利范围，对相对人显属不利。针对此种情形，人民法院应当结合当事人各方证据、涉案片区安置补偿情况等综合考量，作出对赵某香一方有利解释的判断，这也是对协议内容作正当性解释的要求。

历城区政府以赵某香隐瞒已经享受安置房情况，存在欺诈行为为由主张协议应无效，并要求变更与赵某香之间签订的协议。如前所述，因《雪山片区拆迁安置办法》对福利分房的概念和范围规定不明，行政机关在协议履行阶段对其进行限缩解释，以期达到减损相对人权益的目的，即属于未严格依照协议履行，其变更协议的主张无正当理由，人民法院不予支持。

本案从行政协议的安定性、行政协议的效力性、协议内容的正当性、合约性审查等方面明确了人民法院审查行政机关是否应当继续履行行政协议的具体标准。在行政协议履行过程中，非因法定事由、非经法定程序不得随意变更协议，当行政机关未能提供证据或依据证明行政协议依法无效或撤销时应认定协议合法有效，当行政协议内容约定不明确时应作出对行政相对人一方有利的解释，以防止行政机关借此反悔侵害相对人的合法权益。

【实务指导】

需要特别注意的是，特殊行政协议违约形态应当如何处理。《行政诉讼法》在受案范围内明确了可诉的四个类型，它们分别是：不依法履约、不依约履约、单方变更行政协议、单方解除行政协议。但是，不依法履约、不依约履约与单方变更行政协议、单方解除行政协议的关系，在实践中是非常复杂的。不依法履约、不依约履约、单方变更行政协议、单方解除行政协议在不同的语境下进行运用，比如，行政机关本来应该履约的不履约，动用单方变更、解除权，这是在履约意义上的变更和解除。违法变更、解除行政协议行为实质上就是违约行为，依约行政就是依法行政，变更、解除行政协议行为被确认违法后，若按照《国家赔偿法》规定的标准进行行政赔偿，民众无法获得预期利益，结果只能是民众承担不利后果。因此，此处的赔偿标准应当尽可能接近违约责任的标准，否则等于鼓励行政机关通过违法变更、解除行政协议行为替代一般的违约行为。

【关联规定】

《最高人民法院关于审理行政协议案件若干问题的规定》

第十条 被告对于自己具有法定职权、履行法定程序、履行相应法定职责以及订立、履行、变更、解除行政协议等行为的合法性承担举证责任。

原告主张撤销、解除行政协议的，对撤销、解除行政协议的事由承担举证责任。

对行政协议是否履行发生争议的，由负有履行义务的当事人承担举证责任。

第十一条 人民法院审理行政协议案件，应当对被告订立、履行、变更、解除行政协议的行为是否具有法定职权、是否滥用职权、适用法律法规是否正确、是否遵守法定程序、是否明显不当、是否履行相应法定职责进行合法性审查。

原告认为被告未依法或者未按照约定履行行政协议的，人民法院应当针对其诉讼请求，对被告是否具有相应义务或者履行相应义务等进行审查。

第三节 行政协议诉讼中的抗辩

中宁县人民政府与兴宁驾校、中宁县自然资源局、中宁县新堡镇人民政府不履行行政协议案

【案号】

一审：宁夏回族自治区中卫市中级人民法院（2017）宁05行初22号行政判决书

二审：宁夏回族自治区高级人民法院（2019）宁行终149号行政裁定书

【案情】

上诉人（一审被告）：中宁县人民政府（以下简称中宁县政府）。

被上诉人（一审原告）：兴宁驾校。

一审被告：中宁县自然资源局、中宁县新堡镇人民政府（以下简称新堡镇政府）。

一审法院查明，2009年7月1日，宁某与新堡镇政府签订《租赁土地合同书》一份，约定租用新堡镇政府96.1亩土地，租赁期限20年，用途为种植、驾驶员考场用地。宁某利用租赁土地开办了兴宁驾校。2015年12月25

日，宁夏回族自治区人民政府办公厅作出《关于加强银川至西安高速铁路和吴忠至中卫城际铁路征地拆迁工作的通知》（宁政办发〔2015〕179号）文件，该文件第四条第六项规定“铁路建设项目沿线各市、县（区）人民政府是项目征地拆迁的工作主体、责任主体和实施主体，对本地区征地拆迁工作负总责”。2016年4月28日，中宁县政府作出中宁政办发〔2016〕49号文件，决定成立吴忠至中卫城际铁路建设项目（中宁段）土地和房屋征收补偿安置工作领导小组和工作办公室，办公室设在原中宁县国土资源局（以下简称原中宁县国土局），办公室主任由原中宁县国土局局长兼任，主要负责吴忠至中卫城际铁路建设项目的土地及房屋征收协调、组织等工作。领导小组办公室各成员单位具体职责为：原中宁县国土局负责征地拆迁项目用地报批，土地及地上附着物征收等相关工作；沿线各乡镇负责辖区内征地拆迁及补偿费用兑付等工作。2016年7月4日，中宁县政府根据《土地管理法》《宁夏回族自治区土地管理条例》等法律法规及原国土资源部文件（国土资函〔2016〕348号），对宁夏吴忠至中卫城际铁路（中宁段）工程建设用地作出征收公告，公告征收的土地范围包括原告占用的土地。2016年8月22日，中宁县政府作出《吴忠至中卫城际铁路（中宁段）建设项目红线范围内房屋征收与补偿安置方案》，确定原中宁县国土局、新堡镇政府等部门为房屋征收实施单位。在涉案土地征收拆迁过程中，新堡镇政府与原告于2017年4月6日签订了《吴忠至中卫城际铁路（中宁段）兴宁驾校房产搬迁补偿协议》，约定：此次补偿协议只针对资产评估咨询公司对兴宁驾校房产的评估进行补偿；新堡镇政府共计向原告支付补偿费18787968元；对其他补偿问题，经评估公司进行评估，双方达成一致后再另行签订协议。协议签订后，由新堡镇政府申请原中宁县国土局于2017年4月25日将约定的补偿款18787968元向原告履行完毕。

2017年5月22日，原中宁县国土局作出会议纪要，决定：“原则同意兴宁驾校经营损失评估聘请有资产资质的第三方中介机构进行评估，评估费用由原国土局从城际铁路补偿费用中支付”。2017年7月2日，原中宁县国土局作为委托方（甲方）与受托方（乙方）北方亚事评估事务所签订资产评估业务约定书，约定：评估咨询对象是“为宁某（有限公司）涉及搬迁造成经营性损失补偿价值”；评估咨询范围是“宁某（有限公司）搬迁涉及的过渡期损失和因搬迁造成经营期损失等”；评估咨询目的是“为宁夏吴忠至中卫城际铁路（中宁段）建设项目红线范围内房屋征收与补偿的需要，对涉及宁某（有限公司）搬迁造成经营损失进行评估咨询，为搬迁补偿经济行为提供价值参考”；评估基准日为2016年12月31日；评估咨询拟采用“市场价值”作为评估咨询项目的价值类型；由甲方按约定的日期提供与评估咨询相关的文件、资料，并对提供的文件、资料的真实性、准确性和合法性负责等内容。拆迁工作领导小组采取议标方式确定评估机构，于2017年7月3日填写了《中宁县建设工程议标登记表》，经中宁县政府主管领导签字审核，议标后确定由北方亚事评估事务所进行评估。中宁县建设工程招投标办公室于2017年8月8日向北方亚事评估事务所发出中标通知书，北方亚事评估事务所于2017年7月5日作出《宁某（有限公司）涉及搬迁造成经营损失补偿价值项目资产评估咨询报告》（北方亚事咨评字〔2017〕第01-116号），载明评估咨询基准日为2016年12月31日，评估咨询结论为：兴宁驾校涉及搬迁造成经营损失补偿价值为3789万元，其中利润损失为2343万元，额外支出损失为1446万元。2017年7月10日，新堡镇政府（甲方）与兴宁驾校（乙方）签订《吴忠至中卫城际铁路（中宁段）兴宁驾驶员培训学校经营性损失货币补偿协议》，约定“甲方对乙方经营性损失进行货币化补偿，补偿金额以评估报告评估价款为准，鉴于乙方新校区建设资金缺口，甲方先期支付乙方经营性损失（大写）陆百万元整。甲方支付乙方经营性损失款项600万元在总评估价款内，下剩评估价款待资金到位后予以拨付”。2017年10月13日，新堡镇政府（甲方）又与原告（乙方）签订一份《经营性损失补偿协议》，约定“甲方对乙方经营性损失进行货币化补偿，补偿金额以评估报告评估价款为准，鉴于乙方新校区建设资金缺口，甲方先期支付乙方经营性损失（大写）肆百万元整。甲方先期支付乙方经营性损失款项400万元在总评估价款内，下剩评估价款待资金到位后予以拨付”。后经新堡镇政府向原中宁县国土局申请共向原告拨付1000万元补偿款，新堡镇政府对下剩补偿款2789万元未予拨付，原告遂提出前述诉讼请求。目前，吴忠至中卫城际铁路所经原告校区内的主体基础建设工程已完工。

本案在一审诉讼过程中，中宁县政府认为新堡镇政府对兴宁驾校经营性损失进行补偿没有法律依据，于2018年3月6日作出《关于撤销吴忠至中卫城际铁路（中宁段）兴宁驾驶员培训学校经营性损失货币补偿协议的决定》，并要求新堡镇政府依法做好相关工作。新堡镇政府于2018年3月7日作出《关于解除〈吴忠至中卫城际铁路（中宁段）兴宁驾驶员培训学校经营性损失货币补偿协议〉的通知》，在中宁县公证处的见证下向原告留置送达。在审理中，中宁县政府申请追加宁夏城际铁路有限责任公司为本案第三人。经法院审查认为，宁夏城际铁路有限责任公司并非涉案补偿协议的签订方，对中宁县政府的追加申请不予准许。原告增加要求撤销新堡镇政府作出的《关于解除〈吴忠至中卫城际铁路（中宁段）兴宁驾驶员培训学校经营性损失货币补偿协议〉的通知》的诉讼请求，后又撤回该项诉讼请求。

另查明，2019年年初，因政府机构改革，原中宁县国土局与其他机构并入中宁县自然资源局。

【审判】

一审法院认为，关于本案协议的性质及中宁县政府是否属本案适格被告的问题。根据2004年《土地管理法》第四十六条“国家征收土地的，依照法定程序批准后，由县级以上地方人民政府予以公告并组织实施”的规定，及《宁夏回族自治区人民政府办公厅关于加强银川至西安高速铁路和吴忠至中卫城际铁路征地拆迁工作的通知》（宁政办发〔2015〕179号）要求，中宁县政府是本案征地拆迁项目的工作主体、责任主体和组织实施主体，是征地拆迁工作的总负责。中宁县政府为了保障吴忠至中卫城际铁路工程项目的顺利实施，依据《土地管理法》《宁夏回族自治区土地管理条例》等规定，组织实施本次征地拆迁工作，对吴忠至中卫城际铁路工程占地征收工作向社会发布公告，制定补偿安置方案，并成立领导工作小组办公室，发布文件确定原中宁县国土局负责征地拆迁项目用地报批、土地及地上附着物征收等相关工作，沿线各乡镇负责辖区内征地拆迁及补偿费用兑付等工作，故原中宁县国土局和新堡镇政府实施本次征地拆迁工作，其行为的法律后果应由中宁县政府承担，中宁县政府应履行新堡镇政府与原告签订的行政补偿协议，故中宁县政府属于本案适格被告。在本次征地拆迁工作中，新堡镇政府与原告签订的两份《经营性损失补偿协议》，属于行政协议，依法具有可诉性。

关于涉案《经营性损失补偿协议》的效力及是否应当继续履行的问题。依据2004年《土地管理法》第五十八条："有下列情形之一的，由有关人民政府土地行政主管部门报经原批准用地的人民政府或者有批准权的人民政府批准，可以收回国有土地使用权：（一）为公共利益需要使用土地的；（二）为实施城市规划进行旧城区改建，需要调整使用土地的；（三）土地出让等有偿使用合同约定的使用期限届满，土地使用者未申请续期或者申请续期未获批准的；（四）因单位撤销、迁移等原因，停止使用原划拨的国有土地的；（五）公路、铁路、机场、矿场等经核准报废的。依照前款第（一）项、第（二）项的规定收回国有土地使用权的，对土地使用权人应当给予适当补偿"；及第六十五条："有下列情形之一的，农村集体经济组织报经原批准用地的人民政府批准，可以收回土地使用权：（一）为乡（镇）村公共设施和公益事业建设，需要使用土地的；（二）不按照批准的用途使用土地的；（三）因撤销、迁移等原因而停止使用土地的。依照前款第（一）项规定收回农民集体所有的土地的，对土地使用权人应当给予适当补偿"的规定，涉案征地修建的吴忠至中卫城际铁路工程项目系公共利益建设，不论征收或收回的土地性质是国有土地还是农村集体土地，均应对土地使用权人给予适当补偿。

本案中，原告与新堡镇政府签订土地租赁合同，约定以租赁的农村集体土地开办驾驶员考场，说明新堡镇政府同意原告改变土地性质。原告在租赁的土地期限尚未届满被征用时其处于正在经营期间，其积极配合社会公共利益建设而停业搬迁，减少了经营收益，确实存在停业损失，原告主张的经营性损失实际就是停业损失，因涉案社会公共利益事业建设需要对原告使用的土地被征收时，给原告造成的经营损失应予以补偿。对于原告经营性损失问题，经中宁县政府同意及原中宁县国土局与原告协商一致，并经相关部门议标确定后，由原中宁县国土局与北方亚事评估事务所签订委托评估业务约定书对原告经营性损失进行评估。北方亚事评估事务所经评估作出评估报告，确定原告经营性损失为3789万元。故该委托评估程序合法，且北方亚事评估事务所具有相关业务资质，其作出的评估报告合法有效。新堡镇政府与原告经协商一致，依据评估报告签订的两份《经营性损失补偿协议》，依据合法，内容不违反法律规定，具有公信力和既定力。新堡镇政府和中宁县政府未提供证据证实双方签订的协议存在《合同法》第五十四条规定的重大误解或者违背一方真实意思表示等可撤销的情形，以及第五十二条规定的损害国家、社会公共利益等可构成合同无效的情形和第九十四条规定的可解除的情形，故该两份协议系双方真实意思表示，属有效协议，受法律保护，双方均应按约定全面履行各自义务。综上，新堡镇政府提出协议内容违反法律规定的意见不能成立。原中宁县国土局在2017年5月22日的会议纪要中已对原告经营性损失进行了明确，决定聘请有相应资质的评估机构进行评估，原中宁县国土局与评估机构签订资产评估业务约定书，约定的评估对象是为原告涉及搬迁造成经营性损失补偿价值，评估范围是原告搬迁涉及的过渡期损失和因搬迁造成经营期损失等，评估目的是为宁夏吴忠至中卫城际铁路（中宁段）建设项目红线范围内房屋征收与补偿的需要，对涉及原告搬迁造成经营损失进行评估咨询，为搬迁补偿经济行为提供价值参考，故对原告因征地搬迁造成的经营损失进行补偿是本次征收拆迁者的真实意思，且委托评估程序合法，新堡镇政府依据评估报告与原告签订的行政补偿协议的内容并不存在重大误解的情形，故新堡镇政府认为对协议内容存在重大误解的辩解理由不能成立，不予采纳。原中宁县国土局认为签订协议依据的评估报告的程序不合法的理由亦不能成立。

人民法院对行政机关的行政行为的合法性进行审查的同时，应该对其行为的合约性进行审查，以及对其单方变更解除协议是否合法等进行审查；在适用行政法律规范的同时，可以适用不违反行政法和行政诉讼法强制性规定的民事法律规范。新堡镇政府与原告签订的两份《经营性损失补偿协议》是一种双向行为，包括协议的签订、履行、变更以及解除等一系列行政行为，中宁县政府应当信守诺言，按照允诺履行，而不能在国家本次征地拆迁的政策没有发生变化以及未与协议相对方协商一致的情形下，在诉讼期间无正当合理理由单方解除。由于本案协议没有约定解除的条件，亦不存在《合同法》第九十四条规定“有下列情形之一的，当事人可以解除合同：（一）因不可抗力致使不能实现合同目的；（二）在履行期限届满之前，当事人一方明确表示或者以自己的行为表明不履行主要债务；（三）当事人一方迟延履行主要债务，经催告后在合理期限内仍未履行；（四）当事人一方迟延履行债务或者有其他违约行为致使不能实现合同目的；（五）法律规定的其他情形”的解除情形，双方签订的《经营性损失补偿协议》应继续履行。两份协议均约定补偿金额以评估报告评估价款为准，已先期支付共计1000万元，下剩部分只约定待资金到位后拨付，未约定具体支付期限，依据《合同法》第六十二条“当事人就有关合同内容约定不明确，依照本法第六十一条的规定仍不能确定的，适用下列规定：……（四）履行期限不明确的，债务人可以随时履行，债权人也可以随时要求履行，但应当给对方必要的准备时间……”的规定，结合本案的实际情况，中宁县政府对剩余款项2789万元应于判决生效后30日内履行完毕。故对原告要求履行《经营性损失补偿协议》，支付经营性损失人民币2789万元的诉讼请求予以支持，中宁县政府应当履行向原告支付补偿款2789万元的合同义务。

综上，中宁县政府提出其不是适格被告、原告要求履行的行政协议已被解除及主张的经营性损失补偿项目于法无据的意见不能成立。新堡镇政府抗辩其与原告签订协议的主体不合法等意见，中宁县政府以中宁政办发〔2016〕49号文件成立涉案征收拆迁项目工作领导小组，以文件授权新堡镇政府负责辖区内征地拆迁及补偿费用的兑付工作，其系在中宁县政府的授权下进行征地拆迁工作与原告签订补偿协议。在本次征地拆迁工作中，新堡镇政府与原告签订的《吴忠至中卫城际铁路（中宁段）兴宁驾校房产搬迁补偿协议》已履行完毕，其就该协议的签订主体并未提出异议，而对同一征收行为的不同工作环节签订的涉案两份《经营性损失补偿协议》的签订主体提出异议，缺乏诚信。故新堡镇政府该抗辩意见均不能成立。

关于中宁县自然资源局提出其不是本案适格被告的问题。原中宁县国土局作为中宁县政府职能部门，在本次征地拆迁工作中履行土地管理职责，协调处理在土地征收中涉及的相关问题，其不是涉案协议相对方，也不是涉案征收的主体。根据合同相对性原理，其不应承担涉案协议的合同责任。故原中宁县国土局与其他部门合并后的中宁县自然资源局不是本案适格被告，原告将中宁县自然资源局列为被告起诉错误，其要求中宁县自然资源局履行涉案补偿协议的诉讼请求于法无据，不予支持。并已将该问题向原告释明，原告明确表示不撤回对中宁县自然资源局的起诉。

综上，依据《合同法》第八条、第四十四条第一款、第六十条、第六十二条，《行政诉讼法》第六十一条第一款、第七十八条第一款之规定，判决：一、被告中宁县政府继续履行被告新堡镇政府与原告兴宁驾校分别于2017年7月10日、10月13日签订的《吴忠至中卫城际铁路（中宁段）兴宁驾驶员培训学校经营性损失货币补偿协议》；二、被告中宁县政府于本判决生效后30日内向原告兴宁驾校支付经营性损失人民币2789万元；三、驳回原告兴宁驾校其他诉讼请求。

二审法院认为，本案争议的焦点问题是涉诉的两份《吴忠至中卫城际铁路（中宁段）兴宁驾驶员培训学校经营性损失货币补偿协议》是否应继续履行。经查，行政协议作为行政机关为了实现公共利益或者行政管理目标，在法定职责范围内，与公民、法人或者其他组织协商订立的具有行政法上权利义务内容的协议，行政主体因公共利益需要，依法享有行政优益权，可以根据国家行政管理的需要，单方面变更或解除合同。但行政相对人在行政机关解除合同时有权得到补偿。在本案中，2009年7月1日，兴宁驾校（乙方）与新堡镇政府（甲方）签订《租赁土地合同书》，约定租赁期限20年，用途为种植、驾驶员考场用地。2016年7月4日，中宁县政府根据《土地管理法》《宁夏回族自治区土地管理条例》等法律法规及原国土资源部文件（国土资函〔2016〕348号），对宁夏吴忠至中卫城际铁路（中宁段）工程建设用地作出征收公告，公告征收的土地范围包括兴宁驾校租赁的案涉集体土地。2016年8月22日，中宁县政府作出《吴忠至中卫城际铁路（中宁段）建设项目红线范围内房屋征收与补偿安置方案》，该方案载明："自治区人民政府已下达《关于新建吴忠至中卫铁路工程建设用地的批复》（宁政土批字〔2016〕124号），根据国务院《国有土地上房屋征收与补偿条例》的有关规定，现对吴忠至中卫城际铁路（中宁段）建设项目范围内的土地、房屋、构筑物实施征收。"在征收过程中，新堡镇政府与兴宁驾校分别于2017年7月10日和10月13日签订两份《吴忠至中卫城际铁路（中宁段）兴宁驾驶员培训学校经营性损失货币补偿协议》，协议签订后，新堡镇政府向原中宁县国土局申请给兴宁驾校拨付1000万元补偿款已领取。后因新堡镇政府对下剩补偿款未予拨付，2017年12月6日兴宁驾校向法院提起行政诉讼，请求继续履行上述协议。中宁县政府在一审法院第一次庭审结束后，以新堡镇政府与兴宁驾校签订的上述协议中约定的"经营性损失没有法律依据"为由，于2018年3月6日作出《关于撤销吴忠至中卫城际铁路（中宁段）兴宁驾驶员培训学校经营性损失货币补偿协议的决定》，并要求新堡镇政府依法做好相关工作。新堡镇政府于2018年3月7日作出《关于解除〈吴忠至中卫城际铁路（中宁段）兴宁驾驶员培训学校经营性损失货币补偿协议〉的通知》，该通知在向被上诉人兴宁驾校送达时，被上诉人兴宁驾校未签收，新堡镇政府在中宁县公证处的见证下留置送达。因上述涉案协议在诉讼过程中已被中宁县政府和新堡镇政府作出的另一行政行为予以解除，履行上述协议的基础已不存在，双方当事人之间的合同关系已经终止，彼此不再享有上述协议规定的权利和义务，根据《合同法》第九十七条"合同解除后，尚未履行的，终止履行；……"的规定，兴宁驾校要求上诉人继续履行协议约定义务的前提已不存在。

综上，一审法院适用法律错误、判决结果不当。依照《行政诉讼法》第八十六条、第八十七条、第八十九条第一款第二项、第八十九条第二款、《最高人民法院关于适用〈中华人民共和国行政诉讼法〉的解释》第一百二十三条之规定，裁定如下：一、撤销宁夏回族自治区中卫市中级人民法院（2019）宁05行初3号行政判决；二、驳回被上诉人宁某（有限公司）的起诉。

【评析】

在司法实践中，本案的处理形成了以下三种意见：第一种意见认为，新堡镇政府作出的解除该补偿协议行为系一个独立可诉的行政行为，具有行政行为通常所具有的法律效力。该解除行为一经作出，即具有解除该补偿协议的法律效力。由于宁某公司在本案中对该解除行为提出诉讼请求后又撤回，故新堡镇政府作出的该解除行为并非本案的诉讼对象，不宜在本案中对该解除行为的合法性进行审查。若该解除行为违法，则因宁某公司未对之提出诉讼请求，也难以下判。第二种意见认为，若新堡镇政府是在一审诉讼之前作出该解除行为，则宜引导当事人另行对该解除行为提起行政诉讼。该解除行为是在一审诉讼之中作出，宁某公司诉请履行该补偿协议，故应视为一种抗辩，无需另诉，应在本案中审查该解除行为的效力。否则，行政机关可能不断作出行政行为，影响本案裁判。第三种意见认为，补偿协议签订之前发生的争议形成行政案件，补偿协议签订之后发生的争议形成民事案件。本案为民事案件，故应在本案中审查解除行为的效力。

我们认为，本案被诉行政行为系新堡镇政府未按约定履行行政协议行为，人民法院应对其进行合法性及合约性审查。新堡镇政府在一审过程中单方解除协议，实质是对不履约行为的抗辩，二审以此为由认为继续履行协议约定义务的前提已不存在，进而裁定驳回起诉，于法无据。新堡镇政府在一审过程中以单方解除协议作为抗辩理由，人民法院可以对行政机关诉讼中单方解除协议行为的理由是否成立进行审查。理由是：其一,一审审理过程中，行政机关单方解除协议，完全是在为不履行约定义务寻找抗辩理由。单方解除、变更协议属于行使行政优益权的行为，应当受到严格的限定，必须有充分合理的事实根据和法律依据，否则抗辩理由不成立。其二，作为抗辩理由进行审查，有助于一次性实质解决行政协议争议，如果指引当事人另诉单方解除协议行为，本案只能中止诉讼等待另案判决结果，容易造成累诉。其三，新堡镇政府单方解除协议理由成立的，人民法院可以在确认其效力的同时对当事人的履约请求判决予以驳回，而新堡镇政府单方解除协议理由不成立的，新堡镇政府构成积极违约，更应该成为本案的审查范围，法院应当依法判决其履约。

此外，本案人民法院作出判决后，当事人是否有权对行政机关单方解除协议再行起诉的问题，我们认为，既然前诉已经对行政机关单方解除协议进行了实体审查，其已成为生效判决拘束的对象，原则上不可以再行起诉，也没有诉讼的利益。

相关案例

融安恒裕香油科技有限公司诉
融安县人民政府不按照约定履行行政协议案

【案号】

一审：广西壮族自治区柳州市中级人民法院（2018）桂02行初60号行政判决书

二审：广西壮族自治区高级人民法院（2019）桂行终837号行政判决书

【案情及裁判】

上诉人（一审被告）：融安县人民政府（以下简称融安县政府）。

被上诉人（一审原告）：融安恒裕香油科技有限公司（以下简称恒裕公司）。

柳州市中级人民法院一审查明：2009年5月8日，融安县政府根据恒裕公司提交的《报告》，作出《关于融安恒裕香油科技有限公司投资建设茶油深加工项目享受优惠政策的答复》（以下简称涉案《答复》）：同意出让30亩土地给恒裕公司作为茶油深加工项目建设用地。通过竞拍方式获得该地后，当建设投资达180万元时，出让地价超过每亩3万元部分返还给企业，作为企业的建设资金以加快建设进程，要求投产第四年产值必须达到2000万元以上，年税收达到150万元以上，否则返还出让地价超过每亩3万元部分的资金和同期利息。2011年12月21日，融安县国土资源局出具《成交确认书》，载明：恒裕公司竞得编号为G（2011）4号地块18479.72平方米国有建设用地使用权。该地块单价为每平方米135.28元，总价为250万元。2012年1月11日，融安县土地整理与土地交易储备中心代恒裕公司缴纳土地出让价款等250万元。此外，恒裕公司还缴纳有挂牌出让服务费6万元以及契税、印花税7.625万元。2012年4月23日，融安县政府给恒裕公司核发融国用〔2011〕第10021300002号《国有土地使用权证》，将坐落于长安镇大坡村高泽屯，面积为18479.72平方米的土地使用权人登记为恒裕公司。2013年4月18日，融安县经济贸易局作出融经请字〔2013〕21号《关于融安恒裕香油科技有限公司要求兑现相关优惠政策的请示》，载明：恒裕公司要求融安县政府按涉案《答复》以技改扶持资金形式兑现专项补贴资金166.84万元，请融安县政府予以审核批复。2013年9月30日，融安县政府作出融政函〔2013〕305号《关于融安恒裕香油科技有限公司要求兑现相关优惠政策的批复》（以下简称涉案《批复》），决定：同意《融安县法制办关于〈关于融安恒裕香油科技有限公司投资建设茶油深加工项目享受优惠政策的答复〉的处理意见》，暂不兑现。2014年1月13日，融安县价格认证中心出具融价认字〔2014〕01号《融安恒裕香油科技有限公司机械设备价格认证结论书》，载明：恒裕公司存放于厂内用于生产的机械设备认证价格合计为783.7万元。恒裕公司于2018年1月24日向法院提起行政诉讼，诉请判令融安县政府履行承诺给其的优惠政策（即给付涉案《答复》第一点允诺的资金）。

另查明，2018年9月18日，柳州市纪委信访室出具《关于融安恒裕香油科技有限公司来访情况的说明》，载明：2013年10月9日，恒裕公司周某忠同志来访反映兑现涉案《答复》的问题，柳州市纪委信访室已将该问题转至融安县政府处理。

柳州市中级人民法院一审认为：关于恒裕公司提起本案诉讼是否超过法定起诉期限的问题。融安县政府认为恒裕公司至少于2013年10月就知晓融安县政府作出的涉案《批复》，恒裕公司于2018年1月才提起本案诉讼明显超过了法定的起诉期限。但从前述批复的行文来看，融安县政府对恒裕公司要求兑现涉案《答复》的决定是“暂不兑现”而非“不予兑现”，在融安县政府未确定履行期限或明确表态不予兑现的情况下，恒裕公司可继续向融安县政府提出兑现的主张，其提起本案诉讼未超过法定的起诉期限。

关于涉案《答复》中允诺资金的性质问题。融安县政府认为涉案《答复》中允诺资金的性质为土地出让金的返还，违反了国务院和财政部“不得以‘招商引资’‘旧城改造’‘国有企业改制’等各种名义减免土地出让收入……或者以土地换项目、先征后返、补贴等形式变相减免土地出让收入”的规定，不予兑现有理有据。但从涉案《答复》的行文“通过竞拍方式获得该地后，当建设投资达180万元时，出让地价超过每亩3万元部分返还给企业，作为企业的建设资金以加快建设进程”来看，该资金的性质实质上应为融安县政府为招商引资而给予恒裕公司附条件的作为建设资金用于加快企业建设进程的奖励，并非土地出让金的返还，“超过每亩3万元部分返还给企业”的表述实为奖励的计算方式。再者，融安县政府作为县级人民政府，作出涉案《答复》时应当知晓国务院和财政部的相关规定，现以此来曲解和否定其制作的涉案《答复》本意，实属政府公信力的缺失，亦有悖于诚信政府建设的初衷，对此不予支持。

关于兑现涉案《答复》的条件问题。融安县政府认为恒裕公司要获得涉案《答复》允诺的资金必须达到三个条件：（1）建设投资达到180万元；（2）投产第四年产值必须达到2000万元以上；（3）年税收达到150万元以上。恒裕公司只达到了第一个条件，因而不予兑现有理有据。但从涉案《答复》的行文“当建设投资达180万元时，出让地价超过每亩3万元部分返还给企业，作为企业的建设资金以加快建设进程，要求投产第四年产值必须达到2000万元以上，年税收达到150万元以上，否则返还出让地价超过每亩3万元部分的资金和同期利息”来看，该表述包含两层含义：一是当恒裕公司的建设投资达180万元时，融安县政府给付相应的资金；二是投产第四年若恒裕公司不能达到产值2000万元以上和年税收150万元以上，则恒裕公司返还相应的资金和同期利息。从逻辑上看，二者明显是先后关系而非平行关系，若不存在先行给付，谈何之后返还？因此，只要恒裕公司符合“建设投资达180万元”这一条件，融安县政府就应当按照涉案《答复》的允诺给付恒裕公司相应的资金。

综上，融安县政府在恒裕公司达到涉案《答复》中载明的条件后，就应当履行其在该答复中作出的允诺，给付恒裕公司相应的资金。恒裕公司实际竞得国有建设用地使用权面积18479.72平方米（约27.72亩），成交总价250万元。融安县政府应当按照超过每亩3万元部分给付恒裕公司250万元–27.72亩×3万元=166.84万元。至于恒裕公司要求将挂牌出让服务费和相应的税费纳入给付基数以及要求融安县政府给付利息的主张，不符合涉案《答复》的允诺，缺乏相应的给付前提和事实依据，不予支持。遂判决：融安县政府自本判决生效之日起三个月内按照涉案《答复》第一点的允诺给付恒裕公司166.84万元。

二审另查明：（1）在二审庭审中，融安县政府、恒裕公司均确认涉案《答复》的建设资金不包括恒裕公司竞得国有建设用地使用权面积18479.72平方米的成交总价250万元。（2）2013年3月22日，恒裕公司向融安县政府、招商局、经贸局、财政局作出《技术改造项目资金申请报告》，申请融安县科技改造项目专项资金166.84万元。2013年4月18日，融安县经济贸易局向融安县政府作出融经请字〔2013〕21号《关于融安恒裕香油科技有限公司要求兑现相关优惠政策的请示》核实恒裕公司2012年年底正式投产，当年实现销售收入29.19万元，上缴税费7.97万元，公司完成办公楼一栋，标准厂房两栋，生产灌装线一条，大型油罐2组。

二审法院认为：

1.关于案由问题。涉案《答复》形成于招商引资过程中，融安县政府应恒裕公司提出在融安县投资建设茶油深加工项目的《报告》而作出，该《报告》属于订立合同的要约，涉案《答复》属于订立合同的承诺，《报告》与涉案《答复》意思表示一致的内容，构成招商引资合同的组成部分，因此，涉案《答复》属于招商引资合同的条款之一。恒裕公司请求融安县政府履行涉案《答复》的承诺，实际是请求融安县政府履行招商引资合同的义务，融安县政府答复“暂不兑现”，其后一直不兑现涉案《答复》的承诺，该行为符合《行政诉讼法》第十二条第一款第十一项“行政机关未按照约定履行”的情形，属于行政行为，由此引发的诉讼，属于行政诉讼。本案的审查对象是融安县政府未按照约定履行行政协议的合法性，案由应为“诉不按照约定履行行政协议”。

2.关于起诉期限问题。《行政诉讼法》第四十六条规定：“公民、法人或者其他组织直接向人民法院提起诉讼的，应当自知道或者应当知道作出行政行为之日起六个月内提出。法律另有规定的除外。因不动产提起诉讼的案件自行政行为作出之日起超过二十年，其他案件自行政行为作出之日起超过五年提起诉讼的，人民法院不予受理。”本案中，融安县政府履行涉案《答复》兑现专项补贴资金的前提要件是恒裕公司“建设投资达180万元”，恒裕公司已满足“建设投资达180万元”的条件，融安县政府以恒裕公司有不能履行义务的可能作出涉案《批复》“暂不兑现”，未确定履行期限或明确表态不予兑现，恒裕公司可继续向融安县政府请求兑现；融安县政府在答辩中亦称恒裕公司应当在合理期限内恢复履行能力，且提供适当担保，可以兑现允诺的专项补贴资金，说明融安县政府没有拒绝兑现涉案《答复》允诺的专项补贴资金，一审判决认定“恒裕公司提起本案诉讼亦未超过法定的起诉期限”并无不当，融安县政府认为本案超过法定起诉期限的理由不成立。

3.关于涉案《答复》效力问题。对于融安县政府提出“涉案《答复》允诺实质是变相减免恒裕公司土地出让收入，与国务院和财政部的规定相冲突，允诺部分无效，不具有可诉性”的意见，经查，双方均确认涉案《答复》所记载的“建设投资达180万元”不包括土地使用权出让地价；恒裕公司以科技改造项目申请兑现涉案《答复》专项资金166.84万元，融安县经济贸易局向融安县政府请示，亦是以恒裕公司要求兑现涉案《答复》以技改扶持资金形式兑现专项补贴资金166.84万元。一审判决认为允诺的资金实质“为融安县政府为招商引资给予恒裕公司附条件的作为建设资金用于加快企业建设进程的奖励”“‘超过每亩3万元部分返还给企业’的表述实为奖励的计算方式”并无不当。故涉案《答复》不存在违法情形，具有法律效力。

4.关于融安县政府不兑现涉案《答复》允诺专项补贴资金的合法性问题。涉案《答复》明确了融安县政府和恒裕公司的权利义务，融安县政府出让30亩土地给恒裕公司作为建设用地，在恒裕公司的建设投资达180万元时，返还出让地价超过每亩3万元部分资金给企业加快建设；恒裕公司通过竞拍方式获得建设用地，投产第四年产值必须达到2000万元以上，年税收达到150万元以上，否则返还出让地价超过每亩3万元部分的资金和同期利息。虽然恒裕公司建设投资达到180万元的条件成就在先，融安县政府本应先兑现扶持资金的承诺，但至本案诉讼时，恒裕公司一直未达到年产值2000万元、年税收150万元的要求，其应返还扶持资金的条件也已经成就，即涉案《答复》设定的义务在本案诉讼时具备了相互抵销的条件。融安县政府作为行政协议的行政机关，按现行法律规定，其不能作为行政诉讼的原告通过行政诉讼来主张权利，但其可以采取不依约履行义务的方式来主张权利，在双方义务具备相互抵销的情况下，融安县政府无须先行兑现扶持资金、然后再追偿该扶持资金。况且，在恒裕公司存在未履行生效裁判义务、财务状况明显恶化的情况下，判令融安县政府兑现扶持资金，存在融安县政府难以收回该扶持资金的风险，造成国有资产流失。据此，融安县政府不按约定履行义务的行为合法。

综上，一审判决结果不当，二审法院依法应予纠正。融安县政府上诉请求驳回恒裕公司的诉讼请求，本院予以采纳。根据《行政诉讼法》第八十九条第一款第二项的规定，判决如下：一、撤销广西壮族自治区柳州市中级人民法院（2018）桂02行初60号行政判决。二、驳回被上诉人恒裕公司的诉讼请求。

【评析】

在民事合同案件中，被告一方可以通过反诉或者另行起诉，依据实体法规则，在诉讼过程中通过抵销消灭原告的实体请求权。但是在行政协议案件中，行政机关按现行《行政诉讼法》和相关司法解释，是不能提起反诉或者作为行政诉讼的原告通过行政诉讼来主张权利，导致在一些行政协议案件中如果存在可以抵销消灭原告的实体请求权的情况下，行政机关无法通过提起反诉或者作为行政诉讼的原告通过行政诉讼来主张权利，为此，本案以全面审查原则为基础，认为涉案《答复》明确了融安县政府和恒裕公司的权利义务，融安县政府出让30亩土地给恒裕公司作为建设用地，在恒裕公司的建设投资达180万元时，返还出让地价超过每亩3万元部分资金给企业加快建设；恒裕公司通过竞拍方式获得建设用地，投产第四年产值必须达到2000万元以上，年税收达到150万元以上，否则返还出让地价超过每亩3万元部分的资金和同期利息。虽然恒裕公司建设投资达到180万元的条件成就在先，融安县政府本应先兑现扶持资金的承诺，但至本案诉讼时，恒裕公司一直未达到年产值2000万元、年税收150万元的要求，其应返还扶持资金的条件也已经成就，在这种情况下，涉案《答复》设定的义务在本案诉讼时具备了相互抵销的条件。因此，将抵销作为一种抗辩，实质性地化解纠纷，减少不必要的诉累，也避免行政机关为了维护自身权益作出新的行政行为引发的循环诉讼。

第三章

行政协议案件的裁判

行政协议既有行政性又有协议性，决定了人民法院对行政协议案件的审理既要全面管辖又要区分处理，既有客观诉讼又有主观诉讼；既有传统的行为之诉又有新型的关系之诉。加之双举证、双审查及双适法，与此相对应，人民法院对行政协议案件的处理也体现了双重裁判。此要求既可以援引民事诉讼法的有关规定和方法进行裁判，又可以运用《行政诉讼法》判决方式进行裁判；既要全面裁判行政协议关系，又要分阶段地解决行政争议；增加行政协议诉讼中的法官权力及多元的处理方式，既要处理好私益与私益之间的关系，又要处理好私益与公益之间的关系。

第一节　行政协议违法的撤销判决

赵某3诉织金县人民政府房屋行政协议案

【案号】

一审：贵州省毕节市中级人民法院（2019）黔05行初49号行政判决书

二审：贵州省高级人民法院（2019）黔行终1803号行政判决书

【案情】

上诉人（一审第三人）：赵某1、赵某2。

被上诉人（一审原告）：赵某3。

被上诉人（一审被告）：织金县人民政府。

被上诉人（一审第三人）：织金县城市建设投资（集团）有限公司。

一审法院经审理查明，赵某3系织金县双堰街道办事处太平社区沙滩组村民，赵某1、赵某2系赵某3的兄弟。1980年第一轮土地承包到户时，赵某3的家庭成员以赵某3之父赵某某为户主向原织金县城关镇四方村承包了包含地块名为“烟登坡”在内的土地。之后，赵某3的家庭成员对承包地进行内部分配，将“烟登坡”的土地分配给赵某3承包管理。2015年4月15日，原织金县顺达市政投资有限责任公司（甲方）与赵某2（乙方）签订了编号为29133号《金南路房屋拆迁安置协议》，协议所涉被拆迁的土地为“烟登坡”地块，实际签约人为赵某1。2015年5月14日，赵某3在得知被诉房屋拆迁安置协议后，向原织金县顺达市政投资有限责任公司出具《郑重声明》，声明该公司与赵某2签订的房屋拆迁安置协议所涉土地属于赵某3个人管理使用，该协议不具备法律效力。2015年5月15日，赵某3之母陈某某在织金县中心法律服务所的见证下出具《情况说明》，说明原织金县顺达市政投资有限责任公司与赵某2签订的房屋拆迁安置协议所涉土地属赵某3名下的土地。2016年10月25日，赵某3与毕节金南房地产开发有限公司签订《协议书》，约定在该公司开发建设的四号、五号楼盘交付使用时，公司配合赵某3找到原织金县顺达市政投资有限责任公司及赵某2协调安置该宗土地补偿的房屋。如协调不成，该公司自愿安置和《金南路房屋拆迁安置补偿协议》相同的房屋给赵某3，赵某3按照该协议约定的补房款金额补清房款。2018年4月17日，赵某3以赵某1、赵某2、陈某某为被告向织金县人民法院提起物权保护纠纷之诉，于2018年8月4日向织金县人民法院申请撤回起诉，织金县人民法院于2018年8月6日作出（2018）黔0521民初1760号民事裁定，准许赵某3撤回起诉。在该案庭审过程中，赵某1、赵某2、陈某某均认可“烟登坡”

承包地已经家庭内部分配至赵某3名下。2018年9月1日，赵某3就被诉协议以赵某1、赵某2、陈某某为被告向织金县人民法院提起确认合同无效之诉，织金县人民法院于2018年9月11日作出（2018）黔0524民初3982号民事裁定，以该案不属于民事诉讼范围为由裁定驳回起诉。2018年10月20日，赵某3以赵某1、赵某2、陈某某、原织金县顺达市政投资有限责任公司为被告向织金县人民法院提起确认合同无效之诉，织金县人民法院于2018年11月30日作出（2018）黔0524民初4651号民事裁定，以该案不属于民事诉讼范围为由裁定驳回起诉。

一审另查明，原织金县顺达市政投资有限责任公司已于2018年8月24日办理企业名称变更登记，名称变更为：织金县城市建设投资（集团）有限公司。涉案土地现已被织金县人民政府占用，正在施工中，工程尚未完工。

2019年3月5日，赵某3以织金县人民政府委托原顺达市政投资有限责任公司与赵某1以赵某2的名义签订的29133号《金南路房屋拆迁安置协议》侵犯赵某3合法权益为由，向人民法院提起行政诉讼，请求：（1）撤销织金县人民政府委托原织金县顺达市政投资有限责任公司与赵某1以赵某2的名义签订的编号为29133的《金南路房屋拆迁安置协议》；（2）责令原织金县顺达市政投资有限责任公司与赵某3另外补签编号为29133的《金南路房屋拆迁安置协议》。

在一审审理过程中，赵某3自愿撤回其起诉状中第二项诉讼请求即“责令原织金县顺达市政投资有限责任公司与赵某3另外补签编号为29133的《金南路房屋拆迁安置协议》”。

一审另查明，赵某3曾以“周某”的身份外嫁到安徽省，现已返回织金居住。赵某3户籍所在地为贵州省织金县双堰街道办事处太平社区沙滩组。

【审判】

一审法院经审理认为，本案的争议焦点为：（1）赵某3是否为本案适格主体。（2）赵某3的起诉是否超过起诉期限。（3）被诉29133号《金南路房屋拆迁安置协议》是否合法，是否应当被撤销。

针对第一个争议焦点，《行政诉讼法》第二十五条第一款规定：“行政行为的相对人以及其他与行政行为有利害关系的公民、法人或者其他组织，有权提起诉讼。”本案中，赵某3作为第一轮承包时赵某某户的家庭成员，承包了包含被诉协议所拆迁的“烟登坡”地块在内的土地，且赵某1、赵某2及赵某3之母陈某某均认可家庭内部已将“烟登坡”的土地分配给赵某3管理使用。因此，赵某3与被诉协议所拆迁的“烟登坡”地块有利害关系，其原告主体适格。

针对第二个争议焦点，根据本案证据显示，赵某3从2015年5月14日出具《郑重声明》时就已经知道了被诉协议的存在，但从其主张权利的方式来看，不能证明其在当时就已经知道被诉协议是由织金县人民政府委托原顺达市政投资有限责任公司签订，即其不知道签订该协议的实际主体是织金县人民政府，故对赵某3的起诉期限，应当从2018年9月11日即织金县人民法院作出（2018）黔0524民初3982号民事裁定告知其被诉协议是由织金县人民政府委托原顺达市政投资有限责任公司所签之日起计算，故根据《最高人民法院关于适用〈中华人民共和国行政诉讼法〉的解释》第六十四条第一款“行政机关作出行政行为时，未告知公民、法人或者其他组织起诉期限的，起诉期限从公民、法人或者其他组织知道或者应当知道起诉期限之日起计算，但从知道或者应当知道行政行为内容之日起最长不得超过一年”之规定，赵某3于2019年3月5日向法院提起行政协议之诉，其起诉未超过法定起诉期限。

针对第三个争议焦点，织金县人民政府在签订拆迁协议之前，应当对协议所涉土地的性质、面积及权属等内容进行调查核实。而本案中，织金县人民政府未提交证据证明其在签订协议之前已对上述内容进行调查。且对于被诉协议约定拆迁的“烟登坡”土地，赵某3家庭成员赵某1、赵某2、陈某某均认可已分配给赵某3管理使用。虽然赵某3曾以“周某”的身份嫁至安徽省，但无论“周某”是否在安徽省取得承包土地，均不能对抗“赵某3”这一合法身份应当享有的权利，且赵某3现户籍地仍在贵州省织金县双堰街道办事处太平社区沙滩组，其属于该农村集体经济组织成员。因此，织金县人民政府委托原顺达市政投资有限责任公司与赵某1以赵某2的名义签订的29133号《金南路房屋拆迁安置协议》主要证据不足，且侵犯了赵某3的合法权益。根据《行政诉讼法》第七十条“行政行为有下列情形之一的，人民法院判决撤销或者部分撤销，并可以判决被告重新作出行政行为：（一）主要证据不足的；……”之规定，应当撤销29133号《金南路房屋拆迁安置协议》。此外，根据《最高人民法院关于适用〈中华人民共和国行政诉讼法〉的解释》第七十九条第二款“第三人经传票传唤无正当理由拒不到庭，或者未经法庭许可中途退庭的，不发生阻止案件审理的效果”之规定，织金县城市建设投资（集团）有限公司经法院传票传唤无正当理由拒不到庭，不影响本案审理。据此，依照《行政诉讼法》第七十条第一项之规定，判决：撤销织金县人民政府委托原顺达市政投资有限责任公司与赵某1以赵某2的名义签订的29133号《金南路房屋拆迁安置协议》。

上诉人赵某1、赵某2不服一审判决，向贵州省高级人民法院提起上诉，请求撤销一审判决，依法改判或将本案发回重审。其主要理由为：（1）本案不属于行政诉讼受案范围，29133号《金南路房屋拆迁安置协议》系2015年4月15日签订，《行政诉讼法》将行政协议纳入行政诉讼受案范围的生效时间为2015年5月1日，根据法不溯及既往原则，本案属民事诉讼受案范围；（2）赵某3于1988年外嫁并迁出户口，其不具备本案诉讼主体资格；（3）赵某3于2015年5月14日知道被诉协议的存在，2019年3月5日提起本案诉讼，超过起诉期限；（4）本案超过撤销权除斥期间；（5）签订29133号《金南路房屋拆迁安置协议》时，赵某3已不享有涉案土地权利，且赵某3签署的《慎重声明》《补充协议》说明其认可29133号《金南路房屋拆迁安置协议》，故该协议合法有效；（6）赵某3与其委托代理人庞某才非同一集体经济组织成员，一审法院允许庞某才为赵某3代理，属程序错误。

被上诉人赵某3答辩请求驳回上诉，维持原判，一、二审案件受理费由上诉人赵某1负担。其主要理由为：（1）赵某3于2018年9月11日知晓29133号《金南路房屋拆迁安置协议》系织金县人民政府委托原顺达市政投资有限责任公司签订，故本案未超过起诉期限；（2）1980年第一轮土地承包时，家庭成员内部对承包地进行了分配，“烟登坡”分配给了赵某3，且赵某3外嫁后，在新居住地未取得承包地，其具有本案诉讼主体资格；（3）织金县人民法院作出（2018）黔0524民初4651号民事裁定，以该案不属于民事诉讼范围为由裁定驳回起诉，故本案以行政诉讼受理并无不当；（4）29133号《金南路房屋拆迁安置协议》存在行政行为撤销的法定情形，一审法院判决撤销符合法律规定；（5）一审法院适用程序合法。赵某3与庞某才均居住在织金县双堰街道办事处，赵某3系双堰街道办事处太平社区人民，太平社区推荐代理人符合法律规定，且庭审中各方当事人未提出异议。

被上诉人织金县人民政府、织金县城市建设投资（集团）有限公司在二审法定期限内未提交答辩意见。

贵州省高级人民法院审理查明，除一审法院认定的“织金县人民法院于2018年8月6日作出（2018）黔0521民初1760号民事裁定，准许赵某3撤回起诉……”外，其余事实与一审判决认定基本事实一致，该院予以确认。一审法院认定的“织金县人民法院于2018年8月6日作出（2018）黔0521民初1760号民事裁定”应为“（2018）黔0524民初1760号民事裁定”，该院予以指正。

贵州省高级人民法院认为，结合双方当事人的诉辩意见，归纳本案的争议焦点为：（1）赵某3是否具有诉讼主体资格；（2）赵某3提起本案诉讼是否超过起诉期限；（3）被诉协议是否应予撤销以及是否适用除斥期间。

第一，关于赵某3是否具有诉讼主体资格的问题。涉案土地“烟登坡”系第一轮承包时赵某某户家庭承包地，赵某3系家庭成员之一，在织金县人民法院（2018）黔0524民初1760号案件庭审中，赵某1、赵某2、陈某某均认可“烟登坡”承包地经家庭内部分配至赵某3名下，赵某3与涉案土地“烟登坡”有利害关系。根据《妇女权益保障法》第三十三条及《农村土地承包法》第六条、第三十一条规定的精神，结婚出嫁并非已婚妇女丧失其原先所在农村集体经济组织成员资格的法定条件。基于充分保障妇女合法权益，实行男女平等的基本国策，在赵某3嫁到外地并未分配到土地承包经营权的情形下，其在娘家因家庭内部分配获得的承包经营权不应被剥夺。根据《最高人民法院关于审理行政协议案件若干问题的规定》第五条“下列与行政协议有利害关系的公民、法人或者其他组织提起行政诉讼的，人民法院应当依法受理：……（三）其他认为行政协议的订立、履行、变更、终止等行为损害其合法权益的公民、法人或者其他组织”之规定，赵某3具有本案原告主体资格。

第二，关于赵某3提起本案诉讼是否超过起诉期限的问题。根据《最高人民法院关于适用〈中华人民共和国行政诉讼法〉的解释》第六十四条第一款“行政机关作出行政行为时，未告知公民、法人或者其他组织起诉期限的，起诉期限从公民、法人或者其他组织知道或者应当知道起诉期限之日起计算，但从知道或者应当知道行政行为内容之日起最长不得超过一年”之规定，赵某3知晓被诉协议系织金县人民政府委托签订的最早时间可追溯到其收到织金县人民法院作出的（2018）黔0524民初3982号民事裁定书时，该裁定书中“本院认为”部分指出“本案被告顺达公司系受织金县人民政府委托，从事织金县金南片区拆迁安置工作的部门，其与被告赵某1签订的协议实际系代织金县人民政府行使行政行为”。本案起诉期限即便从上述案件立案时间2018年9月3日起算，其于2019年3月5日提起本案行政诉讼，未超过一年起诉期限。

第三，关于被诉协议是否应予撤销以及是否适用除斥期间的问题。职权之所在，即责任之所在，织金县人民政府作为集体土地征收与补偿工作的法定行政主体，有权代表国家组织实施土地征收，也负有对被征收土地性质、区位、面积、权属等情况组织调查核实，以确保被征收人通过签订协议或者以补偿决定等方式取得公平补偿的义务。本案中，涉案土地已经家庭内部分配至赵某3名下，且赵某3户籍仍在织金县双堰街道办事处太平社区沙滩组，织金县人民政府未能提供证据证明其已查明涉案土地权属情况下即签订被诉协议，主要证据不足，一审法院以《行政诉讼法》第七十条“行政行为有下列情形之一的，人民法院判决撤销或者部分撤销，并可以判决被告重新作出行政行为：（一）主要证据不足的；……”之规定，判决撤销被诉协议，并无不当。

另，行政协议既有合同性的一面，又有行政性的一面，应具体根据争议的性质来确定起诉期限、诉讼时效、除斥期间规则的适用。本案系适用《行政诉讼法》作出行政行为主要证据不足予以撤销的规定，未适用《合同法》第五十四条撤销条款，故不适用《合同法》第五十五条第一项有关除斥期间之规定，上诉人认为本案超过除斥期间之理由，该院不予采纳。

关于上诉人提出被诉协议签订于2015年5月1日以前，不属于行政协议，不应当纳入行政诉讼受案范围的问题。本院认为，一般而言，对于2015年5月1日之前签订的行政协议，按照当时的法律法规处理。但对于2015年5月1日前签订的土地、房屋行政补偿协议，由于征收补偿协议一般是行政机关履行补偿法定职责的方式，应当属于行政行为。且被诉协议经过贵州省织金县人民法院（2018）黔0524民初3982号、4651号民事裁定均认为“不属于人民法院受理民事诉讼的范围”，参照《最高人民法院关于审理行政案件适用法律规范问题的座谈会纪要》规定，在存在新旧法律衔接问题的情况下，人民法院审查行政行为的合法性，实体问题适用旧法规定，程序问题适用新法规定，但适用新法对保护行政相对人的合法权益更为有利的情形除外，为充分保护当事人诉权，应予以受理。综上，上诉人的上诉理由不能成立，一审判决认定事实清楚，适用法律正确。遂判决驳回上诉，维持原判。

【评析】

在德国，撤销之诉只可针对行政行为，不可针对行政合同提出。也就是说，有效但违法合同是不可以诉请撤销的。在德国，由于立法者将基于行政协议私法面向的协议严守原则理解为协议应当无条件遵守，使得协议严守原则与基于公法面向的行政行为存续力相结合后——在观念上——行政协议相较于行政行为具有更高的存续力。《德国行政法院法》在行政诉讼制度上没有为当事人设定针对一般违法的行政协议的可撤销制度，对于未达无效程度的一般违法行政协议（违法但有效的行政协议），不论是行政机关一方，还是私人一方，都没有有效的法律途径将其效力归于消灭。由于《德国行政程序法》没有为一般违法行政协议设置可撤销制度，因而在德国法上对于一般违法行政协议的救济颇有争议。根据《德国基本法》第19条第4款规定，无论何人，其权利受到公共权力侵害的，均可提起诉讼之规定，[①]该规定对当事人提供了无漏洞的保护，而《德国行政程序法》第59条为了保证一般违法行政协议的存续力，并未对其设定可撤销制度，使得行政协议相对人即便受到公权力侵害，亦无任何救济途径，这一点显然与《德国基本法》第19条第4款之精神相违背。另外，《德国基本法》第20条第3款要求行政需要受到法和法治的约束，但一般违法而有效之行政协议的存在则可能意味着该违法的行政行为（行政协议属于行政行为的一种方式）不会得到否定性评价，没有得到任何制裁，德国学者毛雷尔就此指出，没有任何制裁意味着法律之效力被相对弱化，行政虽不可忽视法律之意图，但可以越过它！[②]也正是由于一般违法但不能撤销之行政协议可能成为违法行政之挡箭牌，近年来在德国司法实践中的趋势是尽量依据《德国行政程序法》第59条第1款[③]转致适用民法上可兹适用之无效条款。实践中，当诉请法院要求撤销基于行政合同作出的行政行为时，法院会对行政合同的效力进行审查，如合同无效将导致被诉行政行为失去授权依据，此时原告就有可能实现其最终目的。如当行政合同即使不属于《德国行政程序法》第59条规定的无效情形，但违法后果已然超过了可接受范围的，就可以视为违反法律禁止性规定，据此提起确认无效之诉。当然，是否违反禁止性规定应由司法机关进行判断。

在我国台湾地区，有效但违法行政协议是否可以诉请撤销也存在很大争议。学者李惠宗认为，我国台湾地区“行政程序法”虽然继受于德国法，但是在具有瑕疵的行政协议法律效果的选择上，应当批判地继受，在无效和有效之间，可以承认因为一般违法而撤销的行政协议的存在。[④]林臆书也认为，如果只承认违法行政协议仅仅有无效和违法有效两种形态，可能导致行政机

---

① Vgl. 21.Götz Frank, Nichtigkeit des substituierenden Verwaltungsvertrags nach dem Verwaltungs verfahrensgesetz, DVBL, 1977, S. 682（685 f）.

② Vgl. Hartmut Maurer, Allgemeines Verwaltungsrecht, Beck, 2011, § 14 Rn. 48.

③《德国行政程序法》第59条第1款：“因准用民法典规定而生无效性的公法合同无效。”

④ 李惠宗著：《行政法要义》（第三版），元照出版社2007年版，第395页。

关借用行政协议的履行方式规避作出行政行为可能被撤销的风险，实则对依法行政原则造成损害，因此，行政协议应当具有可撤销形态。[①]而我国台湾地区学者江嘉琪则认为，能否通过法律解释我国台湾地区“行政程序法”第一百四十一条有关行政协议无效的规范，创设出可以撤销的具有瑕疵的（或者说一般违法）行政协议类型，其实是存在疑问的。因为在没有法律法规明文规定的情形下，行政协议得以撤销的条件、期限以及撤销的方式等是否能够直接类推适用单方行政行为可撤销规定存在不确定性，是否承认可撤销行政协议的存在，与行政协议的存续力、行政协议与单方行政行为的性质以及二者作出的程序差异密切相关。甚至还得考虑的是，承认可撤销的行政协议是否引发更大的不确定性。[②]

我们认为，司法实践中，可以考虑在必要时适用《行政诉讼法》有关撤销判决的规定对行政协议进行撤销，《行政诉讼法》第七十条规定：“行政行为有下列情形之一的，人民法院判决撤销或者部分撤销，并可以判决被告重新作出行政行为：（一）主要证据不足的；（二）适用法律、法规错误的；（三）违反法定程序的；（四）超越职权的；（五）滥用职权的；（六）明显不当的。”因为行政协议作为行政行为的一种，也是实现行政管理和公共服务目标的方式和手段，适用《行政诉讼法》有关撤销判决的规定对行政协议进行撤销，并不存在法理和制度的障碍。此外，《最高人民法院关于审理行政协议案件若干问题的规定》第十四条规定，行政协议可撤销的情形包括：胁迫、欺诈、重大误解、显失公平等情形。但不包括行政协议的违法情形，似乎也没有明确排除该情形。因此，增加行政协议内容违法的撤销判决似乎有一定的解释空间。

行政协议行政性与合意性的双重属性决定了对其可撤销性的审查系涵盖单方行政行为合法性与平等民事主体间民事合同合意性的交融式审查。虽行政协议司法解释未明确撤销行政协议适用《行政诉讼法》第七十条之规定，

① 林臆书：《论履行行政契约之行政处分》，高雄大学法律学系研究所2007年硕士学位论文，第92—93页。

② 江嘉琪：《行政契约的瑕疵及其法律效果》，载《月旦法学教室》2007年7月第61期。

但行政协议作为行政机关行使行政管理职权的一种替代方式，其行政性必然是第一属性，人民法院在对行政协议进行司法审查时应当优先适用行政法律规范。本案中，织金县人民政府作为集体土地征收与补偿工作的法定行政主体，有权代表国家组织实施土地征收，也负有对被征收土地性质、权属等情况组织调查核实，以确保被征收人通过签订协议或者获得补偿决定的方式取得公平补偿的义务。在赵某3户籍仍在村集体的情况下，织金县人民政府未能提供证据证明其已查明涉案土地权属的情况下即与他人签订被诉协议，主要证据不足，依照《行政诉讼法》第七十条第一项之规定应予撤销。

【实务指导】

行政协议内容违法的也可以视情运用情况判决。如上所述，行政协议意思表示有瑕疵或者违法（主要包括一般违法和严重违法，不宜包括轻微违法），考虑到行政协议不同于私法合同的特殊性，在兼顾公共利益与私人利益的原则指导下对行政协议的处理应作出的特殊安排。行政协议确认未生效或者撤销可能给国家利益、社会公共利益造成重大损害的，人民法院可以不予撤销，但判决确认违法并保留其法律效力的同时，责令有关机关或组织采取补救措施（包括予以追认等）及补偿继续履行合同而给原告造成的损失。也就是说，行政协议之撤销司法审查中应当考虑行政机关的违法程度、撤销事由是否可以得到补正以及部分撤销的可能性，综合平衡好依法行政与公共利益、信赖利益保护之间的关系。

【关联规定】

《最高人民法院关于审理行政协议案件若干问题的规定》

第十四条 原告认为行政协议存在胁迫、欺诈、重大误解、显失公平等情形而请求撤销，人民法院经审理认为符合法律规定可撤销情形的，可以依法判决撤销该协议。

第二节 行政协议的变更判决

陈某前、王某明诉杭州市余杭区良渚街道办事处征迁行政协议案

【案号】

一审：杭州市余杭区人民法院（2015）杭余行初字第160号行政判决书

二审：浙江省杭州市中级人民法院（2016）浙01行终367号行政判决书

【案情】

上诉人（一审原告）：陈某前。

上诉人：王某明。

被上诉人（一审被告）：杭州市余杭区人民政府良渚街道办事处。

陈某前于2015年10月26日提起诉讼，请求判令杭州市余杭区人民政府良渚街道办事处（以下简称良渚街道）安置陈某前80平方米房屋。二审中，经释明，陈某前将诉讼请求进一步明确为：请求增加陈某前为安置补偿协议的安置人口，即将协议中确定的安置人口6人变更为7人，同时增加安置面积。

原审法院经审理查明，良渚街道因良渚新城项目建设需要对良渚街道杜甫村16组实施征迁。2015年6月25日，王某明作为乙方与良渚街道作为甲方签订了《集体所有土地、房屋征迁补偿安置协议书》，协议书约定：乙方常住户口人数和被拆迁房屋的建筑面积、乙方被拆迁房屋及装修的补偿费、拆迁过渡和搬家费、补偿款和各项费用的支付。同时协议第五条载明安置地点：甲方以统一建造的高层及小高层公寓安置乙方，安置地点在良渚街道杜甫农居点规划的区块内；协议第六条载明安置面积：经初步审核乙方安置人口6人，该户可享受安置建筑面积480平方米（以上人员如享受过房改等优

惠政策的安置面积核减，具体以区住房保障办核准的安置面积为准），甲方同意乙方以村为单位购买配套用房，具体按良政〔2009〕133号文件规定执行；具体安置人口、安置面积在正式交房时以区委办〔2008〕62号文件规定的标准审核为准。该协议附乙方拆迁时符合安置政策人员名单：王某明、妻子费某娥、女儿王某芳、孙女陈某、孙子陈某烁、母亲徐某小。协议签订后，王某明作为户主已领取该协议项下的拆迁补偿款，现陈某前、王某明以陈某前符合安置条件未享受安置为由提起上诉。另查明，陈某前系现役军人，现身份证户籍地址为浙江省杭州市拱墅区长乐路××号，原户籍在河南南阳。

二审另查明，陈某前与王某芳于2006年11月7日登记结婚，陈某、陈某烁系二人子女。涉案房屋补偿安置协商过程中，王某明户多次要求将陈某前作为安置人口，均遭良渚街道拒绝。

【审判】

杭州市余杭区人民法院一审认为，本案的争议焦点是陈某前是否符合拆迁安置条件，良渚街道对陈某前是否安置80平方米的房屋。征用集体所有土地房屋拆迁安置补偿协议系拆迁当事人就该集体所有土地上房屋拆迁安置补偿事宜协商一致达成的协议，良渚街道作为拆迁人，王某明作为被拆迁房屋的户主，经协商，双方签订《集体所有土地、房屋征迁补偿安置协议书》对安置事项作了约定，系双方的真实意思表示，该协议合法有效。协议约定的内容对双方均具有约束力。本案中，王某明户属集体所有土地上房屋拆迁安置对象，户内人员根据相关政策的规定和房屋拆迁安置补偿协议的约定，理应予以安置。至于本案中陈某前现非属王某明户内人员，且其户籍不在辖区范围内，自然也非属该集体所有土地上房屋拆迁安置对象。陈某前、王某明认为根据《杭州市征收集体所有土地房屋补偿条例》的规定，应给予陈某前安置。退一步讲，陈某前符合安置条件，依据为《杭州市征收集体所有土地房屋补偿条例》第十八条第一款第三项“四人以上户，原人均建筑面积（以下简称人均面积）不足十八平方米的，按照人均面积十八平方米安置；原人均面积在十八至四十平方米的，按照原面积安置；原人均面积在四十平方米以上的，按照人均面积四十平方米安置”的规定。现原告王某明户内已安置480平方米房屋，也已经足额获取了《杭州市征收集体所有土地房屋补偿条例》第十八条第一款第三项所规定的安置标准的房屋。因此，陈某前、王某明主张安置陈某前80平方米房屋的诉讼请求，理由不能成立，不予支持。据此，依照《行政诉讼法》第六十九条之规定，判决驳回陈某前、王某明的诉讼请求。

杭州市中级人民法院二审认为，《杭州市征收集体所有土地房屋补偿条例》第二条规定，本市市辖区范围内，因公共利益需要征收集体所有土地涉及房屋及其附属物补偿安置的，适用本条例。第二十条第一款、第二款第一项规定，安置人口按照被补偿人家庭常住户口人数确定。被补偿人家庭成员在本市市区虽无常住户口，但属下列情形之一的人员，可以计入安置人口：……结婚三年以上的配偶；……本案中，杭州市余杭区良渚街道杜甫村王某明户房屋因所占集体土地被征收而需要补偿安置，应适用《杭州市征收集体所有土地房屋补偿条例》的相关规定。陈某前与王某芳于2006年11月7日登记结婚，陈某前系现役军人，其在杭州市余杭区无常住户口，但涉案房屋因征地需要补偿安置时，其属于王某明户内王某芳结婚三年以上的配偶，依法可以计入安置人口。良渚街道在与王某明户签订《集体所有土地、房屋征迁补偿安置协议书》时，拒绝将陈某前列入安置人口，不符合上述规定，也造成显失公平的后果，依法应予纠正。鉴于协议中已经确定的安置人口与安置面积均属于王某明户的合法权益，且王某明、陈某前均未提出撤销整个协议的请求，故本案不应采用撤销的方式予以纠正。良渚街道与王某明户签订的《集体所有土地、房屋征迁补偿安置协议书》并不是平等民事主体之间基于意思自治原则而订立的民事合同，而是当地政府为征收集体土地在其职责范围内与集体土地使用权人（房屋所有权人）协商订立的具有行政法上权利义务内容的协议，即行政协议。该协议在意思自治程度和范围上与民事合同存在显著差异，该协议中虽然也存在双方协商一致的内容，如安置方式（货币安置或调产安置），但该协商只能在法律法规和补偿安置方案所允许的范围内进行；该协议绝大多数内容是由法律法规和补偿安置方案直接确定的，如安置人口的确定就不能由双方来协商，而是法定的。本案中，王某明户在良渚街道违法拒绝将陈某前作为安置人口后，并没有一味对抗拒签协议，而是为了最大限度保护自身权益，采取了一种先合作签约后寻求救济的策略，协议中未确定陈某前为安置人口并不是其真实意思表示，不能据此认为其已选择放弃陈某前的补偿安置权利，其在签约后再要求变更协议违法部分的诉求具有正当性，应该得到法律的保护。另外，陈某前作为此次征收补偿安置人口，应享有与其他安置人员同等的每人80平方米安置面积的权利，原审判决认定事实清楚，但适用法律错误，依法应予改判。遂判决如下：一、撤销杭州市余杭区人民法院（2015）杭余行初字第160号行政判决；二、将良渚街道与王某明户于2015年6月25日签订的《集体所有土地、房屋征迁补偿安置协议书》第六条第一项中确定的安置人口6人变更为7人，安置面积480平方米相应变更为560平方米。

【评析】

完全管辖权之诉是指行政法官可以行使全部审判权力的诉讼，可以撤销、变更行政机关的决定，也可以判决行政主体负赔偿责任，可以审判行政机关的单方行为、双方行为、法律行为和事实行为。在这种诉讼中，行政法官的权力近似普通法院法官的权力，诉讼程序也和普通法院的程序相似。完全管辖权之诉包括的范围很广，在诉讼标的和程序上不完全相同，其共同点是当事人在诉讼中主张某种权利，以及法官有全部审判权力。最典型的完全管辖权之诉是关于行政合同和行政主体赔偿责任的诉讼，这两项诉讼称为严格意义的完全管辖权之诉。[①]一般来说，所谓“当事人在诉讼中主张某种权利”，也就是主观诉讼中的原告诉讼请求，和法官在行政协议诉讼的权力，

① 王名扬著：《法国行政法》，中国政法大学出版社1988年版，第677页。

两者构成了行政协议完全管辖之诉独具特色的内容。

从实质化解争议的角度看，变更判决存在适用的余地，这也是2014年《行政诉讼法》修改的指导思想之一。行政协议相对人或其他利害关系人起诉要求变更协议部分内容的，属于行政诉讼受案范围。行政协议具有双重性，部分内容是协商一致的，体现了协议性；部分内容并不具有可协商性，而是法定的，体现了行政性。对协商一致的部分，判断是否可变更应重点适用《合同法》相关规则；而对法定的部分，判断是否可变更应重点适用行政合法性审查原则。征迁补偿安置协议确定的安置人口和面积，应根据相关法律的明确规定和补偿安置方案来确定，而不能由协议双方任意协商，故对该部分内容的审查应重点适用行政合法性原则。涉案协议确定的安置人口和面积明显违反法律规定，又不符合王某明户的真实意思表示，实际上是行政机关在协议签订过程中强势地位的体现。王某明户起诉要求变更的，人民法院可以直接判决变更。

【实务指导】

司法实践中，变更判决和撤销、解除判决的适用也有一个合乎比例的问题。如作出征地决定，签订《征收补偿协议》后但还未及时履行，征地决定被撤销或变更，使得部分或全部的协议失去了基础，法院可以判决协议解除或者撤销，但是法院除了解除、撤销协议，能不能根据当事人的请求或者法院直接变更行政协议？我们认为，行政协议符合解除、撤销条件，原告请求变更，人民法院依法也可以变更的，原则上应当变更，不得撤销。主要考虑到参照我国《合同法》的规定，且考虑到即使在行政协议领域，在不违法的前提下尽可能尊重原告主张的必要性，从而最大限度地实现合同当事人自治。也就是说，即使合同订立时存在可解除、撤销的情形之一，但原告仍然愿意接受合同，只主张适当变更的，在不违法和损害公益、第三人权益的前提下，人民法院应当尊重原告的选择，只判决变更，而不应撤销合同，但为维护公共利益和第三人利益而必须撤销的除外。关于法院未经当事人申请变更可否直接变更行政协议的问题，我们认为，法院直接变更的范围主要集中于法定的部分、体现了行政性的部分，对其判断应重点适用行政法合法性审查原则，符合《行政诉讼法》变更判决规定的，可以判决直接变更，而对协商一致的部分则应当经当事人申请变更后才能变更，否则只能撤销或者解除。

当然，行政协议的撤销与变更应尽可能尊重原告的选择，这一点与行政合同的无效确认不同。对于具备法定的无效情形的行政协议，即使当事人对协议效力没有异议，即均承认协议有效，人民法院仍应判决无效。因为协议是否无效主要依据法律的强制性规定判断。

【关联规定】

1.《中华人民共和国民法典》

第一百一十九条 依法成立的合同，对当事人具有法律约束力。

第四百六十五条 依法成立的合同，受法律保护。

依法成立的合同，仅对当事人具有法律约束力，但是法律另有规定的除外。

第五百零九条第一款 当事人应当按照约定全面履行自己的义务。

2.《中华人民共和国行政诉讼法》

第六十九条 行政行为证据确凿，适用法律、法规正确，符合法定程序的，或者原告申请被告履行法定职责或者给付义务理由不成立的，人民法院判决驳回原告的诉讼请求。

第七十七条 行政处罚明显不当，或者其他行政行为涉及对款额的确定、认定确有错误的，人民法院可以判决变更。

人民法院判决变更，不得加重原告的义务或者减损原告的权益。但利害关系人同为原告，且诉讼请求相反的除外。

相关案例

温某芝诉上海市虹口区住房保障和房屋管理局房屋征收补偿协议案

【案号】

一审：上海铁路运输法院（2017）沪7101行初892号行政判决书

【案情及裁判】

原告：温某芝。

被告：上海市虹口区住房保障和房屋管理局。

第三人：冯某洪、冯某露、冯某香、偶某之、马某、马某宁、冯某英、顾某、顾某琳、冯某琴、李某棣、李某、冯某兰、方某程、方某苹、冯某婷。

原告诉称，本市秦关路8号房屋（以下称被征收房屋）系公房，原承租人为原告丈夫冯某来，其于2016年12月过世。2016年1月27日，冯某洪受丈夫委托，与被告签订了编号J–DL2116《上海市国有土地上房屋征收补偿协议》（以下简称补偿协议），确认11人为居住困难人员，但其中冯某英、顾某、顾某琳、冯某琴、李某棣、李某及方某程、方某苹8人或有商品房，或曾在他处获得拆迁补偿安置，或享受过福利分房，均不符合居住困难户的条件。补偿协议损害了国家利益，侵犯了原告的合法权益，故请求确认补偿协议无效。原告提供了如下材料：（1）户口簿、补偿协议及结算单；（2）动迁户住房分配报批单、过户申请书、不动产登记簿，证明冯某琴、李某棣、李某曾享受过动迁安置，现有汾西路261弄7号501室、建筑面积69.71平方米房屋一套；（3）补偿协议、住房调配单、不动产登记簿，证明顾某、冯某英、顾某琳曾于2002年享受过动迁安置，现有临汾路894弄3号、建筑面积46.68平方米房屋一套；（4）不动产登记簿、住房出售合同、不动产登记信息，证明方某程有新村路1388弄75号、建筑面积140.28平方米及沙浦路518弄81号、建筑面积189.92平方米房屋两套。

被告辩称，其对申请居住困难人员是否符合法定条件是根据系统查询报告结合相关政策进行认定。本案中，可能是因为相关信息未登记全面，导致在查询方某程的房屋信息时有遗漏，但除方某程、方某苹外，冯某英、顾某、顾某琳、冯某琴、李某棣、李某均属于他处有房但人均不足15平方米，符合居住困难的条件。因此，原告户只需返还此二人的补贴款项，但不影响补偿协议的效力，故请求法院驳回原告的诉讼请求。被告提供了房屋征收决定、房屋征收范围公告、租用公房凭证、征收评估分户报告、评估均价公告、委托书、补偿协议、结算单、居住困难保障补贴申请户住房核查报告、居住困难户认定结果、户口簿、上海市房地产登记簿、达到协议生效比例的公告、资料送达征收单、拆房申请单、民事判决书、协助执行通知书。

第三人冯某洪述称，同意原告的诉讼请求，并表示当时签约时是受骗的，对居住困难情况并没有阅看仔细。

第三人冯某香、偶某之、马某、马某宁述称，同意原告的诉讼请求。其他人和他们一样曾享受过福利分房，却均被认定为居住困难，而他们却被排除，明显不公。

第三人冯某英、顾某、顾某琳、冯某琴、李某棣、李某述称，不同意原告的诉讼请求。被征收房屋的承租人是冯某来，原告不具有诉讼主体资格，而且原告之前曾多次表示确认补偿协议有效。六第三人均符合居住困难条件。第三人提供法院庭审笔录，证明法院曾询问各方对补偿协议效力的意见，各方均表示认可。

第三人冯某婷述称，不同意原告的诉讼请求。

第三人冯某兰、方某程、方某苹无述称意见。

经审理查明：2015年12月3日，上海市虹口区人民政府作出虹府房征〔2015〕4号房屋征收决定，被征收房屋在此范围内，冯某来为承租人，内有在册户籍14人。2015年12月18日，冯某来委托冯某英，与被告分别于2015年12月28日、2016年1月21日先后签订两份协议。2016年1月20日，虹口区旧区改造和房屋征收居住困难认定小组确认冯某来户在册户口11人即冯某来、温某芝、冯某英、顾某、顾某琳、李某棣、李某、冯某琴、方某程、方某苹、冯某露符合居住困难户认定范围。2016年1月24日，冯某来又委托冯某洪作为代理人。同月27日，冯某洪与被告签订了补偿协议，协议中明确冯某来（即乙方）、被告（即甲方），被征收房屋认定建筑面积27.88平方米，房屋价值补偿款1485260.38元。其中第六条（居住困难保障补贴）载明："经认定，乙方符合居住困难户的补偿安置条件，居住困难人口信息为冯某来、温某芝、冯某英、顾某、顾某琳、李某棣、李某、冯某琴、方某程、方某苹、冯某露，居住困难户增加货币补贴款2023739.62元，计算公式如下：14500.00×22×11–1485260.38"。其他条款另约定了各类补贴、奖励费用。签约后，2016年2月3日该户交房拆除。同年10月20日，冯某英等人向上海市虹口区人民法院起诉温某芝等人分家析产诉讼。2016年12月冯某来过世。2017年2月22日，法院开庭审理，询问各方当事人对补偿协议效力的意见，各方均认为补偿协议有效。2017年4月13日，上海市虹口区人民法院就被征收房屋的补偿安置内容作出一审判决。温某芝不服提起上诉，现在二审审理期间。原告认为有部分人员不符合居住困难户的条件，遂诉至法院，请求判如所请。

上海铁路运输法院认为：根据《上海市国有土地上房屋征收与补偿实施细则》之规定，公有房屋承租人所得的货币补偿款、产权调换房屋归承租人及其共同居住人共有，因此原告作为共同居住人之一，对于涉及其户征收补偿利益的补偿协议之效力具有提起诉讼的主体资格；另外，秦关路8号公房隶属征收范围，征收部门与承租人的委托代理人经协商后就该房屋的征收补偿事宜签订补偿协议，协议主体适格，符合《上海市国有土地上房屋征收与补偿实施细则》之规定。现原告主要就补偿协议中第六条提出异议，进而要求确认补偿协议无效。根据《合同法》第五十二条的规定，协议无效需满足法定条件，即一方以欺诈、胁迫的手段订立合同，损害国家利益；恶意串通，损害国家、集体或者第三人利益；以合法形式掩盖非法目的；损害社会公共利益；违反法律、行政法规的强制性规定。而综观本案，原告所述情况均不符合上述规定，况且原告及其户内人员在分家析产诉讼中已明确表示确认补偿协议的效力，因此，该院认为原告要求确认补偿协议无效理由及法律依据不足，不予支持。不过根据案件审理查明事实，补偿协议中对冯某来户的居住困难认定确实存在不当，进而影响到居住困难补贴数额的确定。考虑到该内容涉及国家利益，被告作为征收部门明确要求返还，因此对该条款依法应予更正。虽然该条款的变更可能会减损原告权益，但原告正是以此为由要求确认补偿协议无效，因此法院判决变更与其请求并无矛盾。除此，补偿协议其余条款符合法律、法规规定，合法有效。至于原告及部分第三人对认定人员提出的异议，该院认为相关部门重新作出的认定并无不当，符合法律、法规及相关政策规定。据此判决如下：一、驳回原告温某芝的诉讼请求；二、变更被告上海市虹口区住房保障和房屋管理局与第三人冯某洪于2016年1月27日签订的补偿协议中第六条为："经认定，乙方符合居住困难户的补偿安置条件，居住困难人口信息为冯某来、温某芝、冯某英、顾某、李某、冯某露，居住困难户增加货币补贴款428739.62元，计算公式如下：14500.00×22×6-1485260.38。"

【评析】

《行政诉讼法》第七十七条规定，行政处罚明显不当，或者其他行政行为涉及对款额的确定、认定确有错误的，人民法院可以判决变更。人民法院判决变更，不得加重原告的义务或者减损原告的权益。但利害关系人同为原告，且诉讼请求相反的除外。对于行政协议案件而言，原告以居住困难人员认定错误为由请求确认房屋征收补偿协议无效。审理过程中，住房保障机构根据新的事实和证据对于居住困难人员进行了重新审核和认定。征收部门对居住困难重新审核的结果无异议，因居住困难保障补贴条款具有独立性且数额确有错误，征收部门已无裁量或判断余地，法院可径行判决变更该居住困难保障补贴条款。这样既维护了国家利益和社会公共利益，也未增加原告义务或减损原告权益，最终确保了协议基本内容不动摇，一次性实质解决行政争议。

第三节　行政协议内容空白的处理

金华市光跃商贸有限公司诉
金华市金东区人民政府拆迁行政合同案

【案号】

一审：浙江省金华市中级人民法院（2018）浙07行初128号行政判决书

二审：浙江省高级人民法院（2019）浙行终1068号行政判决书

【案情】

上诉人（一审原告）：金华市光跃商贸有限公司（以下简称光跃公司）。

被上诉人（一审被告）：金华市金东区人民政府（以下简称金东区政府）。

2017年3月4日，原告光跃公司法定代表人严某跃与被告金东区政府设立的多湖中央商务区征迁指挥部签订《多湖中央商务区金华市光跃商贸有限公司房屋及土地收购货币补偿协议》，原告同意多湖中央商务区征迁指挥部收购其所有的坐落于金华市金东区浮桥东路88号华丰市场综合楼的房屋。但双方未就房屋的性质、面积及收购的补偿金额等内容进行约定。同日，原告法定代表人严某跃作出书面承诺，承诺其本人会积极响应多湖中央商务区开发建设，同意先行拆除华丰市场所有建筑物，自愿承担先行拆除的所有法律效果。次日，多湖中央商务区征迁指挥部对原告所有的华丰市场综合楼实施了拆除。后双方就收购的补偿金额一直在磋商。2017年3月8日、7月11日原告两次向多湖中央商务区征迁指挥部预支了补偿款100万元、205万元。2018年3月8日，因原告对指挥部委托凯宝评估公司作出的评估报告有异议，多湖中央商务区征迁指挥部向原告作出告知书，告知其可以再次进行评估以完善收购协议。双方至今未对补偿金额达成一致意见。原告提起诉讼，请求：（1）确认原告2017年3月4日签订的《多湖中央商务区金华市光跃商贸有限公司房屋及土地收购货币补偿协议》无效；（2）确认被告征迁违法；（3）请求被告恢复原状并赔偿损失或按现行同类附近房地产价格赔偿原告损失。庭审中，原告撤回第二项确认被告征迁违法的诉讼请求。

【审判】

一审法院认为，本案所涉《房屋及土地收购货币补偿协议》系因多湖中央商务区建设需要，由原告光跃公司法定代表人严某跃与被告金东区政府设立的多湖中央商务区征迁指挥部签订。该协议实质是地方政府为实现公共利益和行政管理目标，以“收购”代替“征收”。在现行法律制度缺乏强制性收购规定的前提下，对旧城改造中未达成收购协议的房屋的收回和拆除，只能通过《国有土地上房屋征收与补偿条例》规定的征收程序来解决。但建立在平等、自愿、等价、有偿原则的基础上的收购协议，在一定层面上有利于提高旧城改造的效率，并有助于通过合理的价格来对房屋所有权人给予更加充分更加及时的补偿安置，因此，具有现实合理性和可行性。对于行政机关在坚持平等、自愿、等价、有偿原则的基础上，愿意对房屋所有权人进行公平合理的并不低于当时当地同区位同类房屋市场评估价格的补偿安置，且不存在《合同法》第五十二条等规定的以欺诈、胁迫等手段签订收购协议情形的，不宜完全否定此种收购协议的合法性。本案中，原告光跃公司同意多湖中央商务区征迁指挥部收购其所有的坐落于金华市金东区浮桥东路88号华丰市场综合楼的房屋。虽然双方未就房屋的性质、面积及收购的补偿金额等内容进行约定，但原告已承诺先行拆除华丰市场所有建筑物，并两次向多湖中央商务区征迁指挥部预支补偿款100万元、205万元及要求重新评估，根据《最高人民法院关于适用〈中华人民共和国合同法〉若干问题的解释（二）》第一条第一款的规定，可以认定双方协议成立并已部分履行了协议。原告有继续通过磋商完善协议的意愿，且本案所涉《房屋及土地收购货币补偿协议》不存在《合同法》第五十二条等规定的以欺诈、胁迫等手段签订收购协议情形。因此，对原告要求确认该协议无效的请求，本院不予支持。鉴于协议约定的房屋已被拆除，因此，对原告要求恢复房屋原状的请求，本院不予支持。对于涉案房屋的损失补偿问题，被告应采取补救措施，双方对房屋的性质、面积及补偿价格等可以通过协商的方式解决，协商不成的，被告应及时作出补偿的处理意见。为有效维护行政相对人的合法权益，对涉案房屋的补偿应公平合理并不低于补偿时当地同区位同类房屋市场评估价格。综上，依照《行政诉讼法》第七十八条第一款之规定，判决：一、责令被告金东区政府于本判决生效之日起三个月内对原告光跃公司所有的坐落于金华市金东区浮桥东路88号华丰市场综合楼的房屋的损失采取补救措施；二、驳回原告光跃公司的其他诉讼请求。

二审法院认为，关于被诉《房屋及土地收购货币补偿协议》是否成立及无效的问题。经查，被诉《房屋及土地收购货币补偿协议》内容仅有协议签订主体及收购标的，没有就房屋的性质、面积及收购的补偿金额等内容进行约定。但从协议签订当日，上诉人光跃公司法定代表人出具了“同意先行拆除华丰市场所有建筑物，自愿承担先行拆除的所有法律效果”的承诺书，结合之后拆除、光跃公司预支部分补偿款、双方多次协商补偿标准等事实来看，可以认定诉讼双方当事人对先拆再行协商解决补偿的意思表示是达成一致的。原审法院据此依照《最高人民法院关于适用〈中华人民共和国合同法〉若干问题的解释（二）》第一条第一款的规定，认定双方协议成立并已部分履行了协议，以及不存在《合同法》第五十二条等规定的以欺诈、胁迫等手段签订收购协议情形等并无不当。光跃公司称“承诺书指向的是不明建筑物，并不是综合楼”，与该承诺书记载的“所有建筑物”不符。光跃公司提供的证据也不足以支持其主张。此外，《国有土地上房屋征收与补偿条例》对国有土地上房屋行政征收目的、条件、程序等作出了规定，但并未禁止类似被诉国有土地上房地产收购补偿协议的签订，本案不存在违反法律、行政法规强制性规定的情形。有权机关是否依照《国有土地上房屋征收与补偿条例》作出房屋征收决定，与本案审查协议是否无效并不具有关联性，故本案没有房屋征收决定也不足以认定被诉《房屋及土地收购货币补偿协议》无效。被上诉人金东区政府设立的涉案地块改造的具体组织实施机构，多湖中央商务区征迁指挥部可以与光跃公司签订收购补偿协议，不存在《行政诉讼法》第七十五条规定的无效情形。综上，光跃公司上诉主张被诉《房屋及土地收购货币补偿协议》无效的理由不足，该院不予采信，对其恢复原状的请求亦不予支持。

关于一审判决有关认定是否有违被上诉人承诺及责令被上诉人限期采取补救措施的主文内容是否明确的问题。首先需要指出的是，金东区政府组建的多湖中央商务区征迁指挥部在未与光跃公司就补偿标准、金额达成一致的情况下，即与光跃公司签订被诉《房屋及土地收购货币补偿协议》，并实施拆除行为，系造成本案纠纷的直接原因。在此情况下，一审法院为依法、及时保障光跃公司合法权益，节约司法资源，判令金东区政府限期就光跃公司损失问题采取补救措施是必要并有依据的。关于光跃公司的异议，经查，光跃公司称金东区政府在一审庭审中承诺“以不动产登记为准，按现有附近同类房地产市场价格进行赔偿”，其实质系认为金东区政府当时承认本案补偿按照被收购房屋登记中载明的商业性质标准进行。但金东区政府予以否认。经查一审庭审记录，不能反映金东区政府作出过上诉人所称的承诺，故对该主张不予采信。原判在说理部分已经明确“为有效维护行政相对人的合法权益，对涉案房屋的补偿应公平合理并不低于补偿时当地同区位同类房屋市场评估价格”，进一步认定“对于涉案房屋的损失补偿问题，被告应采取补救措施，双方对房屋的性质、面积及补偿价格等可以通过协商的方式解决，协商不成的，被告应及时作出补偿的处理意见”，判决采取补救措施的期限也明确、合理。因此，该裁判内容是明确且可执行的。光跃公司有关补偿标准的意见，可在之后的损失补救程序中主张。故对光跃公司就此部分内容提出的异议，该院不予采信。

综上，光跃公司上诉请求撤销原审判决的理由不足，不予采纳。原审判决认定事实清楚，适用法律正确，审判程序合法。遂判决驳回上诉，维持原判。

【评析】

《行政诉讼法》第七十八条第一款规定："被告不依法履行、未按照约定履行或者违法变更、解除本法第十二条第一款第十一项规定的协议的，人民法院判决被告承担继续履行、采取补救措施或者赔偿损失等责任。"即法院经审查查明被告不依法履行、未按照约定履行或者违法变更、解除协议的，可以要求被告承担违约责任，根据原告请求和实际情况，作出要求被告继续履行行政协议、采取补救措施或者赔偿损失的判决。但是，对于上述规定对行政协议违约应承担法律责任的性质存在两种不同的观点。一种观点认为，行政协议案件是行政协议行为案件，只能判决承担赔偿责任，不能判决违约责任；另一种观点则认为，行政协议案件应当坚持民事诉讼"不告不理"原则，按照当事人诉讼请求进行审理裁判，应当根据当事人诉求判决承担返还财产、赔偿等违约责任。我们认为，人民法院要对行政协议案件进行合法性审查和合约性审查，行政协议案件包括行政机关行使优益权的行政行为案件，也包括行政机关违反行政协议约定的案件。2014年修正的《行政诉讼法》借鉴《合同法》第一百零七条"当事人一方不履行合同义务或者履行合同义务不符合约定的，应当承担继续履行、采取补救措施或者赔偿损失等违约责任"的规定，明确了行政协议案件的违约责任。因此《行政诉讼法》第七十八条作出上述规定。该规定的释义中进一步明确，"合同法规定，不履行合同就要承担违约责任""法院经审理查明被告不依法履行、未按照约定履行的，可以要求被告承担违约责任"。[①]故立法机关认为在对《行政诉讼法》第七十八条行政机关违反行政协议约定内容的，应当承担相应的是违约责任。

根据《行政诉讼法》第七十八条规定，行政协议的判决内容包括继续履行、采取补救措施、赔偿损失等，但是没有明确具体适用条件，也没有明确

① 全国人大常委会法制工作委员会行政法室编著：《中华人民共和国行政诉讼法解读》，中国法制出版社2014年版，第214页。

上述违约责任之间的关系。2015年《最高人民法院关于适用〈中华人民共和国行政诉讼法〉若干问题的解释》第十五条第一款规定，原告主张被告不依法履行、未按照约定履行协议或者单方变更、解除协议违法，理由成立的，人民法院可以根据原告的诉讼请求判决确认协议有效、判决被告继续履行协议，并明确继续履行的具体内容；被告无法继续履行或者继续履行已无实际意义的，判决被告采取相应的补救措施；给原告造成损失的，判决被告予以赔偿。可见判决内容主要包括判决继续履行、采取补救措施和赔偿损失。该条对此作了进一步的细化。鉴于2015年《最高人民法院关于适用〈中华人民共和国行政诉讼法〉若干问题的解释》第十五条第一款规定内容比较成熟，《最高人民法院关于审理行政协议案件若干问题的规定》继续作了规定。此外，为了防止行政机关滥用变更、解除协议权，《最高人民法院关于审理行政协议案件若干问题的规定》规定，被告变更、解除行政协议的行政行为存在《行政诉讼法》第七十条情形的，人民法院判决撤销或者部分撤销，并可以责令被告重新作出行政行为，也可以依据《行政诉讼法》第七十八条的规定判决继续履行协议、采取补救措施；给原告造成损失的，判决被告予以赔偿。

《合同法》第一百一十一条规定：“质量不符合约定的，应当按照当事人的约定承担违约责任。对违约责任没有约定或者约定不明确，依照本法第六十一条的规定仍不能确定的，受损害方根据标的的性质以及损失的大小，可以合理选择要求对方承担修理、更换、重作、退货、减少价款或者报酬等违约责任。”[①]如果被告履行合同不适当、无法继续履行或者继续履行已无实际意义的，还可以采取合同法规定的修理、更换、重作、退货、减少价款或者报酬等补救措施。《最高人民法院关于审理行政协议案件若干问题的规定》第十九条第一款借鉴《合同法》的上述规定并依据《行政诉讼法》七十八条，规定：“……被告无法履行或者继续履行无实际意义的，人民法院可以判决被告采取相应的补救措施……”补救措施是指在行政协议有效的

① 对应《民法典》第五百八十二条。

前提下，行政机关采取的消除争议或者缓解矛盾的措施。人民法院判决被告采取相应的补救措施原则上不能在判决主文中笼统表述，应尽可能对采取补救措施的具体内容进行明确，以便于行政机关实施和法院之后的强制执行。例如，《海南省土地征收补偿安置管理办法》规定，土地被征收后被征地集体的剩余土地不能满足生产需要的，市、县、自治县人民政府应当按照便利、就近的原则，安排一定数量的土地给被征地集体发展农业生产；被征地集体用征地补偿安置费用发展生产、安置劳动力就业确有困难的，市、县、自治县人民政府应当从土地有偿出让收入中提取一定资金补助被征地集体发展生产、安置劳动力；省和市、县、自治县人民政府每年安排的再就业专项资金中应当有一定比例的资金用于培训被征地农民，提高其再就业能力。具体实施办法由省人事劳动保障部门会同有关部门制定。这些“安排一定数量的土地给被征地集体发展农业生产”“补助被征地集体发展生产、安置劳动力”“培训被征地农民”的内容，如果没有作为土地征收补偿协议中的一部分写进协议，则法院可以作为“采取相应的补救措施”的内容明确写进判决。

本案争议的问题在于，不能确认被诉空白行政协议无效或具有其他违法情形，原告诉请无法得到支持的前提下，人民法院能否突破原告诉请范围，责令行政机关限期采取补救措施，依法及时维护因签订空白协议造成原告权益迟迟未能得到有效救济的问题。从表面上看，一审判决责令金东区政府限期采取补救措施，既突破了原告诉请范围，也与《行政诉讼法》第七十八条第一款以及《民事诉讼法》《合同法》《民法总则》等民事法律规范的规定不符，一审判决依法应予撤销。但是，从诉讼过程来看，协议双方对先拆再行协商补偿款事项是达成一致的，光跃公司上诉对一审判决责令金东区政府限期采取补救措施并无不满，只是认为没有采纳其“按照房屋商业性质”标准、责令区政府予以补偿是错误的。在此情况下，如果仅以一审判决责令金东区政府限期采取补救措施没有法律依据为由予以撤销，反而造成光跃公司权益无法得到有效救济，有损上诉人利益。同时，金东区政府组建的指挥部在未与相对人就补偿标准、方式、金额达成一致的情况下即行签订空白协议，并据此实施了拆除行为，又在多次协商未果的情况下，迟迟未就补偿事宜作出决定，系造成涉案纠纷的直接原因。因此，本案虽与《行政诉讼法》第七十八条第一款“被告不依法履行、未按照约定履行或者违法变更、解除本法第十二条第一款第十一项规定的协议的，人民法院判决被告承担继续履行、采取补救措施或者赔偿损失等责任”规定的情形不尽相符，但根据《行政诉讼法》第一条“……解决行政争议，保护公民、法人和其他组织的合法权益，监督行政机关依法行使职权……”的立法宗旨，本案判决金东区政府就光跃公司损失限期采取补救措施是必要并有事实和法律依据的。

【关联规定】

《中华人民共和国民法典》

第五百一十条 合同生效后，当事人就质量、价款或者报酬、履行地点等内容没有约定或者约定不明确的，可以协议补充；不能达成补充协议的，按照合同相关条款或者交易习惯确定。

第五百一十一条 当事人就有关合同内容约定不明确，依据前条规定仍不能确定的，适用下列规定：

（一）质量要求不明确的，按照强制性国家标准履行；没有强制性国家标准的，按照推荐性国家标准履行；没有推荐性国家标准的，按照行业标准履行；没有国家标准、行业标准的，按照通常标准或者符合合同目的的特定标准履行。

（二）价款或者报酬不明确的，按照订立合同时履行地的市场价格履行；依法应当执行政府定价或者政府指导价的，依照规定履行。

（三）履行地点不明确，给付货币的，在接受货币一方所在地履行；交付不动产的，在不动产所在地履行；其他标的，在履行义务一方所在地履行。

（四）履行期限不明确的，债务人可以随时履行，债权人也可以随时请求履行，但是应当给对方必要的准备时间。

（五）履行方式不明确的，按照有利于实现合同目的的方式履行。

（六）履行费用的负担不明确的，由履行义务一方负担；因债权人原因增加的履行费用，由债权人负担。

第四节　行政协议权利义务一致的判断及处理

独山县美居置业有限责任公司诉贵州省独山县人民政府、贵州省独山县住房和城乡建设局房屋拆迁安置协议案

【案号】

一审：贵州省黔南布依族苗族自治州中级人民法院（2015）黔南行初字第41号行政判决书

二审：贵州省高级人民法院（2016）黔行终656号行政判决书

再审：最高人民法院（2017）最高法行申4623号行政裁定书

【案情】

再审申请人（一审原告、二审上诉人）：贵州省独山县美居置业有限责任公司。

再审被申请人（一审被告、二审被上诉人）：贵州省独山县人民政府、贵州省独山县住房和城乡建设局。

独山县美居置业有限责任公司向贵州省黔南布依族苗族自治州中级人民法院诉称，2011年1月28日，其公司法定代表人林某宝通过参加挂牌出让以12593.95万元的价格取得胶鞋厂片区的土地使用权，用于开发建设“盛源国际”房地产项目。按照与独山县国土资源局签订的《国有建设用地使用权出让合同》附件3《独山县建设项目规划设计要点通知书》的要求，项目建设中应配建回迁安置用房不少于62988平方米，其中，商业用房不少于3910

平方米。但独山县政府、住建局除违法要求美居置业有限责任公司提供回迁安置房屋外，还要求美居置业有限责任公司替被告承担依法应该由独山县政府、住建局承担的货币安置补偿义务，要求美居置业有限责任公司缴纳征收保证金等共计48913034.84元，用于独山县政府、住建局将来结算安置补偿款，其中包含21802.21平方米的国有资产通过评估后的货币补偿872.21万元。请求法院依法确认独山县政府、住建局要求美居置业有限责任公司提供超过3910平方米商业房和27038.86平方米住宅用房用于回迁安置的行政行为违法；依法确认独山县政府、住建局要求美居置业有限责任公司承担拆迁补偿费用的行政费用违法。庭审中，美居置业有限责任公司放弃了第一项诉求请求，坚持要求确认独山县政府、住建局要求美居置业有限责任公司无偿提供回迁安置房、承担拆迁补偿费用（含征收工作经费）的行为违法，并判令由独山县政府、住建局承担诉讼费。

黔南布依族苗族自治州中级人民法院一审查明，2010年7月，独山县政府为推进该县旧城改造、规范市场秩序工作，决定规划开发该县胶鞋厂片区。经该县国土资源局委托贵州恒鉴不动产评估有限公司对上述地块进行估价（净地价总地价为17903.9万元；毛地价总地价为12593.95万元）后，于2010年12月29日在中国土地市场网上发布“独国挂告字〔2010〕03号”独山县国土资源局国有土地使用权挂牌出让公告，以挂牌方式出让该县南通南路（胶鞋厂片区）即上述地块土地使用权。公告明确出让地块为现状地块，其中有部分建筑物和构筑物需拆迁。同时，在一并发布的《国有土地使用权挂牌出让须知》中，明确该宗地块的土地开发程度为现状地块，并定于2011年1月28日组织申请竞买人对拟出让地块进行现场踏勘。2011年1月19日至28日，林某宝以自然人身份参加竞买，并于1月28日在举办上述地块的土地使用权挂牌出让活动中以12593.95万元的价格取得该宗地块的土地使用权。2011年2月16日林某宝与独山县国土资源局签订《国有建设用地使用权出让合同》。合同约定编号为03，面积为62470平方米的独山县南通南路（胶鞋厂片区）地块的国有建设用地使用权，以125939500元的价格出让给林某宝。其中第十三条约定：“在本合同项下宗地范围内新建建筑物、构筑物及其附属设施的，应符合市（县）政府规划管理部门确定的出让宗地规划条件（见附件3）”。该附件3中对建筑密度、建筑面积、绿地率、容积率等均作了详细的规定，也明确规定了“配建回迁安置用房不少于62988平方米，其中，商业用房不小于3910平方米”。除此之外，该合同及其附件并未明确约定受让人需承担拆迁安置补偿及支付征收工作经费的义务。同年3月4日、4月8日，林某宝分三笔支付了上述地块土地使用权出让价款共计125939500元。2011年3月18日独山县美居置业有限责任公司注册成立，公司类型为自然人投资或控股的有限责任公司，林某宝担任公司法定代表人，经营范围为房地产开发、销售、房屋租赁。后美居置业有限责任公司采取分区、分期建设方式在上述地块上开发建设“盛源国际”商住小区。同年9月17日，独山县政府作出征收决定，并根据《国有土地上房屋征收与补偿条例》制定了《独山县胶鞋厂片区旧城改建项目房屋征收安置补偿方案》一并向社会公布，确定独山县政府作为征收主体，独山县住建局作为征收实施单位，并在方案的“其他事项”中明确“政府对被征收人给予补偿后，被征收人应当在补偿协议约定或者补偿决定确定的搬迁期限内完成搬迁……”

此后，在具体实施该项目征收范围内的土地房屋征收补偿工作中，除了由该县住建局负责组织相关部门具体实施外，还由该县政府成立的临时机构——独山县城镇化建设指挥部及其办公室（以下简称指挥部办公室）统一协调、指挥。从2011年3月至2014年6月，指挥部办公室多次组织美居置业有限责任公司、独山县政府、住建局有关胶鞋厂片区即上述项目征收工作的人员参加会议，讨论议定该项目的征收补偿工作，并以“关于胶鞋厂片区房屋征收专题会议纪要”或“文件（通知）”“商洽函”等形式，要求美居置业有限责任公司按征收总经费的3%支付征收工作经费（由指挥部办公室收取，用于开展该项目的征收补偿工作）、支付征收补偿保证金（由县住建局收取，用于支付被征收对象的补偿安置费用）、提供回迁房源（含住房及门面，由县住建局用于安置被征收对象）。在此期间，美居置业有限责任公司共计以转账方式支付征收补偿保证金46569682.07元到住建局的专用账户上，指挥部办公室以借条形式向美居置业有限责任公司预支征收工作经费1431813.70

元，住建局在与该宗地块上的部分被拆迁户签订回迁安置协议时，直接将美居置业有限责任公司开发建设用于回迁安置的部分房产作为安置房进行处分。此外，独山县房地产管理局先后于2012年12月28日和2013年12月17日向美居置业有限责任公司颁发（2012）商房预字第006号和（2013）商房预字第007号《商品房屋预售许可证》时，以锁号禁售的方式冻结了A区和B区的住宅26241.29平方米、商铺13260.72平方米限制销售。2015年3月31日，在向美居置业有限责任公司颁发盛源国际C区部分面积的预售许可证时，又限制预售53间面积为4875.83平方米的商业用房，并要求美居置业有限责任公司提供该区住宅797.57平方米用于回迁。美居置业有限责任公司认为独山县政府、住建局的上述行为是违法行为，侵犯其经营自主权和财产权，遂向本院提起诉讼，请求判决支持其如前诉讼请求。

另查明，美居置业有限责任公司就独山县房地产管理局锁号禁售限制其销售“盛源国际”商住小区A区、B区及C区可预售房屋的行为以及其认为独山县国土资源局未按约定履行国有建设用地使用权出让合同义务等，曾向都匀市人民法院提起诉讼，业经该院审结，分别作出的（2015）都行初字第43号、第45号行政判书都已发生法律效力。

【审判】

黔南布依族苗族自治州中级人民法院一审认为，本案争议焦点是：（1）美居置业有限责任公司的起诉是否超过起诉期限；（2）被告要求美居置业有限责任公司无偿提供回迁安置房、承担拆迁补偿费用（含征收工作经费）的行为是否合法。

关于美居置业有限责任公司的起诉是否超过起诉期限问题。从庭审查明的事实看，独山县政府成立的临时机构指挥部办公室以“关于胶鞋厂片区房屋征收专题会议纪要”或“文件（通知）”“商洽函”等形式，要求美居置业有限责任公司按征收总经费的3%支付征收工作经费、支付征收补偿保证金、提供回迁房源的行为一直持续至2014年6月。根据《最高人民法院关于执行

〈中华人民共和国行政诉讼法〉若干问题的解释》第四十一条第一款“行政机关作出具体行政行为时，未告知公民、法人或者其他组织诉权或者起诉期限的，起诉期限从公民、法人或者其他组织知道或者应当知道诉权或者起诉期限之日起计算，但从知道或者应当知道具体行政行为内容之日起最长不得超过2年”之规定，美居置业有限责任公司于2015年8月提起本案诉讼，并未超过上述规定的起诉期限。

关于被告要求美居置业有限责任公司无偿提供回迁安置房、承担拆迁补偿费用（含征收工作经费）的行为是否合法的问题。经庭审查明，美居置业有限责任公司的法定代表人林某宝通过土地使用权招拍挂的程序，以12593.95万元的价格取得了独山县南通南路（胶鞋厂片区）地块的国有建设用地使用权，用于开发建设“盛源国际”商住小区。除了在其与独山县国土资源局签订的《国有建设用地使用权出让合同》第十三条约定：“在本合同项下宗地范围内新建建筑物、构筑物及其附属设施的，应符合市（县）政府规划管理部门确定的出让宗地规划条件（见附件3）”，以及附件3明确规定“配建回迁安置用房不少于62988平方米，其中，商业用房不小于3910平方米”外，该合同及其附件并未明确约定受让人需承担拆迁安置补偿及支付征收工作经费的义务，而且也没有明确为“免费配建”。独山县政府公布的《独山县胶鞋厂片区旧城改建项目房屋征收安置补偿方案》中，也明确其适用法律依据为《国有土地上房屋征收与补偿条例》，明确征收主体为独山县政府，征收实施单位为独山县住建局。并在方案的“其他事项”中明确“政府对被征收人给予补偿后，被征收人应当在补偿协议约定或者补偿决定确定的搬迁期限内完成搬迁……”而根据《国有土地上房屋征收与补偿条例》第四条“市、县级人民政府负责本行政区域的房屋征收与补偿工作。市、县级人民政府确定的房屋征收部门（以下称房屋征收部门）组织实施本行政区域的房屋征收与补偿工作……”、第五条“房屋征收部门可以委托房屋征收实施单位，承担房屋征收与补偿的具体工作……并对其行为后果承担法律责任”、第十七条“作出房屋征收决定的市、县级人民政府对被征收人给予的补偿包括：……”、第二十一条“被征收人可以选择货币补偿，也可以选择房屋产权调换。被征收人选择房屋产权调换的，市、县级人民政府应当提供用于产权调换的房屋，并与被征收人计算、结清被征收房屋价值与用于产权调换房屋价值的差价。因旧城区改建征收个人住宅，被征收人选择在改建地段进行房屋产权调换的，作出房屋征收决定的市、县级人民政府应当提供改建地段或者就近地段的房屋”、第二十二条“因征收房屋造成搬迁的，房屋征收部门应当向被征收人支付搬迁费；选择房屋产权调换的，产权调换房屋交付前，房屋征收部门应当向被征收人支付临时安置费或者提供周转用房”的规定，承担征收与补偿、提供房屋产权调换房屋的法定主体是作出房屋征收决定的市、县级人民政府；支付搬迁费、临时安置费或者提供周转用房的法定主体是房屋征收部门。因而，本案独山县政府成立的临时机构指挥部办公室以“关于胶鞋厂片区房屋征收专题会议纪要”或“文件（通知）”“商洽函”等形式，要求美居置业有限责任公司无偿提供回迁安置房、承担拆迁补偿费用及征收工作经费的行为与上述法律规定相悖。由于指挥部办公室系独山县政府成立的临时机构，不具有独立承担法律责任的能力，其法律责任依法应由独山县政府承担；且在庭审中，二被告亦未能提供其要求美居置业有限责任公司履行上述行为的合法依据或系双方合同约定的事实根据，故应确认独山县政府、住建局上述行政行为违法。但由于独山县政府、住建局的上述行政行为系在该县对胶鞋厂片区旧城区改建项目征收工作中实施的，涉及200余户拆迁户，撤销上述行政行为会给国家利益、社会公共利益造成重大损害，故不宜撤销。

综上所述，美居置业有限责任公司的诉请证据确凿，理由充分，于法有据，应予以支持。二被告辩解主张，证据不充分，无事实根据和法律依据，应不予采纳。为此，依据如前所述法律规定和《行政诉讼法》第七十四条第一款第一项、第七十六条的规定，判决：一、确认独山县人民政府、独山县住房和城乡建设局在对该县胶鞋厂片区旧城区改建项目征收工作中，要求独山县美居置业有限责任公司无偿提供回迁安置房、承担拆迁补偿费用（含征收工作经费）的行为违法；二、责令独山县人民政府于本判决生效之日起90日内，依照当时我国有关旧城区改建政策及相关法律规定对独山县美居置业有限责任公司履行无偿提供回迁安置房、承担拆迁补偿费用（含征收工作经费）的行为所致损失予以适当补偿，并采取相应的补救措施。

美居置业有限责任公司不服一审判决，向贵州省高级人民法院提起上诉称：违法行政应赔偿，而不是补偿；一审判决第二项不具体明确，缺乏可执行性；给予上诉人赔偿的法律依据明确充足，请求维持一审判决第一项，撤销一审判决第二项，改判承担赔偿责任，采取相应补救措施。

独山县人民政府、独山县住房和城乡建设局不服一审判决，向贵州省高级人民法院提起上诉称：原审法院未就本案事实予以认定，未依据事实进行判决；由房开商作为承担拆迁补偿款及回迁安置房的义务并不违反法律规定；《判决书》仅以没有书面约定为由，而否定了双方之间约定拆迁补偿安置款及安置房由被上诉人承担的事实，该认定不符合事实及法律规定；本案的起诉时效已超过法律规定的起诉期限，其诉权依法不受法律保护；法院判决应依据2010年、2011年的法律规定及地方性法规，请求撤销一审判决。

贵州省高级人民法院二审认为，对独山县政府、独山县住建局要求独山县美居置业有限责任公司无偿提供回迁安置房、承担拆迁补偿费用（含征收工作经费）的合法性评价，前提在于独山县美居置业有限责任公司是否有无偿提供回迁安置房、承担拆迁补偿费用（含征收工作经费）的义务，这也是审理焦点。首先，林某宝（其后成为注册成立的独山县美居置业有限责任公司的法定代表人）与独山县国土资源局签订《国有建设用地使用权出让合同》属于行政协议，作为行政协议其签订合同的目的在于实现行政目标。但作为协议的合同属性亦完全体现在该土地使用权出让合同中，在该合同的签订、履行过程中应按照《合同法》平等保护的要求对双方的权利、义务和责任进行认定和评价。其次，该《国有建设用地使用权出让合同》书面约定的内容，没有明确约定提供回迁安置房、拆迁补偿费用及征收工作经费的义务由谁承担。因此，在合同约定不明的情况下，应按照合同订立的目的，综合探究当事人的缔约真意。也即是对该行政协议，不仅应从形式上审查协议的文本内容，还应根据履约过程中双方的实际行为，结合全案证据与事实对美居置业有限责任公司是否有上述义务作实质判断，充分实现法律的实质公正。最后，就探究本案行政协议缔约真意而言，可以看到一审查明的存在相互关联的如下事实：对涉案地块的估价分为毛地价和净地价的事实，土地挂牌出让公告中明确出让地块为现状地块有部分建筑物和构筑物需拆迁的事实，林某宝以上述毛地价（12593.95万元）取得本案所涉地块的国有土地使用权的事实，以及独山县美居置业有限责任公司在征收房屋工作期间以转账方式支付征收补偿保证金和政府接受的双方实际行为的事实等，从权利义务一致的原则性和合同是否实质成立的要件对上述事实进行审查判断后，可以认为本案中独山县美居置业有限责任公司应在与其合同权利相一致的范围内，合法承担其在本案土地出让合同中取得地块的补偿安置义务，承担相应费用。独山县政府、独山县住建局要求独山县美居置业有限责任公司承担合法的相关补偿安置义务，符合法律要求。综上，一审判决确认独山县政府、独山县住房和城乡建设局在对该县胶鞋厂片区旧城区改建项目征收工作中，要求独山县美居置业有限责任公司无偿提供回迁安置房、承担拆迁补偿费用（含征收工作经费）的行为违法，不符合法律规定，适用法律错误，应予纠正，一审判决关于对独山县美居置业有限责任公司损失予以适当补偿，并采取相应补救措施的判项也应一并予以纠正。综上所述，依据《行政诉讼法》第八十九条第一款第二项“原判决、裁定认定事实错误或者适用法律、法规错误的，依法改判、撤销或变更”和《最高人民法院关于执行〈中华人民共和国行政诉讼法〉若干问题的解释》第五十六条第四项“其他应当裁决驳回诉讼请求的情形”的规定，判决：一、撤销贵州省黔南布依族苗族自治州中级人民法院（2015）黔南行初字第41号行政判决；二、驳回独山县美居置业有限责任公司的诉讼请求；一、二审案件受理费合计100元，由独山县美居置业有限责任公司承担。

独山县美居置业有限责任公司向最高人民法院申请再审，请求撤销贵州省高级人民法院（2016）黔行终656号行政判决，确认被申请人要求申请人无偿提供安置房并承担拆迁补偿费用的行政行为违法；判决被申请人依法对其损失予以赔偿。理由是：（1）被申请人要求申请人履行无偿提供回迁安置房、承担拆迁补偿费用（含征收工作经费）的行政行为没有合法性依据，应当确认违法；（2）二审认定事实错误、适用法律错误；（3）二审遗漏判决，未对被诉行政行为作出判决。

最高人民法院认为，本案的争议焦点是独山县美居置业有限责任公司是否有无偿提供回迁安置房、承担拆迁补偿费用（含征收工作经费）的义务。由于本案约定不明，应按照公平原则明确双方义务，原审不从行政协议权利义务一致原则判定双方权利义务，而驳回原告诉讼请求不当。独山县美居置业有限责任公司的再审申请符合《行政诉讼法》第九十一条规定的情形，遂裁定如下：一、指令贵州省高级人民法院再审本案。二、中止原判决的执行。

【评析】

在实践中，通过民事诉讼方式审理的行政协议案件在判决方式上，大都援引《民事诉讼法》的有关规定进行裁判，如承担缔约过失责任；承担违约损失；继续履行合同或解除合同；撤销合同或确认合同无效，补偿损失等。一般来说，由于法院对民事案件解决方式相对成熟，且契合了行政协议的协议性，所以判决方式上争议并不大。行政协议诉讼案件要注重当事人的诉讼请求。当事人的诉讼请求原则上涉及行政行为合法性审查，有时也不涉及行政行为合法性审查。法院在审查履约相应争议的过程中，需要充分考虑当事人的诉讼请求。因为当事人在合同履行过程中发生争议时，其诉讼请求是不同的，有的可能是要求变更、解除合同，也有的可能是要求履行合同。在这种情况下，应该尊重当事人的诉讼请求，这也体现了行政协议的主观性和主观诉讼特征。《行政诉讼法》在修法过程中有一个争议，即所谓的行政诉讼的审查对象是行政行为合法性还是当事人的诉讼请求。目前为止，行政诉讼审查标的还是行政行为的合法性，当事人的诉讼请求（比如在行政协议案件中）是有的，但是个例外。而且，现在行政诉讼越来越主观化，在审查行政行为合法性的同时更要注重当事人的诉讼请求，判令当事人的权利义务尽可能明确。

在本案，独山县人民政府发布土地挂牌出让公告时，是《城市房屋拆迁管理条例》有效之时；签订国有土地出让合同之时，《国有土地上房屋征收与补偿条例》已经生效，且《城市房屋拆迁管理条例》已经被废止。按照《城市房屋拆迁管理条例》应当由申请人承担安置义务；按照《国有土地上房屋征收与补偿条例》，应当由被申请人承担安置义务。由于本案约定不明，应按照公平原则明确双方义务，既应完成安置义务，也应保护开发商的合理利益。一审已查明，美居置业有限责任公司共计以转账方式支付征收补偿保证金46569682.07元到住建局的专用账户上，指挥部办公室以借条形式向美居置业有限责任公司预支征收工作经费1431813.70元，住建局在与被拆迁户签订回迁安置协议时，直接将美居置业有限责任公司开发建设用于回迁安置的部分房产作为安置房进行处分，但涉案《国有建设用地使用权出让合同》除附件3明确规定“配建回迁安置用房不少于62988平方米，其中，商业用房不小于3910平方米”外，该合同及其附件并未明确约定受让人需承担拆迁安置补偿及支付征收工作经费的义务，也未明确为“免费配建”。二审判决虽认为“本案中独山县美居置业有限责任公司应在与其合同权利相一致的范围内，合法承担其在本案土地出让合同中取得地块的补偿安置义务，承担相应费用”，但没有对该“范围”予以明确界定，而是在缺少审计、评估意见等事实根据的情况下，简单地将独山县政府、独山县住建局向独山县美居置业有限责任公司收取征收补偿保证金、征收工作经费、下达免费配建回迁安置用房任务等一系列行政行为全部予以认可。再审审查期间，双方共同委托会计师事务所进行了审计，审计结果显示被申请人向申请人下达的安置任务（包括面积和金额）并非实际所需。因此，本案应指令再审。再审时，可对实际需要的征地补偿安置面积、金额和现在已交付的安置面积及已支付的征收补偿安置金额进行审计、评估，依据审计、评估意见，按照公平原则，通过调解或判决，综合考虑全案因素对上述“范围”作出界定。最高人民法院据此指令贵州省高级人民法院再审本案。

【实务指导】

本案是典型的运用主观诉讼对行政协议争议进行判决，要求权利义务关系必须明确的案例。但是，这些纯粹主观性或纯粹运用民事诉讼有关规定也会出问题，这也是为什么行政协议永远在主观和客观、公法和私法之间摆动。比如让政府作出安置补偿决定，政府可以决定安置的房子在哪个区域，多少元一平方米，而法院不行，法院只有计算房屋面积和违约金的标准等，但无法确定房子在哪里和如何折算，导致有时无法执行。所以，从某种角度来讲，准用民事诉讼这种主观化的方式是有局限性的，不能完全主观化，比如说协议事项的诉讼费和起诉期限的问题，一般都按照民事规定，但是政府单方解除和变更的这种和传统行政行为一样的情形，还是要按照《行政诉讼法》规定办理。从某种角度上说，这实际上是用了民事和行政两套程序和方式进行审查。这也是行政协议诉讼游离于公法和私法的重要体现。

第五节　人民法院应当具体裁决行政协议当事人的权利义务

左某明诉贵州省桐梓县人民政府、桐梓县教育局房屋拆迁安置协议申请再审案

【案号】

一审：贵州省遵义市中级人民法院（2015）遵市法行初字第480号行政判决书

二审：贵州省高级人民法院（2016）黔行终652号行政判决书

再审：最高人民法院（2017）最高法行申4718号行政裁定书

【案情】

再审申请人（一审原告、二审上诉人）：左某明。

再审被申请人（一审被告、二审被上诉人）：贵州省桐梓县人民政府、贵州省桐梓县教育局（原桐梓县教育和科学技术局）。

左某明起诉称，因桐梓县第五中学改扩建，需占用桐梓县铁西村第17栋铁路职工福利家属房，左某明的房屋在被占地范围内。2012年7月28日，桐梓县教育局与左某明签订了《关于铁西村第17栋铁路职工福利家属楼拆迁安置协议》，协议载明了甲方（桐梓县教育局）受桐梓县人民政府安排与委托与乙方（左某明）签订协议。协议约定因第五中学建设，需先行拆迁乙方（左某明）房屋，甲方（桐梓县教育局）负责比照之后铁西村铁路职工住户的拆迁安置政策，同步对乙方予以相同的安置。2014年，桐梓县人民政府实施"桐梓县荣德山公园城市棚户区建设项目"，对铁西村铁路职工福利家属楼进行拆迁安置。左某明多次请求桐梓县人民政府、桐梓县教育局履行协议，对其予以安置，均未得到解决。左某明请求法院判决：（1）责令桐梓县人民政府、桐梓县教育局履行与左某明签订的协议；（2）判令桐梓县人民政府、桐梓县教育局根据协议第七条的约定，兑现同类协议中的优厚条款，给左某明安置住房200.72平方米；（3）判令桐梓县人民政府、桐梓县教育局根据协议第六条的约定，向左某明支付自2014年10月8日起的违约金668799.04元。

桐梓县人民政府、桐梓县教育局当庭辩称：（1）双方签订协议是事实，当时是为了解决桐梓县第五中学场地不足问题，桐梓县人民政府委托桐梓县教育局实施拆迁安置工作。签订协议时，桐梓县人民政府对该片区的拆迁安置方案还没有出台，后来出台的方案与原告签订的协议存在一定的差距。（2）关于第五中学项目中拆迁的左某明等几户的安置补偿问题，桐梓县教育局向桐梓县人民政府请示解决，现具体经办部门系桐梓县土地房屋征收中心。（3）本案不涉及行政征收，不是行政案件。综上，请求法院依法判决。

原审查明事实如下：左某明系桐梓县第五中学退休教师，其在桐梓县铁西村第17栋铁路职工福利家属楼有房屋一套，房屋使用面积50.82平方米。

2012年，因桐梓县第五中学改扩建，需占用铁西村第17栋铁路职工福利家属楼，桐梓县人民政府委托桐梓县教育局实施征收拆迁工作。2012年7月28日，桐梓县教育局作为甲方、左某明作为乙方，双方签订了《关于铁西村第17栋铁路职工福利家属楼拆迁安置协议》，协议约定甲方负责比照之后铁西村铁路职工住户的拆迁安置政策（方案）同步对乙方予以安置，同时约定“后续同类协议，优于本协议之条款，乙方享有其权利”，“违约者将按安置房时价，每日承担总价2‰的违约金”。

2014年，桐梓县启动荣德山公园城市棚户区建设项目，铁西村铁路职工福利家属楼属该项目征收范围。为能够纳入该项目安置范围，左某明分别于2014年11月3日、2015年10月15日向桐梓县人民政府、桐梓县教育局提交申请，请求签订具体的还房安置协议。因桐梓县人民政府、桐梓县教育局未明确对左某明的安置或补偿内容，也未与原告签订新的还房安置协议，遂提起本案诉讼。

【审判】

一审法院认为，左某明与桐梓县教育局签订《关于铁西村第17栋铁路职工福利家属楼拆迁安置协议》，约定甲方桐梓县教育局先期拆迁乙方左某明房屋，待铁路职工家属基地实施拆迁时同步安置乙方。从该协议约定的“拆迁”“同步安置”内容看，桐梓县教育局行使征收房屋的行政职权，该协议属于行政协议。根据《行政诉讼法》第十二条第一款第十一项的规定，本案属于行政诉讼受案范围。桐梓县人民政府、桐梓县教育局所持本案不属于行政诉讼受案范围的理由，该院不予支持。根据《国有土地上房屋征收与补偿条例》第四条第一款“市、县级人民政府负责本行政区域的房屋征收与补偿工作”的规定，县级人民政府是房屋征收补偿工作责任的承担者。因桐梓县教育局系受桐梓县人民政府的安排和委托与左某明签订协议，但桐梓县教育局在签订协议时是以自己的名义，而非桐梓县人民政府的名义，故桐梓县人民政府、桐梓县教育局作为本案共同被告的主体资格适格。左某明与桐梓县教育局签订的《关于铁西村第17栋铁路职工福利家属楼拆迁安置协议》是双方真实意思表示，不违反法律法规的禁止性规定，也不损害国家、集体或第三人利益，是合法有效的协议。根据《行政诉讼法》第七十八条第一款“被告不依法履行、未按照约定履行或者违法变更、解除本法第十二条第一款第十一项规定的协议的，人民法院判决被告承担继续履行、采取补救措施或者赔偿损失等责任”的规定，应判决桐梓县人民政府、桐梓县教育局继续履行协议。但关于对左某明房屋如何安置或补偿，该协议未明确具体的内容，需要根据铁西村铁路职工福利家属楼其他房屋的征收补偿方案，由左某明与被告签订具体的协议或由桐梓县人民政府作出征收补偿决定。关于左某明要求桐梓县人民政府、桐梓县教育局安置其200.72平方米房屋并支付违约金的请求，现有协议条款中并未明确，应属签订具体安置补偿协议时明确的内容，本案中不予评判。综上，左某明与桐梓县教育局签订的《关于铁西村第17栋铁路职工福利家属楼拆迁安置协议》是合法有效的协议，左某明要求桐梓县人民政府、桐梓县教育局履行协议的请求于法有据，应予支持。根据《行政诉讼法》第七十八条第一款的规定，判决如下：责令桐梓县人民政府、桐梓县教育局在本判决生效后60日内履行与左某明签订的《关于铁西村第17栋铁路职工福利家属楼拆迁安置协议》。

左某明不服一审判决，向贵州省高级人民法院提起上诉称：（1）诉争协议第七条明确约定“后续同类协议，优于本协议之条款，乙方享有其权利”，在左某明之后签约的5户同类协议中，桐梓县人民政府、桐梓县教育局共计优厚增加房屋135.31平方米，故左某明作为最先签约人根据协议第七条的规定，享有增加安置135.31平方米的权利，要求桐梓县人民政府、桐梓县教育局安置住房200.72平方米合法有据；（2）根据诉争协议第二条“同步安置”的规定，桐梓县人民政府、桐梓县教育局应在启动荣德山公园城市棚户区建设项目时同步安置左某明，其未予以安置，故依据协议第六条“违约者将按安置房时价，每日承担总价2‰的违约金”的规定，桐梓县人民政府、桐梓县教育局应就其拖延履行行为承担违约责任，支付左某明违约金；（3）一审判决确认桐梓县人民政府、桐梓县教育局应当履行诉争的协议，但不判决桐梓县人民政府、桐梓县教育局承担违约责任，存在自相矛盾，且要求桐梓县人民政府、桐梓县教育局履行协议、承担违约责任并不妨碍双方再签订新的补偿协议。故请求：（1）依法支持一审判决未予支持的左某明在一审中的第二项、第三项诉讼请求，即判令桐梓县人民政府、桐梓县教育局给上诉人安置住房200.72平方米，并支付左某明违约金668799.04元；（2）诉讼费用由桐梓县人民政府、桐梓县教育局承担。

被上诉人桐梓县人民政府答辩称：（1）诉争协议中并未约定桐梓县人民政府安置左某明住房200.72平方米和支付违约金，左某明的请求没有合同根据；（2）一审判决桐梓县人民政府履行协议正确，即桐梓县人民政府对左某明按照征收补偿政策、征收补偿方案，根据双方签订的诉争协议中的初步约定，再行细化，对左某明的安置面积、位置、补偿金额、安置房交付时间等具体确定，签订具体的征收补偿方案。综上，一审判决认定事实清楚，适用法律法规正确。故请求驳回上诉，维持原判。

二审法院认为，本案的争议焦点是：（1）桐梓县教育局是否为本案适格被告；（2）左某明与原桐梓县教育和科学技术局签订的《关于铁西村第17栋铁路职工福利家属楼拆迁安置协议》是否合法有效；（3）左某明关于安置住房及支付违约金的主张是否应予支持。

关于焦点一，根据《国有土地上房屋征收与补偿条例》第四条第一款的规定，县级人民政府是房屋征收补偿工作责任的承担者。本案中，虽原桐梓县教育和科学技术局以自己的名义与左某明签订协议，但其实质是根据桐梓县人民政府的委托而实施征收拆迁工作，根据《行政诉讼法》第二十六条第五款之规定，桐梓县教育局（原桐梓县教育和科学技术局）并非本案适格被告，对其起诉应当予以驳回。

关于焦点二，被诉协议约定甲方原桐梓县教育和科学技术局先期拆迁乙方左某明房屋，待铁路职工家属基地实施拆迁时同步安置乙方。从该协议约定的“拆迁”“同步安置”内容看，桐梓县人民政府委托原桐梓县教育和科学技术局行使征收房屋的行政职权，该协议属于行政协议，且属于预约性的行政协议；该预约性的行政协议已具备协议的主要条款，且明确约定了当事人的权利义务，即该协议实际是就将来实施同步安置或者将来签订拆迁安置补偿协议达成的合意，故被诉协议是桐梓县人民政府为实现房屋征收拆迁行政管理目标，与左某明自愿协商达成的真实意思表示，不违反法律法规的禁止性规定，也不损害国家、集体或第三人合法权益，系合法有效的行政协议。根据《最高人民法院关于适用〈中华人民共和国行政诉讼法〉若干问题的解释》第十四条、《合同法》第六十条第一款的规定，协议双方均应继续履行该协议。

关于焦点三，其一，关于左某明要求安置其住房200.72平方米的诉请，因涉案协议系对将来实施同步安置或者将来签订拆迁安置补偿协议达成的预约性协议，故关于对左某明房屋如何安置或补偿及何时安置或补偿，该协议并未明确具体的内容，需要根据铁西村铁路职工福利家属楼其他房屋的征收补偿方案，由左某明与桐梓县人民政府签订具体的协议或由桐梓县人民政府作出征收补偿决定，故左某明要求的安置面积无法确定，对其该项诉请该院不予支持。其二，关于左某明要求桐梓县人民政府支付违约金668799.04元的请求，首先，桐梓县人民政府未能与左某明签订具体的征收补偿协议或明确具体的安置内容，系因双方在协商过程中对具体内容未能达成一致意见，非桐梓县人民政府单方原因所致；其次，现诉争协议条款中虽约定“违约者将按安置房时价，每日承担总价2‰的违约金”，但该约定对违约金的起算基数及时间均不明确，属于约定不明；最后，根据《最高人民法院关于适用〈中华人民共和国行政诉讼法〉若干问题的解释》第十四条、《合同法》第六十一条之规定，因该案中双方之间现无相应补充协议，且无法通过协议的其他条款等确定金额，故左某明要求支付违约金668799.04元的诉请无事实及法律依据，不予支持。

综上，一审判决认定事实清楚，但对桐梓县教育局主体资格审查适用法律错误，依照《行政诉讼法》第八十九条第一款“人民法院审理上诉案件，按照下列情形，分别处理：……（二）原判决、裁定认定事实错误或者适用法律、法规错误的，依法改判、撤销或者变更……”之规定，判决如下：一、撤销贵州省遵义市中级人民法院（2015）遵市法行初字第480号行政判决；二、责令桐梓县人民政府在本判决生效后60日内履行与左某明签订的《关于铁西村第17栋铁路职工福利家属楼拆迁安置协议》；三、驳回左某明对桐梓县人民政府的其他诉讼请求；四、驳回左某明对桐梓县教育局的起诉。

左某明不服二审判决，向最高人民法院申请再审称，2012年7月28日左某明与桐梓县教育局签订的《关于铁西村第17栋铁路职工福利家属楼拆迁安置协议》，约定甲方桐梓县教育局先期拆迁乙方左某明房屋，待铁路职工家属基地实施拆迁时同步安置乙方。协议中关于安置标准、违约金等事项的约定是明确的，桐梓县政府应当履行协议的约定，在左某明原有65.41平方米房屋的基础上，给左某明增加135.31平方米的还房安置面积，并支付相应的违约金。左某明还向本院提交部分文件复印件，欲证明桐梓县政府已于2014年10月8日同意对左某明的安置"仿桐梓县荣德山公园城市建设及棚户区改造项目拆迁的15栋、16栋落实"。

最高人民法院再审审查认为，二审法院仅判决桐梓县政府履行与左某明签订的案涉协议，未明确具体的安置面积和违约金，不利于行政争议的实质解决，并极易导致循环诉讼，故本案应当依法再审。左某明的再审申请符合《行政诉讼法》第九十一条规定的情形，遂裁定：一、指令贵州省高级人民法院再审本案；二、再审期间，中止原判决的执行。

【评析】

2004年3月国务院印发的《全面推进依法行政实施纲要》提出，要建设合理行政、程序正当、高效便民、诚实守信、权责统一的法治政府。守法诚信是法治政府的本质要求、基本原则和施政资源。法治政府是按照法治原则运作的政府，而诚信是现代政府和执政党必备的政治品质、基本原则和重要施政、执政资源。随着经济社会的发展，政府为了实现行政管理目标，在其提供公共服务的各个领域广泛采取行政协议这一新型方式。因履行行政协议等所产生的纠纷也日渐增多。2014年修正的《行政诉讼法》将此类纠纷统一明确纳入行政诉讼受案范围。行政协议强调诚实信用、友爱自愿，一经签订，各方当事人必须严格遵守协议的约定进行全面履行。

在实践中，通过民事诉讼方式审理的行政协议案件在判决方式上，大都援引《民事诉讼法》的有关规定进行裁判，如承担缔约过失责任；承担违约损失；继续履行合同或解除合同；撤销合同或确认合同无效，补偿损失等。一般来说，由于法院对民事案件解决方式相对成熟，且契合行政协议的协议性，所以判决方式上争议并不大。因此，要利用好民事技巧，在司法实践中一些行政协议诉讼案件，适用了民事合同的裁判规则。按照民事合同的裁判规则，裁判应当尽最大的能力为当事人明确合同的权利义务，不要“程序空转”，从实质上化解行政协议纠纷。

本案的争议焦点是左某明关于安置住房及支付违约金的具体诉讼请求应否得到支持。本案是关于行政协议的诉讼，与一般的行政诉讼有所区别。一般的行政诉讼中，当行政行为存在违法或者明显不当时，人民法院原则上判决撤销并视情况责令行政机关重新作出行政行为，仅在符合《行政诉讼法》第七十七条“行政处罚明显不当，或者其他行政行为涉及对款额的确定、认定确有错误”时，为了降低程序运作成本，实质化解行政争议，避免判决撤销、责令行政机关重新作出行政行为可能导致的循环诉讼，人民法院方享有司法变更权。而行政协议是行政机关基于行政裁量权与行政相对人协商一致而达成的，是行政性和合同性的创造性结合，虽其因行政性有别于民事合同，却又因协商一致而与民事合同性质接近，其中约定的行政主体和行政相对人双方的权利义务必须得到遵守和履行，这也是行政法原理所体现的全面履行原则的应有之义。故相较于一般行政诉讼，对于因行政协议引起的行政诉讼，人民法院应当对行政协议当事人的权利义务作出更为直接、具体的裁决，仅判令行政机关再行作出行政行为或者当事人重新协商签订协议，极易导致循环诉讼或裁判无法执行，当事人的权利不能得到实质性保护。

本案所涉《关于铁西村第17栋铁路职工福利家属楼拆迁安置协议》合法有效，依法应予全面履行。协议第一条约定：“……甲方负责比照中铁二局四公司关于铁西村铁路职工住户的拆迁安置政策（方案），同步地对乙方予以相同的拆迁安置……”该约定系对将来实施同步安置或者签订拆迁安置补偿协议达成的预约性约定，虽对左某明房屋如何安置或补偿及何时安置或补偿，并未明确具体的内容，但桐梓县政府实施“桐梓县荣德山公园城市棚户区建设项目”后，已经对铁西村铁路职工福利家属楼进行拆迁安置，依据左某明与桐梓县教育局签订的《关于铁西村第17栋铁路职工福利家属楼拆迁安置协议》的约定，现在可以比照已经得到优厚安置的同类住户安置标准，确定对左某明的安置面积或安置面积的计算方法。二审法院认为“左某明要求的安置面积无法确定”显属不当。同时，案涉协议第六条约定“违约者将按安置房时价，每日承担总价2‰的违约金”。现在荣德山公园城市建设及棚户区改造项目相关拆迁住户已经安置完毕，故对违约金起算时间、支付标准或金额，也应综合全案因素予以确定。

本案的处理保障了行政协议的履行，维护了当事人的合法权益，并能有效指导下级人民法院在审理行政协议案件时正确适用法律法规，对监督和促进行政机关诚实守信具有重要意义。

【关联规定】

1.《中华人民共和国行政诉讼法》

第十二条　人民法院受理公民、法人或者其他组织提起的下列诉讼：

（一）对行政拘留、暂扣或者吊销许可证和执照、责令停产停业、没收违法所得、没收非法财物、罚款、警告等行政处罚不服的；

（二）对限制人身自由或者对财产的查封、扣押、冻结等行政强制措施和行政强制执行不服的；

（三）申请行政许可，行政机关拒绝或者在法定期限内不予答复，或者对行政机关作出的有关行政许可的其他决定不服的；

（四）对行政机关作出的关于确认土地、矿藏、水流、森林、山岭、草原、荒地、滩涂、海域等自然资源的所有权或者使用权的决定不服的；

（五）对征收、征用决定及其补偿决定不服的；

（六）申请行政机关履行保护人身权、财产权等合法权益的法定职责，行政机关拒绝履行或者不予答复的；

（七）认为行政机关侵犯其经营自主权或者农村土地承包经营权、农村土地经营权的；

（八）认为行政机关滥用行政权力排除或者限制竞争的；

（九）认为行政机关违法集资、摊派费用或者违法要求履行其他义务的；

（十）认为行政机关没有依法支付抚恤金、最低生活保障待遇或者社会保险待遇的；

（十一）认为行政机关不依法履行、未按照约定履行或者违法变更、解除政府特许经营协议、土地房屋征收补偿协议等协议的；

（十二）认为行政机关侵犯其他人身权、财产权等合法权益的。

除前款规定外，人民法院受理法律、法规规定可以提起诉讼的其他行政案件。

第二十六条第五款 行政机关委托的组织所作的行政行为，委托的行政机关是被告。

第六十三条 人民法院审理行政案件，以法律和行政法规、地方性法规为依据。地方性法规适用于本行政区域内发生的行政案件。

人民法院审理民族自治地方的行政案件，并以该民族自治地方的自治条例和单行条例为依据。

人民法院审理行政案件，参照规章。

第六十四条 人民法院在审理行政案件中，经审查认为本法第五十三条规定的规范性文件不合法的，不作为认定行政行为合法的依据，并向制定机关提出处理建议。

2.《最高人民法院关于审理行政协议案件若干问题的规定》

第二十五条 公民、法人或者其他组织对行政机关不依法履行、未按照约定履行行政协议提起诉讼的，诉讼时效参照民事法律规范确定；对行政机关变更、解除行政协议等行政行为提起诉讼的，起诉期限依照行政诉讼法及其司法解释确定。

3.《国有土地上房屋征收与补偿条例》

第四条 市、县级人民政府负责本行政区域的房屋征收与补偿工作。

市、县级人民政府确定的房屋征收部门（以下称房屋征收部门）组织实施本行政区域的房屋征收与补偿工作。

……

后　记

本书的作者早在20世纪90年代中期就一直持续关注行政合同的理论与实践问题，并在2000年写过一篇《行政合同及其程序的几个问题研究》的小文章。更为有幸的是从2016年开始我们参与最高人民法院行政协议司法解释的起草工作，其中，查阅了相关的国内外材料，接触了国内外行政合同和行政协议方面的顶级专家和实务人士，对行政协议的理论和实务有了进一步了解和思考，此促使我们下定决心要对相关问题进行梳理归纳，集结成册。此次我们形成了分别侧重于理论和实务但自成系列的《行政协议法律制度的理论与实践》和《行政协议判例精解与实务指引》两本小册子呈现给大家。

对于这两本小册子，我们不想自我评价，而更期待得到读者的评价。在此我们感谢各级人民法院尤其是最高人民法院及行政庭领导和同事们，他们在不同场合对行政协议的讨论让我们受益良多，也要感谢中国法制出版社周琼妮编辑的辛勤工作，谢谢她和出版社提供的出版机会。

郭雪　杨科雄

2021年春

图书在版编目 (CIP) 数据

行政协议判例精解与实务指引 / 郭雪，杨科雄著. —北京：中国法制出版社，2021.3
ISBN 978-7-5216-1730-6

Ⅰ. ①行… Ⅱ. ①郭… ②杨… Ⅲ. ①行政法－判例－法律解释－中国 Ⅳ. ① D922.105

中国版本图书馆 CIP 数据核字（2021）第 045886 号

策划编辑：周琼妮（zqn-zqn@126.com）
责任编辑：周琼妮 秦智贤　　封面设计：李 宁

行政协议判例精解与实务指引
XINGZHENG XIEYI PANLI JINGJIE YU SHIWU ZHIYIN

著者 / 郭 雪 杨科雄
经销 / 新华书店
印刷 / 三河市紫恒印装有限公司
开本 / 710 毫米 ×1000 毫米 16 开　　印张 / 27.5 字数 / 428 千
版次 / 2021 年 3 月第 1 版　　2021 年 3 月第 1 次印刷

中国法制出版社出版
书号 ISBN 978-7-5216-1730-6　　定价：98.00 元

北京西单横二条 2 号 邮政编码 100031　　传真：010-66031119
网址：http://www.zgfzs.com　　**编辑部电话：010-66010406**
市场营销部电话：010-66033393　　**邮购部电话：010-66033288**
（如有印装质量问题，请与本社印务部联系调换。电话：010-66032926）